上海社会科学院哲学社会科学创新工程
"中国特色新型智库研究平台"系列成果

上海市决策咨询重大委托课题
"新型高校智库的管理机制和发展路径研究"成果

上海社会科学院智库研究中心
当代国际智库译丛

杨亚琴 李凌 / 主编

Northern Lights
EXPLORING CANADA'S
THINK TANK LANDSCAPE

北部之光
加拿大智库概览

[加] 唐纳德·E.埃布尔森（Donald E. Abelson）/ 著
复旦发展研究院 / 译

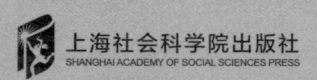

上海社会科学院出版社
SHANGHAI ACADEMY OF SOCIAL SCIENCES PRESS

"当代国际智库译丛"编委会

顾问： 王荣华　王　战　于信汇　张道根　黄仁伟
　　　 周　伟　洪民荣　权　衡　王世伟

主编： 杨亚琴　李　凌

成员： 李轶海　张　怡　王海良　邵　建　于　蕾
　　　 吴雪明　丁波涛　谢华育　王成至　杨逸淇
　　　 黄　昊　沈　郊　董汉玲　王　贞　周亚男
　　　 唐亚汇　姜　泽

谨以此书献给我的父亲艾伦·D.埃布尔森
——那个教会了我无所畏惧、勇往直前的人

致　谢

于我而言,我接下来要提到的人,其重要程度远远超越了这本书本身。在研究和撰写《北部之光》一书的过程中,我获益于许多人的支持、指导和智慧,在接下来的几段文字中,我希望能够表达对他们的感激之情。首先,我要感谢麦吉尔皇后大学出版社(McGill-Queen's University Press)的执行主任菲利普·塞尔康(Philip Cercone)以及他的同事帮助我出版这本书。长久以来,菲利普始终坚定地支持我的作品,为了能展示我的研究成果,他做了大量的工作,千言万语都不足以表达我对他的感激之情。我还要感谢吉莉恩·斯科比(Gillian Scobie),她帮助编辑我的手稿,以及安娜·楚施拉格(Anna Zuschlag),她非常细致地编辑索引。我还要感谢匿名评论者所提供的见解深刻的评论,他们的工作值得肯定。书中所有的错误和疏漏都归咎于我。

写一本关于加拿大智库的书这个念头长久以来存在于我的脑海中,但直到2014年的秋天我才付诸行动。在位于普罗旺斯的马赛大学以及后来的里昂政治学院担任访问学者期间,我发现了反思这门学科的理想环境。每天早晨被新鲜出炉的法棍面包和热奶咖的香味唤醒,我就文思泉涌。我漫步于鹅卵石街道,聆听着美妙的教堂钟声,看着人们在咖啡馆门口闲聊,这才发现于我来说为何身处法国,写关于加拿大智库的书籍是如此有意义。我也很快理解了为什么那么多人在这样一个美丽的地方开始一段新的生活。我非常感激南法和里昂的同事,他们邀请我到热情好客的环境中做讲座,并鼓励我融入他们的文化之中。我还要感谢我在渥太华内皮恩(Nepean)高中的法语老师坚持让我学习动词变位,那是我在点餐时迟早会用到的技巧。尽管有语言障碍,我依旧保持着对数量惊人的葡萄酒品种以及水果和芝士的渴望。在我心中,法国将永远占据一个特殊的位置。

当我回到加拿大,拥抱我挚爱的冬季的时候,我得到了加拿大西安大略大学几位非常有才能的研究助理的帮助。他们是杰里米·拉德(Jeremy Ladd)、米凯莱·穆勒(Michele Muller)、罗宾·施瓦茨派姆(Robyn Schwarz-Pimer)、汤姆·库克(Tom Cooke)。美国研究中心的克里斯蒂娜·沃尔(Christine Wall)也给予我巨大的帮助,她负责设计和绘制了附录中的图表。

我还要感谢索尼娅·哈尔彭(Sonia Halpern),她帮助我收集书中一些机构的简介信息。多年来,我的双胞胎妹妹索尼娅(Sonia)总是不断地问我,智库能发挥作用吗?这个问题受启发于我早年写的一本名为《智库能发挥作用吗》的书。为了回应她差劲的幽默感,我只能回答"是的,索尼娅,智库确实能发挥作用"。

这些年来,一些来自加拿大西安大略大学和北美及欧洲大学的朋友和同事给了我许多意见和建议。我想要对他们表示感谢,他们是达恩·阿贝勒(Dan Abele)、戴维·比耶特(David Biette)、斯蒂芬·布鲁克斯(Stephen Brooks)、马克·加尼特(Mark Garnett)、查尔斯·琼斯(Charles Jones)、埃弗特·林德奎斯特(Evert Lindquist)、因德吉特·帕马(Inderjeet Parmar)、劳拉·斯蒂芬森(Laura Stephenson)、马丁·图恩特(Martin Thunert)、伊莎贝尔·瓦纽(Isabelle Vagnoux)、理查德·弗农(Richard Vernon)、肯特·韦弗(Kent Weaver)以及鲍勃·扬(Bob Young)。

我还要感谢我的孩子丽贝卡(Rebecca)和赛恩(Seth)给予我的支持和爱,我必须做出点成就来回报他们,于我来说,他们是非常特别的人,我为他们感到自豪。在写这本书的时候,我的思绪经常会将我拉回到很久以前,想起那时的一些人:我的父亲艾伦(Alan),这本书也是献给他的;我的母亲,埃斯特尔(Estelle),虽然她很早就离开了我们;我的3个妹妹林恩(Lynn)、琼(Joan)和凯琳(Karen)以及我最亲密的朋友苏珊(Susan)、阿德里安·霍德·雷迪克(Adrian Hoad-Reddick)、玛丽(Mary)和拉尔夫·杰曼(Ralph Germaine),他们都是我生命中不可或缺的重要部分。

在手稿即将完成之际,我失去了一位挚友——马丁·马库斯(Martin Marcus),他是一位杰出的律师,也是我所认识的人中最为友好和正派者之一。20世纪90年代早期,当我第一次前往伦敦的时候,我遇到了马丁和他的妻子埃丝特(Esther),我们很快便建立起了友谊。马丁,以及他的兄弟格里(Gerry)、特里(Terry)都有着深厚的学术功底。基于对曲棍球和政治的共同爱好,我们有数不清的话题。即使在他生命的最后几个月里,他也经常向我问起书的进度。当他本应该担心自己身体健康的时候,他更专注于别人在做什么。我知道他会非常愿意看到这本书的出版,以及从书中学到更多关于智库的知识。我常常会想起他。

就像我在很多场合对我的家人和朋友所说的那样,我感到十分幸运,因为周围能有相互关心的一群人。但是,于我而言,没有人能比得上蒙达·哈尔彭(Monda Halpern),她是西安大略大学历史系教授,也是和我共度一生的那个人。蒙达是一个非常有天赋的学者,她最近出版了一本引人入胜的书,关于20世纪30年代早期发生在渥太华的谋杀案审讯。蒙达所做的讲座,编辑的关于智库的章节,比我能够计算出的更多。她对我以及我所从事的事业的支持从来没有动摇过。她就是我的全世界,我感觉自己幸运至极。

20世纪80年代中期,作为皇后大学一位年轻且雄心勃勃的博士生,我开始关于智库的写作。当时,政治学系的一位学者竭尽全力劝我不要选这个主题。在没有能成功说服我研究一些更为传统的议题(例如,政党、利益集团或是美国总统)之后,他懊恼地两手一摊说道:"如果你坚持研究这些对学科并不重要的机构,我可以向你保证两件事情:第一,你所写的东西永远不会被出版;第二,你将永远找不到工作。"正是这些鼓舞人心的话开启了我对于智库的探索。智库,博采众长而又充满多样性的组织,今天它们对于我的吸引力丝毫不减当年——那个我被催促着选择另外一条道路的午后。这是一段非凡之旅。

译丛总序

2008年6月,习近平同志写信祝贺上海社会科学院院庆时提出,"从新的历史起点出发,继续全面建设小康社会,加快推进社会主义现代化,必须坚定不移地繁荣发展这些社会科学",要求我院"高举中国特色社会主义伟大旗帜,大力推进学科体系建设,加强科研方法创新,为建设国内一流、国际知名的社会主义新智库而努力奋斗"。2009年,上海社会科学院智库研究中心成立,成为全国首家专门开展智库研究的学术机构。

为了体现"国内一流、国际知名"的要求与目标,智库研究中心紧紧围绕"智库研究"与"智库产品转化"两大核心内容,秉持实体化、专业化、国际化路线,首开中国智库排名之先河,率先在全国范围内开展智库问卷调查,通过主、客观相结合的方法,建立智库评价标准,获得了学界和决策咨询部门的认可;同时,中心持续跟踪国内外智库动态,通过举办"上海全球智库论坛"和"新智库论坛",广泛联结各类智库机构和决策部门,凝心聚力有影响力的智库专家、学者和建设者,形成了以《中国智库报告——影响力排名与政策建议》为品牌、以上海新智库专报为平台、以智库论坛为纽带的工作机制,为引导和推进中国特色新型智库体系建设贡献绵薄之力。

智库研究中心十分重视智库研究的国际化,特别是与国际顶级智库之间的密切联系与合作,旨在立足广阔的全球视野,推动中国智库蓬勃发展。早在2010年,中心就组织科研力量,翻译了安德鲁·里奇的《智库、公共政策和专家治策的政治学》和唐纳德·埃布尔森的《智库能发挥作用吗?——公共政策研究机构影响力之评估》两本在国际上颇具影响力的智库专著;2012年,中心与美国宾夕法尼亚大学智库项目组签订了战略合作框架,邀请麦甘博士来访;2013年年底,《中国智库报告》项目组回访美国宾夕法尼亚大学智库项目组;2015年,上海社会科学院进入国家高端25家试点单位之后,中心进行实体化运作;2016年,中心项目组再度造访美国,与布鲁金斯学会、华盛顿信息技术与创新基金会、哥伦比亚大学魏德海东亚研究所和诺恒经济咨询公司的智库专家开展面对面交流;2017年6月,《中国智库报告》(英文版)首度在海外(伦敦)发布,中心项目组还同时拜访了查塔姆学会,以及伦敦政治经济学院国际事务与外交战略研究中心、伦敦国王学院中国研究院、皇家三军防务研究所、国际战略研究所、英国国家学术院等多家英国著名智库。

呈现在读者面前的这套"当代国际智库译丛",是自2016年起智库研究中心与上海社会科学院出版社共同策划的一项重要成果,也体现了智库研究中心一直以来的国际化特色。智库研究中心精心挑选,认真组织科研力量进行翻译工作,旨在借助于世界一流智库专家的最新著述,把他们的观点与学识引入国内,以期引起国内同行及智库建设者的关注与研讨,增长见闻、拓宽视野。希望这套丛书的出版,为读者全面了解不同国家和地区智库发挥作用的机制及其差异,揭示智库成长的一般规律与特殊条件,从国别、年代、制度等多个维度考察智库的影响力打开"一扇窗户",给读者带来更多的启示、借鉴与思考,为中国特色新型智库体系建设,借他山之石,谋更好发展。

上海社会科学院智库研究中心名誉理事长　王荣华

2017年10月

译者序

说起智库,绝大多数人的第一反应可能就是美国的兰德、布鲁金斯一类,在全球和国际关系中扮演着"呼风唤雨"角色的研究机构,他们构成了美式"旋转门"的重要组成部分,也为美国政客们提供了"在野"的栖身之所,成为美国政治的重要组成部分。而事实上,智库在全世界范围内都广泛存在,形式多样、内容多元,是各国治国理政的重要咨询方式之一,为各国领导层高度重视。智库也因此成为国家软实力的重要组成部分。

党的十九大报告指出,加强中国特色新型智库建设。自2012年以来,我国的智库飞速发展,初步形成了各地智库风格迥异、各级智库定位明晰、各类智库对象多元的生动局面。随着中国特色社会主义建设进入新时代,党和政府对智库提供决策咨询的质量要求越来越高,对全球视野的大战略的期待越来越迫切。从这个意义上讲,我国的智库亟待实现从"数量领先"到"质量领先"的新跨越。实现新跨越,首先要立足中国大地,从现实国情出发、从党和国家现实需要出发,智库建设要与新时代中国特色社会主义的实际相结合;另一方面,实现新跨越,还应该广泛了解国外智库的基本情况、基本动态,吸收、借鉴包括一切国家建设智库好的经验、做法,通过科学比较分析,做到"为我所用"。

受上海社会科学院智库研究中心委托,我院有幸承担了"当代国际智库译丛"的部分工作,《北部之光:加拿大智库概览》一书即是我们参与的最新译介成果。这本书是加拿大知名学者唐纳德·埃布尔森(Donald E. Abelson)的著作,介绍了加拿大主要智库的基本情况,堪称是一部加拿大智库的"百科全书",填补了国内加拿大智库研究的空白,能让读者了解到同出北美但与美国智库风格迥异的一套智库体系。埃布尔森是加拿大西安大略大学政治学教授，被认为是研究美国智库最著名的学者之一。在这部书的翻译过程中，我们感受到作者深厚的政治学功底、良好的写作规范和清晰严谨的学风，为我们开展智库研究提供了直观的参照。

复旦发展研究院成立于1993年，是中国较早成立的智库之一，徐匡迪、杨福家、王沪宁等创立者高度重视国际经验的比较和梳理，为研究院奠定了中外并蓄的传统。2011年以来，在杨玉良、许宁生、林尚立等专家的领导下，研究院在国际化方面迈出坚实步伐，率先建立海外中国研究中心，架构国际智库网络，聚内智基础上引外智，在国内高校智库集群中独树一帜。近年来，受上级委托，我们承担了教育部哲学社会科学研究重大委托项目"中国特色新型高校智库发展路径研究"和上海市教育科学研究重大项目"新型高校智库的管理机制和发展路径研究"，把国际智库经验梳理和比较作为重点方向之一。本书的译介，除上海社会科学院智库研究中心外，还得到了以上两个课题的支持。

复旦大学和上海社会科学院长期保持密切互动。在智库建设和研究方面，复旦发展研究院与上海社会科学院智库研究中心紧密联系、相互支持、合作无间，通过联合研究、联手译介、参与论坛等多种形式，形成了同城协同的态势。本书即是我们长期合作的又一重大成果，也是我们学术情谊的见证。特别要感谢杨亚琴教授、李凌博士对我们的关心、爱护和帮助！

本书的翻译由团队集体完成。这支团队集合了复旦发展研究院全球事务部、学术咨政部和复旦大学中华文明国际研究中心的精英力量，平均年龄尚不满30岁，几乎都有海外留学背景，是对复旦发展研究院"智库运营团队"的一次集中检阅和展示。其中，黄昊负责了全书的统筹、统稿和校对工作，邵夏怡负责致谢、引言和第一章的翻译，黄晨负责第二、三章的翻译，焦露曦负责第四、五章的翻译，胡唯哲负责第六、七、八章的翻译，沈郊负责第九章和首字母缩写词的翻译，王柯力负责图表的翻译。在此，对团队所有成员表示感谢！同时，还要特别感谢发展研究院执行副院长张怡博士给予的大力支持。

我们是一支年轻的团队，学力、阅历毕竟有限，我们希望能通过这本书的译介，与所有读者建立起沟通，期待大家对书中可能存在的任何错漏或值得探讨的地方提出批评,任何的建议或批评对我们的成长至关重要。我们是真诚的。

复旦发展研究院院长助理、本书编译组组长　黄　昊
2017 年 10 月

缩略词表

AEI	American Enterprise Institute for Public Policy Research	美国企业公共政策研究所（简称：美国企业研究所）
AIMS	Atlantic Institute for Market Studies	大西洋市场研究所
APEC	Atlantic Provinces Economic Council	大西洋沿岸各省经济委员会
APFC	Asia Pacific Foundation of Canada	加拿大亚太基金会
CBOC	Conference Board of Canada	加拿大咨询局
CCF	Canadian Constitution Foundation	加拿大宪法基金会
CCPA	Canadian Centre for Policy Alternatives	加拿大另类政策中心
CCSD	Canadian Council on Social Development	加拿大社会发展学会
CDFAI/CGAI	Canadian Defence and Foreign Affairs Institute/Canadian Global Affairs Institute	加拿大国防与外交事务研究所/加拿大全球事务研究所
CEIP	Carnegie Endowment for International Peace	卡内基国际和平基金会
CFR	Council on Foreign Relations	（美国）对外关系委员会
CIC	Canadian International Council	加拿大国际理事会
CIFAR	Canadian Institute for Advanced Research	加拿大高等研究院
CIGI	Centre for International Governance Innovation	（加拿大）国际治理创新中心
CIIA	Canadian Institute of International Affairs	加拿大国际事务研究所
CISS	Canadian Institute of Strategic Studies	加拿大战略研究所
CPRN	Canadian Policy Research Networks, Inc.	加拿大政策研究公司
CSE	Citizens for a Sound Economy Foundation	（美国）稳健经济公民基金会
CSIS	Center for Strategic and International Studies	（美国）战略与国际

问题研究中心

CSLS	Centre for the Study of Living Standards	（加拿大）生活水平研究中心
CTF	Canadian Tax Foundation	加拿大税务基金会
CUI	Canadian Urban Institute	加拿大城市研究所
CWF	Canada West Foundation	加拿大西部基金会
ECC	Economic Council of Canada	加拿大经济咨询委员会
FCPP	Frontier Centre for Public Policy	（加拿大）前沿公共政策中心
FPI	Foreign Policy Initiative	（美国）外交政策倡议
GDN	Global Development Network	全球发展网络
IISD	International Institute for Sustainable Development	国际可持续发展研究所
IOG	Institute on Governance	（加拿大）治理研究所
IPS	Institute for Policy Studies	（美国）政策研究所
IRPP	Institute for Research on Public Policy	（加拿大）公共政策研究所
MEI	Montreal Economic Institute	蒙特利尔经济研究所
NPA	National Planning Association	（美国）国家规划协会
NRA	National Rifle Association	（美国）国家步枪协会
NSI	North-South Institute	（加拿大）南北研究所
PNAC	Project for the New American Century	美国新世纪计划
PPAC	Private Planning Association of Canada	加拿大私人规划协会
PPF	Public Policy Forum	（加拿大）公共政策论坛
PRI	Policy Research Initiative	（加拿大）政策研究方案
RIIA	Royal Institute of International Affairs	（英国）皇家国际事务研究所
SCC	Science Council of Canada	加拿大科学委员会

目 录

致谢 / 1
译丛总序 / 1
译者序 / 1
缩略词表 / 1

引言 / 1

第一章 什么是智库？什么不是？/ 1
　　一、五种鉴别智库的方法 / 5
　　二、什么不是智库？/ 21

第二章 所有的智库都如出一辙吗？/ 25
　　一、美国和加拿大两国智库的分类 / 27
　　二、再思考：智库分类的局限性 / 32
　　三、回溯：美国和加拿大智库的演化 / 43

第三章 智库的角色是如何转变的？/ 60
　　一、精英理论 / 60
　　二、将智库看作政策精英 / 63
　　三、多元传统：众多声音中的一个 / 66
　　四、为了国家利益：国家主义方法 / 68
　　五、不同的智库，不同的优先事项：一种机构主义的方法 / 71
　　六、政策周期和政策影响：一种整体研究方法 / 73

第四章　智库的职能是什么？它们如何履职？/ 76
　　一、有序的多重品格：智库的多面性 / 78
　　二、阅读、写作、算数以及其他 / 78
　　三、沟通、沟通、沟通 / 88
　　四、参与：智库及其网络 / 93
　　五、作为政策倡导者的智库 / 96

第五章　智库与谁沟通？/ 100
　　一、检视(Stakeout)：智库及其利益相关者 / 101
　　二、非政府组织、智库及其同行者 / 114

第六章　加拿大智库和美国智库的异同 / 116
　　一、美国和加拿大智库的机遇 / 119
　　二、束缚思想：加拿大和美国的智库面临相似的约束吗？/ 126
　　三、探索动机：为什么政策制定者求助于智库？/ 132

第七章　智库如何评估其影响？我们为什么应该心存疑虑？/ 136
　　一、赢家是谁 / 137
　　二、为什么对智库而言，衡量其影响力如此重要？/ 141
　　三、排名和其他绩效指标告诉和没有告诉我们的是什么？/ 142
　　四、智库是否如同它们所宣称的那样有影响力？/ 145
　　五、双管齐下的方法 / 150

第八章　结语：追溯与展望：加拿大智库的未来 / 153

第九章　加拿大智库简介 / 160
　　一、对智库简介的一些说明 / 160
　　二、加拿大亚太基金会 / 162
　　三、大西洋市场研究所 / 170
　　四、贺维学会 / 178
　　五、卡利登社会政策研究所 / 194
　　六、加拿大西部基金会 / 198
　　七、加拿大另类政策中心 / 205

八、加拿大社会发展学会 / 220

九、加拿大国防与外交事务研究所/加拿大全球事务研究所 / 222

十、加拿大国际理事会 / 225

十一、国际治理创新中心 / 229

十二、加拿大咨询局 / 237

十三、弗雷泽研究所 / 241

十四、前沿公共政策中心 / 246

十五、公共政策研究所 / 248

十六、治理研究所 / 252

十七、国际可持续发展研究所 / 254

十八、麦克唐纳-劳里埃公共政策研究所 / 257

十九、蒙特利尔经济研究所 / 261

二十、莫厄特中心 / 264

二十一、帕克兰研究所 / 268

二十二、彭比纳研究所 / 272

二十三、公共政策论坛 / 276

二十四、凡尼尔家庭研究所 / 280

二十五、韦斯利研究所 / 283

附录1 加拿大部分智库被全国媒体援引的情况(2000—2015年) / 288
附录2 加拿大部分智库向议会委员会的陈述统计(1999—2015年) / 302
附录3 加拿大部分智库在议会中被援引的情况(1994—2015年) / 315

引 言

在过去 25 年对智库的研究中,我发现这是一个复杂且有趣,有时候甚至令人困惑的世界,当然,也是一个始终令我着迷的世界。20 世纪 80 年代中期,当我还是皇后大学政治学系一名博士生的时候,我偶然读到了一篇文章,作者是研究文化和社会领域的历史学家詹姆斯·A. 史密斯(James A. Smith),[①]文章的内容是关于美国智库的兴起,之后他又继续写了关于布鲁金斯学会(Brookings Institution)和(美国)战略与国际问题研究中心(Center for Strategic and International Studies (CSIS))的历史的内容,[②]并将其扩展为一本书。当我读完史密斯关于美国智库发展的内容之后,我深深地为之着迷。在那之后,关于智库的研究不仅成为我博士学位论文的主题,而且我对这些组织日益增长的兴趣也促使我在未来几十年将他们列入研究计划。这些年来,我越来越专注于理解智库如何产生和推销思想,并且影响公众舆论和公共政策。我也在试图理解这些智库使用了哪些方法来提升自己在政治舞台的知名度。为了争取更多的资金支持,不少智库把重点放在精心构建和保护自己的形象上,使我不禁自问,是否这些组织更关心的是自我宣传,而非帮助决策者找到复杂政策问题的解决方案。[③] 有时,答案似乎是很明显的,但当这些机构要为权力和影响力展开竞争时,事情远比想象的复杂得多。

幸运的是,我有许多同伴,他们立志于研究这些充满多样性的组织。

[①] 参见史密斯(Smith):《思想掮客》(*The Idea Brokers*)。
[②] 参见史密斯的《布鲁金斯的 75 年历程》(*The Brookings Institution at Seventy-Five*)和《战略召唤》(*Strategic Calling*)。
[③] 对这个问题的探讨请参见埃布尔森的文章《国家利益还是个人利益》("National Interest or Self-Interest?")。

近来,加拿大、美国以及其他许多国家的智库越来越成为媒体关注的焦点。大部分焦点集中于南北研究所(North-South Institute,NSI)在 2014 年的突然关闭。① 这是加拿大首屈一指的国际发展"政策商店",在国际智库业内享有很高的声誉。备受媒体关注的还有加拿大联邦政府对于加拿大另类政策中心(the Canadian Centre for Policy Alternatives,CCPA)和其他许多非营利性组织的收入审计。② 还有其他因素也使智库成为大家瞩目的焦点:前哈珀政府和一大批保守的政策研究机构之间密切关系的曝光;③国外政府为一些知名度颇高的美国智库提供资金,④包括布鲁金斯学会、全球

---

① 南北研究所的关闭引起了媒体的广泛关注。可参见克劳福德(Crawford):《总部设于渥太华的智库,南北研究所的关闭》("North-South Institute, Ottawa-Based Think Tank, to Close");加拿大广播公司新闻《南北研究所的关闭》("North-South Institute to Close");戈尔(Goar):《又一个为世界展示加拿大的窗口关闭了》("Another Canadian Window on the World Closes")以及马丁等人(Martin et al.):《南北研究所:我们失去了加拿大的一大财产》("North-South Institute: We've Lost a Canadian Asset")。
② 加拿大联邦政府对于加拿大另类政策研究中心和其他几个知名度很高的慈善机构的审计情况可参见马克奎恩(McQuaig):《哈珀加速了他的战争》("Harper Ramps Up His War");德伊法拉(Daifallah):《为慈善组织解除束缚》("Unmuzzle the Charities");基南(Keenan):《为何与哈珀政府关系良好的慈善机构都未被审查?》("Why Haven't Any Harper-Friendly Charities Been Scrutinized?");毕比(Beeby):《加拿大税务局对乐施会的审计》("CRA to Oxfam");奇德尔(Cheadle):《加拿大税务局审计之后》("After CRA Audit");列维茨(Levitz):《右翼慈善机构逃避税务审计》("Right-Leaning Charities Escape Tax Audits");加拿大通讯社(Canadian Press):《加拿大税务局对加拿大另类政策研究中心进行审计》("CRA Audits CCPA");克罗(Crowe):《首相对慈善机构开展的审查》("PM's Charity Audits")。
③ 参见古特施泰因(Gutstein):《哈珀主义》(*Harperism*);哈里斯(Harris):《一人政党》(*Party of One*),第 37—39 页;弗拉纳根(Flanagan):《哈珀的团队》(*Harper's Team*),第 72、79 页;布里耶(Bourrie):《杀死通风报信的人》(*Kill the Messengers*),第 306—307 页。
④ 参见利普顿(Lipton)、威廉斯(Williams)、孔贾索雷(Confessore):《外国势力购买智库的影响力》("Foreign Powers Buy Influence at Think Tanks"),对于文中所提出的指控的回应请参见布鲁克纳(Bruckner):《赞助智库等于购买说客?》("Fund a Think Tank, Buy a Lobbyist?");德雷兹内(Drezner):《为什么我没有发飙》("Why I'm Not Freaking Out");利普顿:《议案要求智库公开披露》("Proposal Would Require Think Tanks to Disclose");哈尔珀(Halper):《阻止外国政府赞助智库》("Stop Foreign Governments from Buying");雅嘉巴斯基(Yakabuski):《智库必须公开财务状况》("Think Tanks Need to Show Us the Money")以及《智库观》杂志(*Think Tank Watch*)《智库急于保卫资金》("*Think Tanks Rush to Defend Funding*")、《众议院新规》("New House Rules")。

发展中心(Center for Global Development)以及(美国)战略与国际问题研究中心。

许多记者和学者记录了北美、欧洲以及世界其他地区智库的所作所为。越是了解这些组织,以及它们如何在一个日益拥挤的思想市场找到自己的发展之道,这些人越能理解为什么智库成了政治舞台上重要的、时常会引起争议的角色。近些年来,关于智库的著作大量出版印证了人们对于这门学科极大的兴趣,并且丝毫没有减弱的趋势。① 对于智库的研究尚未引起利益集团、政党以及政治机构的注意,尽管如此,智库对于决策制定和实施的影响已经被广泛承认了。

形成于20世纪70—80年代早期,由一小群甘于奉献的记者、历史学家、政治学家、社会学家组成的行使调查功能的小组,演变成现如今在美国、英国及欧洲其他地区具备智库角色和功能的组织,②同时成为全世界学者所关注的研究领域。虽然一些学者仍然相信,智库这一主题只会吸引一小部分特定的群体,不可否认的是,对于这些机构更为可靠和详尽的信息需求正在不断增长。

对智库和其关键利益相关者进行监督的人,时常认为自己有义务详尽地说明为何这些组织需要更严密的审查。然而,鉴于在全世界几乎每一个国家和地区,智库都让大家感受到了它们的存在,也没有必要针对为什么要对智库进行审查提出一个有说服力的理由。思想会带来深远的影响,这

---

① 近年来,越来越多的文章、图书章节和书籍介绍了不同国家的智库,具体可参见迈德韦茨(Medvetz):《美洲智库》(*Think Tanks in America*);波茨(Pautz):《智库、社会民主与社会政策》(*Think Tanks, Social Democracy and Social Policy*);皮里(Pirie):《智库:亚当史密斯研究所的故事》(*Think Tank: The Story of the Adam Smith Institute*);埃布尔森:《智库和美国外交、军事事务》("Think Tanks and US Diplomatic and Military Affairs")。

② 好几项研究成果为仔细研究智库奠定了基础。请参见迪克森(Dickson):《智库》(*Think Tanks*);佩舍克(Peschek):《政策规划组织》(*Policy-Planning Organizations*);奥兰斯(Orlans):《非营利研究机构》(*The Nonprofit Research Institute*);里奇(Ricci):《美国政治的变革》(*The Transformation of American Politics*);斯通:(Stone):《捕获政治想象力》(*Capturing the Political Imagination*);史密斯:《思想掮客》;埃布尔森(Abelson):《美洲智库》(*American Think Tanks*);麦甘(McGann):《美元竞争》(*The Competition for Dollars*);威佛(Weaver):《变化的智库世界》("The Changing World of Think Tanks")。

是显而易见的。那些构思拙劣、行为不当的机构,往往会引起可怕的结果。智库的职责是产生思想并将之传播给手握大权的人,而真正起作用的是他们的所做所为,他们所代表的利益,从外国政府到慈善基金会到企业捐助者,以及如何围绕政策议题搭建话语体系。

推动智库研究的一个关键问题并非智库是否与公共政策研究相关,而是为何在政策制定过程中扮演着一个日益重要的角色,以及在何种情况下,它们能够对政策变化产生影响。尽管一些阴谋论者提出异议称一小部分智库控制了整个世界,我们必须牢牢记住公共政策是由民选的官员而非智库所制定的。虽然智库工作者总是声称自己服务于公众利益,他们并不代表议会或国会选区,他们的名字也不会出现在选票上。为了满足机构以及慷慨的捐助者的利益,智库中的政策专家通过经常性的与政策制定者和公众的互动达到影响公众舆论和公共政策的目的。智库通过各种手段(在下文中将详细阐述)让公众感受到他们的存在。正如一些学者所证实的,他们发现了一大批智库与玛格丽特·撒切尔以及罗纳德·里根政府之间的密切关系,这些机构所倡导的关键政策建议不仅影响了世界市场的发展方向,而且还引发了历史性、思想性和政治性的革命。① 有研究甚至表明,一些智库不仅为近期世界各地的军事入侵提供了依据,事实上,它们已经种下了区域冲突的种子。

正如这项研究所揭示的,智库在内政和外交政策上有着不可磨灭的影响力。它们依靠于大量官方和非官方渠道,利用广泛而复杂的政策和社会运动网络,从事政策研究和政治宣传,后者常常会演变成政治游说。如同广告公司推销产品和服务那样,智库越来越擅长于使潜在目标客户相信,通过寻求专业知识他们能够得到相应的益处。通过这种做法,智库不仅能

---

① 欲了解玛格丽特·撒切尔政府与智库的关系,请参见科克特(Cockett):《一件不可思议的事》(*Thinking the Unthinkable*);德纳姆(Denham):《新右派智库》(*Think Tanks of the New Right*);皮里:《智库》(*Think Tank*);斯通:《捕获政治想象力》。欲了解保守派智库在推动里根改革中所扮演的角色,请参见爱德华(Edwards):《思想的力量》(*The Power of Ideas*)以及安德森(Anderson):《改革》(*Revolution*)。欲了解在后9·11时代,一些地位重要的智库如何影响美国的外交和国防政策,请参见弗鲁姆(Frum)和珀尔(Perle)合著的《邪恶的终结》(*An End to Evil*)以及埃布尔森《国会理念》(*A Capitol Idea*)。

够在思想市场上更高效地竞争,而且能够改写那些试图影响国家政治命运的人所恪守的规则。

过去的20多年出版了大量关于智库以及它们对政策制定的贡献的专著、丛书以及期刊文献,①这与20世纪上半叶稀少的著作数量形成了鲜明的对比,现今在北美和欧洲最为著名的智库在当时仅处于起步阶段。鉴于这门学科的迅速兴起以及学者们愿意与学生分享他们的研究结果,如今,在北美、欧洲以及亚洲的大学已经开设了关于智库是如何维护(有时是削弱)公众利益的课程。虽然我鼓励大家从学校里学习相关知识,但现今学生以及社会大众无须通过学校的讲座和研讨会就能了解到关于智库的知识。除了学术文献,公众可以从机构目录、电子简报、公告以及数不胜数的博客当中找到关于智库机构的信息。成千上万个智库的信息还可以从网络上搜寻。这也是很容易理解的,当下,智库越来越多地依靠社交媒体,例如推特和脸书向其追随者传递信息。可以放心的是,印刷物、广播和数字媒体会在任何时候报道关于智库世界的最新动向。

在智库业内发生的变化不仅仅吸引了智库从业者的密切关注。事实上,从事公共政策研究的智库、其他研究机构以及独立学者对智库现象有着强烈的求知欲望。例如:中国最大的智库——上海社会科学院,成立了一个智库研究机构;中国最知名高校之一的南京大学,也对智库研究产生了极大的兴趣,成立了中国智库研究与评估中心,同时也在着手翻译几部北美智库研究的著作。在法国,许多智库的日常活动都被一个成立于2006年、主要研究欧洲智库发展的机构智库观察所(L'Observatoire des think tanks, OTT)所追踪研究。在它的创始人塞利姆·阿利利(Sélim Allili)的指导下,智库观察所资助了许多会议和专题研讨会,也从事对于这些组织的比较研究。全球对于智库的兴趣远不止于此,在过去的15年间,世界银行启动了一个叫做全球发展网络(The Global Development Network, GDN)②的项目,已经在全球范围的智库之间建立起了强烈的联系。与之

---

① 参见迈德韦茨(Medvetz):《美洲智库》;埃布尔森:《智库和美国外交、军事事务》;波茨:《智库、社会民主与社会政策》以及皮里(Pirie):《智库:亚当史密斯研究所的故事》。
② 参见斯通:《依靠知识》("Banking on Knowledge")。

相似的还有由加拿大政府和几个私人捐助者,包括比尔和梅林达·盖茨基金会出资赞助的,总部设在渥太华的国家发展研究中心(International Development Research Centre,IDRC)。这个机构已经向"智库倡议"(Think Tank Initiative,TTI)——一个开始于2008年,旨在加强对发展中国家智库研究的项目——投资了超过1亿美元的资金。

为了扩大对智库活动情况知晓的覆盖面,位于华盛顿的加拿大大使馆发行了一份名为《智库观》的简报,主要报道美国智库的研究项目、讲座、学术研讨会和其他活动。更多的关于美国和其他国家智库的信息由一个叫做"透明化"(Transparify)的组织收集并传播。这个组织成立于2014年1月,旨在促使智库更加透明地公布其赞助者(包括公司、慈善基金会和个人)的信息。"透明化"组织的创始人汉斯·古特布罗德(Hans Gutbrod)和蒂尔·布鲁克纳(Till Bruckner)是两位在非政府组织中有着相当丰富经验的学者,和其他同事一样,他们意识到智库非常不愿意公布有关资金的数据信息。为了使智库变得更加有序,古特布罗德、布鲁克纳以及他们的研究团队为超过150个智库网站建立起了一套评级体系,如果相关信息可以便捷而全面地获取,那么这个智库可以得到评级系统的最高分——5分。当然,不愿意公开这些信息的智库毫无意外地会获得比较低的打分。多数智库对于这个评级项目作出积极的回应,这也使得资金变得更为透明。其他有进取心的学者,例如恩里克·蒙迪扎巴尔(Enrique Mendizabal),把向公众传播智库的知识视为己任。蒙迪扎巴尔的网站(On Think Tanks)是一个集合了全世界智库信息的大拼盘。

当意识到追踪全球智库兴起的重要性之后,詹姆斯·麦甘(James McGann),一位在这门学科上公认的专家,自2006年开始发布《全球智库指数报告》。[①] 在宾夕法尼亚大学智库研究项目的大力支持下,这份报告声势浩大地发布了,并且建立了一个囊括了将近7 000家智库的数据库。根据2014年的报告,在过去的20年里,虽然全球智库在数量上有惊人的发展,其中半数组织位于北美和欧洲。美国以大约1 830家智库,位居数量榜榜首。加拿大有大约100家智库,但如果仔细审核的话,这个数字可能被

---

① 麦甘2006年度《全球智库报告》。

抬高了。① 尽管如此,如同在美国和世界其他发达和发展中地区一样,加拿大智库的数量,尤其是专注于研究国内政策的机构数量正在增加。然而,鉴于近期南北研究(2014)、皮尔逊和平维护中心(the Pearson Peacekeeping Centre(2013))以及其他从事国际事务研究的非政府组织的先后关闭,部分从事外交政策和国际发展研究的智库对自己的发展不抱乐观的态度。虽然加拿大从事外交政策研究的智库确实遭遇了重创,②但它们并没有消失或者变得无关紧要。(加拿大)国际治理创新中心(Centre for International Governance Innovation,CIGI),加拿大国际理事会(Canadian International Council,CIC)(前身是加拿大国际事务研究所 Canadian Institute of International Affairs),以及加拿大全球事务研究所(Canadian Global Affairs Institute)(前身是加拿大国防与外交事务研究所 Canadian Defence and Foreign Affairs Institute,CDFAI)等几个组织主要从事的是国际事务各方面的研究,他们在告知和引导政策制定者和公众了解何谓主要的外交政策问题方面起了关键的作用。加拿大最为著名的大学当中也存在许多研究中心,主要研究重大的国际事务项目。简言之,一些智库对加拿大在国际事务中扮演的角色这一研究作出了不可估量的贡献,学者们为它们的关闭感到遗憾,这是完全可以理解的,但我们不能忽视那些继续发出声音的机构。

即使加拿大智库业界已经发生了巨大的变化,美国顶尖的智库依旧吸引了最大多数媒体和学术界的关注。毕竟,几乎没有国家能够像兰德公司、布鲁金斯学会、卡内基国际和平基金会(Carnegie Endowment for International Peace)、(美国)对外关系委员会(Council on Foreign Relations)、传统基金会(Heritage Foundation)以及美国企业研究所

---

① 麦甘 2014 年度《全球智库报告》。
② 穆加(Muggah)and 欧文(Owen)在《加拿大智库的衰落》("Decline in Canadian Think Tanks")一文中分析了加拿大几家外国智库关闭的情况。欲了解更多加拿大智库历史的信息,请参见林奎斯特(Lindquist):《加拿大 1/4 个世纪的智库》("A Quarter-Century of Think Tanks in Canada");多比辛斯(Dobuzinsis):《思想市场的趋势与时尚》("Trends and Fashions in the Marketplace of Ideas");麦金农(Mackinnon):《加拿大智库图景》("The Canadian Think Tank")以及埃布尔森《加拿大智库图景调查》("Surveying the Think Tank Landscape in Canada")和《有何想法?》("Any Ideas?")。

(American Enterprise Institute)那样给学者和行政人员提供如此丰富的资源。这些机构既拥有经济资本,又能与各级政府的决策者建立密切关系。①根据美国的精英智库具有巨大影响力这一被广泛接受的观点,就能解释为什么那么多慈善基金会、企业以及外国政府给这些智库捐赠成千上万的美元,也可以解释为何从孟加拉到北京的智库都试图效仿他们的美国同行。不过,正如这项研究将要证明的,智库未必需要数百万美元的预算和许多工作人员来吸引公众、政策制定者和关键利益相关者。资金雄厚的智库确实能有更大的曝光度,然而,真正重要的是在一个拥挤的市场中如何摆正自己的位置。当资金短缺的时候,从事战略研究和分析的智库必须重新评估其优先事项,并确定影响政策变化的最有效方法。

虽然书中将会提到美国智库的经验,但写这本书的目的并不是为了给已经有大量资料的美国智库锦上添花,而是要丰富我们对加拿大公共政策机构的认识。在书中我会介绍加拿大智库做什么、面临的机遇和挑战,加拿大智库和美国、英国以及欧洲同行之间的区别,他们通过何种渠道更深入地参与政策制定过程。

写这本书第二个或许更为重要的原因是,我希望通过它展现加拿大的智库。虽然在关于智库机构的比较文学作品中经常会提到加拿大智库的概括,但它没有得到应有的更为详细的论述。由于铺天盖地的媒体报道,加拿大人或许对弗雷泽研究所(Fraser Institute)、贺维学会(C. D. Howe Institute)以及(加拿大)国际治理创新中心这三个组织比较熟悉。同时,由于解决了政策问题,加拿大人可能会对(加拿大)公共政策研究所(Institute for Research on Public Policy)、莫厄特中心(Mowat Centre),以及加拿大西部基金会(Canada West Foundation)这三个组织有一些了解。但有多少加拿大人知道总部位于渥太华的卡利登研究所(Caledon Institute)对社会福利政策作出的贡献,或是由凡尼尔家庭研究所(Vanier Institute of the

---

① 欲了解美国智库的历史,请参见埃布尔森:《美洲智库》;克里奇洛(Critchlow):《布鲁金斯学会》(*The Brookings Institution*);史密斯:《思想掮客》;施莱辛格(Schulzinger):《外交事务的聪明人》(*The Wise Men of Foreign Affairs*);爱德华(Edwards):《思想的力量》;阿贝拉(Abella):《理性的战士》(*Soldiers of Reason*)以及卡普兰(Kaplan):《末日奇才》(*The Wizards of Armageddon*)。

Family)所进行的关于如何解决加拿大中产阶级面临的主要挑战的研究。从大西洋省到不列颠哥伦比亚海岸,智库已成为加拿大政策版图中十分重要的一部分。不幸的是,多数研究北美智库的学者已经完全被高知名度的美国智库所吸引,他们忽略了加拿大智库是如何,以及在何种程度上影响着加拿大政策发展。通过专注于加拿大政策研究机构,这项研究将填补这个空白。

读者能从这项研究中学到的远远超过浏览智库的目录和指南所获得的知识。目录或相似的出版物当中的信息虽然很有用,但很快就过时了。更糟糕的是,它们不能帮助我们理解这些组织是如何参与到政策制定过程中的。鉴于智库目录和指南的目的是为了呈现智库的数据,而非分析为什么一些组织能够更成功地实现其目标,这种情况也是可以预料到的。翻看这些资料后,我们可能会更好地了解一些特定的智库是何时成立的,以及它们可以利用的资源,仅此而已。

在这项研究中,读者不仅能了解到全世界智库的情况,还有加拿大智库在20世纪最初数十年的演变过程。通过了解加拿大最重要的20多家智库,我们对于这些智库做了些什么、从事哪些专业领域的研究、进入政策制定过程的多种方式将会有全面的认识。接下去我们可以就这些智库本身及其对公共政策的贡献开展更为细致而全面的讨论。

智库究竟在多大程度上对公众舆论和公共政策产生影响的?这个问题持续在学术界和决策界引起激烈的讨论和争论,我认为这是应该的。如同我和其他学者认为的那样,如果智库中的政策专家确实发挥着影响公共政策方向的作用,那么弄明白这些组织是如何参与到政策讨论中,与公众、政策制定者以及关键利益相关者产生联系就至关重要了,同样地,搞清楚这些机构愿意扎根于政策制定过程的动机也非常关键。是为了通过给民选官员和公务员提供合理公正的政策知识,从而帮助政府在复杂的政策议题中找准自己的方向吗?或是如同利益团体、说客和社会运动那样,通过各种形式的政治倡导,更有效地影响政策决策?换句话说,智库是否真的如几个主要机构的负责人所说的,真正地致力于推进公众利益,亦或只追求狭隘的个人利益?

对于智库来说,承认自身拥有几个优先项,其中包括帮助决策者和行业领导者在复杂的决策世界中引导他们的道路,都会让人觉得耳目一新。然而智库的负责人经常避开关于组织行为动机的讨论。当他们确实需要概括自己的目标时,通常会从最为利他主义的角度来呈现。随意翻翻任何智库数不胜数的年度报告和宣传材料,它们都传达了类似的信息:我们的目标是鼓励关于国内和外交政策议题的讨论和辩论,起到启发、告知和教育的职责。具有讽刺意味的是,虽然这些相类似的信息通常被标榜在公众利益的范围之内,智库也会毫不犹豫地突出自己所创造的成就。

有许多人密切关注他们所支持的政策机构与他们的竞争对手的表现,为了对这些人负责,智库有动力去展示其影响力的类型和范围。对于那些受到委托去监督智库的人来说,虽然需要两种不同的回应,但回答关于这些机构何时、通过何种方式影响了公共政策这一问题相当简单。事实上,智库的负责人越来越擅长回答和回避有关他们的组织对政策变化发挥了多大的影响力之类的问题。在某种意义上来说,那些智库代表人面对不同的人群有不同的说法。当与熟悉智库工作的学者和记者交谈时,智库负责人会变得相当慎重。"测量和评估智库的影响力出了名的困难。"最近加拿大一家知名智库的负责人这样承认。然而,当向潜在的捐助者介绍智库的活动,或是向董事会成员做年度报告时,那些掌权的人就不会那么谦虚了。这也就是为什么智库密切关注各种业绩评价指标(影响力指标的委婉说法),例如:媒体曝光度、在社交媒体的关注者、机构网站上刊物的下载量,以及智库工作者向议会委员会陈述观点的频率,组织的报告中经常总结和强调这些指标。

智库负责人围绕他们机构的研究工作构建了非常清晰的叙述。关注度意味着影响力,影响力意味着资金。但果真如此吗?接下去我们将会讨论,加拿大的一些智库,例如总部在渥太华的卡利登研究所,保持着谦逊的公众形象,同时仍然能够将他们的想法有效地传达至目标受众。与之相反,有一些频繁出现于聚光灯下的智库,当制定重要法律法规的细节内容时却没了身影。事实是,这些智库对公共政策方向和内容上或大或小的影响都被掩埋于相互冲突的信息当中了,对智库的观察经常会在几年的智库排行当中迷失方向。我们的挑战是去发现真相。

研究加拿大或是任何国家的智库,都可能是一项让人很有挫败感的事业，主要因为智库共同体已经被公认为具有惊人的多样性。智库有截然不同的资源、完成一系列不同的任务、专注于或狭窄或宽泛的利益领域，在研究、宣传和其他活动中分配的优先权不尽相同。这也解释了为何学者在给智库下定义和分类的时候很难达成一致意见。奇怪的是，正是因为智库在某些方面有很大不同，在另一些方面却惊人相似这一特点使其成为有趣的研究对象。

这本书是对加拿大智库领域的入门介绍。读者无需有历史、政治科学和社会学的知识储备就可以了解为何弄清楚智库在做什么，以及是如何做到的是非常重要的。虽然这本书中的许多材料都来源于非政府组织的学术著作，我的目标并非为智库创造出更多的混乱和困惑，也不是要构建一个宏大的理论来解释在每一个可能的政治系统中智库该怎么做。我的目标非常谦虚——澄清和说明这些组织的性质，以及它们如何在各自所处的政治环境中发挥作用抑或是被改变。

需要明确的是，我既不是智库的崇拜者，也不是批评者，我的目的并不是要宽恕或谴责他们的行为。我努力成为一个诚实、敏锐，同时开明的观察者。在过去的20多年，我追踪关注了美国和加拿大智库的活动，试图对这些机构为公共政策作出的贡献提供公正而准确的评估。在这个过程中，我慢慢意识到虽然智库经常会在政策周期的不同阶段发挥巨大的影响力，但在很多情况下，它们在舆论和政治权力中几乎不会被注意到，一些智库业内人士也有相同的看法。用总部位于纽约的（美国）对外关系委员会前主席莱斯利·盖尔布（Leslie Gelb）的话来说，鉴于"智库的影响力是变化无常且难以预测的"，因此大肆宣扬智库的影响力颇有难度。[1] 虽然智库不像其自身所希望的那样有如此大的影响力，它们在学术界和决策界所占据的独特地位为其扩展到政府、公民社会和公众辩论提供了许多机会，它们也因此能够影响公众对各类议题——从退休储蓄到如何加强加拿大的军事实力——的思考。

在我的职业生涯中，我投入了大量的时间和精力去研究美国智库的经验，这是一个我始终感兴趣的主题。然而，当我向加拿大观众谈论起美国

---

[1] 埃布尔森：《国会理念》。

智库的时候，总有人举手提问："加拿大的智库又是怎么样的？它们都干些什么？"经过若干年反复回答关于加拿大智库的相似问题之后，我认为是时候把我的所思所想写下来了。

这本书分成两大部分。第一部分共有八个章节，探讨了关于智库的最常见的问题，概括地阐述了智库的情况，在介绍加拿大智库的时候则更为具体。随后，我们将注意力转向介绍20多家加拿大知名公共政策研究机构。在这一部分，读者将了解到加拿大智库共同体中范围宽泛的研究领域，并将更好地了解诸如弗雷泽研究所、（加拿大）国际治理创新中心、加拿大西部基金会，以及（加拿大）公共政策研究所等智库的历史、活动和正在进行的研究项目。

在接下来的章节中你将会了解到，加拿大智库业界有着多元化且增长迅速的两大特点应该为世界所认可。虽然在国防和外交政策方面有专长的智库目前处于短缺状态，但是专注于国内政策的智库数量与日俱增。加拿大智库的历史非常重要，但长期以来在很大程度上被忽视了。通过深入研究智库扮演的角色，以及它们在加拿大政治图景中的地位，我们会对这些经常影响公众和政策制定者，使他们重新考虑如何看待关键政策问题的组织有更为深入的理解。这样的研究也有助于我们理解一个公众非常感兴趣的话题——是谁塑造了公共政策。

第一章　什么是智库？什么不是？

凯特（KATE）：把孩子们叫来，我要和他们谈谈。

汤姆（TOM）：哦，好吧，他们正在学习。与 Tri、trigo、trig 这三个词有关的内容我们不是很擅长，孩子们组成了一个学习小组，有点类似于一个小型智库。我不想打断他们。

（此段对话来自 2003 年上映的电影《儿女一箩筐》，史蒂夫·马丁（Steve Martin）饰演汤姆，邦尼·亨特（Bonnie Hunt）饰演凯特）

在谷歌、雅虎或者任何一个其他搜索引擎中输入"智库"两字，在几秒钟之内，您可以接触到 1 亿条点击，没有任何特定的重要性或相关性顺序。鉴于这两个词一起出现在印刷物、广播和电子媒体上的频率，我们可以合理地得出这样的结论：经常使用"智库"这个词的记者、学者、专家和博主们通常对这些组织是什么、它们的各种功能有一个共同的理解。然而，浏览了几十篇提到这一实体的文章和博客之后可以清楚地知道，对于这个模棱两可的术语的含义并未达成共识。

根据《简明牛津英语词典》，智库被简单地定义为"一组为特定的政治和经济问题提供想法和建议的专家"。[①]《韦氏新世界字典》提供了更多的细节，指出智库是"由政府或企业组建的团体或中心，旨在进行深入研究、解决问题"。[②] 不幸的是，这些定义不是过于宽泛就是过于狭隘，并没有帮

[①] 见索恩斯（Soanes）和霍克（Hawker）编辑的《简明牛津英语词典》（*Compact Oxford English Dictionary*）。

[②] 古拉尔尼克（Guralnik）：《韦氏新世界字典》（*Webster's New World Dictionary*）。

助我们更好地理解要成为智库,一个组织需要满足什么样的标准,相反引出了更多的疑问:要构成一个智库,是否有最低专家人数要求?在某些情况下,只需要一个人就可以运营一个小企业。一个有进取心的人能否靠一己之力运营一家智库?如果不行,那么2或3个在同一项目上合作的专家,能否声称自己合法地组建了一个智库?事实上,要进入智库,个人是否需要在他的研究领域成为认证的专家也是一个问题。换言之,我们知道大多数持有教授任期或终身职位的大学教授都有博士学位,但是要在智库工作,政策专家需要何种证书呢?考虑到许多在智库机构工作的前政策制定者并没有高学历,因此目前还不清楚何种背景的人才最适合智库工作。有兴趣为国内和国际问题提供政策解决方案的个人能否自称为智库从业者?如同现在许多资质可疑的"治疗师"那样,在办公室门口挂一个招牌。即便是类似于皇家内外科医生学会(Royal College of Physicians and Surgeons)或者像加拿大律师协会(Law Society of Upper Canada)这样的监管机构,他们的建立也是为了开发和管理关于哪些组织够格成为智库、机构从业者需要何种教育或专业经历的指南。另一个问题是:智库是否需要一个实体的办公空间,还是它们可以存在于网络空间当中。对于智库来说,行政层级、人员、预算和研究项目是不是必需的?智库需要捐助者吗?如果需要的话,那么捐助者在机构研究议程的制定方面扮演什么角色?许多智库在争夺有限的、常常附带其他条件的资源,可以说它们是独立的吗?智库中的专家该如何分享他们的建议?宣传是一种传达信息和思想的合适的方法吗?抑或是智库应该仅仅依靠其出版物和其他研究渠道来表达自己的观点?这些关于政治、经济以及其他国内国际问题的观点应该向谁传达?智库是否都是由政府和企业创建的,它们可以由大学或是政策企业家建立吗?于是,问题又回到了"什么是智库"。

虽然在近期的百科词条中提供了大量的关于这些问题的信息,[1]如何定义以及对这些组织分类的疑惑依旧存在。2014年9月20日,《国家邮

---

[1] 由埃布尔森编辑的两条百科词条可参见《智库和美国外交、军事事务》《智库》,由威佛编辑的百科词条可参见《智库》,由弗雷泽研究所编辑的词条可参见其网站(fraserinstitute.org)《什么是智库》("What is a Think Tank?")。

报》(National Post)发表了一篇珍·格尔森(Jen Gerson)撰写的文章,文中她介绍了5家对政策有很大影响的智库。① 曼宁民主建设中心(Manning Centre for Building Democracy)被列入了邮报的智库阵容当中,这家智库由普雷斯顿·曼宁(Preston Manning)创立,旨在为保守派运动教育、培训未来的领导者。这个位于卡尔加里的中心通过提供兼职工作以及赞助各类教育项目、研讨会来达成这一目的。中心还积极参与与党派相关的活动以及在他们的网站上列出的活动。但是他们不进行研究分析,这个职能由曼宁基金会(Manning Foundation)履行。基金会是一家经过注册的慈善机构,和中心相比,它更像是一家智库,应该出现在格尔森的榜单上。但平心而论,鉴于没有达成一致的定义,这种错误没有更频繁地发生还是值得称道的。尽管如此,格尔森对于智库的概括性描述还是准确的。一家智库可以指一个地方、一件事,或者两者皆有。它可以是拥有学者的传统研究机构,如加拿大咨询局(Conference Board of Canada)、布鲁金斯学会以及兰德公司,也可以是虚拟现实中的一个实验。在这一章节中我们将会发现,判断何为智库远比我们想象得更为困难。

许多学者试图完善智库的定义,希望能够概括其完整的范围和多样性,但在尝试了多年之后,大都感到十分沮丧失望。另一些学者,包括詹姆斯·麦甘——一位长期研究智库的学者,避开了关于哪些组织能够被称为智库的学术交流,承认说,"当我见到的时候我就能知道它是不是智库"。② 但是,由于缺乏对智库应具有的特定属性的共识,即使是眼光敏锐的观察家,也有可能无法分辨一些组织是否够格被称为智库,《全球智库报告》就能有力地印证这一点。③ 这份年度研究是由麦甘领衔的美国宾夕法尼亚大学"智库研究项目"完成的。举个例子,2012年发布的报告中,几家学术协会,包括加拿大经济学联合会(Canadian Economics Association)以及许多

---

① 格尔森(Gerson):《智库阵容卡》("Your Think-Tank Lineup Card")。名单中还提及的智库包括贺维学会、弗雷泽研究所、加拿大政策选择中心(the Canadian Centre for Policy Alternatives)和博特宾研究所,不同于名单中的其他3家智库,这4家智库和曼宁中心一样,并不是经注册的慈善组织。
② 麦甘:《美元竞争》,第9页。
③ 麦甘:《2012年全球智库报告》。

以高校为基础的教学、培训中心和机构被纳入了多达 7000 家智库的数据库中。如果如同几位研究智库的学者所说的,研究的产生与传播是智库的典型特征的话,①那么上面提到几种类型的组织就不能被称为智库。毕竟,学术协会以及以监督研究生、本科生的课程为天职的中心和机构并不会视研究为第一要义。这并不是其职责之一,这些机构也没有资源来履行这项职能。为了避免随意地、仅凭主观印象地去定义智库,弄明白这些组织独一无二的特征是很重要的。这样做能够使我们把智库和其他组织区别开来,例如利益和压力团体、游说组织、与政府有关系的公司以及说客。

理解"智库"这个词的起源是开始这个研究的有效途径。当"智库"这个词在第二次世界大战时在美国被创造出来的时候,它并不是用来描述政策专家思考和研究国内国际政策的组织,也不是指推销和宣传思想的组织。这个术语事实上指的是一个位置,军事规划者可以讨论战时战略的安全的房间或者环境。② 然而,智库的意义,以及它们所能提供的,很快就改变了。例如,战后的几年,记者把兰德公司——总部设于加利福尼亚州的圣塔莫妮卡——以一个协助美国空军的项目为起步的研究机构描述为美国居于首位的防御和安全事务智库。③ 这回智库吸引大家的注意并不是因为其为政策专家秘密地交换意见提供了场地,而是因为它们是表面上帮助政府在复杂的政策问题中思考对策的组织。通过向政府部门、国会、官僚机构的成员提供政策建议,智库突然之间被赋予了一个新的角色。

在推广"智库"这个词上,兰德公司可能大有功劳,但它显然不是第一个出现在美国或国外的研究机构。有些学者认为伦敦的费边社(Fabian Society (1884))是西方世界公认的最古老的智库之一。这个组织出了很多著名的知识分子,包括西德尼(Sidney)和比阿特丽斯·韦布(Beatrice Webb),他们是伦敦政治经济学院(London School of Economics)的联合创

---

① 参见埃布尔森:《智库能发挥作用吗?》(Do Think Tanks Matter?);麦甘、威佛:《智库和市民社会》(Think Tanks & Civil Societies);斯通:《捕获政治想象力》。
② 埃布尔森:《智库和美国外交、军事事务》,第 354—355 页。
③ 有许多关于兰德公司历史的研究。可参见卡普兰:《末日奇才》;萨曼(Samaan):《兰德公司》(The Rand Corporation);阿贝拉:《理性的战士》(Soldiers of Reason);史密斯:《兰德公司》(The Rand Corporation)。

始人。然而现代智库的起源可以追溯到更久之前。在费边社建立半个世纪之前,惠灵顿第一位公爵建立了皇家联合国防与安全研究所(the Royal United Services Institute for Defence and Security Studies)(1831)。在19世纪下半叶,建立于1884年的伦敦汤恩比馆(London's Toynbee Hall)和建立于1889年的芝加哥赫尔馆(Chicago's Hull House)等社会福利机构已经开始履行许多当代智库的职能。① 美国和加拿大的其他几家智库也超越了兰德公司,其中包括1907年成立的塞奇基金会(Russell Sage Foundation),1910年成立的卡内基国际和平基金会,1916年成立的政府研究所(Institutefor Government Research)(在1927年时成为布鲁金斯学会),1919年成立的胡佛研究所(Hoover Institution),1920年成立的加拿大社会发展学会(Canadian Council on Social Development),1921年成立的(美国)对外关系委员会,1925年成立的太平洋关系研究所(Institute of Pacific Relations),1928年成立的加拿大国际事务研究所(Canadian Institute of International Affairs,现在被称为加拿大国际理事会),以及1943年成立的美国企业研究所(American Enterprise Institute)。②

回到我们刚开始提出的问题十分关键:什么是智库而什么不是？要解释何谓智库,我们要关注把它们区分于其他组织的五个典型特征,随后我们就可以更高效地把智库和其他在政策制定领域争夺关注度和影响力的组织,包括说客、利益团体、与政府有关的公司区分开来。

一、五种鉴别智库的方法

1. 已注册的慈善机构和非营利组织

美国和加拿大的大多数智库都可以被认定为非营利组织,这是一个范围极广,容纳了成千上万团体的类目,从未成年人曲棍球协会到酒精、毒品

---

① 我要感谢蒙达·哈尔彭教授(Monda Halpern),她帮助我把慈善团体履行的职能与智库的联系起来。
② 欲了解这些智库的总体概况,请参见埃布尔森:《旧世界、新世界》("Old World, New World")。

康复中心。但大多数情况下，独立的（非大学型）智库，例如弗雷泽研究所①和贺维学会，根据《所得税法》，也注册为慈善机构。② 两个值得注意的例外是曼宁民主建设中心和博特宾研究所（Broadbent Institute）。曼宁民主建设中心于 2005 年由加拿大改革党前领导人在卡尔加里建立；博特宾研究所于 2011 年由联邦新民党的前任长期领导人埃德·布罗德本特（Ed Broadbent）在渥太华建立。两个机构都不是慈善性质的，这样它们就能够广泛地涉足政治活动，这个话题我们很快会继续讨论。

慈善机构通常包括宗教机构，致力于教育、扶贫或是改善当地社区条件的机构（通过提供动物收容所、图书馆、志愿消防部门等）。根据加拿大税务局的说法，慈善机构的性质对于智库来说是非常合适的，因为其致力于通过政策研究达到教育的目的。与大学、学院和其他教育机构一样，智库是免税的（未注册成为慈善机构的非营利组织也是如此）并且被允许开具正式的捐款收据，这有利于它们吸引和留住捐赠者。③ 美国的智库，只要符合《国内税收法》（*Internal Revenue Code*）第 501（c）条第 3 款的规定，注册成为慈善机构的，也可以享受相似的待遇。④

尽管慈善机构性质的智库有许多优势，并非所有致力于研究和分析的机构都渴望如此。事实上，北美、欧洲和其他地区的许多智库都是追求利

---

① 弗雷泽研究所是加拿大众多得益于其慈善组织性质的智库之一，可参见洪（Hong）：《弗雷泽研究所自 2000 年起获得 430 万美元的海外资金》("Charitable Fraser Institute Received $4.2 Million in Foreign Funding Since 2000")。
② 根据《所得税法》，注册成为慈善组织的要求可参见 http://www.cra-arc.gc.ca/chrts-gvng/chrts/menu-eng.html。
③ 值得注意的非常重要的一点是非营利组织（通常也指非营利企业）以及慈善机构都是免税的。根据《所得税法》的规定，只要非营利组织满足其资格要求，就可以免除税收。尽管如此，慈善组织和非营利组织可能都需要为它们所占用的建筑空间和一些相关成本交税。不同于慈善组织，未被认定为慈善性质的非营利组织不能就慈善捐款开具税收收据。请参见 http://pattersonlaw.ca/NewsArticleView/tabid/179/ArticleId/136/Charitable-and-Non-Profit-Organizations-and-Canada-s-Income-Tax-Act.aspx；布蒂（Boutis）、阿里（Ali）：《〈所得税法〉的变更》("How Changes to the Income Tax Act")，http://rabble.ca/columnists/2012/09/。
④ 根据《国内税收法》第 501（c）条第 3 款规定，注册成为慈善组织的要求可参见 http://www.irs.gov/Charities-&-Non-Profits/Charitable-Organizations/Exemption-Requirements-Section-501(c)(3)-Organizations。

润的企业性质,为客户提供战略建议、风险评估以及其他服务。位于美国堪萨斯州的营利智库(Profit Think Tank)就是一个例子,如同它的名字所示,这是一个营利性公司,旨在指导企业如何提高利润率。然而,这些和其他类似的建立在私营部门基础上的组织只是全球智库群体中的很小一部分。① 除了成功运营一家追求利润的智库所带来的显而易见的好处,许多智库因为更为实际的考量而放弃慈善机构的性质。正如我们很快将讨论的一点,加拿大的慈善机构被禁止参与特定的政治活动。例如,他们不能公开支持某个政党;对于加拿大税务局定义的政治活动,最高只能投入其所有资金的10%,一些非营利组织并不想在这点上作出承诺。② 然而加拿大税务局法定的定义"何为政治活动"的权力,连同对于哈珀政府向税务局施加压力、遏制左翼智库的指控,在对这些慈善组织进行审计时引发了争议。美国智库对根据《国内税收法》进行的审计不断增长的担忧也解释了为什么近些年来美国的一些智库,包括传统基金会和美国进步中心(Center for American Progress),根据《国内税收法》第501(c)条第4款规定建立了姐妹组织。不像第501(c)条第3款规定的那样,智库必须避免参与一些特定的政治活动,根据第501(c)条第4款规定建立的智库有更多的参与政治游说的自由,③这些内容我们将在下一节具体展开。虽然如此,大多数智库还是加入了成千上万的免税、非营利的慈善机构行列,在日趋拥挤的思想市场中争得自己的一席之地。

在20世纪头几十年,美国和其他西方国家智库处于起步阶段时,政策机构的负责人和学者的主要目标看上去是产出高质量的研究,以此吸引政策制定者的注意。随着高质量成果的产出,智库对于自己能够帮助民选官员在主要的国内和国际政策方面作出更明智的决定变得越来越自信。智

---

① 关于捐赠者和营利智库之间的关系,请参见蒙迪扎巴尔(Mendizabal):《营利智库》("For-Profit Think Tanks")。
② 转引自德伊法拉:《为慈善组织解除束缚》。
③ 参见特洛伊(Troy):《贬低智库》("Devaluing the Think Tank")、本德(Bender):《华盛顿特区的智库》("Many DC Think Tanks"),也可参见 http://www.irs.gov/Charities-%26-Non-Profits/Other-Non-Profits/Types-of-Organizations-Exempt-under-Section-501(c)(4)。

库优先考虑的事情是政府的需求,而非超过他们的竞争者。然而,冷战后期,随着智库业界的扩展,以及成百上千拥有各自政治目的利益团体、联盟以及其他组织开始崭露头角,智库不得不重新思考他们应该扮演何种角色,以及要想提升自身在政策制定领域的知名度,应该运用什么战略。一些智库认为他们的定位是很明确的:进行科学合理且严谨的研究。如果这样做的话,就不用部署全方位的战略来吸引政策制定者的注意,毕竟,如果研究是可靠的,政策制定者为何不听呢?随后,正如我们在后面的章节中会详细论述的,当传统基金会在20世纪70年代初期作出了改变之后,智库的角色和战略就开始发生变化了。智库变得更积极主动,而不是简单地产出一系列可能会、也可能不会引起国会议员和行政人员兴趣的研究。事实上,在民权时代和越南战争之后,许多智库和利益团体开始互相竞争,期望自己的声音能被听到,智库开始意识到自己不能继续保持政治进程中公正的观察者这一角色了。取而代之的是,他们开始利用由美国企业推广开来的市场战略,以期成为思想领域中更活跃的参与者。

2. 非党派的或是非意识形态的?

当智库在加拿大税务局的详细指导下申请注册为慈善机构性质的时候,他们已经意识到,如果申请成功的话,将受到法律义务的约束,保持无党派。[1] 这并不意味着作为一个已经注册了的慈善机构,智库必须避免就政策问题发表意见或建议。毕竟,进行研究分析,与不同类型的受众分享其成果只是建立智库的重要原因之一。此外,坚持无党派立场并不阻碍智库接受特定的意识形态。[2] 即使加拿大政治中最漫不经心的观察家也能分辨出弗雷泽研究所的保守主义倾向以及加拿大另类政策研究中心更为自由开明的政策观点。说得更明白些,虽然作为慈善的、无党派机构,智库并没有失去自由表达的民主权利。不管智库把自己置于思想谱系的哪个位置,他们都能够研究政策问题,并且通过多种渠道表达自己的想法。一些学者可能会质疑,

---

[1] 美国的智库更喜欢将自己描述为代表两党的而不是无党派的。这为智库营造出一种不为民主党或共和党的政治议程服务,而是为任意一党当选的官员提供他们专业知识的形象。

[2] 无党派和无意识形态之间的区别通常十分模糊。可参见巴杰(Badger):《智库是无党派性质的吗?再想一想》("Think Tanks Are Nonpartisan? Think Again")。

智库进行的研究是否坚持严格的科学标准。但有一点是确定的,当谈论到重要的政策议题时,智库很少保持中立。实际上,就如我们之后会提到的,近些年来,不仅智库本身,连同它们所进行的政策研究,都变得日益政治化。

那么做到无党派究竟有哪些要求?理论上来说,满足加拿大税务局对于无党派提出的要求并不复杂。它仅仅是指智库被禁止参与某些特定的政治活动,这些活动是指以公众利益为代价,提升智库本身及其捐助者利益的活动。如果智库被允许介入直接的政治活动,它们作为研究机构的目的将会发生巨大的转变,会马上加入利益群体和游说群体的行列。从政府的立场来看,慈善组织的建立应该促进公共利益,而非私人利益。因此,加拿大税务局的官员认为理所当然的是,为了交换慈善机构的性质,智库应该优先考虑国家利益而非专注于思考它们同民选官员和政党之间的关联及如何帮助他们在政策领域发挥影响力。[①] 然而,值得注意的是,加拿大税务局拥有定义何谓特定的政治活动,以及判断慈善组织为这些活动的投入是否超过其所有资源10%的权力,这在智库和其他慈善组织中引起了巨大的关注、困惑和不满。例如被加拿大税务局仔细调查的乐施会(OXFAM)。在理论上能够奏效的做法遇到了实际且难以对付的障碍。意识到这点之后,智库开始权衡注册为一个慈善机构性质的组织和以成熟的党派机构的身份参与政策制定过程这两者间的利弊。大多数情况下,智库会选择前者。在一个理想世界,加拿大政府对于智库参与政治活动的限制十分有限,对于这些智库影响公众舆论和公共政策的核心使命作用甚小。他们仍然可以投入无限的资源进行研究,花大量的时间建立联盟和网络,扩大其筹款活动,[②]与此同时,以有效的政策倡导者标榜自己。老实说,加拿大的智库不应该参与到党派活动中以推进其议程,也不应该从民选官员处得到优待,以便他们的声音能够在思想市场上被听到。只要智库产生有思考、严谨的、合乎情理的研究,不因为政府机构的政治压力自我谴责,他们就应

---

① 欲了解更多关于加拿大政党和智库之间的关系,参见盖尔斯(Gailus):《思想游戏》("Mind Games")、贝尔(Baier)、巴克维斯(Bakvis):《智库和政党》("Think Tanks and Political Parties")。
② 欲了解加拿大智库是如何获得资助的,请参见麦卡利维(McLevey):《智库、资金与政策知识政治学》("Think Tanks, Funding, and the Politics of Policy Knowledge")。

该以政策制定过程中重要的一员自诩。但这是否要求的太多了？如果加拿大税务局坚持他们对于慈善机构的既定政策,智库也能够分到属于他们的那块蛋糕。

根据加拿大税务局 CPS‐022 号政策声明,①该文件概述了何为慈善机构可以参加以及不能参加的政治活动:"慈善机构不能以推进或抵制政党、当选代表、公职人员候选人的利益为目的而建立。同时,慈善机构的组成不能够保留、反对、改变加拿大各级政府以及外国政府的法律、政策和决策"。

作为慈善机构,智库不被允许公开支持或反对参加竞选的候选人。然而,他们仍然有权分配"一小部分资源用于政治活动"。② 此外,在智库被禁止参加党派政治活动的同时仍被允许在满足以下条件的基础上,使公众意识到他们在某一事件上的立场:

(1) 明确地把他们的观点与任何政党或公职人员联系起来;
(2) 事件和智库的目的是相关的;
(3) 智库的观点基于一个合理的立场;
(4) 提高公众认识的活动不能成为慈善机构的首要活动。③

在政策声明中,加拿大税务局提供了更多关于智库禁止参加的政治活动的信息,包括:

(1) 在慈善机构的简报中支持选举候选人;
(2) 分发传单,突出政府缺乏对慈善目标的支持;
(3) 为政党活动的组织者安排和赞助膳食;
(4) 邀请精心挑选的选举候选人在各种场合发言。

尽管以上提到的以及其他许多对于智库禁止参与的政治活动的内容:"一个将其所有资源投入慈善活动的慈善机构可以在允许的范围内进行政治活动"。④ 如果慈善机构严格遵守加拿大税务局提出的指南,以下的政治

---

① 参见 http://www.cra-arc.gc.ca/chrts-gvng/chrts/plcy/cps/cps-022-eng.html#N101D6。
② 同上。
③ 同上。
④ 同上。

活动是可以被允许的：

（1）通过在报纸上刊登广告向政府施压；

（2）组织一次目的地为国会山的游行或者在国会山上的集会；

（3）组织一次旨在支持慈善机构主张的会议；

（4）聘请一位交流专家来安排媒体活动；

（5）开展邮件活动，敦促支持者联系政府。

问题在于，加拿大税务局列出的禁止和可被允许的政治活动既能被广义地解释也能被狭义地定义。然而，显而易见的是，虽然并不总是成功，但联邦政府正在尝试着区分党派参与和政策参与。就智库来说，这个政策文件中包含的信息是很明确的。作为研究机构，智库被期望能够在许多政策议题上产生想法，并且把它们传达给目标群体，这其中包括政策制定者。他们可以邀请当选的官员以及工作人员参与会议和学术研讨会，给他们提供智库的出版物，甚至可以主动提供政策建议。加拿大税务局的指南中并没有阻止智库同议会、内阁以及官僚机构的成员沟通，但他们不能支持或者反对参加竞选的候选人、为政党提供资金支持，或者为了更改由加拿大政府或外国政府制定的法律、政策及决策而投入相当大比例的机构资源。在德国，由国家资助的一组经过挑选的智库负责满足政党的研究需求。[①]而在加拿大，政府努力划清政党和智库成员之间的界限。虽然一些加拿大政党偏爱与特定的智库保持密切的关联，政策机构并不愿意因为把自己的政治命运与政府、官方反对党以及议会中的其他政党联系在一起而损害其"独立性"。

在美国，《国内税收法》用了更为严格和精确的语言来限制智库参与党派或政治活动。根据《国内税收法》第501(c)条第3款规定，所有的免税机

[①] 参见图恩特(Thunert)：《德国专家政策建议》("Expert Policy Advice in Germany")、布拉姆尔(Braml)：《德国智库的决定性因素》("Determinants of German Think Tanks")。欲了解更多关于德国智库的信息，请参见波茨：《智库、社会民主与社会政策》。在最近的一本著作《哈珀主义》中，唐纳德古特施泰因揭露了哈珀政府与一些保守派智库之间密切的关系，驳斥了智库担心与政党结盟而丧失自治权的观点。也可参见马克奎恩：《哈珀加速了他的战争》、戈尔：《又一个为世界展示加拿大的窗口关闭了》。

构(其中包括了大部分美国智库)必须严格遵守以下规定：

> 所有根据第501(c)条第3款规定建立的组织严格被禁止直接或间接，以代表(或反对)公职候选人为目的参与或介入任何政治活动。对政治竞选基金的贡献或代表该组织公开赞成或反对任何公职候选人的立场(口头或书面)显然违反了禁止参与政治活动的禁令。违反禁令可能导致撤回或免税性质遭到否定的后果，并且征收一定数量的消费税。①

在《国内税收法》第501(c)条第3款的规定下，美国智库在参加立法活动方面也受到了限制，立法活动是游说的委婉说法。然而，不像《国内税收法》中对党派性的明确立场，在对于游说的立场上留下了很大的解释空间。例如，相比起"游说国会议员是被禁止"这样明确的说法，《国内税收法》只是简单地陈述为"智库不能够通过大量的活动来影响立法"。② 智库可以参加国会山、州议会以及其他立法机构的游说活动，根据《国内税收法》中的规定，只需要小心不要卷入"过多的游说活动"。③ 但是，当涉及与行政、司法和行政部门的政府成员讨论公共政策问题时——这些机构都没有制定法律的权力——智库被赋予了更多的空间。总结来说，《国内税收法》更注重限制智库在竞选进程中的活动，而非官员上任后采取的行动。毕竟，当选举结果出炉之后，智库必须把自己与其他成千上万想要影响公众舆论和公共政策的组织区分开来。为智库参与党派活动设置更为严格的阻碍这一行为，使美国政府为非营利组织构建了一个更公平的竞争环境，但即使有这些限制，也没能阻碍智库让大众感受到它们的存在所做的尝试。

---

① 参见 http://www.irs.gov/Charities-&-Non-Profits/Charitable-Organizations/Exemption-Requirements-Section-501(c)(3)-Organizations。
② 同上。
③ 同上。

美国和加拿大①的智库明白其慈善机构的性质如果被取消的话意味着什么（他们将不再被授权开具捐款收据），但他们也意识到维护和加强与各级政府政策制定者关系的重要性。在美国，智库已经找到了一个具有创造性和创新思维的解决方案以躲避《国内税收法》的强硬措施。当智库成员被邀请参与总统和国会竞选时，他们就会向智库要求休假。通过这种方式，来自国家顶尖智库的政策专家可以与候选人交换意见，他们的雇主也不用害怕因违反《国内税收法》的规定而受到惩罚。智库并没有给出针对任何一个候选人的官方立场，因此符合第 501(c)条第 3 款规定的条件。同时，智库中的专家能够帮助竞选公职的候选人塑造政治平台。此外，即使智库并未公开表示支持或反对某一位候选人，智库中的政策研究者仍然被鼓励撰写表明立场的文章和政策蓝图，并就美国政府应如何解决国内外主要政策问题提出建议。这些文件中的一部分，包括 1980 年发表的《传统基金会：领导的使命》(Heritage Foundation's tome, Mandate for Leadership)，在帮

---

① 加拿大智库也非常清楚地知道其慈善机构的性质如果被取消的话有什么后果。根据智库实际的违规行为，处罚的范围可以从谴责，或罚款，到失去其慈善机构的性质。在 2015 年早期，此事真实发生在有"尊严地逝去"这个组织身上，参见凯莉·克罗（Kelly Crowe）：《首相对慈善机构开展的审查》。2014 年夏天的一些新闻报道显示，加拿大税务局当时正在调查是否一些慈善组织，包括加拿大另类政策研究中心涉及不恰当的政治活动。大约有 60 多家慈善组织在当时受到了审查。一些批评家指出哈珀政府利用加拿大税务局来扼杀政治辩论，参见毕比（Beeby）：《加拿大税务局对左翼智库的审计》("CRA Audited Left-Wing Think Tanks")；《新民主党呼吁独立调查》("NDP calls For Independent Probe")；《加拿大税务局审计加拿大另类政策研究中心》("CRA Audits CCPA Think-Tank")以及《加拿大税务局对乐施会的审计》。为了回应加拿大税务局对加拿大另类政策研究中心开展的审计，一封给国家财政部长的公开信连同请愿书，在进步经济论坛上被提出，"敦促加拿大税务局暂停对智库的审计，直到真正中立的标准和审计程序实施的时候"。迄今为止，超过 400 名来自加拿大各地的研究人员签署了请愿书。参见塞卡瑞西亚（Seccareccia）、罗尚（Rochon）：《学术界反对对于加拿大另类政策研究中心的审计》("Academics against the CCPA audit")；《最新情况：学界的情愿》("Update: A Petition of Academics")，参见 http://www.progressive-economics.ca/2014/09/11/a-petition-of-academics-against-the-ccpa-audit/。存在争议的是智库进行的一些活动是否本质上是政治属性的，还是为了教育目的而进行的。据 1999 年加拿大最高法院裁决，"只要能以结构化的形式提供有用的信息或是培训，并且真正是为了教育的目的，那么就可以被认为是提高接受者的知识水平或者能力，而不仅仅是为了推进一个特定的观点或是政治方向，以此认定这种行为是促进教育"。欲了解更多信息参见蒙迪扎巴尔和毕比合著的《加拿大税务局对左翼智库的审计》。

助未来的政府指明美国的发展方向上发挥了重要的作用。①

美国智库已经想出了其他的办法使他们自身、他们参与的政治和立法活动与《国内税收法》隔绝开来。2005年,美国进步中心建立了其姐妹组织美国进步行动基金中心(Center for American Progress Action Fund),更多地参与到游说活动中。自从那时起,其他的智库,包括传统基金会开始仿效这一做法。2010年,传统基金会建立了美国传统行动(Heritage Action for America),也被称为传统行动(Heritage Action),以此来扩展其立法活动。根据第501(c)条第4款规定的条件,这些非营利、免税的社会福利组织能够把游说作为他们的主要活动。除其他事项外,与根据第501(c)条第3款规定建立的同行组织相比,这个名称为他们提供了更多参与立法事务的机会。

值得再三强调的是,无党派并不应该与意识形态中立混为一谈,这两者并不是同义词。所有的智库,不管它们的使命和责任是什么,都会产出反映特定意识形态的政策报告。相较于其他智库,有些智库更自由或保守并不会在加拿大和美国的政策界引起恐慌,只要这些组织尊重党派活动的局限性。然而,有趣的是,尽管政策制定者对于智库的日益政治化并未表现出过度的担忧,研究智库的学者对于这些组织将更高的优先级分配给政治倡导而非政策研究持严肃的保留意见。这是否会导致智库角色的根本性转变,或者只是智库传统角色的重新定位还不得而知。但很明显的是,近年来,智库进行了大量的思考,并投入了额外的资源来推销他们的思想。②

3. 政策研究和政治倡导

对于智库来说,产生和传播适时且相关的政策研究是他们非常重视的第一要务。事实上,如果没有对于各种内政外交政策持久的研究剖析,这些组织不能够,也不应该合理地被称为智库。毕竟,进行研究是智库的核心所在,不是吗?

---

① 埃布尔森:《美洲智库》,第16—18页。
② 萨利(Selee)在他的研究《智库应当做什么?》(*What Should Think Tanks Do?*)中提到这个话题。

当安德鲁·卡内基(Andrew Carnegie)、罗伯特·布鲁金斯(Robert Brookings)、赫伯特·胡佛(Herbert Hoover)以及其他进步时代的著名慈善家建立智库,并以他们的名字命名时,他们期望能够建立这样的机构把整个国家最具智慧的人集合起来,在复杂的政策问题中帮助政府考虑对策。[1] 作为回报,智库为专家能够进行长期的战略思考创造了条件,在政府中很少能为每天处于政治阴谋中的政策分析者提供这样奢华的条件。吸引了来自各个学科的学者给20世纪早期的智库提供了可信度和合法性,但是真正使政策制定者注意到他们的是机构产出的研究的质量。[2] 坚持严谨科学标准的研究成为20世纪早期这些智库的标志,其中包括布鲁金斯学会和卡内基国际和平基金会。智库致力于产出深深扎根于社会科学和人文科学的合乎情理的想法和政策选择,这使他们能够在一段时间后影响政策。虽然在加拿大、美国以及其他国家的绝大多数智库中,研究仍然是优先事项,但它并不是唯一需要优先考虑的问题。事实上,对于智库负责人来说,在研究上投入的资源必须要与组织的其他活动,包括营销、网络和推广带来的效益进行权衡。

通过把自己描述成为致力于生产独立的科学研究的政策研究机构,智库希望能够引起公众以及寻找新的、创造性的解决方案来解决政策问题的政策制定者的共鸣。然而,不像20世纪头几十年建立的智库那样,现代的公共政策机构通常把研究作为达到目的的手段,而不是目的本身。产出高质量的研究可能会为智库产生更多的曝光率和知名度创造机会,但要实现长期的政策影响,他们不能把所有的鸡蛋放在一个篮子里。取而代之的是,智库更倾向于依靠多种渠道来实现自己的目标。简单来说,源源不断的出版物会为智库营造出他们依靠专家和专业知识服务公众利益的印象,但对智库来说更为重要的是如何最高效地推销他们的思想,我们很快会回到这个主题。

除了与机构的其他优先事项相比较之外,还有其他几个因素会影响智

---

[1] 埃布尔森:《旧世界、新世界》,第130—134页。
[2] 研究并不总是出于利他主义的目的。更多信息可参见帕马(Parmar):《美国世纪基金会》(Foundations of the American Century)。

库选择承担何种研究项目。当然,机构的预算规模将决定其可以雇佣的研究人员的数量和所产生的研究种类。举个例子,鉴于进行调查的成本很高,特别是那些需要知名的调查公司协助的研究,因此,智库可能会回避一些定量研究项目。即使是加拿大统计局(Statistics Canada),一家和其他国内政策智库相比有更多可以利用的资源的智库,也因为预算削减的原因缩小了研究规模。不过,大多数加拿大智库都以电子版和纸质版的形式发布政策简报、意见书、技术报告和通讯简报。一些智库,包括总部在蒙特利尔的(加拿大)公共政策研究所,还发布杂志和专著。

在确定研究方向的地理领域时,资金也起到了相当重要的作用。举例来说,当资金短缺时,一些智库就会专注于研究本地的、国内的议题,而非国际问题。尽管通过数字技术获取全球事件的信息相当容易,但这并不能代替派人到当地亲眼观察发生了什么。资金的缺乏或许可以解释为什么加拿大的智库中很少有研究国防和安全事务的。[1]

对于大多数智库来说,这些问题只是成功的一半。让智库负责人晚上睡不着的是如何将他们的研究成果传达给关键利益相关者。鉴于思想市场变得日益拥挤,智库投入了更多的时间、精力和资源去考虑政治倡导问题。虽然他们普遍认为宣传是智库工作中重要和必要的组成部分,对于一些观察家来说,[2]宣传已经演变成一种不健康的迷恋,破坏了研究成果的质量和完整性。如果事实确实如此,那么智库如何在政策研究和政治倡导之间取得平衡,以及为什么他们认为这两种职能对他们的成功至关重要?

针对倡导型智库产生的相关问题的详细回答将会在接下来的章节中讨论,现在简要讨论一下政治倡导的概念。"政治倡导"这个术语对于智库来说既不新,也并非独一无二。事实上,多年来,政治科学家已经调查了倡导团体、倡导联盟和倡导网络,以更好地了解个人和组织如何调动资源,以支持或反对各种公共政策。但针对智库如何设定优先事项,这个概念的含义会略有不同。虽然政治倡导可以而且经常指智库为了表明或捍卫特定问题上的立场而作出的努力,它也可以理解为一种战略、方向,或姿态。智

---

[1] 穆加、欧文:《加拿大智库的衰落》。
[2] 可参见,例如,埃布尔森《看上去是个好主意》("It Seemed Like a Good Idea")。

库期望变得越发倡导导向与总部位于华盛顿的传统基金会的成功经验,以及受其影响的几代政策机构有密切的关系。

1973年,为了与更为开明的布鲁金斯学会所产生的影响力相抗衡,国会助理保罗·韦里奇(Paul Weyrich)和埃德温·福伊尔纳(Edwin Feulner)建立了传统基金会,那时候他们意识到将政策研究与积极营销相结合的重要性,这是倡导型智库的标志。① 在来自爱丁堡大学的博士生和沃顿商学院工商管理硕士的帮助下,福伊尔纳和他的同事将政治倡导变成了一门艺术。罗纳德·里根在1980年11月当选总统时,传统基金会通过一系列战略,在改变智库业界的局面上取得了巨大的进步,使智库的思想更为清晰、通俗易懂地传递给政策制定者和其他利益相关者。福伊尔纳专注于提供"快速响应的政策研究",即准确、及时以及相关的研究成果,这被认为是传统基金会的成功秘籍。当选总统里根亲切地把这个组织称为"街区上活跃的新孩子"。②

不久,美国的其他智库就发现了传统基金会的成功秘诀,几年内,几家智库,包括美国进步中心,效仿了传统基金会的模式。③ 传统基金会对改变智库定位的影响远远超出了美国国内。位于温哥华的弗雷泽研究所不到一年时间就跟随传统基金会的步伐,此外还有位于伦敦的亚当史密斯研究所(Adam Smith Institute),它们是非美国智库中最早几个认识到实现政策影响力的关键可以在传统基金会的做法中找到的智库。④ 传统基金会把政治倡导作为其优先事项的做法已经蔓延开来了。全世界几乎每一个地区中的智库都试图效仿传统基金会的策略。不足为奇的是,在最近的几十年里,当倡导型智库数量与日俱增,政策制定者以及他们的职员开始越来越依赖于这类型智库所提供的关于内政外交政策议题的精确分析后,学者们

---

① 威佛:《变化的智库世界》,第567页。
② 尼克博克(Knickerbocker):《传统基金会的思想》("Heritage Foundation's Ideas")。欲详细了解传统基金会的历史,参见爱德华兹(Edwards):《思想和引领的力量》(*The Power of Ideas and Leading the Way*)。
③ 参见特洛伊:《贬低智库》。
④ 欲了解关于亚当史密斯研究所的有趣历史,请参见皮里:《智库》。关于弗雷泽研究所的历史,请参见埃布尔森:《智库能发挥作用吗?》,第45—47页。

却表达了担忧。由于这种现象,顶尖大学社会科学研究被边缘化这一问题日益凸显。[1] 他们的担忧是有必要的,尤其是因为政策制定者倾向于依靠只提供主要政策问题概述的出版物而非由教授所做的详细研究来制定决策。虽然这种认识可能会引起学术界更大的焦虑,对于已经明确将进一步以倡导作为导向的智库来说,这是一个好消息。在查看智库的年度报告时很容易看出一个研究投资政策的机构在政策研究和政治倡导上各投入了多少。在某些情况下,智库在与倡导相关的活动方面的投入与他们在进行研究方面的投入相当。[2] 但是在我们得出关于智库究竟如何分配其资源的结论之前,重要的是要记住一些事情。

毫无疑问,智库将继续在政治倡导上花费大量的时间、精力和金钱,但这并不意味着他们已经放弃了自己的核心使命。事实上,可以说通过积极地推销他们的研究成果,智库只是试图把他们的想法变成现实。倡导有不同的形式,并且可以在不同的阶段进行;虽然常常被笼罩在神秘之中,但简单来说就是向不同的受众推销特定的愿景或信念。那些专注于研究的智库并不比参与了倡导相关活动的智库来得更高尚和有道德。事实上,所有的智库都有研究和倡导职能,区别在于他们更重视哪个。倡导型智库常常被描绘成阴险而利己的组织,决心在公共政策上留下不可磨灭的印记。即使这些智库很乐意承认他们致力于促进一个特定的议程,分享和推销思想并没有什么邪恶的,即使那些想法可能会损害公共利益。毕竟,政策制定者和公众有责任去判断那些意图影响政策制定的智库所提出的建议是否有价值。尽管为了一个特定的政策举措,智库可能想尽一切办法来履行教育、告知、倡导职能,最终,智库的命运掌握在起草、批准和执行公共政策的人手中。正如在引言部分提到的,智库不制定公共政策,而是试图以满足他们原则和信念的方式影响它。在这一过程中,当智库如履薄冰地走过意识形态和政治战场时,一种熟悉的不安感常常会笼罩着他们,他们必须权

---

[1] 欲了解智库的成功在多大程度上使得社会科学研究被边缘化请参见迈德韦茨:《美洲智库》。
[2] 关于智库费用支出的数据可以在他们的年度报告中找到,通常也能在他们的网站上获取这些信息。

衡思想和利益这对矛盾。

4. 思想和利益

现在,读者们已经预料到了,当学者研究智库时,他们往往关注这些组织产生的思想。没有能与政策制定者以及其他利益相关者分享和交换的思想,智库将不复存在。思想是智库的本钱,定义他们是谁以及他们做什么。这就是为什么智库经常被描述为在思想市场中竞争的思想经纪人或是小贩。① 但是,随着时间的推移,当智库培养出一套理念后,他们也吸引了各种对他们的政策建议感兴趣的目标受众。结果就是思想和利益的结合——智库的第四个可识别特性。这意味着什么?它意味着智库提出的想法,从如何减少我们的医疗保健系统的支出到如何改革加拿大的军队,在不同选区中总会有支持或者反对。随后问题就变成了,对于智库来说,思想和利益,哪个更重要?答案是都重要。

智库即使只想获得少量的政策影响力,他们的思想也必须有吸引力。虽然智库声称自己不代表任何特定的选区,他们确实需要关键利益相关者的支持。除了满足他们主要捐助者的关注,智库还需要思考公众、政策制定者、记者、商业领袖以及其他舆论影响者将会对他们的政策建议作何反应。理想情况下,智库提出的思想将完全符合他们的利益所在。然而,大多数情况下事情并不是这样。因此,智库的负责人要寻求一个平衡,在推销思想以推进研究所核心任务的同时不疏远他们所依赖的个人和组织。

为了扩大自身的支持基础,政党经常使自己的纲领变得更加柔和或者强硬。因此,为获得更大的知名度和影响力,智库发现需要修改各种内政外交政策的信息。当然,不同于那些寻求公职的组织,智库不需要安抚某一特定区域的选民。不过,为了吸引和维持捐助者的支持,并与那些掌握权力的人建立牢固的联系,智库必须参与到政治过程中。这需要仔细的规划、战略性的资源配置、有才华且稳定的专家队伍,以及对于决策过程细致入微的理解。② 不同于一些非营利组织专注于实现短期的政治成功,智库以及资助他们的个人和基金会不满足于获取某一场战争的胜利,他们志在

---

① 参见史密斯:《思想掮客》。
② 参见萨利:《智库应当做什么?》。

取得思想之战的胜利。对公众和政策制定者解决关键政策问题的方法产生影响是一个长期的投资,智库及其资助者非常愿意为此作出努力。

没有任何灵丹妙药可以实现思想和利益之间的平衡,但毫无疑问的是,这两者对于智库在政治格局中的自我定位发挥了相当重要的作用。对于智库存在的意义——影响公众舆论和公共政策来说,思想和利益也是非常关键的因素。

5. 塑造公众舆论和公共政策

利益团体、政党、倡导联盟以及其他非政府组织、政府组织和营利机构都致力于塑造公众舆论和公共政策,但很少能像智库那样高效而系统性地影响公众和政策制定者。通过建立起学术界和政策制定领域之间的联系,智库以及其中的专家已经占据了独特的空间,可以交流和分享一系列关于紧迫的政策问题的想法,利用他们的专业知识和政治联系扎根于政策制定过程。

智库把自己包装成为在各个政策领域都具有专业知识的研究机构,这种重要性再怎么强调都不为过。智库依靠可靠的专业知识来赢得公众、决策者和其他利益相关者的信任。然而这是无形的因素——他们预测在未来的几周、几个月、几年的时间内,什么内政外交政策将主导政治议程的能力,以及他们提供及时而相关的政策建议的能力,都使智库在政治舞台上能够区别于其他的参与者。虽然智库在大小、资源、专业领域、思想定位等方面都有很大的差别,他们都有一个共同的愿望,就是能在公共政策上留下显著的印记。为了完成这一点,他们依靠多种渠道来塑造公众舆论和政策问题,同时延伸到重要的政策圈,这一主题将会在第四章进行详细的讨论。

学者们还没有解决智库对民意以及民选官员的决策能产生多大的影响这个问题。但在我们解决这个问题和其他相关问题之前,重要的是要结束这个讨论,解释什么不是智库。之前,我们已经比较详细地提出了智库的 5 个可识别或是典型特征,现在我们就将区分智库和试图影响公共政策的其他组织。由于智库越来越注重政治倡导,他们经常被错认为是利益团体或说客,这并不奇怪。然而,正如本章所指出的,存在一些根本的区别。

二、什么不是智库？

智库的职责是生产和传播思想；利益团体旨在通过向政府施压，以通过支持他们目标的立法，反对破坏它的倡议；说客和游说公司试图以满足客户利益的方式影响民选官员。表面上看，这些组织之间主要的区别是很明显的，但事实上，它们之间的界限日益模糊。

关于什么是以及什么不是智库的困惑源于这些组织介入政策制定过程的多种方式。智库，如同利益团体，依靠公开和私人的渠道向政策制定者和公众传达他们的想法。他们会：

（1）组织演讲人系列活动、会议、研讨会和工作坊；
（2）利用社交媒体使追随者能够了解到组织最新的项目信息；
（3）接受印刷、广播和电子媒体的采访；
（4）鼓励他们的研究人员去立法委员会陈述观点；
（5）发布新闻通讯、政策简报、博客和其他出版物，使不同受众都能接触到。

简单来说，智库的很多行为与利益团体的活动颇为相似。然而，它们之间还是有一些显著的区别。

首先，智库的政策专家在研究一些与利益团体的工作直接相关的问题时，他们的目标不是代表任何特定选区的关注点。智库不会为酒后驾驶的受害者说话，就如一个经常发声且有组织的利益团体，母亲反对酒后驾车（Mothers Against Drunk Driving，MADD）所做的那样；他们也不会像加拿大制造商与出口商联盟（Alliance of Manufacturers & Exporters Canada）那样，经常在议会大厅和议会中开展激进的游说活动，以说服国会议员听取他们对国际贸易协定的看法。不同于利益团体、政治行动委员会和超级政治行动委员会的互动对象，智库不公开支持或反对参与竞选的候选人，他们也不会为政治运动或是政党的战争基金捐助资金。正如之前讨论过的，为了取得慈善机构的地位，智库被禁止参与这些政治相关的活动。智库也不参与大规模的示威和抗议活动、传递请愿书，参与以行政机关和立法机关为目标的上书活动，监督和宣传立法者的投票记录，或公开与其他利益组织结盟。这些都是利益团体普遍采用的策略。

然而,为了取得更强的可信性和合法性,利益团体跟随着智库的步伐逐步扩大其研究活动。例如,美国和加拿大几家环境利益集团,包括山峦协会(Sierra Club)、绿色和平组织(Greenpeace)以及地球之友(Friends of the Earth),增强了自身在环境法专业知识方面的储备,这是一个在北美自由贸易协定(North American Free Trade Agreement, NAFTA)的谈判中吸引了相当大兴趣的主题[1]。当利益团体投入更多的资源来加强他们的研究工作,当智库越来越多地投资于政治倡导,后者被误认为是前者的可能性无疑会大大增加。

当说客和游说公司也被考虑进来的时候,关于什么是智库、什么不是的困惑有增无减。如果学者们都同意智库只是思考,而说客只进行游说这个说法的话,那么也不需要进行更深入的讨论。但事实是智库不仅仅思考,他们依靠多种战略将思想传达给政策制定者。智库的专家定期与选举和任命的官员以及各级政府和各级政府部门的工作人员进行会面,这是智库为塑造公众意见和公共政策所作努力的一部分。一些美国智库还与美国参议院和美国众议院保持联络,以便他们能更密切地监督国会的日常工作。[2] 智库工作人员与政府官员会在喝酒时讨论各种政策问题;邀请他们参与智库举办的会议、工作坊和学术研讨会,这其中包括为新晋的国会议员普及紧迫的内政外交政策关注点的会议;为官员们提供能够使其在复杂的政策问题中找准定位所需的专业知识。为了换取大笔捐款,一些美国智库,包括大西洋理事会(Atlantic Council)、全球发展中心(Center for Global Development)、布鲁金斯学会以及传统基金会也会安排代表外国政府或是国内外私营部门利益的个人与美国高级政府官员见面与互动。智库利用各种方法帮助捐赠者接触到政府官员。

如果游说的定义如同加拿大《联邦院外活动法》(*Lobbying Act*)[3]和美

---

[1] 埃布尔森:《环境游说还是政治姿态?》(*Environmental Lobbying or Political Posturing?*)。
[2] 这是传统基金会采取的许多策略之一,以此来密切关注国会的活动。请参见埃布尔森:《美洲智库》,第55—59页。
[3] 参见加拿大政网站,《正义的法律》("Justice Laws"),http://laws-lois.justice.gc.ca/eng/acts/L-12.4/。

国《游说公开法》(*Lobbying Disclosure Act*)①中所说的那样,是指由说客代表他们的客户所采取的行动,旨在对民选官员所作的决策产生影响的话,那么从我们以上的讨论中得出智库也参与了游说行为这样的结论是否合理?虽然表面上来说智库的建立是为了推进一系列体现在他们的任务或使命中的指导原则,但他们越来越多地被描绘成各种国内和国外客户的枪,希望能够实现特定的政策成果。简单来说,现今智库参与的许多活动,和说客所参与的,虽不是百分之百相同,但十分相似。区别就在于作为慈善机构,智库只投入了有限的时间和资源在游说活动上。不像专业说客,收取了一大笔钱就为了对政策制定者产生影响,游说只是智库众多功能之一。然而,一些人认为,智库正越来越关注这份有利可图的工作。至少,智库和说客之间的关系变得更为紧密了。正如调查记者布鲁克·威廉姆斯(Brooke Williams)和肯·西尔弗斯坦(Ken Silverstein)最近揭露的,②数十名在美国著名智库工作的学者也管理着自己的游说公司。虽然兼职当说客可能不被认为是非法的,但是他提出了关于智库人员和政策制定者之间互动的性质和程度的严重道德和利益冲突的问题。此外,在最近的一次事件揭露中,威廉姆斯和她的两个同事记录了一些外国政府与著名的、总部位于华盛顿的智库达成协议,让他们为自己的利益进行游说的正式协议文件。③ 这项研究毫无疑问会引起美国国税局的注意,同时,也将对智库的优

---

① 参见美国众议院书记处网站《揭露游说》("Lobbying Disclosure"),http://lobbyingdisclosure.house.gov/lda.html。
② 威廉斯(Williams)、西尔弗斯坦(Silverstein):《与智库学者相遇》("Meet the Think Tank Scholars")。
③ 参见利普顿、威廉斯以及孔费索雷合著的《外国势力购买智库的影响力》,威廉斯、利普顿以及帕拉皮亚诺(Parlapiano)合著的《外国政府对9家智库的贡献》("Foreign Government Contributions to Nine Think Tanks")。欲了解智库作为说客发挥作用的信息,请参见威廉斯和西尔弗斯坦合著的《与智库学者相遇》。对于这些文章坦诚的回应可见蒙迪扎巴尔:《智库的责任》:("Think Tank Accountability")、布鲁克纳:《赞助智库等于购买说客?》、德雷兹内:《为什么我没有发飙》、塔尔博特(Talbott):《布鲁金斯学会主席斯特罗布塔尔博特怎么说》("A Message from Strobe Talbott, President of the Brookings Institution")以及《纽约时报》上布鲁金斯学会的声明文章。欲详细了解捐赠者和智库之间的关系可参见西尔弗斯坦(Silverstein):《收费的游戏》(*Pay to Play*)以及雅嘉巴斯基:《智库必须公开财务状况》。

先事项再次提出质疑。这个研究已经引起了好几位国会议员的关注,包括议员杰基·施派尔(Jackie Speier (D-CA))。在外国政府资助智库的报告一经披露之后,他就提交了一项提案,要求所有的智库学者向国会陈述其资金来源。这项提案迅速赢得了两党的支持,并于 2015 年 1 月 5 日生效成为法律[1]。

在华盛顿特区中的智库专家被游说的世界所吸引并不奇怪。事实上,在他们进入华盛顿内部或周围的智库工作之前,大多数人都在美国国会山、白宫或是官僚机构中任职多年。有了这一段经验后,智库的政策专家通常对政府的内部运作有着密切的了解,并且与手握大权的人有着密切的联系。在这样的背景下,成为一个说客完全合情合理,这也解释了为什么当智库从业者想要寻求新的职业道路时往往会在游说公司、律师事务所以及帮助客户进入并影响政策制定过程的政府公关公司找到报酬丰厚的职位。

需要指出的很重要的一点是,游说公司和政府公关公司不会把自己伪装成智库。例如,希尔沃琪(Hillwatch)、全球公共事务(Global Public Affairs)以及政策概念(Policy Concepts)代表了加拿大一小部分政府公关公司,他们向客户提供广泛的服务,包括为他们分析议会的各种法案可能对他们的财务利益产生何种影响。虽然以上这些以及相似的组织有宣传和沟通方面的专业功能,他们很少把自己作为政策研究的佼佼者。

在这一章中,我们发现了要定义什么是智库、什么不是一点都不明确。为了弥补这个不足,我概括了智库的五个显著特征,以此来区别经常被拿来和智库作比较的其他组织。现在,我们可以开始讨论智库间的区别。

---

[1] 参见 2015 年 1 月 5 日第 114 次国会第一部分所通过的《众议院 5 号决议》,也可参见利普顿:《议案要求智库公开披露》、哈尔珀:《阻止外国政府赞助智库》及《智库观》杂志《众议院新规》。

第二章 所有的智库都如出一辙吗？

在前一章，我们花费了大量精力解释智库、利益集团、游说团体、政府公关公司以及其他通过内部和相互间竞争以影响公共政策的组织的区别。对什么是智库而什么不是有了更深刻的了解之后，下一步就可以判定用来区分不同智库的最佳方法了。尽管各家智库对于影响公共意见和公共政策有着相同的渴望，且赖以达成目的的策略也大同小异，但却没有哪两家智库是完全相同的。

加拿大、美国以及其他国家的智库在规模、任务或使命、资金来源、专长领域、意识形态，以及研究成果的质和量上都大相径庭。它们对于政策研究和政治宣传的优先级也极为不同，后面我们还会回到这个话题。尽管有这样那样的特质帮助学者根据具体标准来为智库分类，考虑这些机构如何管理，它们试图填补的空缺是什么，以及在各种智库从事研究的政策专家们对自己项目的控制程度也是很重要的。此外，在判定构成政策研究共同体的智库类型的过程中，还有必要将类似传统学术部门的智库与那些已经采纳了许多财富五百强公司的企业文化和分层管理结构的智库区分开。智库是如何组织起来的，以及它们对政策研究和倡导作决策的方式，对这些组织如何管理自身和与之联系的利益相关者有着深刻的影响。①

依据《2008 全球智库报告》(*2008 Global Go To Think Tank Index*

---

① 了解更多如何管理智库的信息，请参阅安德鲁·西雷（Andrew Selee）撰写的《智库，应该做什么？》(*What Should Think Tanks Do?*)和雷蒙德·J. 斯特鲁伊克（Rayrnond J. Struyk)的《经营智库》(*Managing Think Tanks*)。

Report），当时全球共有 5465 家智库。① 6 年后，这项被广为关注的研究的作者们声称这一数字已经增至 6618 家。② 虽然这些数字可能有所夸大，③ 但毋庸置疑的是，在全世界的几乎每一个地区，智库的数量都在增长中。随着数量增长，智库变得越来越多样化也就不足为奇了。这部分地解释了为何这些领域的学者构建各种分类方法以识别和记录在近几十年来生根发展的智库。④

不到 20 年前，智库一般分为三种类型：高度重视严谨的政策研究的政策研究机构；大多数在政府资助下为不同政府部门、机构作研究的政府委托机构或专家；以将政策研究和积极的营销相结合而著称的倡导型智库。智库很快又被划分为更多的类型，学者们又开始研究新出现的智库种类。在近些年来新涌现的智库类型中最著名的一种就是"思行合一型智库"（think-and-do tanks），即一类致力于将思想转化为行动的机构。例如，一些定位于此类型的智库在帮助当地社区改善交通和能源基础设施方面功不可没。在极少数情况下，信奉用更实际的方法解决问题的智库投入了大量资源来与欠发达国家的敌对政治派系合作，并就新出现的政策问题达成共识。⑤

本章的目的不在于详述智库划分的优缺点，也并非要记录 20 世纪转折点后诞生的几百家智库的起源，而是要通过聚焦加拿大和美国智库在

---

① 麦甘（McGann）：《2008 全球智库报告》（*2008 Global Go To Think Tank Index Report*），第 12 页。
② 麦甘：《2014 全球智库报告》（*2014 Global Go To Think Tank Index Report*），第 52 页。
③ 该报告中智库总数可能有所夸大，因为在这些被调查的组织里有一些可能并不足以被称为智库，像加拿大经济学会（Canadian Economics Association）这样的专业学术协会就是不应被纳入《全球智库报告》（*Global Go To Think Tank Index Report*）数据库的组织的其中一例。
④ 一些学者已经建立了智库类型，可参见戴安·斯通（Diane Stone）的《捕捉政治的想像力：智库和公共政策》（*Capturing the Political Imagination：Think Tanks and the Policy Process*）、麦甘（McGann）：《从学术到意识形态》（"Academics to Ideologues"）、肯特·韦弗（Kent Weaver）：《变化中的智库世界》、麦甘和韦弗（McGanna，Weaver）的《智库与公民社会：思想与行动的催化剂》（*Think Tanksand Civil Societies：Catalysts for Ideas and Action*）。
⑤ 参见埃文斯（Avins）：《深度：新兴的思行合一型智库》（"In-Depth：The New Think-and-Do Tanks"）。

1900—1946年、1947—1970年、1971—1989年、1990—2015年这四个重要而特殊的时期的发展与演化,来证明其多样性。本章开篇将阐述一种可用于描述两国不同类型政策机构的智库分类,尽管有局限性,但有助于确定通常与上述四个时间段相关联的主要智库:没有学生的大学、政府委托机构或专家、倡导型智库。

一、美国和加拿大两国智库的分类

除了设计五花八门的分类方法来解释政策机构的多样性,一些学者也尝试确定每一个时代或高潮中相应智库的关键动因和机构特征。例如,乔治郡大学(Georgetown University)公共政策教授、布鲁金斯学会(Brookings Institution)高级研究员肯特·韦弗(Kent Weaver)在他1989年研究美国智库演变的文章中[1]发现上述三种类型的智库是构成政策制定共同体的研究机构中最重要的几种。然而,詹姆斯·麦甘(James McGann)则认为至少需用7种智库类型来诠释美国的智库全景:涵盖多个领域的学术机构(academic diversified)、专攻一个领域的学术机构(academic specialized)、委托/咨询机构(contract/consulting)、倡导型机构(advocacy)、政策企业(policy enterprise)、著作代理人/出版社(literary agent/publishing house)和国家机构(state-based)。[2] 虽然像麦甘这样的分类在扩大智库范围上有可取之处,但韦弗的分类方法则为评估拥有较为健康的智库生态的北美、欧洲和其他地区的智库演化和转型提供了一个更易于管理和更为简洁利落的框架。因此尽管有些需要修正之处,我仍更倾向于用他的分类方式来分析加拿大和美国的智库发展情况。在按照时间排列与智库发展的四个高潮相对应的各种政策研究机构之前,我将先根据两国主要智库的一些共性和差异性对智库作一个分类。

1. 没有学生的大学

不幸的是,被韦弗(Weaver)和其他学者尊称为"没有学生的大学"的智

---

[1] 韦弗(Weaver):《变化中的智库世界》。
[2] 麦甘(McGann):《从学术到意识形态》("Academics to Ideologues")。

库正逐渐成为一类濒危品种。它们在进步时代（progressive era）(1880—1920年)迅速进入美国政治图景，并且在许多方面代表着一个智库可能成为，以及如一些人所说的，应该成为的样子，即致力于从事严谨的政策研究的专家们的庇护所。这些智库是苏格兰裔美国钢铁大亨安德鲁·卡内基（Andrew Carnegie）、圣路易斯的商人罗伯特·布鲁金斯（Robert Brookings）和当时即将成为第31任美国总统的矿业工程师赫伯特·胡佛（Herbert Hoover）在思索政府需要什么来应对内政外交政策挑战时首先想到的机构。① 对于这些以及其他助力奠定后来智库黄金时代基础的慈善家而言，解决方法是显而易见的，并且在充足的资金支持和健全的领导下，完全是可行的，那就是创造一种环境，使得不同学科、领域的学者都能将其科学专长应用于时下公共政策问题的研究上。受聘于美国和国外许多一流大学的卡内基和他的同道们认为需要创建一种不同的环境，既能使专家产出有利于政策制定者的研究，又能形成和培养大学的学术严谨，且不会使学者因在学院任职而分心。在诸多方面类似典型学术部门的此类智库中虽非全部，但大多聘用了大批拥有高级学位（通常是博士学位）的政策专家，以撰写书籍、参考文献和其他聚焦于内政外交政策的学术研究成果。几十年后，比尔·盖茨（Bill Gates）、史蒂夫·乔布斯（Steve Jobs）和其他企业家又创造了类似的环境，让程序员、设计和软件工程师，以及其他微软和苹果公司的雇员能自由探索和测试新想法。

这种可将自己大部分的清醒时间用于研究，而不受教学和行政任务束缚的机会对许多学者来说是梦寐以求的，而且可能在某种程度上解释了没有学生的大学的魅力。同学者在大学任职的情况类似的是，被这些机构所吸引的研究者可以继续从事他们所选择的项目（基于资金或其他考虑）。区别在于他们在做研究的过程中可以免受大学生活中日常政治的困扰。而且，与大学不同的是，这些智库举办的研讨会、工作坊以及他们撰写的研

---

① 要了解更多这些以及其他慈善家在进步时代（progressive eva）智库创建过程中所扮演的角色，可参阅埃布尔森（Abelson）的文章《智库与美国民主和军事事务》("Think Tanks and U.S Diplomatic and Military Affairs")和帕玛（Parmar）的专著《美国世纪基金会》(Fundations of the American Century)。

究报告不是面向学生,而是针对政策制定者。它们资金的相当一部分来源于"私营部门(各种基金会、公司和个人赞助)",这些机构的学者将篇幅与一本书相仿的研究报告视为其主要研究成果。① 布鲁金斯学会和胡佛研究所(Hoover Institution)这两家美国最大的私营研究机构是这类智库中为数不多的两个例子,虽然这两家机构在政策倡导方面投入的资源也相当可观。②

布鲁金斯学会和胡佛研究所以及其他研究驱动型的机构在美国早已根深蒂固,但是这类智库在加拿大却仍是明显缺席的状态。虽然20世纪60年代后期曾有人建议加拿大联邦政府组建一个规模类似布鲁金斯学会的跨学科智库,但迄今为止,加拿大还没有成为适合此类智库繁衍的国度。虽然一些智库如贺维学会(C. D. Howe Institute)、莫厄特中心(Mowat Centre)、公共政策研究所(Institute for Research on Public Policy)、③加拿大国际治理创新中心(CIGI)和帕克兰研究所(Parkland Institute)等,将学术研究或与政策相关的研究当作是它们的主要功能之一,但这些智库在规模大小和业务范围方面与美国最大、最知名的研究型智库还是有很大差距。莫厄特中心和帕克兰研究所就设在有学生的大学内,而在加拿大国际治理创新中心从事研究的学者则来自滑铁卢大学(University of Waterloo)和威尔弗里德大学(Wilfrid University)的各个院系。因此,在加拿大,与其称这类智库为"没有学生的大学",不如就称其为政策研究机构。这类机构的人员由经济学家、政治学家和其他研究各种政策问题的训练有素的学者构成。虽然与书籍厚度相仿的研究报告不被看成是他们的主要成果,但是他们绝大多数的资源都投入到了研究上。位于渥太华(Ottawa)、以为政策制定者和商业领袖提供经济预测报告见长和闻名的加拿大咨询局

---

① 韦弗(Weaver),第564页。
② 关于智库由主要从事政策研究向投资于政策倡导演化的过程,请参见史密斯(Smith)的《思想掮客》、克里奇洛(Critchlow)《布鲁金斯学会》(*The Brookings Institution*)、埃布尔森(Abelson)的文章《从政策研究到政治倡导》("From Policy Research to Political Advocacy"),以及麦德韦兹(Medvetz)的《美国智库》(*Think Tanks in America*)。
③ 要了解更多公共政策研究所的历史和演化,请参见多贝尔(Dobell)的《公共政策研究所》(*IRPP*)。

(Conference Board of Canada)便可作为此类型机构的典范。

2. 政府委托机构

政府委托机构与前面一类智库的区别不在于它们所从事的研究的类型(虽然政府委托机构所做的许多研究的确是保密的),而在于它们的主要客户和资金来源。同兰德公司(RAND)和城市研究所(Urban Institute)这两家美国领先的政府委托机构类似的智库也都主要依靠政府部门和机构来维持运作。① 加拿大还有类似的几家智库,在过去或现在完全依赖政府的资金支持。事实上,在20世纪60年代,联邦政府就建立了一些智库或"政府咨询委员会"(government councils),为一些特定政策的制定提供建议。这些机构中的相当一部分,包括加拿大经济咨询委员会(Economic Council of Canada)和加拿大科技咨询委员会(Science Council of Canada),都因为受到1992年马尔罗尼(Mulroney)政府宣告削减预算的影响,于20世纪90年代解散了。这次削减还波及了其他几个受害者,最著名的是加拿大的顶级外交政策智库加拿大国际和平与安全研究所(Canadian Institute for International Peace and Security, CIPS),以及2014年秋季扎根于加拿大智库界40年、作为国际发展政策领域主要发声机构的南北研究所(North-South Institute, NSI),由于哈珀(Harper)政府决定不再延续联邦资金支持(通过加拿大国际开发署[Canadian International Development Agency, CIDA]拨给南北研究所),也遭遇了类似的命运。由于无法从其他机构获得充足的资金,南北研究所只得选择关门大吉。南北研究所前所长罗伊·库尔帕珀(Roy Culpepper)在几十年前接受本书作者采访时承认,当你大约一半的经费都仰仗政府时,"那真是祸福参半"。②

---

① 对于兰德公司的研究已经有一些专著问世,包括亚历克斯·阿贝拉(Alex Abella)的《理性的战士——兰德公司与美利坚帝国的崛起》(*Soldiers of Reason*: *The RAND Corporation and the Rise of the American Empire*),弗雷德·卡普兰(Fred Kaplan)的《末日奇才》(*Wizards of Armageddon*),莎曼(Samman)的《兰德公司(1989—2009):美国战略研究的重构》(*The Rand Corporation (1989-2009): The Reconfiguration of Strategic Studies in the United States*),以及贾马里·大不里士(Ghamari-Tabrizi)的《赫尔曼·卡恩的世界》(*The World of Herman Kahn*)。
② 参见埃布尔森(Abelson)的《智库能发生作用吗?》(*Do Think Tanks Matter?*),第69页。

3. 倡导型智库

自20世纪70年代早期以来,在加拿大和美国出现的最为常见的智库就是韦弗所谓的倡导型智库。倡导型智库,顾名思义,就是"将强有力的政策、党派的或意识形态的倾向与积极的营销术相结合以影响当前政策辩论"。① 以其精明的政治头脑和强烈的思想营销意识著称的倡导型智库十分善于自我营销。因为精于推销和重新包装思想,它们在转变政策研究共同体格局方面起到了举足轻重的作用,对于这一点我们将在第四章做更加深入的探讨。比起将宝贵的机构资源用于撰写如书籍一般厚的研究专著,倡导型智库更高度重视为政策制定者和其员工提供简短的报告。这样做的理由很明确:一方面,给员工足够的时间和资源做研究,撰写书籍的成本过高;另一方面,倡导型智库很清楚政策制定者每日都需要回应大量问题。由于知道大多数当选官员没有时间,也没有意愿去费力阅读大部头的文献,以倡导为导向的智库准备了简短、精炼、易懂的简报,在一系列政策问题上启发政治家们。比起开发新思想和创新思想,更关心推销和重新包装思想的智库理所当然地倾向于将复杂的问题浓缩为区区几页纸。更棒的是,将政策建议融入政策简报以后,倡导型智库很快意识到它们已经发明了一条成功的公式:政策制定者就像高中生考前快速浏览复习宝典一样,能够在短短几分钟之内熟悉当前的政策问题。他们不再感到淹没于连篇累牍的信息中,而是很快就能底气十足地与同事和选民们分享他们的新知识。政策制定者们对于只用品味一杯咖啡、享用一叠煎饼的时间就能接受教育而心存感激,自然更可能钟情于倡导型智库所发布的形式更为简单的产品。至少,这是倡导型智库所设计的策略,而且令其欢欣鼓舞的是,这套策略十分奏效。除了为政策制定者准备简洁易用的材料,倡导型智库还高度重视与媒体的接触。在这些机构中,员工极其频繁地在报纸上发表专栏文章,为各种出版物撰写博客,并且现身网络新闻和政治访谈节目,针对各种各样的时事政策问题发表见解。

为了便于比较,我们也许还可以为韦弗的分类添加第四种,或许第五种和第六种智库类型——名誉型智库(vanity think tanks),或所谓的遗产

---

① 参见韦弗,第567页。

型智库(legacy-based think tanks)、政策俱乐部(policy club),以及思行合一型智库(think-and-do tanks)。遗产型智库是由渴望成功竞选公职的候选人(或者其支持者),以及希望在卸任后继续推进自己的政治主张或意识理念的前政府官员组成的。虽然此类智库在美国不胜枚举,但在加拿大却是屈指可数。第五种类型——政策俱乐部,按照维多利亚大学(University of Victoria)埃弗特·林奎斯特(Evert Lindquist)的说法,或许这个名称最能恰如其分地描述加拿大的一些智库。① 在林奎斯特撰写的一份对于加拿大政策机构影响力的评估报告中,他建议将加拿大的智库看作政策俱乐部(学者、政策分析师,偶尔还有政策制定者在此汇聚一堂,共同探讨公共政策问题),比看作能够提供长期战略分析的政策研究机构更为贴切。因为它们在机构资源方面无法匹敌一些政府部门和大型的行业协会,所以林奎斯特坚持认为,用过去的眼光把智库看作是新思创想的制造者根本不符合大部分加拿大政策研究机构的经验。虽然林奎斯特的结论是基于对创立于20世纪70年代早期的几个政策研究机构的研究,但是将智库看作政策俱乐部的见解也能解释出现在20世纪早期一些小型"政策商店"(policy shop)的活动。最后一种类型是一些专家学者所谓的思行合一型智库,即有意识地决定将思想付诸行动的组织。在加拿大或者美国这样的机构似乎都不常见,但当我们更深入地探究智库群体的时候,它们还是值得我们考虑的类型。

二、再思考:智库分类的局限性

根据某种智库机构划分标准来划分几代智库也许有助于学者区分智库的不同类型,同时也有益于比较不同国家的智库;然而,在作此分类时可能而且经常会出问题。首先,由于一些组织兼具两个或两个以上智库类型的特征,所以经常被划分成不同类别。例如,虽然研究者们不难区分加拿大咨询局和弗雷泽研究所或者布鲁金斯学会和传统基金会(Heritage Foundation)之间的业务,但这些智库却从事着一些相似的活动:都进行研

---

① 参见林奎斯特(Lindquist)的《智库?》(*Think tanks?*),第576页。

究和分析,都在不同程度上推销自身的研究成果。最主要的区别在于这些智库对单纯的研究和政治倡导的侧重程度。将加拿大咨询局和布鲁金斯学会看成是政策研究机构,而将弗雷泽研究所和传统研究会看作是倡导型智库就会引起误解。这两组无论是被划分成政策研究机构还是倡导型智库都说得通。

这一潜在问题不容小觑。学者和记者怎样区分这些机构会对不同智库在媒体中的显现方式,公众以及希望资助这些智库的个人、企业和慈善基金会对它们的看法产生深远的影响。将布鲁金斯学会称为世界知名的政策研究机构会提升其在决策圈的信誉、名望和地位。它让人产生一种印象(不论是对是错),即该机构的研究成果是客观的、中立的、公允的,因此布鲁金斯学会又有了如下的称号:高质量(quality)、独立性(independence)和影响力(impact)。相反,如果将传统基金会和弗雷泽研究所描述成著名的倡导型智库就意味着看待它们的观点时不用那么认真,或者要有所保留。至少,"倡导"一词意味着这两家智库更致力于推进自己的意识形态日程,而非从事脚踏实地的学术研究。

智库划分的不当之处越来越明显,因为这些组织用以传递思想的战略大同小异。就像变色龙不断变化肤色以适应新环境一样,智库频繁调整行为方式来提升它们在思想市场中的竞争力。例如,为了提升受关注度,一些早期智库依赖新一代研究机构所采用的战略;而一些新成立的研究机构则在运营管理方法上向前辈智库看齐。简而言之,虽然智库的性质多种多样,我们却越来越难以锁定它们区别于其他类型智库的机构特征了。

在识别不同类型的智库并将它们归于特定类别的过程中,学者冒着"误贴标签"的风险。由于在智库分类时常出现的方法论障碍,这一问题或许难以避免;但尽管如此,智库分类仍然有助于鉴别那些在某一特定阶段出现的不同类型的智库。正如我们在下一节所述,与4个智库发展高潮相对应的智库具有某些定义性特征,正是这些特征使我们能够识别新一代智库。

表 2.1　精选加拿大智库简介——概览

智库名称	地点	成立时间（年）	运营预算（百万加元）	员工人数	出版物类型	专业领域
加拿大亚太基金会（Asia Pacific Foundation of Canada）	温哥华，不列颠哥伦比亚省（Vancouver, BC）	1984	6	30	期刊、政策简报/报告、研究	加拿大与亚洲关系
大西洋市场研究所（Atlantic Institute for Market Studies）	哈利法克斯，新斯科舍省（Haiifix, NS）	1994	1—1.5	6	专著、论文、研究报告	加拿大大西洋地区的社会和经济问题
大西洋沿岸各省经济理事会会（Atlantic Provinces Economic Councils）	哈利法克斯，新斯科舍省	1954	1—2	8	杂志、研究/问题年度报告	加拿大大西洋各省的经济发展
贺维学会（C. D. Howe Institute）	多伦多，不列颠哥伦比亚省（Toronto, ON）	1973	3.5—4	25	年度、月度和问题报告、新闻发布会	财政、税收、社会和贸易政策，创新和发展
卡利登社会政策研究所（Caledon Institute of Social Policy）	渥太华，安大略省（Ottawa, ON）	1992	0.5—1	5	问题/研究报告	贫困和社会政策
加拿大西部基金会（Canada West Foundation）	卡尔加里，阿尔伯塔省（Calgary, AB）	1971	2.5—3	19	年度报告和问题报告	与加拿大西部各省利益相关的公共政策问题
加拿大慈善中心/想象加拿大（Canadian Centre for Philanthropy/Imagine Canada）	多伦多，不列颠哥伦比亚省	1981	4—4.5	37	信息通告	非营利部门，慈善组织

续 表

智库名称	地点	成立时间（年）	运营预算（百万加元）	员工人数	出版物类型	专业领域
加拿大另类政策中心（Canadian Centre for Policy Alternatives）	渥太华，安大略省	1980	5—6	40	期刊、研究/问题报告	社会、经济和环境正义问题
加拿大宪法基金会（Canadian Constitution Foundation）	卡尔加里，阿尔伯塔省	2006	0.5—1	4	研究报告/专题研究/文章	个人权利和自由，法院面临的挑战问题
加拿大社会发展学会（Canadian Council on Social Development）	渥太华，安大略省	1920	1.5—2	66	问题/研究报告，年度报告	社会政策
加拿大国防和外交事务研究所/加拿大全球事务研究所（Canadian Defense & Foreign Affairs Institute/Canadian Global Affairs①）	卡尔加里，阿尔伯塔省/渥太华，安大略省	2002	0.5—1	5	研究/政策论文、月刊	加拿大外交和国防政策，国际援助
加拿大高等研究院（Canadian Institute for Advanced Research）	多伦多，不列颠哥伦比亚省	1982	16	36	期刊/杂志、年度和问题报告	知识创造
加拿大国际理事会（Canadian International Council②）	多伦多，不列颠哥伦比亚省	1928	1.5—2	11	报告	国际事务

---

① 加拿大全球事务研究所的英文全称应为"Canadian Global Affairs Institute"。——译者注
② 前身为加拿大国际事务研究所（Canadian Institute of International Affairs），2007年，由其成员投票变更为如今的加拿大国际理事会。——译者注

续 表

智库名称	地点	成立时间（年）	运营预算（百万加元）	员工人数	出版物类型	专业领域
加拿大税务基金会（Canadian Tax Foundation）	多伦多，不列颠哥伦比亚省	1945	5—5.5	15	期刊、时事通讯	税务研究
加拿大城市学会（Canadian Urban Institute）	多伦多，不列颠哥伦比亚省	1990	3—5	19	研究/问题报告	城市改善规划和政策
国际治理创新中心（Centre for International Governance Innovation）	滑铁卢，安大略省（Waterloo, ON）	2001	26.5—27	80	政策简报、研究和问题报告	国际治理
生活水平研究中心（Centre for the Study of Living Standards）	渥太华，安大略省	1995	>5	4	期刊、研究/问题报告、时事通讯	生产力、生活水平、经济和社会福利问题
加拿大咨询局（Conference Board of Canada）	渥太华，安大略省	1954	38—40	200	问题报告	经济趋势，公共政策，组织绩效
库契钦公共事务研究所（Couchiching Institute on Public Affairs）	多伦多，不列颠哥伦比亚省	1932	0.1—0.25	不适用	会议、年度报告	加拿大公共事务
弗雷泽研究所（Fraser Institute）	温哥华，不列颠哥伦比亚省	1974	8—9	55	杂志/期刊、问题报告	经济和公共政策对社会的影响

续　表

智库名称	地点	成立时间（年）	运营预算（百万加元）	员工人数	出版物类型	专业领域
前沿公共政策中心（Frontier Centre for Public Policy）	温尼伯，曼尼托巴省（Winnipeg, MB）	1997	1	8	政策简报、研究和问题报告	加拿大西部各省的问题
乔治莫里斯中心（George Morris Centre）	圭尔夫，安大略省（Guelph, ON）	1998	1—1.5	9	研究/问题报告	加拿大农业、食品工业
大西洋沿岸各省真实发展指数研究所（GPI Atlantic）	格林海文，新斯科舍省（Glen Haven, NS）	1997	>5	7	研究/问题报告	真实发展指数（Genuine Progress Index）
公共政策研究所（Institute for Research on Public Policy）	蒙特利尔，魁北克省（Montreal, QC）	1972	2—2.5	15	期刊	加拿大公共政策
治理研究所（Institute on Governance）	渥太华，安大略省	1990	1.5—2	22	问题/研究报告	（更好的）治理
国际可持续发展研究院（International Institute for Sustainable Development）	温尼伯，曼尼托巴省	1990	17	200	研究报告/政策简报	促进可持续发展
麦克唐纳—劳里埃公共政策研究所（Macdonald-Laurier Institute for Public Policy）	渥太华，安大略省	2010	1	5	研究报告/评论/杂志	与国内外政策相关的问题

续 表

智库名称	地点	成立时间（年）	运营预算（百万加元）	员工人数	出版物类型	专业领域
麦肯齐研究所（Mackenzie Institute）	多伦多，不列颠哥伦比亚省	1986	0.1—0.25	3	评论、时事通讯、政策简报	社会动荡和有组织的暴力问题
蒙特利尔经济研究所（Montreal Economic Institute）	蒙特利尔，魁北克省	1999	2.25	13	研究/问题报告	加拿大魁北克省的公共政策，创造财富的改革
莫厄特中心（Mowat Centre）	多伦多，不列颠哥伦比亚省	2009	2.5	18	研究/问题报告	安大略省的公共政策
帕克兰研究所（Parkland Institute）	埃德蒙顿，阿尔伯塔省（Edmonton, AB）	1996	>0.5	6	研究/问题报告	加拿大阿尔伯塔省的经济、社会和政治问题
彭比纳研究所（Pembina Institute）	卡尔加里，阿尔伯塔省	1985	4—5	50	研究/问题报告	环境、清洁能源、再循环和保护
公共政策论坛（Public Policy Forum）	渥太华，安大略省	1987	3.5—4	22	研究/问题报告	加拿大政府的质量
凡尼尔家庭研究所（Vanier Institute of the Family）	尼皮恩，安大略省（Nepean, ON）	1965	>1.2	8	研究/问题报告	加拿大家庭
韦尔斯利学会（Wellesley Institute）	多伦多，不列颠哥伦比亚省	2006	1.5—2	10	研究/问题报告	人口健康

表 2.2　精选加拿大智库简介——联系方式

智库名称	总裁/主席/董事长/所长/主任	邮寄地址	电子邮箱	电话
加拿大亚太基金会	斯图尔特·贝克（Stewart Beck）	220—890 West Pender Street, Vancouver BC, V6C 1J9	info@asiapacific.ca	(604) 684-5986
大西洋市场研究所	马尔科·纳瓦罗·热尼（Marco Navarro-Genie）	287 Lacewood Drive, Suite 204, Park West Centre, Halifax, Nova Scotia B3M 3Y7	aims@aims.ca	(902) 429-1143
大西洋沿岸各省经济理事会	伊丽莎白·比尔（Elizabeth Beale）	5121 Sackville Street, Suite 500, Halifax NS, B3J 1K1	info@apececon.ca	(902) 422-6516
贺维学会	威廉·B. P. 罗布森（William B. P. Robson）	67 Yonge Street, Suite 300, Toronto ON, M5E 1J8	cdhowe@cdhowe.org	(416) 865-1904
卡利登社会政策研究所	肯·巴特尔（Ken Battle）	1354 Wellington Street West, 3rd Floor, Ottawa ON K1C 3C3	caledon@caledonisnst.org	(613) 729-3340
加拿大西部基金会	迪兰·琼斯（Dylan Jones）	900—105 12th Avenue SE, Calgary AB, T2G 1A1	cwf@cwf.ca	(403) 264-9535
想象加拿大	布鲁斯·麦克唐纳（Bruce MacDonald）	65 St. Clair Avenue East, Toronto ON, M4T 2Y3	info@imaginecanada.ca	(416) 597-2293
加拿大另类政策中心	布鲁斯·坎贝尔（Bruce Campell）	251 Bank Street, Suite 500, Ottawa ON, K2P 1X3	ccpa@policyalternatives.ca	(613) 563-1341
加拿大宪法基金会	克里斯托弗·谢弗（ChristopherSchafer）	1830—52 Street SE Suite 240 Calgary AB, T2B 1N1	info@theccf.ca	(888) 695-9105

续　表

智库名称	总裁/主席/董事长/所长/主任	邮寄地址	电子邮箱	电话
加拿大社会发展学会	佩吉·塔永(Peggy Taillon)	P. O. Box 13713, Kanata ON, K2K 1X6	taillon@ccsd.ca	(613) 236-8977
加拿大国防和外交事务研究所/加拿大全球事务研究所	罗伯特·米勒(Robert Millar)	Suite 1600, 530 8th Avenue SW, Calgary AB, T2P 3S8/8 YorkSt., 2nd floor, Ottawa, ON, K1N 5S6	contact@cgai.ca	(403) 231-7605/ (613) 288-2529
加拿大高等研究院	艾伦·伯恩斯坦(Alan Bernstein)	Alan Bernstein 180 Dundas Street West, Suite 1400, Toronto ON, M5G 1Z8	info@cifar.ca	(416) 971-4251
加拿大国际理事会	乔安·戴维斯(Jo-Ann Davis)	♯210, 42 Wilcocks Street, Toronto ON M5S 1C7	info@opencanada.org	(416)-946-7209
加拿大税务基金会	拉里·查普曼(Larry Chapman)	595 Bay Street, Suite 1200, Toronto ON, M5G 2N5	lchapman@ctf.ca	(416) 599-0283
加拿大城市学会	彼得·哈尔索尔(Peter Halsall)	555 Richmond Street West, Suite 402, P. O. Box 612, Toronto ON, M5B 3V1	sclarke@canurb.org	(416) 365-0816
国际治理创新中心	罗欣顿·麦德拉(Rohinton Medhora)	57 Erb Street West, Waterloo ON, N2L 6C2	不适用	(519) 885-2444
生活水平研究中心	安德鲁·夏普(Andrew Sharpe)	151 Slater Street, Suite 710, Ottawa ON, K1P 5H3	info@csls.ca	(613) 233-8891

续　表

智库名称	总裁/主席/董事长/所长/主任	邮寄地址	电子邮箱	电话
加拿大咨询局	丹尼尔·穆齐卡 (Daniel Muzyka)	255 Smyth Road, Ottawa ON, K1H 8M7	contactcboc. conferenceboard. ca	(866) 711-2262
库契钦公共事务研究所	亚当·雷迪希 (Adam Redish)	250 Consumers Road, Suite 301, Willowdale ON, M2J 4V6	couch@ couchinginstitute. ca	(416) 642-6374
弗雷泽研究所	尼尔斯·维德休斯 (NielsVeldhuis)	4th Floor, 1770 Burrard Street, Vancouver BC, V6J 3G7	info@ fraserinstitute. org	(604) 688-0221
前沿公共政策中心	彼得·霍利 (Peter Holle)	203—2727 Portage Avenue, Winnipeg MB, R3J 0R2	manitoba@ fcpp. ca	(403) 400-6862
乔治·莫里斯中心	巴布·米勒 (Barb Miller)	225—150 Research Lane, Guelph ON, N1G 4T2	info@ georgemorris. ca	(519) 827-6239
大西洋沿岸各省真实发展指数研究所	罗恩·科尔曼 (Ron Colman)	535 Indian Point Road, Glen Haven NS, B3Z 2T5	info@ gpiatlantic. ca	(902) 823-1944
公共政策研究所	格雷厄姆·福克斯 (Graham Fox)	1470 Peel Street, ♯ 200, Montreal Qc, H3A 1T1	irpp@irpp. org	(514) 985-2461
治理研究所	玛丽安托尼·弗卢米安 (Maryantonett Flumian)	60 George Street, Ottawa ON, K1J 1J4	info@iog. ca	(613) 562-0090
国际可持续发展研究院	斯科特·沃恩 (Scott Vaughan)	161 Portage Ave, East, 6th floor, Winnipeg MB R3B 0Y4	info@iisd. org	(204) 958-7700

续 表

智库名称	总裁/主席/董事长/所长/主任	邮寄地址	电子邮箱	电话
麦肯齐研究所	安德鲁·马约兰 (Andrew Majoran)	P. O. Box 338, Adelaide Station, Toronto ON, M5C 2J4	institute@mackenzieinstitute.com	(416) 686-4063
蒙特利尔经济研究所	米歇尔·凯利加尼翁 (Michel Kelly-Gagnon)	910 Peel Street, Suite 600, Montreal Qc, H3C 2H8	info@iedm.org	(514) 273-0969
莫厄特中心	马修·门德尔松 (Matthew Mendelsohn)	720 Spadina Avenue, Suite 218, Toronto On, M5S 2T9	info@mowatcentre.ca	(416) 978-7858
帕克兰研究所	特雷弗·哈里森 (Trevor Harrison)	110045 Saskatchewan Drive, Edmonton AB, T6G 2E1 (another office in Calgary)	parkland@ualberta.ca	(780) 492-8558
彭比纳研究所	埃德·惠廷厄姆 (Ed Whittingham)	219 19th Street NW, Calgary AB, T2N 2H9	lastname@pembina.org	(403) 269-3344
公共政策论坛	拉里·默里 (Larry Murray)	130 Albert Street, Suite 1405, Ottawa ON, K1P 5G4	mail@ppforum.ca	(613) 238-7160
凡尼尔家庭研究所	诺拉·斯平克斯 (Nora Spinks)	95 Centrepoint Drive, Ottawa ON, K2G 6B1	info@vanierinstitute.ca	(613) 228-8500
韦尔斯利学会	夸梅·麦肯齐 (Kwame McKenzie)	10 Alcorn Avenue, Suite 300, Toronto ON, M4V 3B1	contact@wellesleyinstitute.ca	(416) 972-1010

三、回溯：美国和加拿大智库的演化

1. 第一次高潮：1900—1945 年

20 世纪第一个 10 年是美国智库的强势发展期。尽管当时已有哈佛大学(Harvard University)、霍普金斯大学(Johns Hopkins University)和芝加哥大学(University of Chicago)等知名学府,少数有远见和决心的慈善家以及政策制定者认为当时需要的是主要关注研究和分析而非教学的机构。在现代科学可以解决社会、经济和政治问题这一在进步时代被广为接受的理念的指导下,①这群人开始以服务公共利益为名义,建立私人资助的研究机构。② 在罗伯特·布鲁金斯、安德鲁·卡内基、赫伯特·胡佛、约翰·D. 洛克菲勒(John D Rockefeller, Sr)、玛格丽特·奥利维亚·塞奇(Margaret Olivia Sage)等人的慷慨资助下,几个历史最为悠久的美国机构成立了。这批机构包括罗素基金会(Russell Sage Foundation)(1907)、卡内基国际和平基金会(Carnegie Endowment for International Peace)(1910)、加拿大咨询局(Conference Board)(1916)、美国政府活动研究所(Institute for Government Research)(1916 年成立,1927 年成为了布鲁金斯学会)、胡佛战争、革命与和平研究所(Hoover Institution on War, Revolution and Peace)(1919)、国家经济研究局(National Bureau of Economic Research)(1920)和美国对外关系委员会(Council on Foreign Relations)(1921)。③

---

① 参见史密斯的《思想掮客》和克里奇洛的《布鲁金斯学会》。
② 一些学者认为慈善家和慈善基金会经常资助研究机构以推进其意识形态利益和政治利益。可参见帕玛的《美国世纪基金会》、西兰德(Sealander)的《私有财富》(Private Wealth)、丘尔顿·科尔韦尔(Culleton Colwell)的《私人基金会》(Private Foundations)、伯曼(Berman)的《慈善的意识形态：卡内基基金会、福特基金会、洛克菲勒基金会对美国外交政策的影响》(The ideology of philanthropy: The Influence of the Carnegie, Ford, and Rockefeller Foundations on American Foreign Policy)、斯特凡契奇(Stefancic)和德尔加多(Delgado)的《毫不留情》(No Mercy)、贝兰特(Bellant)的《康胜的关系》(The Coors Connection)、弗洛伊德(Freund)的《自恋与慈善》(Narcissism and Philanthropy)、舒尔曼(Schulman)的《威奇托的儿子们》(Sons of Wichita)。
③ 欲了解按创立时间先后排列的成立于这个时期的所有智库,参见麦甘的《从学术到意识形态》。

虽然在这段时间创立的智库有着各自不同的机构历史,但它们都共同致力于对各种国内外政策问题进行论辩和调查,以期提高政府决策的水平。在主要从社会科学领域招募来的数十位学者的支持下,此时创立的智库宣称自己非常重视进行客观、中立的政策研究。然而,正如先前的研究所揭示的,它们的动机以及那些慷慨的出资人的动机并非总是完全无私的。①

虽然这些机构产出的许多研究成果都遵循最高学术水准,但这些机构本身却难以被视为价值中立的研究实体。布鲁金斯学会就是其中一例。作为美国历史最悠久、最具代表性的智库之一,布鲁金斯学会已经为自己树立了名声——一家致力于提供客观的研究和分析的独立机构。布鲁金斯学会主席斯特罗布·塔尔博特(Strobe Talbott)在 2014 年 9 月 6 日《纽约时报》(*New York Times*)的一篇文章发表后重申了这一点。该文章记录了外国政府向几家知名美国智库捐赠的数百万美元资金。这篇由哈佛大学艾蒙德·萨福拉伦理学中心(Harvard's Edmond J. Safra Center for Ethics)的研究员、调查记者布鲁克·威廉斯(Brooke Williams)参与合写的文章声称,卡塔尔和挪威政府期望布鲁金斯学会代表其进行游说,以回报这些数量可观的捐赠款。② 在《纽约时报》文章发布后的当天早上,塔尔博特立刻在一份正式声明中回应了这些严重的指控。他说:"布鲁金斯学会有 200 多位学者、700 多位捐赠者、几百个研究项目。是我们的学者,而非捐赠者,决定我们的研究范围及政策建议。我们接受外国政府的捐赠,但前提是他们支持我们的独立研究。"③

禁止董事会干预其学者的研究议程是布鲁金斯学会保持自身学术独立性的另一个保障措施。然而,保持独立和提供客观的研究成果是两回事。虽然直到现在都很少有研究智库的学者质疑布鲁金斯学会的机构独立性,但在一些场合,这家智库的研究人员却毫不掩饰自己的政策偏好。早在 1920 年,美国政府活动研究所(Institute for Government Research)(布鲁金斯学会的前身之一)的一些学者就参与了一场攻势迅猛的游说活

---

① 参见埃布尔森的《从政策研究到政治倡导》,以及弗洛伊德的《自恋与慈善》。
② 参见利普顿(Lipton)、威廉斯(Williams)、孔费索雷(Confessore):《外国势力正在收买智库影响力》("Foreign Powers Buy Influence at Think Tanks")。
③ 参见塔尔博特:《一条来自斯特罗布·塔尔博特的消息》("A Message from Strobe Talbott")。

动,以鼓动联邦政府采纳一项国家预算制度。这场游说活动的结果是 1921 年《预算和会计法》的通过。① 从那时起,布鲁金斯学会的学者在数百个重大的国内外政策辩论中担当先锋,其中包括证明布什政府发动伊拉克战争的合理性。② 布鲁金斯学会以及其他 20 世纪早期的政策机构与更现代化的智库的区别不在于它们不愿意涉足政坛,毕竟布鲁金斯学会近年来已经变得更加倡导取向了,而在于它们坚持注重从事中长期研究。简而言之,不像传统基金会及其众多追随者那样专注于通常被称为"快速响应型的政策研究报告"(quick response policy research),即可以迅速提供给民选官员的出版物,许多第一代智库专注于政策制定者未来几年内可能要分析的问题。经过更系统、长期的思考,智库可以通过为政策制定者提供历史教训,来为提高公共政策质量作出重要贡献。但是,为了帮助政府将当前的政策挑战置于适当的历史背景下,智库必须避免自己陷于政治更替的泥沼甚至被其吞噬。而对于那些将自己营销成为能够提供及时的、相关的政策思想的资源库的机构来说,想一直做到这点实属不易。

在 20 世纪初,虽然以研究为导向的大型智库在美国已经备受瞩目,这类智库在加拿大却是难觅踪影。③ 当时只有一些研究加拿大外交政策的小机构,其中包括圆桌运动(Round Table Movement)、加拿大国际和解协会(Canadian Association for International Conciliation)、太平洋关系学会(Institute of Pacific Relations,这一学会中加拿大代表占很大比例)④ 和加

---

① 参见埃布尔森的《美国智库》,第 35 页。
② 可参见波拉克(Pollack)的《山雨欲来》(*The Threatening Storm*)。
③ 关于为什么加拿大没有像美国一样在 20 世纪初出现一些知名的研究机构,诸多因素之一是当时没有一批大型的专注于社会科学研究的慈善基金会。欲了解这方面更多的详细情况,请参见理查森(Richardson)和费希尔(Fisher)合著的《社会科学的发展》(*The Development of the Social Sciences*),尤其是"引言"部分。
④ 一些加拿大代表于 1925 年 7 月参加了太平洋关系学会(IPR)在火奴鲁鲁(Honolulu)的第一次集会。加拿大的那些代表包括:约翰·内尔逊(John Nelson,主席)、斯坦利·布伦特(Stanley Brent,部长)、不列颠属哥伦比亚大学的玛丽·博乐特(Mary Bollert)、基督教女青年会的地方联络员(Young Women's Christian Association, YWCA)凯特·福斯特(Kate Foster)、温哥华的前国会议员乔治·考恩(George Cowan)。加拿大在 1927 年 7 月太平洋关系学会第二届大会的代表权更大,共 18 位出席,包括:阿瑟·柯里将军(General Sir Arthur Currie)、麦吉尔大学的 W·W·戈福思教授(W. W. Goforth),以及多伦多大学的教授 T·F·麦基尔雷思(Thomas F. McIlwraith)。如需了解更多太平洋关系学会的早期历史和加拿大在协助该机构创建过程中所起的作用,参见加拿大国际事务研究所的《其组织》(*Its Organization*)。

拿大国际事务研究所(Canadian Institute of International Affairs，CIIA)。然而，不同于被公认为世界顶尖研究型智库之一的英国皇家国际事务研究所(Chatham House，又称查塔姆研究所)，[1]加拿大国际事务研究所建立时更像是一群对研究国际事务和加拿大的国际角色[2]感兴趣，且有个人影响力的加拿大人的"俱乐部"，而非学者们专注于详细分析国际事件[3]的政策研究机构。历经80年辉煌历史后，加拿大国际事务研究所的成员于2007年11月投票决定将该机构更名为"加拿大国际理事会"(Canadian International Council，CIC)，即如今设于多伦多大学(University of Toronto)的蒙克全球事务学院(Munk School of Global Affairs)。时隔一年，另一家总部位于多伦多的智库——加拿大战略研究所(Canadian Institute of Strategic Studies，CISS)停止运营，并将其业务合并到加拿大国际理事会的战略研究工作组中。尽管经历了这些重大变迁，当初的加拿大国际事务研究所、如今的加拿大国际理事会的核心使命基本未受影响，虽然加拿大国际理事会已经作出更大的承诺来资助和退出政策研究。正如行动研究公司(Research in Motion)联合创始人、加拿大国际理

---

[1] 尽管对于《全球智库报告》的排名如何确定仍存在疑虑，皇家国际事务研究所却是全球顶级外交政策智库之一。有关对全球智库排名提出的一些反对意见的摘要，请参阅蒙迪扎巴尔(Mendizabal)的《全球智库报告：两篇批评文章》("The Go to Think Tank Index: Two Critiques")和《智库排名和奖项》("Think Tank Rankings and Awards")、泰勒(Taylor)的《智库排名》("Think Tank Rankings")、杜加尔(Duggal)的《智库的排名》("Tanks for the Rankings")
"智库观察"(Think Tank Watch)网站的《智库奖项和排名》("Think Tank Awards & Rankings")和埃布尔森的《数字解读智库》("Think Tanks by the Numbers")。皇家国际事务研究所位于伦敦的圣詹姆斯广场(St James Square)的总部很可能出自一名加拿大士兵 R·W·伦纳德上校(Colonel R. W. Leonard)的捐赠。
[2] 参见林奎斯特的《智库?》。
[3] 关于加拿大国际事务研究所的早期历史，参见曼尼(Manny)：《加拿大国际事务研究所》("The Canadian Institute of International Affairs")、奥森达普(Osendarp)：《十年过渡》("A Decade of Transition")、霍姆斯(Holmes)：《加拿大国际事务研究所》("The CIIA")的第9—10页、德姆森(Demson)：《加拿大国际事务研究所》("Canadian Institute of International Affairs")、格雷特黑德(Greathead)：《前因和起源》("Antecedents and Origins")、博尔登(Boulden)：《独立的政策研究》("Independent Policy Research")以及加拿大国际事务研究所的《其组织》。

事会首任主席吉姆·贝尔斯利(Jim Balsillie)在该组织的第一份年度报告中所观察到的,加拿大国际理事会是"一个无党派的、全国性的外交政策委员会,旨在加强加拿大的外交政策。它通过跨学术、政策领域和经济部门的国家网络来促进有关国际事务问题的研究和对话。"①贝尔斯利帮助创建加拿大国际理事会、加拿大国际治理创新中心和贝尔斯利国际关系学院(Balsillie School of International Affairs)的动机将在相关的智库简介中讨论。

一些组织也致力于国内政策的研究。最终促成加拿大社会发展学会(Canadian Council on Social Development,CCSD)成立的国家儿童和家庭福利委员会(National Council on Child and Family Welfare)创立于1920年。② 作为由利益相关者组成的协会,它们与国境以南的那些智库相比,看上去并不像"政策"智库。然而,它们还是发挥着重要的网络职能,帮助政府联络了很多研究组织。但尽管如此,除了个别例外,加拿大的智库图景直到20世纪60年代初几乎都是一片黯然。

2. 第二次高潮:1946—1970年

到第二次世界大战结束之时,新一轮的智库发展高潮在美国兴起,很大程度上是为了应对困扰美国政策制定者的日渐增长的国内外压力。认识到国防科学家在战争期间作出的宝贵贡献后,杜鲁门(Truman)政府认为继续为私营的和大学的研发中心提供资金会产生巨大收益。政策制定者希望借助工程师、物理学家、生物学家、统计学家和社会科学家的专业知识,来应对美国在核时代夺得霸权所面临的诸多新挑战。正是在这种环境下,创立最为卓越的政府委托机构兰德公司("Rand"是"research"[研究]和

---

① 参见加拿大国际理事会的《2008—2009年年度报告》(*2008—2009 Annual Report*)第5页。关于贝尔斯利与国际理事会的关系,可参见《吉姆·贝尔斯利主导新加拿大国际理事会的创立》("Jim Balsillie Leads in the Creation of the New Canadian International Council")和丘奇(Church)的《行动研究公司的贝尔斯利培育重要的外交政策智库》("RIM's Balsillie Seeds Major Foreign Policy Think Tank")。

② 关于加拿大社会发展学会的历史,可参见斯普莱恩(Splane)《社区服务的75年》(*75 Years of Community Service*)。

"development"(开发)的缩写词)的想法在1948年诞生了。① 除了为美国国防政策作出许多重要贡献,兰德也为赫尔曼·卡恩(Herman Kahn)创立的哈德森研究所(Hudson Institute),以及以国内政策为导向、受到林登·约翰逊总统(President Lyndon Johnson)大力支持的城市研究所等其他政府委托机构树立了典范。②

在"二战"后时代,华盛顿的政策制定者和20世纪早期的那些慈善家们一样,认识到智库能够在一些关键政策领域发挥重要作用。他们还意识到利用独立研究机构专长的潜在好处,这些研究机构有充足的资源从事中长期战略研究,而不用依赖政府官员,疲于应对日常的文案工作。尤其是在国防政策领域,政府必须要能够依仗已经汇聚了一些全国顶尖人才的智库,这些机构不同于政策制定者和华盛顿的官员们,较少受到党派利益的影响。然而,事实也并非总能如此。一些美国顶尖科学家的政治倾向往往会影响他们的政策建议。已有不少研究探讨了曼哈顿计划(Manhattan Project)的负责人,之后担任普林斯顿高级研究所(Institute for Advanced Study at Princeton)主管的J.罗伯特·奥本海默(J. Robert Oppenheimer)的政治观点;一些类似的研究也记录了赫尔曼·卡恩,以及氢弹之父爱德华·特勒(Edward Teller)的政治观点,这两位科学家都长期在美国的顶级智库任职。

美国已经进入了其国防与外交政策会对世界形势产生深远影响的时代。美国政府迫切需要中肯、详实的政策建议,为此,美国政府在多数情况下求助于兰德公司和哈德森研究所。但就在联邦政府依赖于以上机构以

---

① 兰德公司通常简称为兰德,是一家领先的美国国防委托机构。同包括海军分析中心(Center for Naval Analyses)和国防分析研究所(Institute for Defense Analyses)在内的其他机构一道,兰德为美国政府提供国防问题方面的建议。近年来,兰德将其研究项目扩展到关注关键的国内政策问题,包括医疗卫生改革、人口和老龄化、能源和环境、儿童和家庭。它也参与了加州大学洛杉矶分校(University of California at Los Angles)的几项研究计划。除了位于加州圣塔莫尼卡(Santa Monica)的总部,兰德公司还在其他4个美国城市、澳大利亚和欧洲设有小型办事处。

② 城市研究所在林登·B.约翰逊总统和其国内政策顾问的要求下于1968年成立,最初被看作是与兰德公司相应的国内政策研究机构。关于城市研究所的更多信息,请参见埃布尔森《智库能发生作用吗?》的第187页。

及其他智库寻求国防和安全问题建议时,约翰逊总统则期望城市研究所为其指出能够缓解导致20世纪60年代10年城市动乱等诸多经济、社会和政治问题的良方。对于约翰逊总统来说,在美国境内激荡的"战争"和发生在国界之外的冲突同样值得关注。冷战爆发和"向贫穷开战"(War on Poverty)计划对美国政府提出了新要求,也为智库崭露头角提供了更多契机。与前代智库相比,政府委托机构开始填补政策研究共同体的空白。

二战后的美国还见证了一些其他智库的崛起,包括战略与国际问题研究中心(Center for Strategic and International Studies, CSIS)和政策研究所(Institute for Policy Studies, IPS)。这些机构建立时并非政府委托机构,但是却很快融入了华盛顿的政策制定共同体中。建立于1962年的战略与国际问题研究中心拥有包括卡特总统(President Carter)的国家安全顾问兹比格涅夫·布热津斯基(Zbigniew Brzezinski)、前参谋长联席会议主席(Joint Chiefs of Staff)、海军上将威廉·克罗(Admiral William Crowe)和前国防部长詹姆斯·施莱辛格(James Schlesinger)在内的杰出人物,并经常与即将接任的新任政府密切合作,以关注和预测外交安全政策问题。战略与国际问题研究中心在很多方面的运作既像研究机构,又像是倡导型智库,那些期望对国会山产生更大影响力的外国政府也对其偏爱有加。[①] 一些外国政府,比如卡塔尔,都对国际问题研究中心做过大量捐赠,这些无疑帮助了该机构在2014年建立位于华盛顿罗德岛大道的新总部。战略与国际问题研究中心制定了令人印象深刻的研究计划,同时也作出巨大努力来推销其思想理念。由马库斯·拉斯金(Marcus Raskin)和理查德·巴尼特(Richard Barnett)在1963年创建的政策研究所也是华盛顿一家以专注美国外交政策闻名的智库。然而,不同于更加主流的战略与国际问题研究中心,政策研究所因主张用马克思主义(Marxist)/激进路线来实施美国政策而发展成为知名的左翼智库。政策研究所已被公认为意识

---

① 参见利普顿(Lipton)、威廉斯(Williams)、孔费索雷(Confessore):《外国势力正在收买智库影响力》。关于战略与国际问题研究中心的更多信息,请参见史密斯(Smith)的《战略召唤》(*Strategic Calling*)。

形态驱动的倡导型智库。①

　　战后的加拿大也新增了一些智库。1946年,位于多伦多的加拿大税务基金会(Canadian Tax Foundation,CTF)建立,创始人为加拿大法律和会计协会会员,其目的是开展和资助税制研究。8年后,总部设在纽约的世界大型企业研究会(Conference Board)在蒙特利尔设立了分支机构,为加拿大会员提供服务。加拿大咨询局拥有将近200名员工,预算超过2500万加元。② 1954年,大西洋沿岸各省经济理事会(Atlantic Provinces Economic Council,APEC)成立,宗旨是推动大西洋沿岸各省地区的经济发展。1958年,作为美国国家规划协会(National Planning Association,NPA)对应机构的加拿大私人规划协会(Private Planning Association of Canada,PPAC)成立。加拿大私人规划协会是"由企业和劳工领袖创建,旨在开展有关经济政策问题的研究和教育活动"。③ 该机构还为加拿大-美国委员会(Canadian-American Committee)以及美国国家规划协会的两个其他委员会提供支持,以促进企业、劳工和政府代表之间的对话。④

　　战后加拿大智库的增长并未就此止步。1965年,总督乔治·凡尼尔(Governor General Georges Vanier)和保利娜·凡尼尔夫人(Madame Pauline Vanier)建立了凡尼尔家庭研究所(Vanier Institute of the Family),以研究"人口、经济、社会和卫生对当代家庭生活的影响"。⑤ 1968年,加拿大议会外交事务中心(Parliamentary Centre for Foreign Affairs)建立,旨在为审核各种外交政策问题的议会委员和政府提供研究支持。

　　早在20世纪60年代初期,加拿大政府就对创建研究机构表现出兴趣。联邦政府传统上依靠官僚部门或皇家委员会和特别工作小组就关键性的政策问题为其提供顾问服务,但现在开始考虑通过其他途径来提高其

---

① 参见鲍威尔(Powell)的《秘密小组》(*Covert Cadre*)。
② 参见埃布尔森和卡伯里(Carberry)合著的《效仿?》,第534页。
③ 贺维学会网站 www.chhowe.org 中的"学会历史"("A History of the Institute")。
④ 参见埃布尔森和林奎斯特的《北美智库》("Think Tanks in North America"),第41页。
⑤ 凡尼尔家庭研究所网站:www.familyforum.com。

政策制定能力。① 但是，与严重依赖私营智库进行研究和分析的美国政府不同，加拿大政府决定建立自己独特的政策研究机构网络。于是，他们组建了一些政府委员会，如加拿大经济咨询委员会(1963)、加拿大科技咨询委员会(1966)、国家福利咨询委员会(National Council of Welfare)(1968)、加拿大法律改革委员会(Law Reform Commission of Canada)(1970)，就一系列政策问题为其提供咨询建议。正如埃布尔森和林奎斯特所指出的：

> 虽然这些组织从政府那里拿到了大多数非政府智库梦寐以求的巨额资助，但是它们在运作时与政府内部保持一定距离(全职员工们是公共部门的雇员)。研究活动，包括学者和其他政府外部的研究人员根据委托协议进行的工作，都受到由能够代表不同选区和社会阶层的私营和非营利部门代表组成的委员会的监督。委员会制定新的研究方案，监督滚动项目组合(rolling portfolio of Projects)，提交在委托调查研究成果基础上产生的共识报告。虽然这些委员会是独立的，但是它们的成员都由政府总理任命，而且任期固定，政府可以要求委员会实施新的研究方案。②

虽然在运作上它们与委托方保持了一定距离，但这些委员会和各个政府部门间的紧张关系最终还是显现了。议会体制和责任政府制不允许国家机关(不论该机关有多独立)对公共政策发表与政府优先考虑事项和政策向左的观点。③ 在1992年2月的预算中，穆罗尼(Mulroney)政府采取严厉措施，终止了与各种委员会之间的关系：政府解散了加拿大经济咨询委员会、加拿大科技咨询委员会、加拿大法律改革委员会、加拿大国际和平与安全研究所(Canadian Institute for International Peace and Security)等将近20家政策研究机构。后来的克雷蒂安(Chrétien)政府采取了一系列措

---

① 欲了解关于加拿大政府如何从特别工作小组和皇家委员会获得专业建议的讨论，请参见布拉德福德(Bradford)的《委托研究》(Commissioning Ideas)和詹森(Jenson)的《委托研究》("Commissioning Ideas")。
② 参见埃布尔森和林奎斯特的《北美智库》，第42页。
③ 参见埃布尔森和林奎斯特的《北美智库》，第42页。

施来修复其负面影响,其中就包括支持枢密院(Privy Council Office)的政策研究方案(Policy Research Initiative,PRI)。① 该方案的目标在于通过加强联邦政府各部门和机构与外部研究团体之间的关系,来恢复被削弱的政府政策能力。作为该方案的一部分,许多智库受邀帮助政府对各种经济和社会政策的长期影响做更加战略性的思考。

3. 第三次高潮:1971—1989 年

智库发展的第二次高潮——政府委托机构和政府委员会的出现——基本在同一时期登陆美国和加拿大。然而,当第三次高潮刚刚在美国显露之时,加拿大已经掀起了几波发展浪潮。在 20 世纪 70 年代中期和 80 年代,一类新的政策研究机构——倡导型智库在美国涌现,并开始出现在公众视野中。倡导型智库与先前已在美国出现的智库类型的不同之处不在于它们对研究公共政策的渴望,而在于它们向各种受众推销思想的坚定决心。倡导型智库不是在书籍密布的舒适办公室思索重大政策问题,而是吸纳了企业家精神,积极投身于政坛。有了思想之后,它们开始战略性地思考如何最有效地影响政策制定者、公众和媒体。建立于 1973 年的传统基金会效仿美国企业研究所(American Enterprise Institute)(1943)的战略部署,冲在这波高潮的最前沿,将政治倡导提升到一个新高度。② 在互联网出现之前,专攻快速响应型政策研究的传统基金会强调为国会成员和行政部门亲手呈送一两页纸的政策简报,以助其应对重大内政外交政策问题的重要性。因传统基金会在 1980 年里根(Regean)政府过渡时期发挥了关键作用,③ 几十个备受鼓舞的智库将学术元素和积极的营销技巧相结合,开始在这一时期扎根发展。这些智库包括与"改革党"(Reform)总统候选人帕特·布坎南(Pat Buchanan)关系密切的罗克福德研究所(Rockford Institute)(1977)、主张自由主义(Libertarian)的卡托研究所(Cato Institute)(1977)和经济政策研究所(Economic Policy Institute)(1986)。

---

① 欲了解"政策研究方案"的更多信息,参见安德森(Anderson)的《新焦点》("The New Focus")。
② 关于传统基金会的悠久历史,请参见爱德华兹(Edwards)的《思想的力量》(*The Power of Ideas*)和《领跑》(*Leading the Way*)。
③ 参见埃布尔森的《美国智库》。

当这次智库发展的新高潮席卷美国时,三波不同的智库发展浪潮正在加拿大涌现。首先,20 世纪 60 年代晚期,联邦政府开始意识到在本国配备一个与美国 20 世纪早期建立的智库类似的大型独立政策研究机构会有潜在好处。1968 年,加拿大总理特鲁多(Trudeau)因布鲁金斯学会的工作,并痛感加拿大此类机构缺失,命令经济学家、国会议员、公职人员罗纳德·里奇(Ronald Ritchie)考虑建立一个独立的、跨学科的政策研究机构的可行性。第二年提交的可行性报告促成了 1972 年非营利机构公共政策研究所的成立,该机构得到联邦政府的资金捐赠,同时也计划接受来自私人部门和省级政府的资金支持。①

其次,四个老牌研究机构在这一时期经历了重大转型,发展成为现代型智库,而一些新的智库也建立了:1920 年成立的加拿大福利委员会(Canadian Welfare Council,CWC)转型为一家社会政策研究机构,更名为加拿大社会发展学会(CCSD);总部设于纽约的世界大型企业研究会在蒙特利尔的分支机构搬到了渥太华,增强了其为公共部门和私人部门开发经济预测模型的实力;贺维学会成立于 1973 年(由加拿大私人规划协会和贺维纪念基金会[C. D. Howe Memorial Foundation]合并而成),成为一家短期经济政策分析中心。② 此外,受益于皇家税收调查委员会(Royal Commission on Taxation)推动的全国性辩论,加拿大税务基金会的影响力在 20 世纪 70 年代早期得到了巨大提升。

同时,一些新的智库也在加拿大创立。1976 年,新增了两家外交政策智库:渥太华的南北研究所和多伦多的加拿大战略研究所,前者如前文所述,在 2004 年被迫关闭,后者到 2008 年成为加拿大国际理事会的一部分。加拿大慈善中心(现在成为想象加拿大)成立于 1981 年,为了增进"慈善组织的作用和利益,使加拿大社区受益"。③ 第二年,多伦多的加拿大高等研

---

① 参见埃布尔森和林奎斯特的《北美智库》。欲了解更多有关公共政策研究所的信息,请参见多贝尔(Dobel)的《公共政策研究所》(IRPP)和里奇(Ritchie)的《公共政策研究机构》(An Institute for Research on Public Policy)。
② 同上。
③ 加拿大慈善中心网站:www.ccp.ca。加拿大慈善中心现称想象加拿大:www.imaginecanada.ca。

究院（CIFAR）成立，该研究院支持全球研究人员结成合作网络，以解决一些最迫切的世界性科学、环境和社会问题。为了解决困扰国际社会的其他一些问题，联邦政府在总理特鲁多的南北方案之后，同意于1984年设立并资助加拿大国际和平与安全研究所（CIIPS）。该研究所不是一个政府委员会，但在1992年被解散后，人们发现它在独立性上也不能和公共政策研究所相提并论。1985年，设在卡尔加里（Calgary）的彭比纳研究所（Pembina Institute）建立，主要研究清洁能源等问题。1986年，麦肯齐研究所（Mackenzie）开始在多伦多运营。尽管资源有限，但麦肯齐研究所还是在恐怖主义和激进意识形态研究领域站稳了脚跟。自"9·11"事件以后，该研究领域又继续引起广泛关注。只要激进的极端分子还在世界上肆虐，毫无疑问，该研究所将有很多机会参与到关于此类问题的重要政策辩论中。

1987年，公共政策论坛（PPF）成立，通过为来自公共部门、私人部门和非营利部门的代表提供一个探讨各种政策方案的平台以提高公共政策制定能力。1990年，目前坐落于渥太华历史悠久的拜沃德市场（ByWard Market）的治理研究所（Institute on Governance，IOG）成立，旨在促进有效的政府治理。该研究所就如何更好地管理公共服务和培训行政人员，为加拿大政府和发展中国家政府提供咨询服务，并经常充当加拿大机构的代理人，为发展中国家的政府提供援助。

再次，一些专注于推销某种特定观点的研究机构在加拿大建立，反映了美国智库发展的最新浪潮。1971年，加拿大西部基金会（Canada West Foundation，CWF）在卡尔加里成立，旨在介绍西部地区对于全国性政策辩论的观点。1974年，弗雷泽研究所开始运营，宣传自由市场经济的优势。前自由党财政部长沃尔特·戈登（Walter Gordon）于1979年创办了加拿大经济政策研究所（Canadian Institute for Economic Policy，CIEP），以资助一项以经济民族主义为议题的5年研究计划。1980年，社会民主主义原则的支持者组建了加拿大另类政策中心（Canadian Centre for Policy Alternatives，CCPA），以抗衡自由市场倾向的弗雷泽研究所。加拿大另类研究所与新民主党（New Democratic Party and），以及包括加拿大人议会（Council of Canadians）在内的一些公共政策倡导联合会合作，传达其对于从日益增长的贫富差距到环境保护等各种问题的关注。智库的倡导驱动性趋势也引起了进步保守党(Progressive Conservative)的兴趣。保守党在1980年竞选失败后,一些成员呼吁建立一家研究经济、社会和国际问题的智库,但是该提议却由于党派领导人的更替而搁浅了。然而,寻求新思想的保守党人并没有被冷落。自2005年开始,前改革党领袖普雷斯顿·曼宁(Preston Manning)欢迎保守派——无论是年轻人还是老年人——参加到曼宁民主建设中心(Manning Centre for Building Democracy)(该机构似乎不满足作为智库的要求)和曼宁基金会(Manning Foundation)(满足智库要求)赞助的活动中。曼宁民主建设中心每年都会在渥太华召开一次全国性的联网会议,吸引将近1000名与会者。为了使读者充分知情——我曾经参加了2014年曼宁联网会议(Manning Networking Conference,MNC)的一个小组座谈,与弗雷泽研究所主席尼尔斯·维德休斯(Niels Veldhuis)讨论智库的影响力。不出所料,我们对于如何衡量智库影响力的看法大相径庭。维德休斯坚信他的研究所已经,并将继续对塑造公共舆论和公共政策产生巨大影响。由于他的宏伟论调缺乏实证支持,我仍表示怀疑。然而,维德休斯对于弗雷泽研究所为什么,以及怎样决定将加拿大公众而非政策制定者作为受众的言论很有说服力,值得我们进一步思考。这一点我们将在第七章继续探讨。

美国和加拿大两国的智库数量在20世纪七八十年代有了大幅增长,因为两国的政策制定者和政策企业不仅开始认同独立政策建议的必要性,而且开始发现智库在影响公共舆论和公共政策方面十分有效。那些坚信只要有充足的资金投入,智库就能在促成政治对话方面发挥重大影响的出资人对保守的倡导机构的推动作用尤其显著。20世纪90年代,智库在这两个国家继续蓬勃发展,并将此势头保持到了21世纪,而且在很多情况下都能崭露头角。虽然现在的很多智库与前几代政策机构有不少共同点,但正如最近一波智库发展高潮所显示的,两者之间还是有一些显著的差异。

4. 第四次高潮:1990—2015年

在过去的25年间,不同种类的智库出现了,一些类似于前几代的混合产物使得智库群体日益多样化。在美国和加拿大都有的名誉型智库或者遗产型智库,虽然并不构成一次新的发展高潮,但值得认可。在美国,遗产型智库如埃默里大学(Emory University)的(吉米)卡特研究中心

([Jimmy] Carter Center)(1982),2011年更名为国家利益中心(Center for the National Interest)的(理查德)尼克松和平与自由研究中心([Richard] Nixon Center for Peace and Freedom)(1994),已经制定了一系列研究计划来将创立者的政治理念发扬光大。相比之下,通常由在任官员、充满政治抱负的公职候选人,或即将退休的官员建立的名誉型智库对构建能够提升其政治平台的学术可信度的思想和问题更为关心,这是主流政党不再充分发挥的一项功能。①

一些人认为,名誉型智库也是为了规避美国联邦竞选募款法对总统候选人竞选的限制而建立的。② 例如包括前参议员鲍勃·多尔(Bob Dole,代表堪萨斯州)昙花一现的机构"卓越美国"(Better America),与前众议院议长纽特·金里奇(Newt Gingrich)关系密切的进步与自由基金会(Progress and Freedom Foundation)(1993),由得克萨斯州(Texas)的亿万富翁罗斯·佩罗(Ross Perot)创建的"团结则存"(United We Stand)研究会,包括已故的利恩·柯克帕特里克(Jeanne Kirkpatrick)、威廉·贝内特(William Bennett)和前共和党副总统候选人杰克·坎普(Jack Kemp)在内一批知名的新保守主义者于1993年创建的"授权美国"(Empower America)组织。2004年7月,"授权美国"与"稳健经济公民"(Citizens for a Sound Economy)组织合并为"自由可行"(FreedomWorks)组织,该组织是位于华盛顿特区的保守和自由主义的游说团体,它确实主要将自己视为一家智库。

遗产型智库也已在加拿大扎根。近几年,一些著名的新增智库已经十分引人注目,包括曼宁民主建设中心、其研究部门曼宁基金会,以及博特宾研究所(Broadbent Institute)。其他可以想到的符合这一类型的智库包括以其创始者、前任自由党内阁大臣、"二战"期间所谓的"大总管"(minister of everything)的名字命名的贺维学会,皮尔逊·庄山研究所(Pearson-Shoyama Institute)(1993年在渥太华创立,目标是研究和公民以及多元文化问题有关的问题,其名称来自加拿大前总理莱斯特·皮尔逊[Lester

---

① 参见盖尔纳(Gellner)的《政治智库》("Political Think-Tanks")。
② 参见梅尔顿(Melton)的《多尔智库的关闭》("Closing of Dole's Think Tank")。

Pearson]和前任联邦副财政部长托马斯·庄山[Thomas Shoyama])。遗产型智库最贴切的例子如前所述,由一位前任财政部长为了宣传其经济民族主义观点而建立的加拿大经济政策研究所,以及在特鲁多总理1984年提出的南北方案影响下建立的加拿大国际和平与安全研究所。

20世纪末,在加拿大出现的一个更为明显的趋势是政府研究的私有化。1992年,在美翠基金会(Maytree Foundation)的支持下,卡利登社会政策研究所在渥太华建立。该研究会的主要目标是让国家福利咨询委员会的前执行董事肯·巴特尔(Ken Battle)能够在制定研究议程时不受政府委员会职责的束缚。1994年,经济委员会前负责人朱迪丝·马克斯韦尔(Judith Maxwell)成立加拿大政策研究公司(Canadian Policy Research Networks, Inc., CPRN),以资助与社会和经济政策问题相关的长期的、跨学科的政策研究项目,提升加拿大的整体研究能力。由于财务上无法维持,该公司于2009年12月停止运转。20世纪90年代还创立了其他几个研究机构:大西洋市场研究所(Atlantic Institute for Market Studies, AIMS, 1994),前身为加拿大武器控制与裁军中心(Canadian Centre for Arms Control and Disarmament)和加拿大全球安全中心(Canadian Centre for Global Security)的加拿大国际和平与安全委员会(Canadian Council for International Peace and Security, CCIPS)(1995),生活水平研究中心(Centre for the Study of Living Standards)(1995),加拿大外交政策发展中心(Canadian Centre for Foreign Policy Development)(1996)。加拿大外交政策发展中心的办公场所直到最近都设在加拿大外交与国际贸易部(Department of Foreign Affairs and International Trade, DFAIT),后者现在更名为"加拿大全球事务部"(Global Affairs Canada),这是贾斯廷·特鲁多(Justin Trudeau)总理自2015年秋季上任以来发起的众多联邦政府部门更名中的一例。

智库的增长并未终结。1997年,温尼伯(Winnipeg)的前沿公共政策中心(Frontier Centre for Public Policy)成立,第二年,毗邻的萨斯喀彻温省(Saskatchewan)的萨斯喀彻温省公共政策研究所(Saskatchewan Institute of Public Policy, SIPP)诞生。自2008年起,该研究所一直在里贾纳大学(University of Regina)的约翰逊·庄山公共政策研究生院(Johnson

Shoyama Graduate School of Public Policy)的资助下运作。1999年,蒙特利尔经济研究所(Montreal Economic Institute,MEI)成立,使得魁北克省在蒙特利尔的公共政策研究所之外多了一个政策建议方面的发声机构。虽然在20世纪90年代初期建立的一些组织已不复存在,但追随它们成立的组织仍积极保持着研究项目的活跃性。

在我们进入新千年时,美国和加拿大智库的繁衍扩大却丝毫没有减速的迹象。在美国,包括与奥巴马(Obama)政府有密切联系[①]的新美国安全中心(Center for a New American Security)(2007年)在内的几个新成员让人眼前一亮。但是具有讽刺意味的是,对于一些初来乍到的新智库的争议却是在加拿大出现的,而且很有道理。2001年,吉姆·贝尔斯利和时任滑铁卢的行动研究公司联席总裁的黑莓(BlackBerry)创始人迈克·拉扎里迪斯(Mike Lazaridis)提供3000万加元捐赠建立了国际治理创新中心(CIGI)。同年,比该中心可支配资源少了很多的两家智库成立了:位于埃德蒙顿(Edmonton)市阿尔伯塔大学(University of Alberta)的帕克兰研究所和卡尔加里的加拿大国防和外交事务研究所(CDFAI)。在渥太华设有第二个办事处的加拿大国际事务研究所(现在更名为加拿大全球事务研究所),在其研究员名单上列有几位杰出学者和前政府官员,包括杰克·格拉纳茨坦(Jack Granatstein)、戴维·伯克森(David Bercuson)和加拿大驻华盛顿前外交官、加拿大-美国关系专家科林·罗伯逊(Colin Robertson)等。但当这些智库刚出现上升势头时,另外3家智库又加入了政策研究界:致力于解决多伦多东南部"城市健康差异"的韦尔斯利学会(Wellesley Institute)(2006),有些讽刺的是,这家智库的成立归功于1998年韦尔斯利中心医院的关闭;设于多伦多大学的莫厄特中心(2009);以及由闻名智库界的人物、大西洋市场研究所(AIMS)前总裁布赖恩·李·克劳利(Brian Lee Crowley)领导的麦克唐纳—劳里埃公共政策研究所(Macdonald-Laurier Institute for Public Policy)。

上述智库是在公共部门智库重要、显著发展的影响下出现的。前面提到过,作为1992年第一次大规模预算裁减的一部分,联邦政府裁撤了一些

---

① 参见埃布尔森的《改变思想,改变路线》("Changing Minds, Changing Course")。

智库,只有规模极小的国家福利咨询委员会得以幸免。但到2012年,国家福利咨询委员会还是进入了哈珀(Harper)政府的智库裁减名单。① 卡利登研究所和现在已停止运营的加拿大政策研究公司的建立就是联邦政府裁撤这些政府咨询机构的直接反应。但讽刺的是,穆罗尼(Mulroney)政府对机构裁撤的解释是,这不仅出于降低政府支出的考虑,还因为自20世纪60年代以来已经出现了大量智库。其中,首相穆罗尼和他的同僚们坚持认为,在20世纪90年代的加拿大,民间的政策研究能力已足以满足联邦部门的研究需求。他们的这一说法受到了媒体和一些学术圈的广泛质疑。② 哈珀总理对智库福利的耐心和关心显然更少,尤其是需要联邦政府拨出更多资金来维持运转的左派智库。正如哈珀政府的一些批评者所说,总理愿意与和他思想一致的智库建立联系,③但更愿意破坏那些不支持其政策路线的智库。

在分析这些智库发展高潮的时候,我们一定要明白,在每一时期新产生的智库不是取代了之前诞生的智库,而只是锦上添花而已。而且近年来,早期产生的智库类型继续在这两个国家繁衍。比如,尽管加拿大国际治理创新中心(CIGI)是设在大学内,但它却符合好些有助于辨别20世纪早期智库的指导原则,包括承诺进行严谨的研究。同时,思想市场参与者的数量日渐增多,使得资金筹集的竞争越发激烈,并且改善了前代研究机构的做法,使其更为意识到让研究成果更易被政策制定者理解和消化的必要性。这一经验教训被加拿大和美国智库界的一些新成员吸纳,包括那些思考政策解决方案,并采取实际行动的智库,像华盛顿的全球发展中心(Center for Global Development)这样的"思行合一型智库"。虽然构成两国智库界的机构可能是在不同时间因为不同目标而创建,但它们都认识到采用最有效的战略来传达思想的重要性。我们现在必须解决的问题是智库究竟做什么,以及它们如何做。

---

① 关于国家福利咨询委员会的关闭,请见戈尔(Goar)的《哈珀将国家福利咨询委员会扔进垃圾堆》("Harper throws National Council of Welfare on the scrap heap")。
② 参见埃布尔森和林奎斯特的《谁在思考国际事务?》("Who's Thinking about International Affairs?")。
③ 参见古特施泰因(Gutstein)的《哈珀主义》(*Harperism*)和Haris(哈里斯)的《一人之党》(*Party of One*)。

第三章　智库的角色是如何转变的？

在前一章，我们按照时间顺序介绍了加拿大和美国智库在四个不同高潮或阶段的发展、演变，这让我们更深入地理解了智库群体的多样化，以及学者们对智库相似性和差异性的研究力度。当学者在20世纪60年代末和70年代初开始就智库进行思考和写作时，他们对于政策机构如何与国家和非国家主体进行互动的许多观点都植根于关于国家的自由主义理论：精英理论、多元主义和国家主义。这些理论虽然公认已过时，但其继续在致力于评估智库在政策制定共同体中的作用、意义和影响的文献中找寻立足之地。接下来，我们将探讨这些理论的优势和局限性，以及可以采取哪些步骤，来提供更多有关智库如何设法影响公众意见和公共政策的见解。在此过程中，我们将提出一些关于如何更综合地审视这些组织的建议。我们将认识到，改变的不仅仅是政治学家和社会学家用来描述智库如何让不同团体参与其中的术语。智库在政治格局中的持续发展和不断增长的数量，以及它们对于变得倡导取向的渴望，迫使我们重新评估它们的工作是什么，角色如何改变，以及在政策制定中的地位已经有多么根深蒂固。

一、精英理论

关于智库最早的研究主要聚焦于美国的政策研究机构，其中，对于这些组织如何和为何享有特权地位，并且能够优先接近官僚机构、国会和白宫权势人物的讨论，都与美国的自由主义理论有关。例如，精英理论家认为，许多在智库占据要职，或贡献大量捐赠来维持智库运作的人，也会出入于相同的社会和金融圈,参加了许多相同的常春藤联盟机构,加入了汇集该国政治领袖的社交俱乐部。理论家认为,凭借这些强大而相互交织的关系,智库获得了它们所需的渠道、机会,来提升其机构利益,以及企业和慈善捐助者的利益。包括C.赖特·米尔斯(C. Wright Mills)在内的一些美国学者,在20世纪50年代中期大量依赖精英理论分析美国的军事产业联合体。事实上,当米尔斯在1956年关于该主题的奠基之作《权力精英》(*The Power Elite*)[1]首次问世时,就在学术界和政策制定界引起了相当大的争议。他对美国国会、五角大楼和国防承包商如何共同努力推动冷战的担忧并没有被德怀特·艾森豪威尔总统(President Dwight Eisenhower)遗忘:在1961年1月17日的告别演讲中,艾森豪威尔警告美国人民军事产业联合体的危险。[2] 半个多世纪以后,那些对于是什么和谁在推动美国外交政策再熟悉不过的记者和学者表达了类似的关注。[3] 对精英理论的研究可能不会再引发曾经那样的学术关注,但是米尔斯和他同时代人所揭示的大部分问题仍值得我们思考。虽然用于描述精英的一些术语可能已经过时了,但是基于该理论的假设仍然基本保持不变。事实上,精英理论推进了其他一些有关于智库如何与其他关键利益相关者合作,共同协助政府说服公众接受存在争议的内政外交政策理论,其中一些颇为异想天开,另一些则比较靠谱。

1. 多元主义

虽然对于智库是一群可以自由进入权力走廊的精英集合的设想很有吸引力,智库的领导者也渴望被看待成白宫和国会山的皇室,一些观察者还是坚持认为不应该把智库与其他在政策制定共同体中争夺关注度的群体区别看待。[4] 相比将智库提升到通常只有最高级别政府中的少数组织才

---

[1] 参见米尔斯:《权力精英》。
[2] 已有不少文章涉及关于艾森豪威尔总统的告别演讲以及他对军事产业联合体的关注。欲了解在他担任总统期间更为广泛的背景下对其告别演讲进行的研究,请参见史密斯(Smith):《艾森豪威尔》。
[3] 参见奥尔特曼(Altman):《叙利亚冲突是一场付费入场的游戏吗?》("Is Syria a Pay-to-Play Conflict?")。
[4] 参见埃布尔森的《智库能发生作用吗?》,尤其是第2章。

享有的地位,秉持多元学说①的人认为政策机构,就同利益集团、工会、人权组织、环境协会和其他致力于影响公共政策的机构一样,在政策制定的道路上前行时会面临相似的障碍。只要政府为监督非政府组织参与政策制定过程而制定的规则能够被遵守,一些组织能比其他组织更有效地吸引政策制定者的注意力这一点就不在多元主义者的研究范围内了。

对于多元主义者来说,重要的不是非政府组织拥有不同的可支配资源,而是它们有机会在公平的竞争环境中竞争。如第一章所讨论的,在政府部门和监管机构的支持下,立法机构试图通过对政治活动和党派活动施加限制以控制政策输入(对公共政策作出贡献的组织),而非政策结果(政府的实际决定)。换言之,多元主义者认为,政策制定者只是想确保非政府组织为了参与政策制定过程而必须遵守的准则是公平、透明的。他们还声称,政策制定者对最终成功影响政策制定的组织投资较少,而这一主张受到精英理论家们的质疑,后者认识到政府对政策输入的控制如何会影响政策结果。

2. 国家主义

有少数学者承认智库和其他非政府组织在政策制定界的作用,但是表示它们在制定公共政策方面发挥的作用微乎其微。与那些认为公共政策受精英或特殊利益集团控制和操纵的学者的断言相反,采用"国家主义范式"(statist paradigm)的人坚持认为国家行为可以并且确实不受各种来自社会和官僚机构压力的影响。② 总之,他们认为,国家的命运掌握在总统、总理和其内阁手中,而非受控于寻求将自身议程强加给国家的外部团体。

3. 机构主义

有些学者较少关注精英、多元主义、智库的国家主义性质栖身的政策环境,而更多地关注组织本身的制度结构和定位。受"机构主义"传统影响

---

① 参见本特利(Bentley):《政府的过程》(*The Process of Government*)、杜鲁门(Trumen):《政府过程》(*The Governmental Process*)。
② 参见斯考切波:《找回国家》(*Bringing the State Back In*)、克拉斯纳:《捍卫国家利益》(*Defending the National Interest*)。

的学者密切关注智库的任务和资源,以及影响它们在参与不同的政策制定阶段时进行战略选择的诸多因素。① 接下来,我们就开始逐一介绍这些特定的方法。

二、将智库看作政策精英

对于约瑟夫·佩舍克(Joseph Peschek)、托马斯·戴伊(Thomas Dye)、威廉·多姆霍夫(William Domhoff)、约翰·萨洛玛(John Saloma)和威廉·明特(William Minter)②等学者来说,智库不仅经常与政策精英互动,而且还是国家权力结构的一部分。例如,在智库经常作为新任总统班底的智囊或人才储备库,或前高层政策制定者卸任之后归宿的美国,智库被看作是能够并愿意影响公共政策的精英组织。几个美国智库拥有数百万美元的预算,许多声名显赫的杰出商业领袖和前政策制定者名列董事会名单,这些都强化了智库作为政策精英的印象。在马克思主义者和精英理论家③看来,智库与公司、慈善捐助者和资助他们的外国政府④之间的密切联系,表明智库确实是统治阶级的工具。这些理论家认为,由于他们在学术和决策世界的交叉点占据了得天独厚的位置,智库完全有能力提升那些经济、政治权力在握者的利益。该领域学者提出的论点直截了当:为了换

---

① 参见金登(Kingdon):《议程、备选方案》(*Agendas, Alternatives*)、斯泰尔斯(Stairs):《舆论》("Public Opinion")。
② 参见佩舍克:《政策计划组织》(*Policy Planning Organizations*)、戴伊:《谁掌管美国》(*Who's Running America*)、多姆霍夫和戴伊:《权力精英和组织》(*Power Elites and Organizations*)、萨洛玛:《不祥的政治》(*Ominous Politics*)、舒普(Shoup):《华尔街的智库》(*Wall Street's Think Tank*)。
③ 参见利普顿、威廉斯和孔费索雷的《外国势力正在收买智库影响力》,威廉斯、利普顿和帕拉皮亚诺(Parlapiano)的《外国政府对九家智库的资助》("Foreign Government Contributions to Nine Think Tanks")。对于这些文章中提出的研究结果的回应,参见布鲁克纳(Bruckner)的《资助一家智库》("Fund a Think Tank")和蒙迪扎巴尔(Mendizabal)的《智库的责任》("Think Tank Accountability")。
④ 吉尔(Gill)在《美国霸权和三方委员会》(*American Hegemony and the Trilateral Commission*)中提供了一种研究智库的葛兰西主义(Gramscian)方法。关于马克思主义的各种流派,见科拉科夫斯基(Kolakowski)的《马克思主义的主流》(*Main Currrents of Marxism*)。

取大量捐赠,智库利用政策专长和与主要政策制定者的关系来推进其慷慨捐助者的政治议程。这点从表面上看起来完全合理。毕竟,公司和慈善基金会不可能向那些与其利益向左的智库捐赠数千甚至有时数百万美元。他们资助的是与其具有类似理念和关注点,并且在他们看来认为能够影响政策变革的智库。正如华盛顿特区全球发展中心前高级研究员戴维·鲁德曼(David Roodman)所说:"每个资助者都有动机。因此,具有政策影响力的智库的每一个资助者都可以被称为在'购买影响力'"。① 然而,询问捐赠者所期望的投资回报类型也很重要。引用"关于智库"(On Think Tanks)博客的创始人恩里克·蒙迪扎巴尔(Enrique Mendizabal)的话:"不论是国内还是国外,没有人会给智库送钱而不求回报。他们可能希望影响某些政策决定,或者可能只是想在智库新大楼的办公室外看到自己的名字。他们总归都想要点什么。"②

慈善基金会、公司和外国政府领导人提供资金,让智库按照有助于促进其核心利益的方式构建议题还是合乎情理的,但对于这些及其他捐赠者而言,依靠智库来建立与高级政策制定者的联系就没那么重要了。可以给国会和总统候选人提供大额捐赠,更不用说他们与众多政治家的个人友谊和社会关系了,具备如此条件的捐赠者不太可能需要通过智库来向政府官员介绍自己。这不是说智库不愿意做介绍,事实上它们经常这样做。关键是它们是否有必要这样做。此外,由于公司和外国政府可以雇用,并且也确实雇用了游说者在美国和加拿大国会代表其利益,它们不太可能再求助于像智库这种被《国内收入法典》(*Internal Revenue Code*)和《所得税法》(*Income Tax Act*)明令禁止从事公开政治游说的机构。而且,既然专业游说者有足够动力来为其客户的利益不知倦怠地工作,智库又能为美国和加拿大企业提供什么游说者无法给予的东西呢?答案很简单:信誉和尊重,或者精通游说管理法规的美国律师约瑟夫·桑德勒(Joseph Sandler)所谓的"学术中立和客观性的证据"。③

---

① 转引自利普顿、威廉斯和孔费索雷的《外国势力正在收买智库影响力》。
② 参见蒙迪扎巴尔:《智库的责任》。
③ 转引自利普顿、威廉斯和孔费索雷的《外国势力正在收买智库影响力》。

公司和慈善基金会依靠"精英"(elite)智库,如布鲁金斯学会、卡内基基金会和胡佛研究所,不是为了利用智库的政界关系(虽然偶尔确实有所帮助),而是它们可以从这些精英智库以及其他智库与加拿大和美国的媒体、大学和其他权势机构的关系中受益。但更为重要的是,公司和慈善基金会可以利用智库作为科学、中立的学术组织的声誉,更有效地影响舆论和公共政策。为政治运动开大额支票可能为企业提供路径和政治资本,但不一定能为它们购得信誉,信誉如同有价值的信息,可能是比货币更珍贵的商品。另一方面,支持为媒体和政策制定者提供可靠的信息、专业知识和政策建议的智库能确保捐助者信息和信誉双收。这可以一定程度上解释为什么公司和慈善基金会也帮助其他类型的研究组织和大学部门,它们可以利用自身作为学术机构的声誉来影响政策制定环境和实际的政策决定。

通过仔细研究美国和加拿大最大的智库与政府主要官员之间的互动情况,学者可能得出以下结论:智库在影响公共政策方面发挥着关键性作用。然而,由于加拿大或美国很少有研究所拥有与布鲁金斯学会、传统基金会或兰德公司相当的资源,我们必须质疑这种方法的有效性:鉴于智库的性质和目的,真的可以假设它们有能力促进统治精英的利益吗?我们还必须质疑,作为从事政策分析的慈善组织,智库是否应被视为精英?

智库的职责就是引导公众舆论和公共政策,但是,如上所述,它们对于如何制定和实施各种内政外交政策有着千差万别的看法。例如,一些智库赞同一些精英的观点,认为应该采用自由市场的方案来解决经济问题。贺维学会、弗雷泽研究所、蒙特利尔经济研究所和华盛顿特区的美国企业研究所等机构就非常赞同这种方法。但是,也有其他许多智库,比如观点更偏改革派的加拿大另类政策中心(CCPA)、设于阿尔伯塔大学的帕克兰研究所和位于华盛顿的政策研究所,它们对于政府应当如何解决经济政治问题的看法就截然不同。这些智库竭尽全力解决普遍的不平等问题。那些经常违背执政精英的利益,为那些在我们国家被边缘化的群体夜以继日工作着的智库,是否应该被视为精英的一部分?

虽然存在这些我们在下文还要继续细致探讨的限制,采用这种精英理论来研究智库也具有一些优势。多姆霍夫和其他一些学者发现①：通过考察智库成员和商业、政府领袖之间密切交织的关系，我们会有一些有趣且有用的发现，明白为什么一些政策机构会比另一些更具知名度和影响力。此外，通过追踪智库董事会的名单，我们可以解释为什么一些机构能够比竞争对手筹集更多的资金。然而，重要的是要记住，虽然智库成员经常与高层商业领袖和政策制定者互动，他们与关键人物的联系却不一定能使其对政策施加影响。他们建立的网络关系可以让其更方便地访问国会里的重要官员，但他们影响公共政策的能力取决于多种因素。

通过将智库描绘为政策精英，学者就可以彻底地认定谁在控制公共政策。这种观点尽管看似很有用，但也存在问题，因为我们无法据此知道智库能否在政策周期的各个不同阶段施加影响，更难以知道如何评估智库对政策制定的影响。精英主义的观点简而言之就是，只要具备良好的关系，智库可以并且将能够影响公共政策，但不幸的是，这种研究方法并不能让我们洞察它们是怎样依靠这些关系来影响公共政策的。

三、多元传统：众多声音中的一个

虽然智库成员偶尔会出入精英政策圈内，但是戴维·纽瑟姆（David Newsom）②等一些政治学家认为，他们只代表构成政策制定共同体的众多类型组织中的一种。这种深深植根于美国多元文化传统③的观点认为，智库同其他非政府组织一样为争夺有限的资源而相互竞争。一个团体或组织所取得的收益经常被其他团体或组织的成本所抵消。④ 由于决策者及其代表的政府被假定为监督团体之间相互竞争的仲裁人或裁判，多元主义者

---

① 参见多姆霍夫：《权力精英和国家》（*The Power Elites and the State*）。
② 纽瑟姆（Newsom）：《外交政策的公共维度》（*The Public Dimension of Foreign Policy*），第141—162页。
③ 美国的多元主义传统深深植根于一种观点，即社会由那些在政策制定共同体中争夺权力和地位的个体组织组成，对此观念形成产生重要影响的两本研究著作是本特利的《政府的过程》和杜鲁门的《政府过程》。
④ 参见帕尔（Pal）和韦弗合编的《政府夺取》（*The Government Taketh Away*）。

很少关注和评估政府的优先考虑事项。在他们看来,公共政策不是某项政府职责的反映,而是团体间利益斗争的结果。

在多元框架内研究智库有其优势。它迫使学者们承认,尽管人们普遍认为智库享有优先接近政策制定者和其他关键利益相关者的机会,但它们只是希望在公共政策上留下印记的众多组织之一。这种方法还提醒人们:智库和利益集团及其他非政府组织一样,都依赖类似的战略来塑造公共政策,我们将在第四章进一步探讨这一问题。然而,多元化方法也有严重的弱点。尽管多元主义者认为,归根结底,内政外交政策事项的决定反映了各团体为推进自身利益而相互竞争的结果,但多元主义没有揭示为什么一些组织可能处于更有利的地位,在影响公众态度、决策者的政策偏好和选择方面强于其他组织。是不是那些预算最充足、员工人数最多、研究计划涵盖范围最广的团体决定谁有影响力而谁没有?或者是其他因素,比如媒体、政策制定者和富有的捐助者,更能为我们指示哪些团体注定要在政治舞台上胜出或败北?

多元主义的主要缺陷不在于它假定所有团体都能平等地影响公共政策。相反,多元主义者承认,非政府组织在规模、资源和专门知识方面差异很大,这些重要因素可说明各种组织在实现其预期目标上的成效如何。多元主义的问题是,它夸大了公平竞争环境的优点,同时忽视了拥有大量优势资源的团体是如何轻易超越或制胜竞争对手的。换句话说,多元主义者太过关注遵守政策博弈的规则,以至于很少关注为何某些组织似乎总是先越过终点线。对于多元主义者来说,过程的重要性远胜于结果。同样,如果多元主义者认为智库只是政策制定共同体众多声音中的一个,而没有认识到是什么使它们独一无二,他们就会忽视为什么有时一些政策机构比利益集团和其他非政府组织拥有更多影响公共政策的机会。智库确实可能是"合唱团"的一部分,但它们拥有某些使其脱颖而出的特质。凭借它们的专长和与政策制定者的密切联系,智库可以为声望和地位而相互竞争,但没有必要与政策制定共同体的数百位其他参与者竞争。事实上,在一些政策领域,智库面临的竞争微乎其微。

多元主义者还需要承认,尽管政策制定者再三承诺确保政策制定过程的公平和透明,他们通常会为保证既得利益而影响团体竞争结果。代表各政府部门的政策制定者不用担任裁判,他们可以而且确实依赖选定的组织来达成目的。这些组织中许多也与国会选区或议会选区的大型选举集团保持紧密联系,这些集团选举出的官员通常不容忽视。正如我们将在第五章和第六章中讨论的,在政策制定过程的关键阶段,美国国会和行政部门的成员及与其相应的加拿大议会成员,经常就棘手的政策问题向特定的智库征询建议,或请其帮为设计重要政策辩论的参数。

马克思主义者和多元主义者对于智库在政策制定过程中根深蒂固的程度以及国家接受其思想的意愿不以为然。然而,两者都承认智库有能力在公共政策中发挥重要的、有时是决定性的作用,这一立场已被国家主义理论的支持者质疑。采用前两种方法的学者是聚焦于各种社会和官僚压力,以揭示公共政策如何被塑造;而那些支持国家主义范式的学者仅仅着眼于国家,以解释由谁来作决策。

四、为了国家利益:国家主义方法

由于跨国公司、媒体集团和强大的特殊利益团体在西方世界已经地位稳固,我们自然也不知道是谁在最终受托保护国家利益了,这是最近美国几位学者提出的担忧。[①] 但是,尽管比尔·盖茨(Bill Gates)、沃伦·巴菲特(Warren Buffett)或其他绩优股公司的领导人拥有全球影响力和知名度,但代表美国发声,以及采取措施来提升其经济、政治和安全利益的不是他们,而是总统和总统身边的人。为了提醒我们这一点,包括西达·斯考切波(Theda Skocpol)和斯蒂芬·克拉斯纳(Stephen Krasner)在内的一些学者强调了国家在进行艰难的政策决定时的相对自主性。[②] 据亚伦·斯蒂尔曼(Aaron Steelman)所说,国家理论提出这样的论点:"虽然公众确实可以对官僚机构和民选官员的行为施加某种限制,但国家仍保留一定程度的

[①] 参见戴维森(Davidson):《外交政策公司》(*Foreign Policy Inc.*)、沃尔特(Walt)和米尔斯海默(Mearsheimer)合著的《以色列游说集团》(*The Israel Lobby*)。
[②] 参见斯考切波的《找回国家》和克拉斯纳的《捍卫国家利益》。

自主权,并按照自己的逻辑行事。"①

斯蒂芬·克拉斯纳在其《捍卫国家利益》一书中详细阐述了国家主义的理论。他指出:"(国家主义的)前提是一个理性愿景,认为国家自主地制定目标,之后克服国内外行为者的阻力去执行落实目标。国家克服国内阻力的能力取决于它可以对社会内部各群体施加的控制手段。"②对于克拉斯纳来说,控制外交政策的是美国的中央国家行为者——总统和国务卿,以及最重要的机构——白宫和国务院。

如果克拉斯纳、斯考切波和其他国家理论支持者的观点是正确的,那么智库在影响国家行为方面能有什么作为呢?虽然有人可能会假设智库将会被降级出局,但是斯蒂尔曼认为国家理论在智库发挥影响方面留下了充足的空间,"国家理论有助于解释一些看似反常的情况,前智库成员进入政府,承诺为落实某种观点而努力,之后实施的政策却与之相差甚远。一种情况是,这些个人事先已被体制内定;另外一种情况是,他们通常会竭尽全力达到他们的目标,不论过程多么漫长和曲折。但不管怎样,国家本身是一个重要的行为者"。③

将国家理论运用于智库政策的研究有一些优势。它有助于解释智库的成员是如何直接参与到关键政策的决定过程中的。如果我们接受克拉斯纳的观点,相信总统和国务卿,以及他们所代表的两个机构——白宫和美国国务院是外交政策制定过程中最重要的参与者,那么,哪些智库能够接近政府最高层而哪些不能就变得显而易见了。学者不用追踪智库为影响国会和媒体所作的努力,而只需探讨总统、国务卿和他们最亲近的顾问之间的关系。如果有迹象表明智库的成员担任了顾问,或被招募到白宫或国务院工作,我们可以认为他们已直接参与政策制定过程。毕竟,如果总统和国务卿(连同国防部长、参谋长联席会议成员和国家安全顾问)是外交和国防政策制定中最具影响力的参与者,并且经常依靠智库专家提供咨询建议,那么我们就可以顺理成章地得出结论:智库能够影响政策决定。相

---

① 参见斯蒂尔曼:《智库能发生作用吗?》(书评)。
② 参见克拉斯纳:《捍卫国家利益》,第11页。
③ 斯蒂尔曼,第165页。

反,如果没有什么证据表明智库已经进入政府高层梯队,学者就可以根据国家理论得出结论:智库在影响国家行为方面起不到什么作用。简而言之,国家理论,无论是应用于美国、加拿大,还是其他民主国家的内政或外交决策过程,都可以解释智库是否具有影响力。

然而,国家理论也不是完美无瑕的。它可能有助于解释为什么一些总统,如理查德·尼克松(Richard Nixon),能够不用听取国会和美国民众的想法。① 但出于相同原因,该理论无助于解释为何最近几届总统在作出重要政策决定之前都尽其所能地与公众、国会成员、外国政府、国际组织和许多非政府组织进行磋商。乔治·H·W.布什总统(President George H. W. Bush)在1990—1991年间为建立国际联盟,共同遏制伊拉克入侵而采取的措施就是其中一例。布什总统在向波斯湾(Persian Gulf)部署美国武装部队之前,曾确保得到联合国及几个成员国的支持,这一策略是他儿子曾经考虑到的,但在后来入侵伊拉克之前放弃了。② 由于外交政策制定过程随着时间推移变得更加透明,以及越来越多的政府和非政府组织寻求参与世界事务,国家理论的支持者已难以解释国家的相对自主性。他们也确实很难解释为何美国国会对外交政策更为兴致勃勃了。③ 归根结底,国家理论的倡导者和批评者都承认,总统的决策可以深刻影响美国在国际社会中的行为。然而,正如我们近年来所看到的,总统如何作出政策决定最终取决于他们的管理风格和倾听内部顾问班子的意愿。国家理论可能有助于解释乔治·W.布什总统(President George W. Bush)在任时期的外交政策是如何被管理的,但可能无法阐明克林顿总统和奥巴马总统是如何治理国家的。④

到目前为止,我们已经研究了三种不同的理论方法,以及如何利用它们来研究智库。在考虑如何更有效地整合它们之前,我们有必要考察一下

---

① 关于理查德·尼克松和美国国会的关系,请参见施莱辛格(Schlessinger)的《帝王般的总统》(*Imperial Presidency*)。
② 参见史密斯:《乔治·布什的战争》(*George Bush's War*)。
③ 关于行政部门与国会在美国外交政策方面的关系,参见欣克利(Hinkley):《幕后千秋》(*Less Than Meets the Eye*)。
④ 参见马拉尼斯(Maraniss):《班级第一名》(*First in His Class*)、埃布尔森:《改变思想》。

已经广受关注的第四种方法：将智库看作是优先事项和关注点千差万别的组织，而非政策精英、国家或更广泛的政策制定共同体的一员。这种方法似乎更有前途。更充分地了解智库如何在政策制定过程的不同阶段发挥作用，可以让学者确定这些机构在哪些方面的影响最大。

五、不同的智库，不同的优先事项：一种机构主义的方法

近年来，著述中出现了三种不同的研究智库的机构主义方法。其中最常见的方法专注于研究特定智库的历史或它在特定国家的演化和转型。一些学者编写了布鲁金斯学会、对外关系委员会、传统基金会和兰德公司等智库的机构历史。① 许多研究报告也详细阐述了智库在美国、加拿大和其他发达国家及发展中国家的崛起。② 深挖智库历史的显著优势是，可为我们提供有关此类组织的性质和使命、先后实施的研究项目、经历的各种机构变革等方面的大量信息。但是，主要劣势是，许多研究只是罗列历史，没有提供具体数据来支持或否认特定智库在制定公共政策方面发挥重要作用的观点。

第二种更系统的机构主义方法则专注于智库参与公共政策学生所谓的认知共同体或政策共同体的情况。③ 这些共同体由那些凭借政策专长而受邀与政府决策者进行政策讨论的个人和组织构成。政策共同体或认知共同体的形成通常被视为政策制定和制度形成的关键阶段。这种方法被休奇·赫克罗（Hugh Heclo）、埃弗特·林奎斯特（Evert Lindquist）和黛安·斯通（Diane Stone）等政治学家采纳，他们认为智库是这些共同体中的重要参与者。④

---

① 参见克里奇洛：《布鲁金斯学会》、爱德华：《思想的力量》、阿贝拉（Abella）：《理性的战士》（*Soldiers of Reason*）、舒尔茨辛格（Schulzinger）：《外交事务的聪明人》（*The Wise Men of Foreign Affairs*）。
② 关于智库在美国和全球的崛起，请见麦甘、韦弗：《思想库与公民社会》，斯通（Stone）、德纳姆（Denham）：《智库传统》（*Think Tank Traditions*）。
③ 参见哈斯（Haas）编辑的《知识、权力》（*Knowledge, Power*）。
④ 参见赫克罗：《议题网络》、林奎斯特：《智库？》、斯通：《捕获政治想象力》（*Capturing the Political Imagination*）。

通过在政策或认知共同体的框架内检视智库，学者可以有一些重要发现。首先，通过关注政策问题，例如废除《反弹道导弹条约》(Anti-Ballistic Missile Treaty)或在美国起草的有争议的《赫尔姆斯-伯顿法》(Helms-Burton)，学者可以更准确地甄别出受邀向政策制定者分享洞见的关键性组织和个人。除了确定哪些团体和个人参与了"影子政府"（这一术语用于描述围绕特定政策问题而联合在一起的各种非政府和政府政策专家）之外，这种方法也让我们更好地了解政策制定过程本身的性质。政策共同体或认知共同体的框架迫使学者们更深入地钻研政策制定的机制。这个方法不是将政策决定看成利益团体相互竞争的结果或是精英利益的反映，而是要求学者认真思索非政府政策专家和政府政策专家之间的讨论是怎样影响政策制定的。

运用这一方法还有其他优点。一旦甄别出参与影子政府的行为者，就可以比较参与者提出的建议和实际作出的政策决定的异同。虽然会议纪要、个人信函、向立法委员会做的观点陈述、已发表的政策建议等信息或许无法让学者们完全确定在一个政策共同体中谁是最具影响力的参与者，但是，这些以及其他资料会有益于我们确定谁的观点最受青睐。

鉴于智库的政策专家参与了不同的政策共同体，这种框架被更频繁地使用就不足为奇了。然而，我们需要记住，尽管这种方法比精英或多元论的框架更适用于智库研究，但是它同样存在不足之处。在政策共同体内研究智库有助于确定哪些机构受邀在政策制定的重要阶段发挥专长。不幸的是，它并没有告诉我们，政策共同体内的智库或在影子政府之外运作的智库对塑造公众态度、政策制定者的政策偏好和选择有什么影响。简而言之，这种方法可以告诉我们在讨论关键问题时，是谁坐在会议桌边，但它不会告诉我们是谁的声音让有能力影响决策的人产生了共鸣。因为我们不能假定，所有或任何重要的政策决定是在特定政策共同体内作出的——毕竟，在立法机构投票的是政治家而非政策专家——但是第三类学者已经开始考虑运用更为全面的方法来研究非政府组织参与政策制定的情况。

认识到非政府组织在其使命、资源和优先事项方面的千差万别，约翰·金登(John Kingdon)和丹尼斯·斯泰尔斯(Denis Stairs)等学者建议，学者们要做的不是笼统地观察社会团体在促成政策制定和塑造政策制定环境方面有多大或多小的影响,而是应该研究致力于影响公共政策的群体是如何在政策周期的不同阶段投入精力的。① 虽然金登和斯泰尔斯没有具体提及智库,但他们用来研究团体如何将问题摆上政治议程,以及如何在整个政策制定过程中向政策制定者传达思想的方法非常适合于智库研究。

六、政策周期和政策影响：一种整体研究方法

对于金登和斯泰尔斯来说,确定是哪些国内和外部力量塑造公共政策是一项艰巨的,有时甚至是无法完成的任务。事实上,随着美国和加拿大的决策共同体变得日益庞大,就算有可能,也很难去甄别那些对政策问题产生直接影响的团体。因此,金登和斯泰尔斯没有去概括是哪些群体影响公共政策,而是意识到,并非所有组织都渴望或有足够的资源去参与政策周期的每一个阶段：问题阐述、政策制定、政策实施。一些组织可能有兴趣与公众分享他们的想法,因此他们通过多种渠道表达他们关心的问题,从而将问题列入政治议程,这就是问题阐述(issue articulation)。其他组织可能更倾向于同决策者密切合作,以制定或实施政策。

通过承认智库的确有不同的优先事项和使命,就可以构建一个概念框架,让学者能够更具体地研究智库在政策制定中的作用和影响。采用一个承认智库具有多样性和不同使命的框架,至少可以避免学者对智库的影响作出笼统而缺乏根据的判断。

本书运用的概念框架将在下面的章节中展开,该框架是基于一个简单的前提：加拿大、美国和欧洲大部分地区的智库代表着一系列都渴望影响公共政策但个体千差万别的组织。然而,由于它们各自不同的特质,每个智库必须对自己如何和在何处发挥影响力作出战略决策。换言之,由于智库掌握的资源会影响其活动的性质和规模,各家智库的资源不同,对政策周期不同阶段的重视程度就不同。解读诸如媒体援引量、向立法委员会陈述观点的次数等可以用于评估智库绩效的数据也变得尤为重要。

在思考了我们用来研究智库以及它们如何影响政策制定过程的四种

---

① 参见金登：《议程、备选方案》、斯泰尔斯(Stairs)：《舆论》。

方法之后，仍存在一个核心问题：哪种方法或概念框架最好地解释了智库的作用和功能？不幸的是，没有一个简单的答案。正如我们所讨论的，每种方法都鼓励学者朝某个方向前进，并提出一系列独到的问题。因此，我们应该提出的问题不是哪种理论最完美地解释了智库的功能、作用是如何改变的，而是哪种框架能帮助学者更好地理解智库行为的某种特色或特征。例如，那些关注智库和公司之间关系的学者，可能更多地受益于利用精英理论的基本假设，而非多元主义的民主理论。另一方面，有兴趣解释为什么一些智库似乎更加专注于从事各种政策方案而非抓新闻头条的学者会在金登和其他公共政策学生那里获益良多，因为他们已经广泛探讨了研究机构是如何设定优先级的。

在研究智库为影响关键性的内政外交政策辩论所作的努力时，需要采取一种综合的方法。这种方法将利用本章概述的每一种理论所展示的研究结果，但不会完全依赖于任何特定的理论。依靠多种理论来解释智库如何影响公共政策的好处是，它为学者提供了一些喘息时间，来检验关于何时和在何种条件下，智库能够产生最大影响的不同假设。另一种选择是挑选一个理论框架，这种框架对于智库的性质及其与政策制定者的关系只提供一种视角。例如，可以采用克拉斯纳的国家主义范式来解释为什么智库和利益团体在构建和实施奥巴马政府的反恐战争中取得了微弱的胜利。鉴于奥巴马只听取了一个相对较小的顾问团的建议，并且决定在国际社会的有限支持下继续反恐战争，国家理论可能为学者提供他们需要的答案。然而，同样的理论却无法为围绕国家导弹防御的辩论提供解释，包括传统基金会和安全政策中心（Center for Security Policy）在内的少数智库让此讨论持续了30多年。与国家理论的核心基本假设相左的是，美国历届政府已经屈服于来自利益集团、智库、公司和官僚利益的压力而建设和部署了导弹防御。比起从克拉斯纳那里寻求为何这种情况会发生的答案，学者们可能会在阅读C.赖特·米尔斯等对军事产业联合体提供宝贵见解的著作时获益更多。

归根到底，学者必须选择一个或多个理论来帮助他们理解已获得的信息。他们不应该急于去找到一个理论，接着就收集经验和统计证据来使其更可信。这样的方法对那些寻求用一种宏大理论来解释智库做什么和如何获得影响力的人来说可能听起来并不舒服。尽管如此,许多美国外交政策和国际关系专家已经发现,建构一种能够揭示纷繁复杂的世界事务的理论固然很诱人,但这种努力往往徒劳无功。但在我们急于判断哪种或哪些理论最能解释智库是怎样和在何种程度上参与政策制定过程之前,我们需要更全面地探讨智库是做什么的以及是如何做的。只有这样,我们才能确定在本章中讨论的各种方法是如何增进或阻碍了我们对这些独特组织的理解。

第四章　智库的职能是什么？它们如何履职？

由于智库所进行的活动及其所覆盖的职能是在不断进化和扩展的，有关智库的职能及其履职方式的种种疑问和探讨也延续至今。凡是对国内外政治有所关切的加拿大人，必然会或多或少地熟知加拿大、美国及其他国家和地区的智库。毕竟，只要他们观看新闻节目、听公共广播，搜索政治相关的网络发布，或者是在纸媒衰落的趋势中依然坚持阅读新闻报纸，就不可避免地会接触到源自智库的观点和信息。然而，即使如此频繁地接触智库机构、了解智库观点，但智库的目的、愿景是什么，它优先考虑的是什么，依然是个难以解答的问题。

关注智库的民众时常会混淆智库与利益集团或游说团体（lobbyist）的区别，这一点我们在第一章有所讨论，由此引发的疑惑也并不罕见。而即使是在智库机构浸淫多年的政策专家，想要弄明白人们期待智库承担的各种各样的职责，也并非易事。在他们的日常工作中，他们可能会被要求在同一天完成一系列工作，包括：准备一篇观点、评论或者博客文章，以备在一份全国或者甚至全球发行的报纸上发表，或在网络上发布；在网络新闻采访或者广播节目中发表时评；策划和筹备一场关于他们某一研究计划的会议、研讨会或者工作坊；在立法委员会陈述观点，发表演讲，参加筹款活动；以及在他们有喘息之机时，协调实习生和助手的工作——而且这些都要在午餐前完成（all before dinner）。如果一位政策专家有能力把包括这一切在内的各种职责都料理妥当，他或许还能忙里偷闲地思考一下自己的研究。随着加诸智库研究人员的要求和委托越来越多，也无怪乎克里斯托弗·桑兹（Christopher Sands）——华盛顿哈德逊研究所一位颇受敬重的加拿大-美国关系研究学者，曾经半开玩笑地说："我在智库作研究，却没有时间研究。"①

桑兹和他的同行们选择投身智库的原因,或许是为了有机会参与更加及时而切题的研究。经过一段时间之后,他们开始意识到,在竞争日益激烈的思想市场,想要占得一席之地,仅有学位傍身是远远不够的。当他们在研究生院的同学凭着硕士和博士学位,即可瞄准各大高校的职位时,这些有志于智库工作的学者发现他们需要达到更高的标准,才能够获得受聘的机会。想要成为加拿大和美国一流智库旗下的政策专家,过硬的学术背景和丰富的研究经历是最基础的要求。申请人的资历不仅对于证明他们自身的可靠性至关重要,更要有助于提高智库的声望。对于智库而言,最理想的人选是能够胜任多项工作的复合型人才。他们必须具备全面而多样的技能,能够帮助智库履行教育、传播、交流、预判、政治倡导,甚至观点灌输等多方面的职责。在政府工作的经历以及募捐筹款的能力也被认为是加分项。从理想化的角度来说,在智库工作的学者所要承担的角色不能仅限于出色的研究人员。在一个快节奏的、充斥着政治色彩的环境中,各个智库之间在不断地竞争,以期得到更多的关注和声望。智库的雇员因而必须要能够和多方面的利益相关者进行交流和互动,推进机构核心任务的开展。由于没有终身任职制的保障,智库专家需要努力成为能够担任各领域工作的万事通,或者在更理想的状况下,他们要样样精通。

在这一章,我们转而将重点放在分析智库是如何自我改造的,不再仅仅是提供研究和分析的机构而已。尽管在一个或多个政策领域的专业积累是智库成功的关键,这却不再是智库唯一的职能,甚至也不再是它们最重要的职能。泰维·特罗伊(Tevi Troy),一位资深学者,也是克里斯多弗·桑兹在哈德逊研究所的同事,他认为,智库从研究活动中分流资源,用以支持包括政策倡导在内的其他活动,这种方式使得智库不断贬值。我对此完全同意。②但是从对智库有利的一面考虑,它们是通过提供更加多样化的产品和服务实现了自我增值。当我们思考智库的职责及它们的履职方式时,尤其注意不能忽视这些对立的观点。在认识到这一点的基础上,

---

① 参见埃布尔森:《智库必须思考》("Think Tanks Must Think")。
② 参见特罗伊(Troy):《智库贬值》("Devaluing the Think Tank")。

我们现在可以尝试界定智库的重要职能。

一、有序的多重品格：智库的多面性

古罗马神话中有位神灵叫做雅努斯(Janus)，他的名字也是英文中一月(January)这个词的命名来源。传说雅努斯拥有两副面孔，他的脑后也有一双眼睛，可以同时回望过去和前瞻未来。每天早晨，各个智库的负责人看着镜子的时候，也许不一定会想到雅努斯，但有意识地或者无意识地，他们明白，为了自己所负责的机构的未来，他们不仅要从过去的成败中吸取经验，也要拥抱新的机会。虽然在20世纪前期，智库通常以其专业知识水准论高低，但是现在已经不能单纯以此来衡量智库的贡献。相反，渴望获得影响力的智库必须经常推广自己作为"政策商店"(policy shops)的角色，提供一系列的产品和服务。

二、阅读、写作、算数以及其他

安德鲁·卡内基(Andrew Carnegie)、罗伯特·布鲁金斯(Robert Brookings)和赫伯特·胡佛(Herbert Hoover)能够很轻松地想出小标题中的最后一个单词，他们所资助建立的智库，也经常把这个词列入自己的使命宣言。的确，如果这些人物为以他们名字命名的智库草拟指导原则的话，他们很可能会要坚持在"研究"(Research)这个词旁边标一个感叹号。通过从事研究，推进国家利益，制定更加理智开明的公共政策——这一直都是智库的标志和特质。如同第一章所讨论过的，尽管由于各个智库用于研究的资源不同，它们之间可以有很大的差别，但智库存在的意义始终是为了产出新颖的、创造性的思想。

智库如何进行研究，研究的重点，以及产出的出版物，都是在机构发展和形象构建中必须考虑的问题。正如在美国一样，在加拿大，不同的智库会采用不同的研究模式。在我们讨论智库出版物的种类和它们所作研究的案例之前，我们必须先谈一谈这些机构的管理方式。正如之前所提到的，在研究智库如何参与政策决策过程的时候，要始终留心这些机构是否像传统的大学院校一样,可以允许学者自由地选择自己想要研究的课题,或者是否对专家研究的课题和形式有严格的限制。智库的组织管理方式对于其内部文化的形成有着深远的影响,而智库也期望政策专家们能够认可并融入这种文化中去。①

举例而言,加拿大咨询局或者加拿大公共政策研究所②管理项目的方式,自然与达尔豪斯大学外交政策研究中心、维多利亚大学国际问题研究中心等大学智库的管理方式大相径庭。在加拿大公共政策研究所、贺维学会、加拿大西部基金会等大多数私营智库或独立智库,政策专家通常是在研究群(Research cluster)或者指定的研究项目内进行独立或合作研究,并在与智库负责人磋商的基础上,就已达成共识或已获得资助的课题进行研究。不同机构的学者在研究计划方面的自主权和自由度差别极大。弗雷泽研究所的执行副所长杰森·克莱门斯(Jason Clemens)表示,弗雷泽研究所的政策专家在每年研究计划的制定中扮演着重要而积极的角色。克莱门斯(Clemens)所坚持的是一种开放的、学院式的决策流程,让政策专家和管理部门共同商讨,并选择 7 或 8 个项目进行研究。他们从 70—80 个备选项目中完成挑选后,即转而将注意力放在如何分配和保障研究项目所需的资金上。③ 弗雷泽研究所,以及大多数采取等级制的,或从上至下的决策方式的智库,都会对承担了特定项目的个人及其研究成果的形式,予以极大的关注。北美地区有部分智库都采用了这种模式,例如美国传统基金会,这类智库的运作与美国中型企业有许多相似之处。④

在传统基金会等与企业相似的智库,由机构总负责人领导高级管理人员团队,最重要的职责在于构划智库的目标与使命,制订和完成战略计划,合理配置资源,以取得积极的成效。除此之外,为了达成既定目标,许多私营智库还会借助顾问委员会或董事会的力量,听取其建议。许多顾问委员

---

① 关于智库的管理,参见西尔(Seele)的《智库应当做什么?》(*What Should Think Tanks Do?*)以及斯特鲁伊克的《管理智库》(*Managing Think Tanks*)。
② 参见多贝尔(Dobell)的《加拿大公共政策研究所》(*IRPP*)。
③ 引自电视节目《史蒂夫·帕金的议事日程》中的评论。
④ 参见爱德华兹(Edwards):《一路领先》(*Leading the Way*)。

会和董事会的成员，往往与政府官员及商业领袖有种种公私关系，也会帮助智库提升其在政策研究界的地位。简而言之，从私营智库的捐赠者和管理者角度来说，研究机构和商业机构的运营方式并无二致，都要尽最大可能地提高生产率。不同的是，衡量商业企业成功与否的标准是利润率的高低，而对于智库这一类公益性机构来说，衡量的底线往往不会这样确实和具体。智库的业绩无法通过账目来衡量，而更多是依据其对于舆论和公共政策的影响来进行评估。这种评估结果是无法用企业季度报告的形式来体现的。

私营智库采用了许多企业界的商业运营方式，而大学里的智库运营方式则迥然不同。大学智库没有严格的等级制，有时会更加学院化，而且还面临着一系列特殊的挑战。大学智库内部的机构文化有别于私营智库，在此影响下形成的环境氛围也自然存在差异。尽管大学的教职人员时常批评大学智库在不断企业化，但实际上身处学术界的大学智库与私营智库相比，还是有许多不同之处。

作为受薪雇员，私营智库的政策专家需要尽可能多地参与智库各个方面的工作，也即，他们需要身兼多职。他们通常没有拒绝的余地，尤其当他们想保住这份收入来源的时候。与此相比，大学院校里实施终身制或长期聘用制，大学教师的工作职责包括教学、开展独立或合作研究，以及贡献他们的部分时间，致力于所谓的公共服务。这个"公共服务"可以指参与校、院、系各个层面的管理，与媒体定期沟通，也可以是在社会服务或职业交流社团发表演讲。推动大学智库的发展并不在他们的职责范围内。他们有权自己决定是否参与。对于有些大学教师来说，通过参与智库的研究活动，他们能够向更广泛的群体展示自己的研究成果，也可以同大学各个院系和部门的同事交流。但如果教师对于与公众、政策决策者以及其他潜在的利益相关者交流观点不感兴趣，那么教学任务的削减或者是少量的酬劳或许可以吸引他们加入政策研究机构。坦白地说，大学智库能否成功，很大程度上取决于校内是否有一批认同智库的使命并愿意投身于此的教师和研究生。然而，即使得到了这部分人的支持和信任，大学智库依然面临着其他的困难。

其中之一即是如何说服教职员工提供及时的且与政策相关的研究，这对于维持智库的长期可持续发展至关重要。大学中的研究人员会觉得这样的要求不近情理,但这却是私营智库成功的关键。大部分学者通常要用数月甚至一年以上的时间来准备一篇在学术期刊上发表的论文,或是撰写论集文丛中的一个章节。除非学者本人有为报刊撰写评论和观点的习惯(这对于希望获得终身教职的青年学者来说并无益处),否则很难适应需要快速反应的政策研究——而这正是大多数倡导型智库的立足之本。对于绝大多数的学者来说,按照私营智库政策专家的工作周期,用几个小时或几天的时间来完成一篇500—1000字的政策简报,完全是不现实的事情。

一旦提及按时完稿这一点,学界人士往往因为不够及时而备受诟病。的确,智库的专家会被要求"领先于时事",而学者们受教学任务和行政任务所累,总是会落于下风。不仅如此,大多数学科的学者或是从未接受过相关的训练,或是不屑于撰写这类面向公众的短文。他们并没有兴趣将自己多年心血浇灌的研究"降格"为通俗读物。大学教师还是宁愿把时间用于撰写学术性的文章,面向学界人士发表。这也是完全可以理解的,毕竟他们需要有良好的科研经历背景,才能获得终身教职和赢得提拔。在网上发表几篇单独署名或联合署名的研究论文,或者写一些被智库的出版物收录的文章,虽然可以在履历上增添几笔,但对于大学教师而言,这种经历不足以令同侪称道。在学术界,最要紧的是在大学出版社出书,在重要出版社的论集文丛中编纂章节,或是在知名学术期刊上发表文章。简单来说,对于大多数想获得教职晋升的学者而言,花费精力为其他无关紧要的书刊撰文无异于浪费时间(除非有丰厚的回报)。

当然也有例外。有的大学教师会认为,同更多人分享自己的研究,是很明智的举措。对于已经获得终身教职的学者,尤其是已经升任大学教职中最高一级——正教授的人,以及那些自认为是公共知识分子的人,[①]会愿意撰写评论、政策简报,以及其他智库可以报以丰厚利润的研究文章。公共知识分子,正如其称呼所示,意在教导更广泛的大众群体,或是同那些能

[①] 关于公共知识分子的角色,参见怀斯曼(Wiseman)的《加拿大的公共知识分子》、波斯纳(Posner)的《公共知识分子》(*Public Intellectuals*)、米斯兹塔尔的《公共知识分子与智库》,以及索维尔的《知识分子与社会》。

够帮他们牵线搭桥的组织合作，接触当选的官员以及选民——这是他们无论如何不能错失的机会。当然，这一切的前提是，大学智库能够招收并且留住一批学者作为固定班底，就多项计划进行可能长达数年的研究。不幸的是，大学智库的学者们与私营智库聘请的专家不同，鉴于前文列举的种种原因，他们往往只在智库工作很短的一段时间。这对于负责组织和协调大学智库研究工作的人员来说，是个极其棘手的问题。

然而，即使有一小群教师愿意参与大学智库的工作，还是会有诸多问题，其中极为重要的一条就是如何确保充足的资金——大多数大学智库都长期处于资金不足的状况中。也有少数大学智库不存在这个问题，例如多伦多大学的蒙克全球事务学院（MSGA）、巴尔西利国际关系学院（BSIA）——这是由加拿大国际治理创新中心（CIGI）、滑铁卢大学以及劳里埃大学共同支持的创新性机构。仿效哥伦比亚国际与公共事务学院以及哈佛大学肯尼迪政治学院的做法，MSGA 和 BSIA 从其数百万加元的捐赠中拿出资金，资助了数个研究所、研究中心（主要在 MSGA）和研究项目（MSGA 与 BSIA 都有）。尽管这些项目和智库有相似之处，都对研究和分析工作予以重视，但值得注意的是，MSGA 和 BSIA 最首要的性质是涵盖了多方面学术和专业项目的教育性机构。这两家机构都对政策研究机构的工作予以了极大的支持，但它们都不能被视为智库。

尽管有个别例外，如 BSIA 的合作伙伴之一——CIGI 有多达 2500 万加元的年预算，但加拿大大多数大学智库不得不勉力支撑，才能免于破产。英属哥伦比亚大学 1998 年创建的刘氏全球问题研究院有约 100 万加元的年预算，几乎是阿尔伯塔大学附属帕克兰研究所的两倍。而对于大学中的战略和国防研究机构而言，获取资金更是殊为不易。1967 年，加拿大国防部设立了安全与防御论坛项目，旨在"于国防事务方面提高国内竞争力，推动国家利益，保障国家安全"。数十所加拿大国内大学参与了该项目运作，然而项目总经费只有 200 万加元。[①] 每年只有不到 20 万加元的项目经费，参与的研究中心和研究所却要面对种种工作和花销，包括会议、研讨会和

[①] 关于安全与防御论坛的背景信息，请参见加拿大国防部官网，http://www.forces.gc.ca/en/news/article/page?doc = the-security-and-defence-forum/hnmx 19 or。

工作坊的组织,对参与外交和国防政策研究的研究生予以最基本的支持,撰写工作论文,编写论集文丛等可能为决策者所用,或为公众所关注的出版物。大多数情况下,负责人及行政助理(包括全职的和兼职的)要负责机构的日常运行。

有些大学教师对进行政策相关研究感兴趣,但是考虑到大学智库资源的缺乏,也有可能利用其他机会。例如,加拿大的部分智库,包括贺维学会、公共政策研究所等,经常会聘请学者参与其所承担的各项研究计划。它们之所以采取这种做法,不仅是由于机构内研究力量有限,也是为了进一步提高机构的知名度。正如企业和政府寻求智库的帮助,是为了提高决策的可靠性,智库也希望与经济学、政治学、历史学、社会学等领域中声名卓著的专家建立良好的关系,为机构的政策建议增添分量。这对智库而言有百利而无一害。知名学者的参与,不仅有助于提高智库的自身价值,更有利于在公众和决策者当中树立威信。何况我们普遍认为著名专家的参与意味着智库成果的质量和可信度更高,这更能解释为什么政策研究机构想要与知名学者建立稳定的关系。通过这种方式,智库能够做出更好的研究成果,而且很有可能将在一些政策议题上影响公众的看法。不论智库将大学教师纳入麾下的目的是什么——为了提高研究质量也好,或者只是把他们当作精心勾画的公关策略中的棋子也好,这种合作能够带来双赢。

这种合作共赢的关系,对于那些对智库研究感兴趣,并乐于参与的大学教师而言,是非常有利的。他们并不认为与智库合作是受人利用,而把这看作是向公众展现自己观点的机会。[①] 尽管他们也许并不排斥和学生或同事的学术交流,有些学者却会害怕完全沉浸于可能有些封闭、沉闷,甚或令人压抑的学术生活。为了逃避学术生涯中如此种种的不愉快,学者们会很高兴有机会换个环境放松一下,呼吸新鲜空气。有些学者会贡献部分,甚或全部的业余时间,在诸如华盛顿特区伍德罗·威尔逊国际学者中心(Woodrow Wilson International Center for Scholar)等知名智库做客座研究员。这所智库命名自美国唯一一位获得博士头衔的总统,建立于1968

---

① 关于政策发起者的角色,参见菲利普·戴维(Phillipe-David)的《政策发起者》("Policy Entrepreneur")。

年,隶属史密森学会(Smithsonian Institute)。加拿大研究所(Canada Institute)也设立于该中心,研究所所长劳拉·道森(Laura Dawson)是加拿大与美国关系方面的专家。威尔逊中心邀请学者们承担研究工作、举办讲座、浸淫于智库业内。近年来,也有一些加拿大学者短驻于威尔逊中心资助的各研究所。[①]

到目前为止,我已经重点介绍了加拿大和美国智库的几种管理方式。有些智库倾向于使用从上至下的管理结构,类似于企业管理的方式,身处高级行政管理岗位的人有权决定智库从内部研究到外部延展等各个方面的事务管理。而其他的智库,尤其是大学智库,采取等级相对松散、风格更加学院化的决策形式。这两种管理方式都很常见,还有许多机构采用介于二者之间种种管理模式。值得重视的是,智库的组织方式影响着内部文化,从而影响着智库研究成果的出产和传播方式,以及智库对研究的重视程度。

在我们讨论智库其他关键职能之前,需要先谈一谈智库研究产品的通常类型及质量。事实上,每个智库的网站上都会总结一份详尽无遗的出版物清单,囊括所有纸质出版和网络发表的文章及书目。有些智库网站还会为访问者导航阅读已录入档案的文章和论文。不难发现,绝大多数的智库都会通过种种方式出版和发表政策简报、立场报告(position paper)、工作论文、时事通讯、观点杂志以及书籍。研究的资源不同,决定了各智库研究的范围、多样性和数量会有显著的差异。而鉴于出版物的印刷和邮寄成本高昂,智库通常建议感兴趣的读者从网站上下载研究论文。正如我们即将在第七章讨论的,智库会严密地追踪记录其所发表的文章有哪些被下载,以及下载量有多少,以此作为评估机构运营情况的指标。这不仅能够让智库更好地分析哪些政策议题更受关注,而且还能让智库更方便有效地了解网站访问者的信息。例如,位于华盛顿的美国进步中心(Center for American Progress,CAP)开发了高度精密的追踪技术,为网站访客拣选

---

① 有关加拿大研究所的信息请见网站,http://www.wilsoncenter.org/program/canada-institute。

出他们可能最感兴趣的,或者与他们工作最为相关的政策议题。①

曾在亚马逊和 Indigo(译者注:加拿大一家书店品牌)买过书或其他产品的顾客会不时收到推送信息(有些会事先征询顾客许可,有些则不会),向他们推荐相似的或有关联的产品,以备他们或许想要再次购买。这些公司所使用的软件程序,目的在于追踪顾客的购买历史,并推荐他们最有可能放进购物车的产品。与此类似,CAP 等智库追踪人们下载的文件,当有相近或相似的研究发表时,通过邮件或社交媒体提醒他们关注——这也是智库在思想市场上保留自己一席之地的竞争策略之一。不仅如此,CAP 的追踪技术还能帮助他们收集网站访客的职业背景信息,例如访问者可能是学者、记者或政策决策人员等,以便为有特殊需求的目标群体筛选适合的内容。如果给政府官员发送一篇 200 多页的研究论文,其结果是大有可能被丢进垃圾箱,毕竟政府官员没有时间在冗长的政策报告中寻找有效信息。但如果同样一篇文章推送给学者、非政府组织、记者或者其他正研究相关课题的人,CAP 将吸引到更多的关注。这样的运作方式,以及就某一议题引发热议的做法,都有可能为智库带来更多的投资。

我们在接下来的章节还会讨论,智库现在非常关注各项评估指标,这自有其道理。仅仅关注网站上的活动很难让智库的管理者了解到其所在机构对于公众舆论和公共政策的影响力。② 智库的管理者清楚地知道这一点,研究智库的人也知道这一点。然而,由于没有证据来证明他们所在的智库有巨大的影响力,智库的负责人会倍感压力,因为他们需要提供数据来说服捐赠者为他们的事业提供或继续注入资金。这也是为什么我们在进一步研究中会发现,追踪发表研究的下载量或者媒体引用记录是非常重要的。越是活跃的智库,越是能够有效地证明他们在特定政策议题中起到的公众教育和决策建议作用。如果在这个问题上偏离了方向,其后果是智库难以承受的。③

---

① 参见特罗伊:《智库贬值》。
② 有关智库在网络上的活动如何可以用来衡量其影响力的妙论,请见麦克纳特(McNutt)和马其登(Marchildon)合著的《智库与网络》("Think Tanks and the Web")。
③ 参见埃布尔森:《这看起来是个好主意》("It Seemed Like a Good Idea")。

即使智库注重政策倡议多于政策研究,但是如果没有一个有分量、有名气、可持续的研究项目在手,也很难在思想产业内立足。例如,尽管弗雷泽研究所认为比起决策者而言,公众是其更感兴趣的对象,①却还是必须继续参与多方面的研究计划,以保持其作为可信赖的公共政策研究机构的地位——即使许多人对弗雷泽研究所这一自我定位有颇多驳斥。虽然在研究的深度和广度上无法与CIGI的资深专家比肩,且时常引发强烈的争议和质疑,但弗雷泽研究所在一系列经济和社会议题上的政策建议是不能够,也不应该被忽视的。弗雷泽研究所深知,如果他们的研究无法保持水准,机构信用度就会下降。备受推崇的加拿大咨询局在2009年3月就曾经历过惨痛教训——它被曝光剽窃一家美国游说组织提供给媒体的资料报告。②尽管加拿大咨询局撤回了三篇未标明引用材料的报告,该事件对于机构名誉的损害已是既成事实。加拿大咨询局的剽窃行径是非常严重的罪行,却也暴露了大多数智库研究方式中的一个致命弱点,关于这点,我们稍后再讨论。

虽然这个事件的确令加拿大咨询局颜面尽失,对于政策研究机构研究质量的评估,或者对于全球领先智库的排行而言,却非常具有指导意义。无论是评估研究质量,还是进行智库排行,大多数都是基于智库的名声作出判断。毫无疑问,的确有一些智库的研究质量高出同行,而每个智库也会有一些擅长的研究,比之其他方面的研究更加缜密。尽管我们常常期待出色的演员、音乐家、小说家和运动员能够有持之以恒的优秀表现,却总是会因为这种期望无法得到满足而倍感失望。同样,智库研究的质量也并不总是能够一直维持在最高水准。智库业界每年会出产数以千计的报告、工作论文、政策简报及其他相关材料,其中总有相当一部分必然是不够缜密,也不够令人信服的。而不幸的是,评判每篇报告的优劣,只能以其质量为基准,而不该因其来源的机构背景来分高下。因此,我们既不能把著名智

---

① 引自弗雷泽研究所所长尼尔斯·费尔德海斯在2014年曼宁网络会议上所作的评论《谁在生产观点——智库还是政府?》("Who Generates Ideas-Think Tanks or Governments?")。

② 参见多克托罗(Doctorow):《加拿大咨询局承认剽窃》("Conference Board of Canada Admits")。

库所出的一字一句都奉为金科玉律,也不能忽视普通智库所作的政策建议。

自承认剽窃事件之后,加拿大咨询局就陷入了尴尬困境,虽然为其带来了许多困扰,但这一结果并不令人惊讶。在学术界,无论是在学术期刊发表论文还是在大学出版社出版专著,都必须要经过一个同行盲审的过程。然而在大多数加拿大和美国的智库,研究成果付诸出版之前,并不会经过严格的外部评估。除了少数的例外情况,大多数时候,对于智库而言,与其花费精力确保数据产生、理解和评估,以及研究方法都严格遵守最高科研标准,还不如不去寻求独立评审专家们的认可。也就是说,他们的研究质量和研究诚信评估依赖于内部评价。同行盲审这一层保护是可行的,却很难被保证。这一流程的缺位,使得智库的专家——有意识地或无意识地——更有可能歪曲数据或操纵研究方法,从而迎合雇主的政策立场或维护捐赠者的核心利益。智库的捐赠者当然更不可能来验证智库的研究是否符合规范——大多数情况下,他们也没有相关的背景或动力。他们首要的关注点并不在于研究的过程是怎样进行的,而只在于研究的结果。这样说并不是为了指责智库会在捐赠者的庇护下有意图地且经常性地篡改数据——虽然这种指控确实存在,[①]而更多是为了说明,如果没有引入有效的研究质量评估系统,智库终会陷入对其行为不当的谴责。这个问题当然可以被纠正,但是那些以提供及时而切中时事的政策研究为目标的机构,不太可能采用漫长而费力的同行评审方式。这种方式在他们看来,意味着要降低他们的独立性,削弱他们就政策议题进行阐释的自主权,而这是大多数智库不能接受的。虽然智库希望通过与学术界的联系提升自己的公信力,但大学以外的智库往往不能够宣称自己会遵守学术规范,也并不希望为这些条条框框所限制。

在加拿大,正如在美国及其他智库行业健康茁壮发展的国家,对于智库机构名望高低、智库研究质量优劣的评价标准,想必仍会有长期的争论。但这一讨论中还有一个重要的部分不容忽略——围绕多方面政策议题进

[①] 有数位曾在智库任职的工作人员曾告知我,他们经常被要求篡改报告中的数据,以迎合投资方。不幸的是,笔者无法对此进行证实。

行研究和分析只不过是智库职能的一个重要方面，如果不具备就其研究成果进行有效沟通和传播这一极其关键的能力，智库很难获得其现在赖以生存的公众关注度及社会地位。我们接下来就会讨论智库的这一关键职能。

三、沟通、沟通、沟通

人们常常说，地产投资有三大指导原则：地段、地段、地段。美国战略与国际问题研究中心（CSIS）严格遵循了这一原则，投资1亿加元在华盛顿西北罗德岛大道建立了最为先进的总部，距其一箭之遥，就是约翰·霍普金斯大学高级国际问题研究学院、布鲁金斯学会、卡内基国际和平基金会、彼得森国际经济研究所等一系列杰出的研究机构。[①] 在设计这座高9层、共1.2万平方米的建筑时，除了铺设1000平方米白色大理石，并在门厅悬挂了一盏在智库机构中毫无疑问是最华丽也最昂贵的枝形吊灯之外，希柯克·科尔建筑师事务所（Hickok Cole Architects）还为CSIS装备了一所政策研究机构所需要的一切：整整三层楼的会议室、一套广播和录音系统，以及一个"思想实验室"（iDeas Lab），用以"产出最前沿的多媒体产品"。[②]

CSIS决定建立一套许多美国和加拿大智库都难以企及的通信基础设施并非出于偶然。CSIS及其他一些华盛顿最有权势的智库再明白不过，维持研究项目的高水准、保持与决策者的亲密联系、保证麾下学者能立即回应媒体的采访，以及确保在记者及其他利益相关者中迅速及时地传播自己的研究成果，这些是同等重要的，对于智库的成功而言都很关键。这也是为什么一些美国的顶级智库每年都会在通讯和交流方面投入数百万加元。以CSIS为例，其有部分资金被用于保证卫星通信连接，首要目的是为确保其学者、专家能够及时获得有关全球各国军队和舰艇分布与移动的细

[①] AEI斥资5000万美金建造新的总部，和卡内基国际和平基金会及布鲁金斯学会比邻而居。它们甚至为骑自行车上班的人专设了淋浴间。这座翻新后的建筑位于华盛顿西北区马萨诸塞大道1785号，拟于2016年5月建成。参见《智库观》（*Think Tank Watch*），"AEI的新总部"（AEI's New Headquarter）。

[②] 参见罗斯·乔恩特（Ross Joynt）：《华盛顿的一员》（"One of Washington's"）。

节信息。① 2013年，作为在世界范围内备受瞩目的保守派智库，美国传统基金会在媒体和政府关系方面的投入多于1000万加元。② 作为参考，美国传统基金会在这一项上的投资就已经超出其在思想战争中的加拿大盟友——弗雷泽研究所该年预算总额。再进一步对比一下，传统基金会多达7500万加元的年预算，高于加拿大最大3家智库(加拿大咨询局、加拿大国际治理创新中心、弗雷泽研究所)的年预算之和。

列举这些数据，并不是为了讨论加拿大与美国两方最知名智库之间资源的悬殊。事实上，几乎没有多少加拿大智库可以像传统基金会、布鲁金斯学会、美国企业公共政策研究所、CSIS这些超一流的智库那样，能够拥有以百万加元计的年预算。不过，尽管大多数加拿大智库资金有限，它们也一样认识到了向不同目标群体推广其思想观点的重要性，并且在过去几年中不断地追求更高效的沟通策略。除了在网络发表和大型活动视频直播中展示自己的研究，大多数智库还越来越重视在社交媒体上保持与关注者的交流。凡是有条件雇佣沟通专员的智库，都会十分乐意花钱聘请一位甚至多位专员，负责撰写业务通讯、协调研究成果的发布、组织研讨会、会议及工作坊等活动。为什么要费这个事，花这个钱呢？把研究成果放在网站上，让人们闲暇时可以浏览一下，这难道还不够吗？智库真的需要沟通专家来教其怎样营销自己的思想和观点吗？为什么还要在推特和脸书上面向高中生和大学生宣传智库的活动呢？如果这些学生们真的对智库的研究感兴趣，他们不会自己主动来联系吗？

为什么智库需要这样精通于媒体和技术？有许多问题都需要智库解释这一点，而智库的回答往往指向相同的结论。随着越来越多的机构加入吸引决策者、媒体及公众关注的竞争，智库别无选择，只能通过更加主动、更加方便用户的方式来传递自己的思想。只要智库的首要任务还是就政策议题来建立、形成和润饰自己的观点——这一点是毫无疑问的——它们

---

① 在与国会工作人员的私下交流中，对方证实，政策制定者经常依赖CSIS提供的卫星侦察图片的帮助来进行国会中的审议。
② 关于传统基金会2013年的收入和支出情况，可参见网页，http://heritage.org/about/financials。

就必须要学会在多变的环境中用最有效的方式来传递信息。如果这意味着要通过社交媒体和年轻一代交流，既然年轻人习惯用这种方式获取信息，那就这么做。如果这意味着要削减研究经费，提高媒体关系的投资，智库很有可能不得不作出这种妥协。智库想要在医疗、教育、税收、全球安全威胁等紧迫问题上去影响公众和决策者的关注点和思维方式。对它们来说最大的挑战就是找出达到这一目标的最好方式，同时，还要像约瑟夫·桑德勒（在第三章有介绍）所说的那样，维持"学术中立与客观的形象"。

在沟通和公众关系方面投入宝贵资源，这本身无可厚非。然而，正如有些对智库的批评所指出的，万物守恒，在这些方面的投资增加了，就必然意味着研究方面的资源减少了。如何在这两个重要的职能之间保持平衡依然是一个挑战。但考虑到智库想要维护并提升其公众形象，它们只能在沟通方面加大投入，很难有其他选择。对智库而言，这归根结底还是取决于各个机构对其首要任务的不同定位。1973 年，当传统基金会的联合创始人，埃德温·福伊尔纳（Edwin Feulner）和已逝世的保罗·韦里奇（Paul Weyrich）争取到了充足的创始基金，并且意识到，智库想要得到认可和关注，必须要大力推广和传播自己的思想和观点。[①] 他们相信，如果不把自己的研究成果公之于众，不为可能因自己的研究而受益匪浅的决策者提供政策建议，对智库有百害而无一利。不仅仅是福伊尔纳和韦里奇，在他们之后，历任倡导型智库的负责人都认为，把连篇累牍的研究成果留在书架上积灰，除了招致智库的失败，别无益处。

当传统基金会开始对外敞开大门，保证向媒体、决策者及其身边工作人员，以及其他目标群体及时更新其动态，就被明确地列为其首要任务之一。传统基金会也承诺要保证旗下的专家能够对国会山正在处理和讨论的各个议题了如指掌。这不仅有助于他们进行及时而切题的研究，通过设立联络办公室与众议院和参议院的议员们保持密切的联系，更使得他们能够为诸位当选官员量身定做符合其需求的研究。[②]

[①] 爱德华兹：《一路领先》。
[②] 同上。

众所周知,智库的一个重要目标即是要有效地将政策研究和积极的营销手段结合起来。为了达成这一目标,研究人员和沟通专员的相互配合和协调是必不可少的。毕竟,对于大多数智库来说,出产可信度高的研究很重要,而通过有效地推广这些研究,从而推动机构发展的进程也同样重要。要记住智库的任务是塑造公众舆论和公共政策,因而它们如何在选民和当选官员面前表现自己、呈现自己的研究,是非常关键的。如果智库在选民和官员这两条战线上都战绩不佳,媒体记者会不失时机地贬低智库机构,挑剔其研究成果。

还有必要指出,智库在沟通策略和人员方面的投入,并不只是为了塑造良好的形象,或是为了有效地确立重要政策议题的讨论范围。当智库因为种种原因成为众矢之的时,例如,就一场国际冲突发表了没有事实根据的发言,或者对政府在医疗方面的浪费有不负责任的评论,再或者也可能是因为接受了外国政府的巨额捐赠,而这种慷慨不外乎是为了让智库为自己的利益代言,如果机构中有沟通专家和公共关系专家,将很有助于智库挽回损失。2014年,记者布鲁克·威廉姆斯(Brooke Williams)和她的同事在《纽约时报》发表了揭露国外政府借助知名智库进行游说的报道。时隔不久,布鲁金斯学会(该报道所点名曝光的知名机构之一)由其会长斯特罗布·塔尔伯特(Strobe Talbott)出面发表一篇正式声明,回应报道中的指控。[1] 其中可以确定的是,这篇爆炸性的报道发表后不久,布鲁金斯学会的媒体团队就召集起来,就如何予以最佳回应,为塔尔伯特出谋划策。一年以后,塔尔伯特又上了新闻版面,这次是因为他解雇了罗伯特·利坦(Robert Litan),一位为布鲁金斯学会效力逾40年的经济学家,还曾经与塔尔伯特一起为克林顿政府服务。马萨诸塞州参议员伊丽莎白·沃伦(Elizabeth Warren)发出一系列苛刻的批评,认为利坦没有向国会如实说明他所参与评论的一篇报告是由谁资助的,并敦促布鲁金斯学会的会长采取行动。由于不了解布鲁金斯学会出台了一条新规则,禁止包括利坦本人

---

[1] 参见立顿(Lipton)、威廉姆斯和孔费索雷(Confessore)所撰《国外势力通过智库购买影响力》("Foreign Powers Buy Influence at Think Tanks"),以及塔尔伯特的《来自斯特罗布·塔尔伯特的讯息》。

在内的非常驻研究人员在国会作证时透露自己与布鲁金斯学会的伙伴关系,这位经济学家与布鲁金斯学会这所标志性的智库之间的合作也就此终结了。① 2014年《纽约时报》报道该事件之后,布鲁金斯学会对其公众形象问题越发敏感,塔尔伯特也不得不再次出面参与管控损失。

加拿大智库的负责人或许对于有关布鲁金斯学会塔尔伯特和利坦的争议没有太多关心,但对于那些曾收取国外企业和政府捐赠的加拿大政策研究机构来说,虽然它们收到的捐赠规模要小得多,但是在揭露美国智库接受国外资金的文章发表之时,盯上它们的人也不在少数。2014年秋天,在TVO(译者注:加拿大安大略省一家电视台)的电视节目《史蒂夫·帕金的议事日程》(The Agenda with Steve Paikin)中,有3位在加拿大智库任高级职位的专家被问及,他们所在机构所涉及的国际性工作有哪些,以及捐赠者对于他们所承担的研究是否有,以及有怎样的发言权。其中一位专家杰森·克莱门斯(我们之前也介绍过他)提到弗雷泽研究所有10%的业务是国际性的,并且也的确收取了来自加拿大之外的捐赠。除此之外,他几乎没有透露其他信息。② CIGI的主席罗辛顿·梅德霍拉也证实,由于其所在机构的授权,CIGI的确参与了一些国际性倡议。不过,至于捐赠问题,梅德霍拉强调,无论捐赠是来自国内还是国外,捐赠者提供捐赠是"为了我们的工作成果,而不影响我们的行为方式"。③ 他还特别告知观众,CIGI在美国"透明化"(Transparify)组织的评级中被评为五星机构(最高评价),该机构依据智库资金来源的公开透明程度为智库评级。④

---

① 更多相关信息,参见克罗维茨(Crovitz)的《不要惹怒伊丽莎白·沃伦》("Don't Cross Elizabeth Warren")、汉堡(Hamburger)的《伊丽莎白·沃伦如何挑起与布鲁金斯学会的斗争》("How Elizabeth Warren Picked a Fight with Brookings"),以及奇里利(Cirilli)的《著名布鲁金斯学会经济学家被解雇》("Top Brookings Economist Fired")。
② 引自《史蒂夫·帕金的议事日程》,更多关于弗雷泽研究所收受国外捐赠资助的信息,请见洪(Hong)所撰《慈善性质的弗雷泽研究所自2000年起收受430万加元国外资金》("Charitable Fraser Institute Received \$4.3 million in Foreign Funding Since 2000");哈里斯(Harris)的《一人之党》(Party of One),第37—39页;古特斯坦因(Gutstein)的《哈珀主义》(Harperism)。
③ 同上。更多梅德霍拉对CIGI及其他加拿大智库对外交政策贡献的理解,参见网站 http://www.opencanada.org/features/rise-and-influence-foreign-policy-think-tank/。
④ 参见本德尔(Bender):《CIGI获得最高评级》("CIGI Receives Highest Rating")。

在一部分相对不那么轰动或具有争议性,然而依然非常重要的新闻报道中,加拿大另类政策中心(CCPA)曾被曝光正在同其他一些公益组织一起,接受加拿大税务局的审计。作为《所得税法》下注册的可享受税务优惠的公益组织,该中心被怀疑违反了享受优惠政策的要求和条件。[①] 有猜测说该中心接受审计是因为哈珀政府施压的结果。哈珀政府声称要打击左倾智库及其他非政府组织的政治活动,而该中心坚决否认自己有这种行为。大多数媒体都倾向于支持涉事的公益组织。2014年9月,当在加拿大智库业内屹立近40年的南北研究所(NSI)宣布关闭后,有数位记者曾表示惊愕,声讨政府怎么可以让这种事情发生。[②] 虽然 NSI 的工作人员对此做好了准备,也不希望支持者陷入与政府的漫长斗争,但 CCPA 并没打算保持沉默。有数百位学者签署了请愿书反对审计,再加上一些身居要职的记者帮助发声,CCPA 得以让自己的艰难处境长期处于公众的关注之下。CCPA 此举也说明了为什么智库与媒体之间的关系如此重要,也证明了良好的沟通策略可以让智库在遭遇负面事件时顺利地挽回正面形象。

四、参与:智库及其网络

我的祖父杰斯(Jess)只接受了8年的正规教育就辍学了(这是个非常引人入胜的故事,在很多家庭聚会的场合都被谈起过),他常常会提醒自己的儿孙什么是走向成功的关键。带着一丝令人联想到《神枪手与智多星》(Butch Cassidy and the Sundance Kid)里保罗·纽曼(Paul Newman)面孔

[①] 关于加拿大税务局(CRA)审计加拿大另类政策中心(CCPA)引起的反响,参见毕比所撰《逾四百名学者(要求 CRA 停止审计)》("More Than 400 Academics")及《CRA 否认机构审计》("CRA Denies Agency Audit");基南(Keenan)的《为何与哈珀政府关系密切的机构(没有被审查)》("Why Haven't Any Harper-Friendly");麦克奎格(McQuaig)的《哈珀进一步扩大他的战争》("Harper Ramps Up His War");德伊法拉(Daifalla)的《解除对慈善机构的束缚》("Unmuzzle the Charities")。

[②] 有关 NSI 的关闭,参见高尔(Goar)《又一扇面向世界的加拿大之窗关闭了》("Another Canadian Window on the World Closes");麦克劳德集团(McLeod Group)的《南北研究所的终结》("North-South Institute Ends");马丁等人(Martin et al.)所写的《南北研究所》("North-South Institute")。

的微笑——祖父不仅非常喜欢这位演员,年轻时也和他很像,祖父分享了他的秘诀:"你是谁并不重要,重要的是你认识谁。"

尽管我的祖父一生绝大部分时间都在这个国家的首都度过,他很可能没有怎么留意过战后渥太华如雨后春笋般纷纷出现的智库。他是个商人,并不是个政治方面的权威,但是我想大多数智库的负责人都会同意他对于成功要素的评论。虽然智库给人的印象仿佛是在加拿大荒凉的苔原上独自寻求真理、点化众生的孤独传教士,虽然它们也需要维护自己的独立性,有时也很不情愿将自己正在进行的研究计划的信息透露给竞争对手,但它们非常清楚,想要影响公共政策需要具备哪些因素。有时候一个国家的内政外交政策会因为某一个群体的观点而有显著的改变,但这种情况非常少见。在大多数情况下,公共政策的内涵和导向都是由一个涵盖个人和组织的广泛网络所影响的,这些个人与组织不仅了解国家对于新思想的需求,也准备好了要投入时间、精力和资源来联络公众及政策决策者。智库常常会参与到这个网络中,或者更普遍地说,智库常常会参与到所谓的公民社会和社会运动中去。①

我在本章以及之前的章节里多次提到的传统基金会,就长期被认为是美国保守派运动的领袖。通过与理念一致的智库、学者、慈善组织、私人捐赠者、宗教及教育机构、利益集团、保守派媒体、企业及一些非政府组织合作,传统基金会有能力提供政治和财力支持,确保一些内外政策能够被列入本国政策议程。从支持用自由市场策略解决美国的经济灾难,到坚定地呼吁在全球范围内打击恐怖主义,传统基金会及其众多盟友在如何影响华盛顿政治气氛上下了不少功夫。同样地,加拿大各个政治派别的智库齐心协力,不断寻找在治国方针上有相同理念、原则和价值观的个人与组织,并与其合作。虽然政治观点和意识形态的差别依然存在于这些网络、运动和联盟当中,智库会在其中就一些特定政策议题协力建立共识——这一工作以往是由政党承担的。不同的是,政党需要在每次选举前修补和改善内部的关系,智库则要防止自己的目光只停留在短期的政治或政策胜利上。智库为了确立自己在政策决策过程中的重要地位,必须要在他们规划的构想

---

① 参见杨、艾维特(编)的《倡议团体》(*Advocacy Groups*)。

和观点上进行长期投入。即使智库为公众提供和包装的思想不能为其带来广泛好评,至少他们可以给自己贴上一个标签——用历史学家詹姆斯·A. 史密斯的话来说,就是"思想掮客"(idea brokers)。[1]

为了有效地在不同的选民群体里推广思想和观点,智库首先要建立起就各种政策事务进行观点分享和交流的渠道。他们可以只是通过电邮或网络推送将自己的成果发送给记者、决策者以及其他有可能感兴趣的利益相关者。鉴于发送电子文件的便利,这是许多智库的首选方式。或者,如果智库有足够的资源,他们也可以选择组织会议、工作坊、研讨会或者圆桌论坛,邀请来自各个组织的参会人员围绕一些特定议题进行更细致的探讨和辩论。这对于智库来说也是扩大和加强其关系网络的良好机会。如果觉得这种程度的沟通还是不够充分,智库和营利性的教育机构,例如博特宾研究所和曼宁中心,很可能会决定组织更大的活动,邀请数百位人员参会,包括决策者、学者、记者、学生、捐赠者,以及其他可以进行联络沟通的人群。这也正说明了渥太华每年一度的曼宁网络会议(Manning Networking Conference,MNC)举行的目的。环球电视台(Global TV)的记者汤姆·克拉克(Tom Clark)曾评价说该会议"之于加拿大保守派,正如伍德斯托克音乐节之于摇滚音乐人"。[2] 曼宁中心还将其他一些来自媒体记者的、强调该会议重要性的评价放进了 MNC 的宣传材料中。

不论是智库,还是其他的非政府组织,开创和扩张其思想共享的网络平台,对他们而言有着再重要不过的意义。的确,通过建立和维系与不同选民群体的联系,智库才能在他们希望与选民达成共识的政策议题上进行话题造势和风向引导。然而,还要认识到非常重要的一点:建立网络关系,维持内政外交关键议题的关注度,和研究与沟通一样,不过是政策倡导型智库的战略之一。

---

[1] 参见史密斯:《思想掮客》(*The Idea Brokers*)。
[2] 文中及更多有关每年曼宁网络会议的观察可见于网站,http://www.prepssprogress.ca/en/post/video-highlights-years-biggest-conservative-gathering。

五、作为政策倡导者的智库

每当政府作出了富有争议性的决策,不论是事关武装冲突,还是有关在医疗、教育、社会救助及犯罪预防等方面如何进行财政分配,讨论总是会引向一个问题:谁该为这些决策的促成而负责?通常用不了多长时间,喜欢追根究底的媒体记者就会圈出那些"惯犯"。当选的官员只要在内政外交方面做了什么不寻常的举动,招致了批评,利益集团、游说团体、各种联盟,以及后来居上的智库,就会成为政治辩论中的攻击对象。不过,对于那些在引导大众舆论和公共政策中获得既得利益的人来说,这是他们必然要面对的。那么智库承担起政策倡导人的角色,并不断招致媒体的怀疑和学界的怒火,又是从什么时候开始的事情呢?在回答这个问题之前,我要先岔开一下话题。

劳伦斯·戴维森(Lawrence Davidson)在他的研究《外交政策公司》(*Foreign Policy Inc.*)[①]中表达了深深的担忧,他认为代表少数群体利益的游说团体,已经在美国的外交政策方面形成了无可匹敌、不受约束的权力和影响力。当时公众对于美国如何处理外交关系越发漠不关心,除开别的问题不说,戴维森担心少数组织有方、财力雄厚的游说集团将有足够能力影响美国的外交决策,而且这种影响是有损于美国的国家利益的。作者称之为"派系做主主义"(fractocracy)(译者注:此为造词,与民主"democracy"一词相对应,词根来自单词"fraction",意为"派系"),是指各种派系(fraction)能够自由支配外交政策,民主唯有消失而已。虽然美国和加拿大还有一些其他的学者和评论家同意戴维森的批判,但不幸的是,他们对于内外政策形成方式的憎恶感与挫败感是错位的。与其把怒火指向本就是以影响公共政策为目标的非政府组织,他们还不如指责决策者和无动于衷的公众:不论是出于疏忽还是有意为之,决策者在处理国家大事方面是有失职守的,而公众则对政治进程过于漠视。[②]

[①] 参见戴维森:《外交政策公司》。
[②] 参见埃布尔森:《理论模型与方法》("Theoretical Models and Approaches")。

在乔治·W. 布什总统决定入侵伊拉克之后,一段时间,媒体记者或许应该多关注美国新世纪计划——一家位于华盛顿的小型智库,却与白宫有着密切的联系,也是小布什外交政策的源头。[1] 在 2006 年,媒体记者或许也应该多挖掘哈珀政府的经济和社会政策在多大程度上依赖于加拿大一部分保守派智库的政策建议。[2] 虽然理解智库和其他非政府组织在决策过程中的角色非常重要,但归根到底,应该是决策者,以及选择他们担任其职位的选民,才有权制定和落实政策决策,而并非智库的政策专家们。

更进一步来说,游说团体进行游说、利益集团向当选官员施加压力以推动对集团自身或集团所代表的利益有帮助的法律法规,或是智库参与到政策倡导中去,这些都无可非议。[3] 毕竟,我们怎么能够因为这些组织完成了自己建立的目标和使命,而去横加指责呢?只要他们不违反法律,不参与政府列为不当的政治和党派活动,戴维森和他的拥护者又有什么可担心的呢?还有,究竟是谁有权判定这些组织的影响力是否出格了呢?是学者、决策者、法庭还是公众?

尽管这看似再清楚明白不过,但现实是,很多记者和学者,包括我自己,都始终对于智库以政策倡导为优先的做法持保留态度。有一部分原因是因为我们对智库的角色定位另有看法,而在过去几十年中,这种看法也在不断改变。虽然游说集团和利益团体的定位十分清晰,但是智库的角色定位还是相当模糊。智库建立的目的究竟是提供"应用性"的政策研究,还是倡导他们认为更加好的、更加合理、有依据的政策?简单来说,二者兼而有之。这是因为智库有双重的角色,一方面承担政策研究,一方面也要进行政治倡导——许多人也因此质疑其动机。这也影响了我们对于政治倡导的看法,与政策研究相比(政策研究也分严密的和草率的两种情况),我们更容易带着怀疑的态度去看政治倡导。换言之,学者们通常都会认同研究型智库(如布鲁金斯学会、兰德公司、加拿大咨询局、加拿大国际治理创新中心等)在公共政策方面的宝贵贡献,即使这些智库的研究多是应用性

---

[1] 参见埃布尔森:《国会理念》(*A Capital Idea*),重点在第九章。
[2] 参见古特斯坦因:《哈珀主义》。
[3] 参见埃布尔森:《理论模型与方法》。

的而非理论性的。智库的研究通常不会被认为是具有开创性的，一般也并不完全符合学界的研究标准，甚至会被认为并不属于科学的、正规的研究范畴，但大多数情况下，对知识的追求会被认为是高尚的事业。相形之下，进行政治倡导就会被认为是价值较低的、自私的、别有用心的。但为什么会是这样呢？

正如一个人或一件事可以给他人带来正面的或负面的影响，为某一政策问题倡导可行的解决方案，如果被政策制定者所接纳，也有可能带来良好的或者相对不太好的结果。然而，出于某些不明原因，"倡导"这个词只要和智库的工作联系起来，就会在人们心底引发波澜。这大概也可以解释为什么记者常常对智库区分对待，推崇所谓的"政策研究机构"，而把那些他们认为不那么具有利他主义精神的智库称为"政治倡导组织"。这其中隐含的信息很明确：多信任前者的观点，少关注后者的论调。然而这么做却是不明智的。

当然，智库想要参与政治倡导的意愿并不是让长期关注智库的人感到不满的原因。对各种政策倡议进行倡导、声援或反对，是健全民主的标志。如果不让智库同公众和政策制定者分享其研究发现，智库的存在还有何价值可言？那些关注智库的人之所以担忧，并不是因为智库参与了政治倡导。每一个希望影响公共政策的机构，包括大学和医院，都带有政策倡导的色彩。其实，对于智库越来越多地参与政策倡导的担忧另有缘由。部分智库将政策倡导作为优先于研究的主要任务，这无疑是令那些相信智库有义务进行缜密研究的学者、专家感到愤怒的原因之一。不过，更重要的是，批评者非常关切智库究竟在倡导和反对什么。反对小布什政府入侵伊拉克的人之所以瞄准了 PNAC（美国新世纪计划），并不是因为它是一所智库，而是因为它毫不避忌地呼吁应当让萨达姆·侯赛因下台，广为人知。同样，批评哈珀政府的人之所以严厉谴责弗雷泽研究所等支持自由市场的智库，并不是因为它们参与了政策倡导，而是因为不赞同他们的政策建议。

作为思想市场中的参与者，智库知道需要怎样做才能获得认可，而正如我们本章所讨论的，这通常意味着对政治倡导行为的鼓励。鉴于加拿大和美国部分倡导型智库所获得的成功，它们不太可能脱离自己设定的这一轨道。在理想的情况下，可持续且有深度的研究项目为智库带来公信力和名望,而在政治倡导方面的投入则帮助智库加强与公众及政策制定者的联系。智库履行多方面的重要职能,包括研究、沟通、关系网构建,以及其他与政治倡导相关的活动。最终,每一所智库机构都必须要决定给每一项职能分配哪些资源。在谨记这一点的基础上,我们将把重心放在对于重要利益相关者,或者目标群体的讨论上,即智库要和谁打交道,才能更有效地传播其思想。在这个过程中,我们将更好地理解为什么关系网的建设对于智库的职能及履职方式如此重要。

第五章　智库与谁沟通？

上一章对于智库的部分主要职能进行了充分的解释。由于智库机构声称要致力于分析内外政策落实过程中的种种挑战,因而它们将大量的时间及资源用于如会议、工作坊等与其各个研究项目、研究计划相关的活动上也是顺理成章的事情。为复杂的政策问题找到解决方案绝不是碰巧得来的,智库很少会因为偶然而找到可以一蹴而就的速效对策。它们的思想和观点往往需要数年的时间来不断提炼,并以政策制定者和公众易于接受的形式呈现。简单来说,智库想要取得持续的政策影响力,就必须准备好在其研究人员和研究项目上作长期投入。但是,正如我们已经发现的,思想市场中的竞争往往要求智库懂得变通之法。在认识到为政策制定者及其他关键利益相关者提供及时有效的信息极具重要性之后,一些智库只会迫不及待地想要在其研究的诚实度和质量上作出妥协。为了提高自己的影响力,智库、利益团体、游说者以及其他的组织要相互竞争,尽一切可能以策略战胜其他对手,在公共政策上留下自己的印记。智库绝对不能在展示研究成果方面掉以轻心,这一点的重要性不亚于处理那些迫在眉睫的内政外交政策。说得委婉些,沟通、营销,以及面向各方利益相关者、各个选区以及各种目标群体的自我推广,对于智库的成功来说非常关键。

在这一章,我们将对于智库所面向的关键目标群体进行更详细的介绍。我们也将说明为什么智库与政策制定者、慈善基金、媒体、学者、非政府组织以及其他相关者之间建立的关系是互惠的。虽然智库往往是观点之战的主要发起者,但那些智库希望在这些"战争"中拉拢的对象也都有不可推卸的责任。正如努力争取它们支持的智库一样,它们本身也有自己的政治目的,而与有声望的、有地位的政策研究机构通力协作,往往有利于推动它们自己的政治议程。

一、检视(Stakeout):智库及其利益相关者

1. 政策制定者

对于大多数智库来说,向当选的官员和职业官僚提供观点和政策建议依然是首要任务。尽管政治系统本身会对智库如何与官员接触及其交流的深入程度有所控制(我们将在下一章进行讨论),[1]但研究公共政策的机构组织必须密切关注政策制定者们正在想什么,以及他们在不远的将来可能会要考虑的事情。正如那些专门处理政府关系的公司要关注立法议程对于其客户利益的影响,智库也必须重视当权者所关切的议题。智库如果有能力也有幸能够参与和计划接下来数月甚至数年政策制定者所要处理的种种挑战性的事务,那么和竞争对手相比,它们更有可能获得战略优势。然而,即使智库能够一直站在时事前沿,如果它们所着眼的议题并不为政策制定者所重视,也就溅不起多大水花。为了保证研究项目的时效性和相关性,智库必须在政府上下建立广泛的联系。这不仅能够加强沟通渠道,也能够让智库放心地知道自己和政策制定者意见一致。当选的官员及其身边的工作人员、总理办公室(Prime Minister's Office,PMO)及枢密院(Privy Council Office,PCO)的政策顾问,或者美国总统行政办公室(Executive Office of President,EOP)下属内部机构的专家、政府部门机关的雇员、重要立法委员会的工作人员、各政党研究办公室的负责人,所有这些人员,在不同的时间,都被证明对智库有极大帮助。

对于许多智库而言,建立和维护与政府各部门的关系并不是额外的举

---

[1] 关于不同的政治体系对智库行为影响的讨论,参见埃布尔森的《智库能发挥作用吗?》(*Do Think Tanks Matter?*);麦甘(McGann)和韦弗(Weaver)编的《智库与公民社会》(*Think Tanks and Civil Societies*);斯通(Stone)和邓哈姆(Denham)编的《智库传统》(*Think Tank Traditions*)。

措,而是非常基本的要素,并且能够不断带来丰厚的回报。这也就解释了为什么美国一些知名智库每年会投入数百万加元维系政府关系。传统基金会成功地将触角深深地延伸到国会山、行政部门、官僚机构的走廊和会议室中,这对其他政策研究机构而言是一个清晰的信号,意味着在政府机关建立起广泛的且不断扩张的关系网,将会使其受益匪浅。传统基金会的成功也是多管齐下的结果,而并不仅仅是为政策制定者提供其全套的研究发表成果:它们也倚赖于联络部门与国会两院保持沟通,以便更好地把握列入立法议程的议题;它们还负责维护一个类似于交友网站的数据库,在希望在首都开启职业生涯的年轻保守派人士当中挑选合适的人选,以匹配政府现有的职位空缺;它们为新入选的国会议员举办研讨会和工作坊;还会邀请资历深厚的政治家参与它们的会议;为助阵总统竞选的工作人员提供便利。①

传统基金会所使用的一些策略也被美国和加拿大的其他智库所采用——尽管程度较轻,这些策略甚至对全球的智库都有所影响。即使是布鲁斯金学会这样标志性的、为学界所推崇的智库,偶尔也会在国会山与国会工作人员举行小组会谈,以了解其研究成果是否能够被很好地接纳。布鲁金斯学会实际上与知名的谷物生产商并无二致,也需要通过确保顾客的满意度来保证自己的既得利益。

从智库的利益来考虑,如果不把政策制定者列为目标对象,不仅在道理上说不通,更会对智库的发展产生反效果。毕竟,政策制定者是得到公众认可并被赋予制定和实施公共政策这一责任的人选。所以,智库怎么会不愿投入时间、精力和资源(如果有的话),来确保政策制定者能够听到自己的声音?有意思的是,智库把政策制定者保留在自己的视野中,而与此同时,政策制定者反过来也一样注视着智库。当选的官员以及有抱负的政府官员都已经了解,智库的政策专家不论是在竞选中,还是在他们当选或连任之后,都会对他们有莫大的帮助。

然而,为了保持其独立性和慈善机构的地位,智库不能同政党走得太

---

① 参见爱德华兹的《思想的力量》(*The Power of Ideas*)与《一路领先》。

近，这一点也很重要。当然，在加拿大①和美国都有一些特例，在德国等部分国家，还会有一些智库受国家资助，并服务于政党的需求。② 然而，不同于德国，美国和加拿大的大多数智库不希望被看作是政治党派的附庸。这并不意味着智库的政策专家会避免与政党成员接触。如前所述，作为其广泛、多层政府关系策略的一部分，智库会长期稳定地向当选官员提供政策建议。虽说这一渠道对智库来说是加强与政策制定者之间联系的宝贵机会，但实际上这种互动通常对双方都有益。不仅政策制定者能够受益于智库提供的专业意见，现任政府官员以及希望取而代之的人也都有机会利用智库长期发展的选区关系和人际关系网。更何况，智库、利益团体以及其他它们所联合的公民社会组织，还能够帮助动员选民支持或反对某一特定的政策倡议。例如，在李博（Bob Rae）领导下的安大略省新民主党政府，就曾征得包括加拿大另类政策中心在内的部分智库支持，从而掀起了安大略省对于1994年北美自由贸易协定的反对声浪。③

对于现任官员及其挑战者双方而言，同智库保持紧密的联系都会带来更多的益处。我们在下一章还会更详细地讨论，在过去几届美国总统大选中，来自该国顶尖智库的政策专家为候选人出谋划策，扮演了至关重要的

---

① 例如，加拿大另类政策中心（CCPA）和新民主党维持了紧密的联系，而弗雷泽研究所则通常被认为是保守党的坚定盟友，并且秉持保守派意识形态，尽管弗雷泽研究所所长尼尔斯·费尔德海斯一直反对这个标签。他坚持研究所的工作是"没有价值偏向的，取决于数据的"。参见他在麦克查尔斯（MacCharles）的文章《智库声称被针对》（"Think-Tanks Says It Was Targeted"）中所作的评论。尽管费尔德海斯这样评论，但公共政策研究所的史蒂芬·特普（Stephen Tapp）根据来自推特的数据作出了一系列有关部分加拿大智库意识形态倾向的假设。参见其博客文章，《一只小鸟（推特）可以告诉我们什么？》（"What Can a Little Birdie (Twitter) Tell Us?"）。

② 有关德国智库的地位和角色，参见苏奈尔特（Thunert）的《专家政策建议》（"Expert Policy Advice"）；布拉姆尔（Braml）的《德国智库的决定因素》（"Determinants of German Think Tanks"）；保兹（Pautz）的《智库、社会民主》（*Think-Tanks, Social Democracy*）。

③ 关于更多李博领导下的安大略新民主党政府如何通过智库和其他非政府组织来推动对北美自由贸易协定的反对，参见埃布尔森的《环境问题游说还是政治作态？》（"Environmental Lobbying or Political Posturing?"）及埃布尔森和卢斯蒂格（Lusztig）的《不一致性的一致性》（"The Consistency of Inconsistency"）。

角色。① 不过即使这些来自智库的专家没有离开工作岗位转而为总统竞选助阵,两党的总统候选人还是可以让智库协助评估公众对于各种施政方针的反应。毋庸置疑,在竞选过程中,无论是总统竞选还是国会选举的候选人,都决不能和不受欢迎的政策项目或政策计划搭上关系。因此,与其自己以身试险,候选人宁愿按兵不动,让智库来测试选民对于各个政策观点的接受度。这样做,既不占用宝贵的竞选资源,又便于根据智库推广政策观点时观察到的公众反应,在应该倾向或避免哪些议题方面作出战略决策。

除了以上渠道,智库还通过其他方式,或是有计划地,或是凭运气地,成为政策制定者战略性资产的一部分。但是,比起向政策制定者提供或是应其要求或是自主发起的建议,智库为政策制定者带来的更具有价值的东西其实是公信力和声誉。虽然智库发展的"进步时代"(Progressive era,当时政策研究机构的首要任务还是帮助政府思考如何解决复杂的政治问题②)早已远去,智库仍然在公众心目中保存了一些可信度和好声誉。鉴于此,政策制定者经常向智库求助,寻求它们的认可,以获得选民的欢迎和支持。随着公信力的日益下降,当选官员也总是寻求智库的帮助,以提升在大众眼中的形象。这也是总统候选人总是乐于邀请知名智库专家为其竞选和执政助阵的原因之一。简言之,虽然事实上一些智库正不断增加在政治倡导方面的投入,但它们依然能够营造出致力于提升公共政策质量的形象——政策制定者试图营造这种形象时,往往不易被接受。尽管政治制定者和智库双方对彼此都很重要,但如果失去了公众的支持和信任,一切都是空谈。公众,就是我们接下来要谈的第二个重要相关者。

2. 公众

在 2014 年 11 月 5 日美国的中期选举中,仅有 36.4% 的符合资格的选民为其所倾向的国会候选人投票。而在两年前,57.5% 的合格选民参与了

---

① 关于智库和数位美国总统候选人之间关系的探索,参见埃布尔森的《改变思维》("Changing Minds")、《他们在想什么?》("What Were They Thinking?")、《国会理念》和《美国智库》(*American Think Tanks*)。

② 关于"进步时代(Progressive Era)"美国智库的地位和角色,参见史密斯的《思想掮客》、韦斯(Weiss)的《从事政治分析的组织》(*Organizations for Policy Analysis*)。

美国总统选举投票,使巴拉克·奥巴马获得第二任期连任。① 在加拿大近期部分省级及联邦的选举中,有选民参与投票比率较高的,例如2014年安大略省的比率为52.1%,2011年的联邦选举投票率为61.4%,2015年10月这个数字是68.4%。② 然而,当有1/3乃至一半的选民无意行使投票权这一民主权利时,选民们对于医疗保健、教育、赋税、养老金以及和平与国防这些重要的议题究竟有多少关注度?如果他们对于政策制定者所承担的各种政策项目无动于衷,智库为什么还要关心公众在意什么不在意什么?换言之,为什么智库要比受直接影响的公众更关注公共政策的形成?尽管有数以百万计的加拿大人不参与选举投票,但参与的人数要远远多于不参与的,这就是智库与他们进行沟通的动力。

公众对政治的冷漠无疑是一个广为存在的现象,③但智库并没有放弃对于引导公众参与各种政策议题对话的尝试。对智库而言,这并不是为了要影响那一半甚至更多的对时事几乎完全不关注的人,而是为了和关心时事的那数百万人进行对话。智库在医疗改革的代价和利益、在如何进行更加有效的个人所得税整改等方面有更加深入的研究,如果能够触动这部分关心时政议题的人群,它们的努力将会得到丰厚的回报。为了改变政治气氛,使之有利于智库本身及其投资者(包括企业和慈善机构)的机构利益和意识形态倾向,智库需要获得源源不断的公众支持。一旦公众有意参与或者默许了某一议题,当选的官员随之采取行动只不过是个时间问题。例如在9·11事件后,美国国会在布什当局的敦促下通过了极富争议的爱国者法案(Patriot Act)。利用当时美国人日益增加的恐惧和焦虑心理,加之部分保守派智库的鼓励和保驾护航,政策制定者选择为了反恐战争而搁置公民的自由权益。情报机关和国防部门被授予了更大的权利,可以实施管控、窃听和监视,而美国人只能坐视自己的自由被剥夺。有美国的前车之鉴,在2015年夏季哈珀政府通过C-51反恐法案时,加拿大其实并不愿重

---

① 参见奥尔特(Alter)的《中期选举选民投票率》("Voter Turnout in Midterm Elections")。
② 参见罗杰斯(Rogers)的《只有约52%》("Only about 52 per cent")。更多关于安大略选举的详细情况,参见克罗斯等人(Cross et al.)的《为选票而奋斗》(*Fighting for Votes*)。
③ 关于美国选民对政治越来越漠不关心的现象,详细讨论参见戴维森的《外交政策公司》和帕特南(Putnam)的《独自打保龄》(*Bowling Alone*)。

蹈覆辙。①

布什当局升级反恐战争的决定,在美国新世纪计划(PNAC)、美国企业研究所(AEI)和传统基金会等位于华盛顿政治核心区域的智库看来,是一场胜利。它们呼吁政策制定者应当向美国的对手表明态度。② 不过智库并不满足于这些短期的胜利,它们的目标是希望在思想之战中制胜,也就是传统基金会及保守派运动所称庆的,从里根政府到小布什治下,美国的不断右倾化。③

加拿大政策研究机构也同样重视为政策倡议寻求公众支持,并为此进行长期投入。如前所述,博特宾研究所和曼宁中心(虽然它们并不是严格意义上的智库)十分清楚,在对未来的政策专家和政策发起者的教育中,强调将公众纳入有关国家未来的讨论是至关重要的。在这种情况下,智库认识到它们不能只是重视观点的提出,也必须要聚集数量可观的、愿意发声的选民,借他们的言论和支持来推进自己想要倡导的提案。为了达成这个目的,智库必须维持与公众沟通的有效渠道。

智库需要依靠多种多样的渠道来与公众和其他目标群体进行沟通。除了通过运营网站以向读者更新研究项目和文章发表的信息,智库还会突出宣传会议、工作坊和演讲等关注它们的人可能会感兴趣的活动。智库也越来越多地通过社交媒体与特定的人群分享观点,也当然会利用印刷品、广播以及电子媒介等对内政外交的议题进行评论。简而言之,智库认识到了让大众了解其工作的重要性。它们也非常清楚,如果想要对选民进行教

---

① 关于爱国者法案的全面讨论,参见克罗提(Crotty)的《反恐政治》(*The Politics of Terror*);布鲁金斯学会的《保护美国家园:初步分析》(*Protecting the American Homeland: A Preliminary Analysis*)和《保护美国家园:一年之后》(*Protecting the American Homeland: One Year On*),以及布雷默(Bremer)和米斯(Meese)的《守卫美国家园》(*Defending the American Homeland*)。美国人对于爱国者法案究竟会在多大程度上侵犯公民自由权的担忧,与加拿大人在哈珀政府试图通过C-51法案(也被称作是反恐法案)时所产生的反应相似。参见加拿大大学教师协会(Canadian Association of University Teachers, CAUT)的文章,题为《批评者对C-51法案感到担忧》("Critics Fear C-51")。关于国家安全与公民自由权之间矛盾的缜密讨论,参见罗奇(Roach)的《911:带给加拿大的影响》(*September, 11: Consequences for Canada*)。

② 参见埃布尔森的《国会理念》,第九章。

③ 参见爱德华兹的《一路领先》。

育、说明和调动,用他们不能够或不愿意了解的信息进行大量轰炸是无济于事的。这也同样适用于政策制定者,他们的时间非常宝贵,不可能去读完案头堆积如山的文件。但是,既然智库的目的是生产和传播影响公众舆论和公共政策的观点,它们怎么保证自己的报告材料能够被阅读呢?虽然智库永远也不能完全地确认它们的工作是否在目标群体中达到了预期的影响力,但无论如何,它们必须保证潜在的利益相关者对其研究要有所关注。除非智库能够迎合目标群体的需求与利益,为其提供量身定做的资料,否则它们给人以良好印象的机会就会大打折扣。

在和公众进行沟通的时候,智库必须格外敏锐:它们需要能够保持平衡,既要向公众说明问题,又不能让他们淹没在大量无关的信息中。要维持这种平衡并不容易,因为许多政策议题本身就是复杂的。但这仍是非常基础的要素。智库决不能与公众疏远,尤其是在它们的核心选区。如何以最好的方式与或许并不了解智库,但却希望对时事有所把握的人们沟通,依然是许多政策研究机构的核心任务之一。然而,智库想要赢得关注度,并不一定需要让公众记住它们是谁,它们是做什么的。的确,如果抽选加拿大人,通过电话问卷请他们列举 2—3 个智库,这种行为并不会产生什么积极的影响。对智库来说,重要的是不断地用自己的观点影响越来越多的选民。一旦达成了这样的结果,智库其实并不需要公众了解它们对于重要政治议题的讨论作出了何种贡献。通过自身的努力以及媒体——另一个智库经常联络的重要相关者——的协助,智库在寻求着它们非常渴望从政策制定者、记者、学者和捐赠者那里得来的赞赏和认同。

3. 媒体

在任何一天的任何时间,智库的政策专家都有可能需要对突发新闻进行评论。在记者们争先恐后地想要说明为什么马来西亚商业航空公司的航班会在乌克兰上空被击落,或为什么一个持枪者在加拿大国家战争纪念碑射杀一名无武装的卫兵后又在国会大厦乱枪扫射时,他们知道只需敲敲键盘,就会有人相助。只需要几秒钟的时间,记者们就可以通过电话、短信或者电邮的方式联系北美甚至全世界许多智库中的政策专家。而通常来说,政策研究所的专家都非常乐意效劳。① 在美国一些知名智库中,学者们只需要走过大厅,就可以来到机构中所设的广播电视台,并面向全国以及国际的媒体发言。② 而那些没有此类通信设施的智库专家则会时常去网络新闻演播室接受采访。尽管会被形容为略带贬义的"电视话痨(Talking Heads)",智库专家通过在媒体上的露面,履行着非常有用且有些时候会非常有价值的公共职能。不过,对智库而言,更重要的是在塑造良好媒体形象的过程中,专家为自己以及所在的智库赢得了更多在政策制定界当中的声誉。

CNN 以及其他 24 小时新闻台的出现对媒体和智库而言都是意外收获。有大量可使用的放送时间,媒体欢迎各类有自己政治倾向的智库政策专家向观众总结和解释为什么他们应该关注国内外发生的各种政治事件。加之福克斯新闻频道、PBS(美国公共广播公司)、BBC(英国广播公司)、CBC(加拿大广播公司)、TVO(加拿大安大略省公共教育电视台)等电视广播公司设立了各种政治类谈话节目,智库机构参与广播媒体的机会更是实现了指数级增长。智库及其所雇佣的国内外政策专家也非常愿意加深与媒体的关系。数年来,政策专家已经在为全球数百家报纸提供专栏文章,近期还开始在智库网站上撰写博客。但为了进一步提高曝光率,智库的学者们也充分利用各种机会,或是作为嘉宾出现在网络新闻播报节目中,或是参加所在机构组织的、进行广播或视频直播的会议及研讨会。③

增加媒体曝光率对于智库而言很关键,并不仅仅因为这是它们为影响政策变迁作出的种种努力中的一部分,也是因为这对于吸引投资而言至关重要。为了评估其政策影响力,智库需要借助各种绩效指标,包括引发的媒体热点、员工在立法委员会进行观点陈述的次数、网站发表出版物的下载量、在学术研究中的被引用量。由于没有衡量得失的基本标准,作为非营利机构,智库面临着来自董事会和主管人员的巨大压力,要设法对机构

---

① 参见埃布尔森的《大声思考》("Thinking Out Loud")。
② 布鲁金斯学会、传统基金会和 CSIS 是华盛顿政治核心区部分拥有自己的电视和广播设备的智库。
③ 参见埃布尔森的《大声思考》。

效益进行评估。简单来说,智库需要证明自己有所作为。因此,智库的管理人员会想要通过公共可见性来证明机构的政策影响力——比起竞争对手,自己有多大的媒体曝光度——似乎没有比这更令他们关注的指标了。[1]

查塔姆研究所(Chatham House),又称英国皇家国际事务研究所(Royal Institute of International Affairs),被广泛地认为是英国首屈一指的智库,并且根据一些排名数据所示,在全球范围内也名列前茅。[2] 然而,即使拥有如此盛名以及充足的资金来源,还有一处可以俯瞰伦敦圣詹姆斯广场(St. James Square)的豪华办公场地,查塔姆研究所并不认为自身的地位和未来的财政保障是理所当然的。在过去几年,查塔姆研究所借助媒体顾问的帮助,追踪自己在190多个国家的新闻报纸中的曝光度。负责媒体关系的员工每周会好几次收到详细的分析,记录该研究所或其某一项研究或某一位学者在新闻引用中出现的次数。这些数据被小心地维持和监控着。不过,和全球其他的知名智库一样,查塔姆研究所收集这些信息不是为了自鸣得意。正相反,这些数字所组成的庞大数据库,是为了提醒现任的,以及潜在的投资者们,研究所的影响力达到了多么深远的程度。[3]

智库的负责人比大多数人都更明白,公共可见度通常以媒体曝光度为衡量标准,并不能准确地反映其所在机构究竟有多大的政策影响力。但一旦资金来源受到威胁,他们会倾向于不去说明这一点。与其一一说明影响公众舆论及当选官员的政策参考与选择这一过程中存在的无穷变数,智库试图给出更简单直白的信息:我们的曝光度越高,就越有可能赢得公众和政策制定者的关注。他们越是关注我们的建议,我们通过提供研究和评论来影响政治气氛乃至公共政策的可能性就越大。接下来就是最重要的,"如果你也关心我们的国家前进的方向,也许可以考虑提供一笔捐赠,还可以享受免税政策……"

智库至今没有改变其所熟稔的有关媒体曝光极具重要性的说辞,这意

---

[1] 参见埃布尔森的《这看起来是个好主意》。
[2] 根据《全球智库指数报告》(*Global Go To Think Tanks Index Report*),查塔姆研究所在世界智库排名中一直名列前茅。
[3] 来自与查塔姆研究所媒体关系工作人员的私人沟通。

味着它们的策略的确令其受益。它们不过是在为那些有意进行捐赠的人重复他们想听的故事。不断提升机构形象,以加强智库的权势和影响力,这也是捐赠者能够理解并且非常欣赏的。这不仅非常符合事理,而且实际上,捐赠者当中很多人就是以此获得了个人的,以及事业上的成功。正如我们下面要讨论的,捐赠者并不想了解内政外交中那些错综复杂的关节,也不想知道在思想市场上竞争有多么激烈。他们只想了解智库能提供什么样的服务,以及是否有机会不断开拓市场。在智库想要说明自身影响力时,如果能够证明媒体非常关注自己的观点言论,将会大有帮助。

智库通过提升媒体形象得来的益处将会只增不减。一些资金充裕的智库在通讯设施上的可观投入就是最好的证明。在接下来的几年间,由于广告收益的减少,如果新闻报纸还会不断倒闭,完全可以想见智库会涉足来填补这个空缺。鉴于智库已经参与到了时事评论的行业中,每天为读者们提供一些全球新闻,对其而言也并非难事。这可能会涉及发布来自其他媒体的新闻摘要、从自己的意识形态出发对各类事件发表评论,或者通过举办小组讨论来推进所在机构的政策建议。在新闻媒体业务上承担更积极的角色,无疑是弗雷泽研究所等智库正在考虑的事情。[①] 智库和媒体之间建立的关系也的确满足了双方的需求。媒体亟需获得信息、对时事的分析,以及简洁明了的评论,而智库恰巧处在合适的位置,也能够满足其要求。

4. 捐赠者

位于蒙特利尔的公共政策研究所、国际治理创新中心、布鲁金斯学会、胡佛研究所以及其他一些资金充裕的美国和加拿大智库,仅凭所获捐赠的利息就足够支付机构的运营费用。[②] 大多数智库没有这种保障,除了在竞争中争取捐赠资金以外,别无选择。在美国,有一些慈善基金会,包括福特、洛克菲勒以及卡内基基金会,已捐赠了数十亿加元,用于支持美国的重

[①] 弗雷泽研究所所长尼尔斯·费尔德海斯在2014年曼宁网络会议上所作的评论。
[②] 关于公共政策研究所(IRPP)的发展,参见里奇(Ritchie)的《研究公共政策的机构》(*An Institute for Research on Public Policy*),以及多贝尔的《加拿大公共政策研究所》。关于布鲁金斯学会的历史,参见克里奇洛(Critchlow)的《布鲁金斯学会》(*The Brookings Institution*)。

要智库。仰赖公司企业以及富裕的私人捐赠者提供的雄厚资金,美国顶尖智库的预算可以有数百万乃至数千万加元之多。然而,美国和加拿大绝大多数智库的年预算总额只能在100万—300万加元之间徘徊,不得不设法争取各种资金,以维持生计。为了免于遭遇和南北研究所一样的结局,智库必须拓展和维系多样化的资金来源。

如果没有捐赠者的大力支持,过去数十年里美国和欧洲智库的蓬勃发展几乎是不可能的。智库需要钱,而幸运的是,只要形成一定的影响力,它们就能够吸引到所需要的资金。不过问题是,从医学研究到提高贫民区学校质量,有这么多值得进行捐赠的项目,为什么捐赠者偏偏会对公共政策研究机构进行如此丰厚、如此频繁的捐赠?一个可能的原因是捐赠者和他们所资助的智库一样,立志要协助政策制定者在公共政策方面作出更加合理的决策。除了支持那些拥有充足的能力及恰当的地位、能够与当选官员交换意见、实现带有其意识形态烙印的内外政策的组织,还有什么更好的做法呢?表面上来看,这是非常有道理的。毕竟,慈善机构就是要帮助他人,何不用私人资金去服务于公共利益呢?不幸的是,事实并没有这么简单。

无论他们是资助医疗设施、学校、智库,还是其他非营利组织的建设,捐赠者都是精明的投资者,想要做出可靠的投资。他们也许会决定拨出更多资金用于增加医院床位、增设核磁共振,或在数据实验室增添顶尖水平的计算机。他们也可能会捐赠钱款用于翻新会议室,建立图书馆,甚至一座新建筑。而当捐赠者为智库提供大笔资金时,他们所期待的回报远远不是慈善捐赠的税收优惠,或是感谢他们贡献的匾牌。他们给予捐赠的机构观望着学界和政策制定业界,具备足以对政策气候产生长期影响的财力和政治关系。通过支持能够改变政治格局结构的组织——例如曾经的传统基金会等保守派智库,捐赠者能够获得比金钱更重要的资本——政治影响力。正如因德吉特·帕玛(Inderjeet Parmar),一位研究智库和慈善基金会的专家所观察到的,捐赠者希望建立和维持与学者及机构的广泛联系,让它们帮助推进和构建一个符合他们希望的世界,在这个世界中,他们能够不断地获得丰厚的政治和经济回报。① 对于那些想要破坏他们试图建立的

---

① 参见帕玛的《美国世纪的基金会》(*Foundations of the American Century*)。

社会的人,他们当然不会进行任何投资。如果帕玛所言非虚——对这一点我非常有信心,我们则需要考虑,捐赠者究竟对于智库传播的研究成果会有哪些影响——这也是他们在思想战争中所使用的主要武器。

正如在第一章、第二章和第四章中提到过的,布鲁克·威廉姆斯在《纽约时报》上发表了有关美国智库为国外政府进行游说的文章后,①布鲁金斯学会的会长斯特罗布·塔尔伯特很快撇清了该机构中捐赠者与学者之间的关系。一向直言不讳的他明确地表示,捐赠者无权干涉布鲁金斯学会的学者开展什么研究,以及如何进行研究。正如其会长所言,布鲁金斯学会是一所进行自主研究的独立智库。② 塔尔伯特对于《纽约时报》这一报道的强烈控诉是意料之中的。毕竟,《纽约时报》这样备受全球关注的报纸对智库和捐赠者的关系进行了如此详细的报道,作为布鲁金斯学会的会长,是无法保持沉默的。如果这篇报道湮没在诸如《国家询问报》(National Enquirer)这样的八卦小报当中,或许还可以不用理会,但事实并非如此。更何况,平心而论,塔尔伯特还能怎么说呢?难道要说捐赠者每付给布鲁金斯学会一张支票,就能够期盼其尽力而为,保证他们的政策偏好能够为政策制定者所接受?从他的角度考虑,他实际上所做的说明,就是他所唯一能做的。

我们无法探知塔尔伯特最隐秘的想法,也无法得知他和捐赠者及主要工作人员之间的对话,只能推测捐赠者在其学会的研究议程中究竟扮演怎样的角色。他们或许的确不会带来任何影响,但我们无法确知。在谈及其他智库中捐赠者在多大范围内被允许涉入其研究计划时,我们也一样不确定。虽然如此,鉴于智库将政治倡导看得越发重要——包括布鲁金斯学会也是如此,政策研究机构与捐赠者之间形成的关系不能够,也不应该被忽略。我们也许无法窃听到捐赠者、智库的负责人及其筹款人员的秘密谈话,但我们可以确定:捐赠者绝不可能持续为不能带来回报的个人或项目进行投资。美国企业研究所(AEI)在20世纪70年代中期曾经有过惨痛的

---

① 参见立顿、威廉姆斯和孔费索雷的《国外势力通过智库购买影响力》("Foreign Powers Buy Influence at Think Tanks")。
② 参见塔尔伯特的《来自斯特罗布·塔尔伯特的讯息》。

教训,数位保守派基金会决定撤资,使得整个机构濒临破产。① 随着对资金的竞争日益激烈,②我们也知道智库有足够的动机来保证捐赠者对其满意。一部分智库或许只需出产高质量的、独立的研究,能够作用于目标群体,并对政治气氛带来一定影响,就能达到这一目的。这也能有助于和捐赠者保持一定距离。然而,另外一些智库,可能要对资助他们的人有更多迎合,并且在这个过程中,很可能被迫在自主权上有所妥协。

5. 学界

在智库进行研究的政策专家和学界非常亲密。他们不仅在北美及欧洲最知名的大学获得高等教育学位,还有相当一部分曾经,或者一直保留着在学界的兼职。还有一些,或许是为了不脱离学界,又或许是为了追求自己真正热爱的事业,会在大学兼任教职或教授某一课程。但智库和大学之间的联系并不止于此。作为各个智库研究项目的协调人和参与者,政策专家常常需要倚赖大学教师来帮他们作研究。和其他智库相比,加拿大公共政策研究所和贺维学会将许多研究项目外包给全国各个大学院校。学者们会被邀请为论文集撰写一个章节,或为期刊撰写一篇文章,参加一场研讨会、工作坊或会议,或者甚至被聘为智库的副研究员或非常驻研究员。甚或有些学者会决定将自己部分的乃至全部的假期用于为知名政策研究机构工作。

研究智库的学者不需要通过水晶球占卜来弄明白为什么政策研究机构如此热衷与学界建立和加强联系。正如政策制定者求助于智库是期望政策研究机构所享有的公信力能够令他们有所沾光,智库有求于大学以及大学当中更加成就卓著的学者,也是为了在决策群体当中提高声誉。同样地,大学为了证明自己所承担的工作也与公众和政策制定者息息相关,应当得到更多的(而非更少的)政府投资,也对智库及其所采用的提升影响力的各种策略越来越感兴趣。有时,这会导向大学内部形成资金充沛的智库,例如加拿大国际治理中心,就是由于大量私人和政府的资金支持才得以建成。还有一些情况下,大学只以少量的资金支持其研究中心和研究所

---

① 埃布尔森:《美国智库》,第 52—55 页。
② 参见麦甘的《学者的竞争》(*The Competition for Scholars*)。

的运营,至少在理论层面上,可以对其公众形象的提升有所帮助。

现在,我们已经列举了智库交际范围内的四类重要相关者,如果我给了你们一种印象,即智库在通过多种方式联络这些支持者,以推动机构的核心利益,那么我就完成了本章所要达到的目的。为了进一步巩固在决策群体中的地位,智库必须进行结盟。它们也的确这样做了,与政策制定者、公众、媒体和学界的联盟取得了不同程度的成功。不过,近年来,我们发现智库布下了更大的棋局,囊括了社会运动、政策网络等更多的公共平台,为它们想要推动的政策观点提供了更大的动力。[1]

二、非政府组织、智库及其同行者

智库为了维护既得利益,就要保护自己的知识领地,保持自己相对于竞争对手的一切战略优势。但正如我们在之前的章节讨论过的,智库也有其惯性,一直致力于影响公共政策的内容和方向。为了达成这一目的,它们同国内外的智库、利益集团、宗教机构,以及其他少数有志于影响各类政治议题及政治话语的非政府机构建立联系。

加拿大和美国的一些智库发现,建立和扩大关系网,同不限于以上机构的组织建立联系,可以在它们敦促政策制定者反思其对紧急内政外交问题的处理时为它们提供更多助力。"人多力量大"这句老话能够特别贴切地形容它们合力支持或反对某项政府政策时的情形,而参与公民社会和各种社会运动的组织几乎从来不会错失任何可以发声的机会。

作为各种社会运动和政治运动的参与者,智库常常被看做是思想创新的中心,能够在框定关键政策讨论的范围时起到指导和引领的作用。在利益集团和倡议联盟的协助下,智库能够在向民众说明国际政治议程中重要议题的成本与效益时扮演重要的角色。对于智库及其众多合作组织来说,共同合作利大于弊。通过为如何影响政策决策过程出谋划策,以及建立能够为它们提供支持的同盟,智库、利益集团以及其他单打独斗难成气候的非政府组织结成合作关系。最终,每一位重要参与者都能够因其对公众舆

---

[1] 参见斯通的《知识的银行》(*Banking on Knowledge*)。

论和公共政策的影响而得益,这完全在意料之中。对于参与这些关系网的人而言,更重要的是获得显著的成果,从而赢得更多资金捐赠。

  智库选择其合作的利益相关者并不是出于偶然。通过它们各自的方式,每一个对象都有其独特的作用。政策制定者、捐赠者、学者、非政府组织、公众,以及媒体,就像是拼图的碎片,要拼凑在一起,才能帮助智库达到它们所期望的目的。表面上看,本章所描述的合作和互动方式似乎暗示着其中隐藏着什么阴谋。但是,更准确地来说,这应该被理解为是智库所采用的一种周密的、多层次的策略,用以提升其在决策群体当中的影响力。我们在接下来的章节会讨论到,这个策略也需要不断调整以适应不同的政治环境。加拿大的智库经常会被拿来和它们的美国同行做比较,而美国又是一些世界顶级智库所在的圣地,我们接下来就会重点讨论这两个国家的智库所面临的挑战与机遇。

第六章　加拿大智库和美国智库的异同

在过去20多年,我一直在进行着关于美国智库的写作和演讲。尤其是在向加拿大人演讲时,我经常被问到:加拿大智库比得上美国智库吗?这是一个合理的问题,值得坦诚且透彻的回应。但在我讨论什么让这两个国家的智库各具特色之前,我先展开来说一下,加拿大历史上最喜欢的消遣之一是什么——是把我们自己和陆上的邻居进行比较。

学者们一心想着比较加拿大和美国,他们想分离出制约共享世界最长边境的两国民族身份的各种因素。学者对于这个的迷恋使得他们除了别的之外,产出了丰富的文献著作,来探讨历史、地理、经济、政治、文化在何种程度上塑造了他们的命运,并帮助指引他们特殊而复杂的关系。① 围绕美国和加拿大及美国人民和加拿大人民之间的异同,人们有着活跃的交流,并不局限于演讲厅和会议室。在媒体、酒吧、餐馆和体育竞技场,代表两国的业余和专业队伍摆好了架势之后,就总是继而讨论起了加拿大和美国相比较下的长处和短处。话题从医疗保健和教育质量到枪支管制、外交政策和曲棍球至上。关于哪个国家应该得到最高赞誉,众说纷纭。鉴于加拿大与美国比较政治制度和政策重点的倾向,经常出现权力和影响力真正集中在哪里的问题:在标志性政府大楼的神圣殿堂内还是在财富500强企业的董事会内。出现这些问题是不足为奇的。

在提供加拿大和美国政治概述的几十本教材中,通常在前几章就回答

---

① 有很多书和上百篇文章聚焦美国与加拿大的异同。包括克拉克森:《加拿大和里根的挑战》、多兰:《被遗忘的伙伴关系》、汤普森和兰达尔:《加拿大和美国》、博思韦尔:《你的国家,我的国家》、黑尔:《那么近又那么远》。

了每个体系的大部分权力在哪里的问题。① 事实上,书中经常告诉读者,在加拿大,总理和他/她的内阁行使着相当大的权力。这个权力通过总理办公室(PMO)、枢密院办公室(PCO)和组成联邦官僚体制的许多部门和机构得到增强。② 当然,议会和司法部门发挥着关键的作用,但指导公共政策的权力通常在总理手中。相比之下,在美国,政治权力是由政府的三个分支机构(行政、立法、司法)之间共享的,表面上是谁负责的问题通常不明显。让事情更复杂的是追踪各种政府界限之外的、能够施加政策影响的个人和机构。③

权力和影响的实现不一定来自同样的源头,这要求人们更加清晰了解利益集团、说客和智库在设定政策重点中扮演的重要角色。例如,在关于美国枪支管制的辩论和讨论中,美国国家枪支协会(The National Rifle Association)以及许多附属机构已经取得了广泛的影响。④ 同样,当注意力转向持续的中东动乱时,人们通常表达出对各种民族游说团体在该地区试图利用美国外交政策表示关切。⑤ 近期一些备受瞩目的美国智库被控与外国政府有紧密联系,帮助他们游说美国政府官员。⑥ 鉴于此,产生了很多关于政策研究机构、政策制定者和公共政策之间的阴谋论。⑦

---

① 参见威尔逊:《美国政府》、戴克和科克伦:《加拿大政治》。
② 参见萨瓦:《打破协定》(Breaking the Bargain)。
③ 参见莎罗玛(Saloma):《不祥的政治》(Ominous Politics)。
④ 一些论文研究了美国枪支协会不断增长的影响。参见休格曼(Sugaman):《美国国家枪支协会》(National Rifle Association)、昂斯·帕特里克(Anse Patrick):《美国国家枪支协会和媒体》(The National Rifle Association and the Media)、格雷·戴维森(Gray Davidson):《战火之下》(Under fire)。
⑤ 关于以色列和阿拉伯游说团体在塑造美国外交侦测中的角色,参见米尔斯海默(Mearsheimer)和华尔特(Walt)的《以色列游说团体》(The Israel Lobby);蒂夫南(Tivnan):《游说团体》(The Lobby);弗莱舍(Flesher):《改造美国的以色列游说团体》(Transforming America's Israel Lobby);戴维森(Davidson):《外交政策公司》(Foreign Policy, Inc.);巴德:《阿拉伯游说团体》(The Arab Lobby)。
⑥ 参见利普顿(Lipton),威廉斯(Williams)和孔费索雷(Confessore):《外国势力从智库购买影响力》("Foreign Powers Buying Influence at Think Tank");西尔弗斯坦(Silverstein):《付费玩》(Pay to Play);威廉斯(Willaims):《遇见智库学者》(Meet the Think Tank Scholars)。
⑦ 欲有趣味地审视各种后"9·11"时代出现的阴谋论,参见凯(Kay):《在质疑9·11真相的人之中》(Among the Truthers)。

本章的目的不是为了诋毁智库接受外国政府的捐款，也不是支持真正的政治和经济权力在哪里的阴谋论。这些和其他的故事情节还是留给《纸牌屋》《国土安全》《24小时》《丑闻》以及其他政治生活黑暗面的作家去想象。尽管没有像看加拿大演员吉弗·莎瑟兰(Kiefer Sutherland)演的《美国联邦特工杰克·鲍尔》(US federal agent Jack Bauer)挫败恐怖分子阴谋那样引人入胜，我的意图是通过解释当智库设法在决策过程中探寻道路时所面临的各种机遇和挑战，以此来继续讨论智库在公共政策中的参与度。提供研究智库的比较语境让突出智库的关键功能成为可能，这也许有助于解释为什么一些国家的智库在政治舞台获得了更高的地位。

几名加拿大记者和学者分享了他们对于这些机构在美国政治格局中增长的知名度印象。① 这些印象基本上符合其他国家密切关注美国智库界的记者和学者对智库的看法。美国智库被描述为大型且资金充足的组织，凭借其对高层政策制定者接触的特权，可以对政策制定施加相当大的影响。相比之下，在加拿大和在其他国家，智库往往没有相同的名声，他们往往被认为对政策发展不太重要。② 十分盛行的叙事是关于美国和加拿大智库的相对重要性和贡献。它认为，一些美国智库在重要的政策讨论中占据前排座位，而他们的加拿大同行往往退居观望，被迫加入政治进程中边缘化的其他非政府组织的行列中。正如我们将在本章讨论的，虽然美国是世界上一些最知名智库的大本营，但大多数美国政策研究机构面临着和他们加拿大同行类似的挑战。虽然美国政治系统的一些特点有助于他们获得接触政策制定者的机会，但两国的智库必须克服一系列的障碍来确保政策制定者听到他们的声音。

当智库意识到决策过程的复杂性，以及对其有限资源的需求之后，他们必须作出一些战略决策，不单单是在决策周期中寻求最大的影响。正如下面将讨论到的，尽管两国智库作出类似的选择，但美国智库有更多参与

---

① 参见埃布尔森(Abelson):《美国智库和国会思想》(*American Think and A Capitol Idea*)、梅德韦茨(Medvetz):《美国智库》(*Think Tanks in America*)。
② 参见埃布尔森和林德奎斯特(Lindquist):《谁在思考国际事务？》("Who's Thinking About International Affair?");穆加(Muggah)和欧文(Owen):《加拿大智库的衰退》("Decline in Canadian Think Tanks")。

决策制定的机会。为什么会这样呢？美国政府的高度分立的和分级的性质，加上薄弱的政党制度，让智库和其他非政府组织有了更多影响政策制定的机会。① 相反，强党一致、内阁团结的原则，以及建言高级官员的永久文官的存在，就限制了加拿大智库参与决策的机会，降低了它们的效力吗？

为什么美国政策研究机构比加拿大的构建了更加强大的存在？比较两国智库发挥作用的体制环境为这个问题提供了一些启发。美国政治制度的一些特征确实促进了智库进入决策过程的各个阶段。然而，政治结构的差异并不能完全解释美国智库为什么在决策方面比加拿大智库发挥了更大的作用，也不能解释为什么两国的一些机构比其他国家的更有影响力。事实上，正如包括公共政策论坛前主席戴维·祖斯曼（David Zussman）在内的几个加拿大智库主席说到的，加拿大政府的结构与智库是否能有效地传达思想并没有很大关联。一个国家的政治结构可能会影响非政府组织接触政策制定者的策略。但是，据祖斯曼所说，大多数政策研究机构有限的资源制约了他们的影响，而远非他们运作所处的政治体系。在加拿大，智库接触政策制定者不是问题。更尖锐的问题是确保长期研究和分析的资金充足。②

如果祖斯曼是对的，那么将智库参与决策的机遇和损害它们效用的制约因素加以区分是重要的。这正是这个章节所要讨论的。由此可以证明，议会制民主的机构不像我们以前想的那样是智库接触政策制定者的阻碍。戴安娜·斯通（Diane Stone）比较英国和美国智库的研究也证明了这点。③

一、美国和加拿大智库的机遇

要区分出决策过程的各部分以及没有感受到智库存在的美国政府分

---

① 关于这个的更多情况请参见韦斯（Weiss）：《政策分析组织》（*Organization for Policy Analysis*）；斯通（Stone）：《捕捉政治想象》（*Capturing the Political Imagination*），尤其是第3章；韦弗（Weaver）：《变化中的世界》（*The Changing World*）。
② 采访大卫·祖斯曼（David Zussman），1999年9月14日。
③ 斯通（Stone）：《捕捉政治想象》（*Capturing the Political Imagination*）。

级机构或部门是很困难的。① 专注于国内外政策领域研究的智库向国会、行政机构、官僚机构以及最近司法机构的主要决策者传递其思想。② 也有州级层面的智库,如总部在纽约的曼哈顿研究所,它与包括纽约前市长鲁迪·朱利亚尼(Rudy Giuliani)在内的地方政府领导人建立了紧密联系。③ 正如我们将在这章后面讨论到的,很多智库工作人员成了决策者本身。

在帮助美国智库扩展的诸多因素中,美国政治体制的结构性特征是其中之一。它具有高度分立和分级的特点。正如一些学者发现的,很少有其他国家提供比这更利于智库发展的环境。④ 在几个分支共享权力的政府中,国会成员并不受党派一致的约束,在竞选活动中总统候选人在不断增长的趋势中测试不同的想法。在这种政党制度中,智库有更多的机会去塑造公众舆论和公共政策。光国会就有 535 名选出的官员,更不用说还有数百名员工和委员会的助手。⑤ 智库可以通过接触这些人让他们考虑智库的政策思想。如上所述,认识到这点后,智库可以采取一些策略来吸引注意力,包括在国会委员会前作证、向国会成员提供关键政策问题简练的总结到邀请代表和议员,以及他们的工作人员参加研讨会和工作坊。

因为国会议员没有义务按党派立场投票,所以他们没有必要担心与特定智库的联系以及他们对智库某些政策理念的支持会削弱政党的凝聚力。比起评估智库的思想是否与政党的利益和政策相适应,他们更愿意根据自己的利益进行评估。此外,韦弗(Weaver)和其他人都认为,美国的弱政党制度不仅为智库影响政策制定提供了机会,而且在某些方面增强了对它们的需求。⑥ 在德国,政党创建了自己的智库或是基金会,以便进行研究和分

---

① 想要有趣地了解智库在不同政府部门和机构中的参与度,请参见伯奇(Burch)的《政治经济研究》(*Research in Political Economy*)。
② 同上。
③ 有几篇文章专门研究了聚焦地方政治的智库。例如,斯科特(Scott):《有影响力的知识分子》("Intellectuals Who Became Influential")、穆尔(Moore):《地方权利思想家》("Local Right Thinkers")。
④ 参见韦斯(Weiss):《政策分析的机构》(*Organizations for Policy Analysis*)。
⑤ 除了美国众议院的 100 名参议员和 435 名成员外,还有 3 名代表哥伦比亚特区的无投票权的议员。
⑥ 参见韦弗(Weaver):《变化的世界》("Changing World")。

析；美国的政党却不是这样。① 为数不多的（如国会研究服务与国会预算办公室在内的）国会研究机构、公共智库可以从国会成员那里请求信息。② 然而，与大多数独立智库不同的是，这些机构不能提供及时以及与政策相关的研究。

许多智库，包括传统基金会都会把影响国会作为最优先考虑的事情。尽管如此，他们也认识到与官僚机构、行政机构以及许多建言总统的机构加强联系的重要性。总统行政办公室（EOP）包含了几个重要的机构，包括国家安全委员会、经济顾问委员会、美国贸易代表办公室和行政管理和预算局。他们给智库提供了进一步影响政府的机会。例如，在近几届政府中，总统任命了智库的高级员工在这些和其他机构以及各种咨询委员会和执行机构工作。③ 这些被任命的人中很多曾在总统选举中供职于政策工作小组和过渡小组，这个话题将在下面更加详细地讨论。④

在初选和大选期间，总统候选人建立工作小组调查政策议题并不少见。对于那些缺乏现任总统资源和缺乏联邦政治经验的人来说，这些团体尤为重要。例如，在 2000 年的总统竞选中，时任州长的小布什取得了包括胡佛研究所和美国企业研究所在内几家智库学者和政策分析员的支持。⑤ 在 2008 年，时任参议员的奥巴马采用了类似的策略，向一大批与华盛顿智库有着密切联系的政策专家寻求帮助。⑥ 在 1980 年的总统竞选中，马丁·安德森（Martin Anderson）和胡佛研究所的理查德·艾伦（Richard Allen）负责组织接近 50 个关于国内和国外政策工作小组，以便给时任州长

---

① 参见盖尔纳（Gellner）：《德国智库》（"Think Tanks in Germany"）。
② 关于这些以及其他公共智库的角色，参见罗宾逊（Robinson）：《美国公共智库》（"Public Think Tanks in the US"）。
③ 参见埃布尔森（Abelson）：《国会思想》（*A Capitol Idea*）。
④ 参见埃布尔森（Abelson）：《他们在想什么？》和《变化的思想》。
⑤ 关于布什竞选时顾问的角色，参见埃布尔森（Abelson）：《他们在想什么？》；范·斯兰布鲁克（Van Slambrouck）：《加利福尼亚智库》（"California Think Tank"）；黑格（Hager）：《布什购买建议》（"Bush Shops for Advice"）；斯旺森（Swanson）：《大脑的力量》（"Brain Power"）；施密特（Schmitt）：《国外政策专家》（"Foreign Policy Experts"）。
⑥ 参见埃布尔森（Abelson）：《变化的思想》。

的里根在一系列问题上提出建议。①

然而,在加拿大,联邦政党领导人在选举活动中组织工作小组是罕见的。部分是组织管理上的问题:与美国漫长的初选和大选相比,加拿大选举周期非常短——它通常持续 36 天,从总理建议有意向的总督举行选举到加拿大人民投票。② 虽然通过了 2007 年固定选举法,但包括渥太华大学埃罗尔·曼德斯(Errol Mendes)在内的一些法律学者认为,在上任之后 5 年中,政府可以在当政期任何时间举行选举,这是写入宪法中的规定。③ 正如过去一样,这种不确定性因素可能不利于智库在选举中发挥更积极的作用。此外,大多数加拿大政党领导人不向广大的政策群体寻求建议,而是依靠自己的人员、政党研究核心小组和党员。④ 在选举中,总理对政策工作组的需求甚至更少。因为总理有总理办公室(PMO)以及他或他自己工作人员的支持。总理办公室是"实用的政策智库,对总理和他的内阁政治运势有着建言的能力"。⑤ 总理有 100 多名员工,其中包括十几名研究人员,因此在竞选期间,他没有动力去寻求智库的建议。当总理要建立皇家委员会或调查委员会来研究特定的政策问题时才更有可能去请智库工作人员,如研究自由贸易或创建安全情报机构。⑥

虽然加拿大智库在选举前或在选举中发布研究或与政党成员交流思想并没有什么阻碍,但由于上述原因,他们并没有像美国同行一样积极地参与选举政治。然而,需要指出的是,虽然制度和组织管理上的问题可能会限制智库在大选中的参与度,但一些智库出于法律的和政治上的原因,

---

① 参见埃布尔森(Abelson):《美国智库》(*American Think Tanks*)。
② 根据 1996 年加拿大选举法,最低选举期限由 47 日缩短至 36 日。任期中的政府可能会有更长的选举期,但在政治上它很少有兴趣这样做。较长的选举期让反对党有更多的时间来批评政府的政策。
③ 艾米·明斯基(Amy Minsky):《固定选举法究竟意味着什么》("What Does the Fixed-Election Law Really Mean Anyway"),《国家邮报》(*National Post*),2011 年 5 月 19 日。
④ 欲知更多,请参见拜尔(Baier)和拜克维斯(Bakvis)的:《智库和政党》("Think Tanks and Political Parties")。
⑤ 《伙计、人、政治和政府》(*Guy, People, Politics and Government*),第 215 页。
⑥ 欲知更多关于皇家委员会和调查委员会的用途,参见布拉德福德(Bradford):《调试思想》(*Commissioning Ideas*)、詹森(Jenson):《调试思想》("Commissioning Ideas")。

与政党保持着一定的距离。① 在温哥华的弗雷泽研究所就是一个很好的例子。虽然自由市场智库有时可能会试图掩盖其保守主义倾向,②但它主要支持以哈珀为首的保守党推行的政策和方针。尽管如此,出于政治和法律上的原因,这个机构不愿意被视为附庸的保守派。出于同样的原因,它也小心翼翼地避免与现已解散的加拿大联盟走太近。加拿大联盟(the Canadian Alliance)的前研究主任保罗·威尔逊(Paul Wilson)认为,虽然他所属政党成员与弗雷泽研究所有一些交流,但"弗雷泽研究所担心与我们走得太近。他们不希望被视为改革党或联盟的喉舌。在另一反面,我们很少挑剔与我们交流的智库。党派就像是思想的妓女。我们会从任何资源吸纳好主意"。③ 如果威尔逊关于政党运作方式挑衅、无味、有性别歧视的评论确实是对的话,那么智库需要重新思考它们承担得起与他们建立何种联系。当然,这取决于智库如何看待自己。显然,一些智库似乎不太关心他们与政党的联系。例如,在渥太华的加拿大政策选择中心(Canadian Centre for Policy Alternatives)(CCPA),与新民主党(NDP)走得很近。新民主党党团研究部的资深高级研究员朱迪·兰德尔(Judy Randall)在2004年退休。他认为,"虽然我们也用了许多加拿大社会发展委员会、国家福利委员会、国家反贫困组织和其他组织的成果,但我们联系最多的智库是加拿大政策选择中心。我们的一些成员供职于(加拿大政策选择中心)董事会,他们的执行主任布鲁斯·坎贝尔(Bruce Campbell)曾为我们工作"。④

看来在竞选中,似乎有外部和内部的因素限制了智库与政党领导人直接接触机会的多少。在政府过渡时期,智库的影响力可能是有限的。正如前面提到的,包括传统基金会和国际战略研究中心在内的一些智库在协助

---

① 参见第一章中关于智库党派活动限制的讨论。
② 在2014年秋天一档关于加拿大智库的节目中,美国TVO的《与史蒂夫·派金(Steve Paikin)讨论议程》节目主持人史蒂夫·派金(Steve Paikin)再三问弗雷泽研究所的杰森·克里曼斯(Jason Clemens)是否承认弗雷泽研究所的保守主义倾向。克里曼斯不情愿这样回答。
③ 作者采访,1998年12月15日。
④ 作者采访,1998年12月17日。

新一届总统班子权力过渡中起到了关键性的作用。一些智库学者也发现了时下的热门问题，并建议将适当的人安置在数百个空缺的职位中。当政府更替时，这些职位就空出来了。这些由于人员变动而带来的变化给智库提供了进一步影响政策的机会。

与此相反，尽管包括总部在渥太华的公共政策论坛（Public Policy Forum）(PPF)在内的一些智库承担了处理过渡的重大项目，但加拿大智库很少主动提供或被要求协助过渡计划。① 此外，形成这样的状况还有一些原因。第一，与美国不同，加拿大新政府上台前的过渡期不需要3个月，而是在不到两周的时间内完成。短时间的设置让智库很难把他们的想法传递给过渡领导人。第二，很少有加拿大智库能够有如同传统基金会、布鲁金斯学会和国际战略研究中心一样的资源及专业知识来组织过渡规划方面的研讨会。② 第三，枢密院办公室（PCO）监督及安排联邦的过渡过程，它是"由职业公务员组成的，作为联邦政府的主要政策建议机构"。这也许是更重要的原因。③ 此外，不像美国的智库利用过渡期填补官僚机构的职位空缺，要么是自己的员工，要么是志同道合的同事，加拿大智库在选举之后没有动力去密切关注职位空缺。即将上任的美国总统必须确定新一届政府中数百人的空缺职位，但加拿大总理在选举后仅有权确定有限的高官，通常是副部级。获得这些职位的大多数是职业公务员，而不是智库人员。

如果加拿大智库不在选举和过渡期间让决策者感觉到它们的存在，那么它们在哪儿施加影响？和许多美国智库一样，加拿大智库并不总是在政策周期中选择相同的目标受众或阶段来成为最积极的参与者。他们在哪里以及如何行使政策影响最终取决于他们的任务和资源。正如前一章所说，这些差异性是很大的。包括公共政策研究所（IRPP）、麦克唐纳德加拿大研究院（Macdonald-Laurier Institute）、加拿大政策选择中心（CCPA）以

---

① 作者采访，1998年12月14日。
② 林德奎斯特（Lindquist）在《过渡团队与政府更替》（"Transition Teams and Government Succession"）中强调了这个观点。
③ 《伙计、人、政治和政府》（*Guy, People, Politics and Government*），第215页。

及贺维学会(C. D. Howe Institute)在内的一些加拿大智库,它们重视影响决策环境和决策过程。因此,这些及其他机构欢迎通过向报纸提交文章或通过电台或电视采访以提高它们知名度的机会。此外,在加拿大政治权力集中的情况下,它们认为保证与内阁及高官的接触机会至关重要。虽然智库经常在议会前作证并给政府部门的政党研究办公室、中级和高级政策分析员以及国会成员提供它们的成果,但他们不太重视去影响议会所酝酿法案的命运。他们不愿意投入资源去塑造下议院的辩论,特别是在法案通过后,这主要是因为强大的政党制度。影响拟议法案的内容和方向的时机是在它到达下议院的楼层之前。一旦政府(假设它拥有多数席位)已经通过了一项法案,反对党几乎不能阻止它通过。

在报纸和其他纸质及在线出版物上发表专栏文章以及在国会作证是接触政策制定者的有效途径。但智库想要有真正影响的话,必须进一步进入政策制定过程。肯·巴特尔(Ken Battle)长期在卡利登研究所(Caledon Institute)担任主席。1993年底,他在《环球邮报》发表了一篇关于命运多舛的老人福利问题的文章之后很快就意识到了这一点。由于他的文章,一些省长与他联系寻求建议。后来,一些高级内阁部长也在将他的专业知识用在这些及相关领域上很有兴趣。[①] 巴特尔说,"我记得有一天下午在家的时候,接到了保罗·马丁(Paul Martin)(自由党财政部长)打来的电话。在接下来的一小时中,他针对我在《社会安全评论》上的文章不断询问更好的部分。这简直比我在牛津大学口语考试中的追问还糟糕"。[②]

加拿大政策研究网络公司创始人兼总裁朱迪思·麦斯威尔(Judith Maxwell)认为为了对政策制定施加影响力,智库必须依靠多样的,并且有时不太可见的政策影响形式。加拿大政策研究网络公司在2009年解散了。虽然麦斯威尔并没有贬低媒体曝光的重要性,但她认为,智库最能发挥影响力的时候是当他们与幕后的关键利益相关者共事的时候,而不是与

[①] 作者采访,1998年12月16日。欲知更多巴特尔(Battle)在关键自由主义政策圈的影响,请参见格林斯平(Greenspoon)和威尔逊(Wilson)-史密斯(Smith):《双重视野》(*Double Vision*)。

[②] 同上。

记者讨论政策问题。① 巴特尔和祖斯曼也是这么认为的。麦斯威尔认为加拿大政策研究网络公司的部分作用是把高官、学者以及私有和非营利部门的代表聚在一起,通过闭门会议的形式讨论社会和经济政策问题:"我们对为政策制定者创造新的思维导图感兴趣。我们的研究(和工作坊)并不是简单地总结问题,而是产出新的思考。我们想要帮助以前从未进行过交流的人们开启对话。"②

加拿大智库可能没有像美国智库那么多的渠道来塑造公共政策,但是加拿大的政治结构并没有像一些人暗示的那样阻碍他们接触政策制定者。如上所述,比它们所处的政治环境不利影响更大的是大多数加拿大和美国智库能调动的有限资源。这是包括加拿大政策研究网络公司、国家福利委员会以及南北研究所在内的一些政策研究机构吸取的惨痛教训。

二、束缚思想:加拿大和美国的智库面临相似的约束吗?

不同类型的政治体制对寻求接近权力的非政府组织有不同类型的限制。显然,美国的制度比加拿大以及一些其他议会制度更具渗透性。然而,为了更好地理解为什么美国的智库比加拿大智库更加根深蒂固地渗透进决策层,我们必须考虑到与加拿大和美国政府的体制结构无关的几个因素。

正如美国一样,加拿大的大多数智库财力和人力资源一般。布鲁金斯学会有相当可观的基金、数百万美元的预算以及 200 多名员工和研究人员。有时,人们错误地认为这是典型的美国智库。然而,如上所述,布鲁金斯学会和其他有相似资源的机构是少数而不是典型。典型的美国和加拿大智库大约有十几个工作人员和 100 万—300 万美元之间的预算。事实上,他们的资源少于包括安大略劳工联合会和加拿大制造及出口商协会在内的一些行业协会。这些行业协会有更多的预算和更充足的人力资源。

---

① 作者采访,1998 年 12 月 16 日。
② 同上。

两国智库之间的主要差别是：美国有包括布鲁金斯学会、美国进步中心、胡佛研究所、传统基金会和兰德公司在内的著名政策知识宝库,这些智库在媒体和一些学术圈产生了相当大的影响,而加拿大鲜有类似规模和地位的机构。即便是其最大的机构——加拿大会议委员会——起到的作用更像是一个商业导向的策划组织,而不像布鲁金斯学会一样的传统跨学科的政策研究机构。[1]

加拿大此类智库的缺失不能归因于缺乏符合条件的人去工作。几十年来,加拿大在社会科学领域获得博士研究生学位的人是有富余的,大多数美国政策研究机构要求申请人是社会科学的博士研究生。在过去几年中,美国和加拿大社科领域即将毕业的博士生数量一直相对稳定。虽然在2004年,约4000名获得博士学位的人中有3/4是科学和工程领域的,但有数百名社会科学和艺术与人文领域的毕业生。他们的专业都适合在公共政策研究所进行研究。[2]

在加拿大,找到符合条件的人到智库工作并不成问题。事实上,包括麦克唐纳德加拿大研究院的布莱恩·李·克劳利(Brian Lee Crowley)和大西洋市场研究所(AIMS)的马克·纳瓦罗-吉尼(Macro Navarro-Genie)在内的一些加拿大智库的董事和主席都有博士学位。问题是要找到足够的资金来源来雇用他们和他们的同事。国际治理创新中心(CIGI)、加拿大西部基金会(Canada West Foundation)、公共政策研究所(IRPP)以及卡利登研究所是在少数通过基金保障了核心资金的智库群体之中。公共政策研究所基金主要由政府提供。现有市值约为4000万加元。在2013—2014财年,该基金产生了公共政策研究所220万加元预算的大半。[3] 联合创始人是五月树基金会(Maytree Foundation)的卡利登研究所与此相比黯然失色：2014年大约是70万加元。

在没有基金的情况下,加拿大和美国的智库必须获得其他的收入来

---

[1] 参见林德奎斯特(Lindquist)：《神话之后》(Behind the Myth)。
[2] 欲知加拿大授予博士的数据,请参见 http://www.statcan.gc.ca/pub/81-004-x/2008002/article/10645-eng.htm。
[3] 《2013—2014公共政策研究所年度报告》。

源。对于包括解散的南北研究院和在十几所加拿大大学由政府资助的国防和外交政策机构在内的一些智库而言,这意味着在严重依赖公共资金的同时,要尝试用合同,基金,私人基金会、企业和个人捐赠者的捐款来补充自己微薄的预算。但是许多智库对公共资金的持续依赖暴露了他们的脆弱性。政府机构和慈善基金会通常会确保受益人表达与他们优先事项一致的观点,他们在这方面有既得利益。因此,智库要考虑到鼓吹政策建议的危险。这样的举动可能会使智库偏离了自己的角色。正如一些政府资助的机构在1992年加拿大联邦预算之后和哈珀政府预算削减的余波中亲身经历的一样,他们的命运可以由政府大笔一挥决定。

得到少量或没有得到政府资助的智库也会陷入财政困境。这些组织必须转向私营部门、个人和基金会寻求支持。在美国,包括福特、洛克菲勒和卡耐基基金会在内的一些基金会长期支持社会科学的研究,其中大部分已在智库身上执行了。[1] 然而,美国慈善慷慨的支持并没有同样在加拿大扎根,大多数加拿大智库还在挣扎着求生存。

当然,过于依赖慈善基金会和企业也有风险。与政府要求外国援助者作出某些让步一样,慈善基金会和大型企业捐赠者必须得到满足,即他们认为机构是值得资助的。智库的表现与他们机构广义上的宗旨和优先事项是一致的。如果未能满足慈善和企业捐赠者的政治议程,是会有严重影响的,就像20世纪80年代中期美国企业研究所发现的那样。当美国企业研究所的主席小威廉·巴鲁迪(William Baroody Jr)未能说服奥林基金会(the Olin Foundation)、读者文摘基金会(the Reader's Digest Foundation)及其他想法相同的捐赠者,他们致力于追求真正保守派议程,他们和其他捐赠者撤回了重要的财政支持。结果,长期被视为保守派智库界支柱的美国企业研究所被带到了破产的边缘。[2] 近年来,华盛顿自由主义立场的卡托研究所也受到了关键支持者之间政治纷争的影响。亿万富翁科赫兄弟

---

[1] 欲知更多美国基金会的作用,请参见伯曼(Berman):《影响》(*Influence*);席兰德(Sealander):《私人财富》(*Private Wealth*);帕马(Parmar):《美国世纪基金会》(*Foundations of the American Century*)。

[2] 埃布尔森(Abelson):《美国智库》(*American Think Tanks*),第53—54页。

(Koch brothers)捐赠了3000多万加元给卡托研究所。虽然机构领导层的变化似乎使关系回到正轨,但他们之间的纷争在华盛顿也不是什么秘密了。①

屈服于捐赠者的压力而去遵从与他们长期目标一致的原则无疑会影响智库的独立性和可信度。但这是一些政策研究机构非常愿意付出代价,从而换取足够高的回报。持保守主义立场的智库"为了健全经济的公民"(Citizens for a Sound Economy,CSE)在2004年与另一个由科赫兄弟慷慨支持的智库——"帮助美国创造自由的工作"智库合并。当"为了健全经济的公民"智库开始阻挠1998年花费数十亿美元的关于恢复佛罗里达大沼泽地的联邦计划时,它深知这一点。与其努力相对应的是,"为了健全经济的公民"智库获得了佛罗里达州三大制糖企业70万加元的捐款,"如果陆军工程军团计划生效,那么制糖企业将会失去数千英亩开垦的种植甘蔗的土地"。② 然而,包括科赫兄弟和已故的传统基金会主要捐助者理查德·梅隆·斯凯夫(Richard Mellon Scaife)在内,这个金额甚至只是一些外国政府和私人给美国顶尖智库数以百万计投资的一小部分。

虽然美国最富有的智库和大多数政策机构之间的差距继续扩大,但实现财政独立仍然是两国必须克服的最重大的障碍。只有实现了财务独立,才能确保在决策界的强大影响力。如果没有相当多的预算,智库根本无法建立广泛的研究和媒体关系项目来吸引政策制定者和其他关键利益相关者的注意力。更重要的是,如果没有足够可动用的资源,智库将无法招募最适合产出政策相关研究的人。这正是我们即将更加详细讨论到的。

我们还应考虑到加拿大和美国之间重要的文化差异,这也会影响智库在决策过程中的知名度。有一个重要的文化因素也许能解释为什么与美国相比,加拿大智库发挥了不太明显的作用,那就是加拿大的私营部门相对来说缺乏强大的、能发声的企业家阶层。正如埃布尔森和卡伯里

---

① 参见舒尔曼(Schulman):《威奇塔的儿子》(*Sons of Wichita*);梅耶(Mayer):《科赫和卡托》("The Kochs v. CATO");《安特尔》(Antle):《科赫家族和卡托研究所》("The Kochs and the CATO Institute")。
② 欲知更多智库和企业捐赠者的关系,请参见斯特凡契奇(Stefancic)和德尔加多(Delgado)的《毫不留情》(*No Mercy*)。

(Carberry)所指出的,"在美国,独立政策企业家为致力于向政府提供信息和建议的智库的形成发挥了重要的领导力。然而,在加拿大,这种领导力很可能来自政府本身或高级公务员。这种差异反映了每种形式的政府制度机构以及对于以政策为专长的知识库的文化理解所产生的动机。"①

约翰·金登(John Kingdon)将政策创业的工作被定义为"倡导建议或者是思想的重要性"。这证明了这些人是如何在政策问题上有重要影响的:"和很多企业家一样,他们的特质是愿意投入资源——时间、能量、声誉,有时候是钱——希望能够在将来得到回报。"②为什么政策企业家进行这些投资?金登认为,他们这样做,"是为了推广他们的价值观,或者影响公共政策形态"。③ 如果没有有效的和有意义的政府倡议来建立诸如公共政策研究所一样的政策研究机构,那么领导层必须来自一个或多个政策企业家。根据这个领域有限的研究,④一些证据表明,至少在私营部门中,美国企业家有可能比加拿大的更著名。在两国环境议程的研究中,哈里森(Harrison)和霍贝格(Hoberg)发现了政策创业的不同。⑤ 在其他事情中,他们发现美国的政策企业家对于某些环境问题有重要促进作用,特别是氡的影响,并能把他们的讨论提上政治议程。他们也发现了加拿大类似活动的缺失。哈里森(Harrison)和霍贝格(Hoberg)发现政策创业的出现是如何在某种程度上与每种政治体系内的制度安排相关联的。⑥ 高度分散的美国政治体系加上坚定的政党团结的缺失,给私人企业家塑造政治议程提供了动机。相比之下,加拿大相对封闭和政党驱动的体系对此类企业家没什么诱惑力。

正如本研究开始时所指出的,实际上,美国的几家智库都把他们的存

---

① 埃布尔森、卡伯里:《跟风而动?》("Following Suit"),第 546—547 页。
② 金登(Kingdon):《议程,选择》(*Agendas, Alternatives*),第 129 页。
③ 同上,第 130 页。
④ 参见菲利普(Phillipe)-大卫(David):《政策企业家》("Policy Entrepreneurs")。
⑤ 哈里森(Harrison)、霍贝格(Hoberg):《设置环境议程》("Setting the Environmental Agenda")。
⑥ 埃布尔森、卡伯里:《跟风而动?》("Following Suit"),第 547 页,欲知更多创业理论,请参见施耐德(Schneider)和特斯克(Teske):《政治企业家》("Political Entrepreneur");契克尔(Checkel):《思想》(*Ideas*)。

在以及成功归因于政策企业家致力于将他们的政治和意识形态观点注入决策过程的努力。罗伯特·布鲁金斯(Robert Brookings)、安德鲁·卡内基(Andrew Carnegie)和传统基金会的埃德温·福伊尔纳(Edwin Feulner)代表了一批类似的企业家。他们创建了智库,把他们作为机构的车辆来推广他们的理念。在美国虚荣且传统的智库中,这种企业家精神是显而易见的。

相比之下,鲜有加拿大智库是私营部门政策创业的直接产物。[1] 弗雷泽研究所是由安东尼·费希尔爵士(Sir Antony Fisher)、帕特里克·博伊尔(Patrick Boyle)以及经济学家莎莉·派普斯(Sally Pipes)和迈克尔·沃克(Michael Walker)最初指导下创建的。已经不存在的加拿大国际和平与安全研究所(CIIPS)创建的灵感来自皮埃尔·特鲁多总理全球和平的倡议。这两家智库都是著名的例外。[2] 另一方面,公共部门一直是切实可行的领导层来源。包括迈克尔·皮特菲尔德(Michael Pitfield)和迈克尔·科比(Michael Kirby)[3]在内的高级公务员在创建公共政策研究所(IRPP)、加拿大经济委员会、加拿大科学委员会和其他政府咨询机构中发挥了重要作用。[4]

正如美国一样,建立加拿大政策专长中心的主要举措来自政府内部,而非私营部门。考虑到在议会进程中向官僚和政党提出政策建议的重要性,这个事实并不令人吃惊。在某种程度上,在政策思想如提供给政府的方面,它反映了两国的文化差异。总部在弗吉尼亚的国立公共政策研究院(National Institute for Public Policy)前主席科林·格雷(Colin Gray)认为,加拿大和英国官僚机构的"官场"文化歧视寻求向政府提供外部建议的团体。这种官场风气与美国相对开放的接近机会恰好相反。在美国的体系内,比起私营部门的"独立"顾问,官僚机构提供政策建议的角色经常相

---

[1] 埃布尔森、卡伯里:《跟风而动?》("Following Suit"),第 548 页。
[2] 欲知更多弗雷泽研究所的起源,请参见林德奎斯特(Lindquist):《神话之后》(Behind the Myth),第 377—380 页。
[3] 埃布尔森(Abelson):《智库能发挥作用吗?》(Do Think Tanks Matter?),第 290 页,第 51 条注释。
[4] 埃布尔森、卡伯里:《跟风而动?》("Following Suit"),第 548 页。

形见绌。①

两国智库发展的差异主要是在其创建和成长的来源上。这反映了更广大的社会趋势：加拿大和美国社会的社会学分析提供了一个有趣的比较。加拿大一直被视为比美国更加"保守、传统……集权主义和精英主义"。② 与此相反，美国对于个人主义和国家有限作用的态度推动了鼓励私人企业家的文化。李普塞特（Lipset）认为，"如果一个社会依靠社群主义——通过资源的公共流动来实现群体目标——其他人认为个人主义——私人努力——作为'看不见的手'产生最佳的、对社会有益的结果"。③

总之，文化影响推动了美国智库的发展：强调个人努力的价值体系、慈善的传统以及官僚体系外独立的顾问运作。伴随着智库从社会中产生的过程，这激励着私营企业创建政策研究机构。加拿大的文化语境提供了不同的智库环境。特别是它的官僚风气有时会阻碍外部的建议。加拿大政府已经发挥并将继续发挥形成和维护智库的积极作用。联邦政府对国际治理创新中心和其他政策研究机构的支持就是证据。这并不意味着私人创建政策研究机构是不受欢迎的，但它可能会面临克服文化氛围和体制安排的重大挑战来确保在政策辩论中有意义的角色。

智库向政策制定者传达他们想法的机会以及阻碍他们努力的限制因素有助于揭示加拿大和美国智库的不同。同样重要的是要考虑另一个问题——政府官员向智库寻求建议的动机。仔细研究这一因素有助于更好地解释为什么美国的智库看起来比加拿大智库与决策制定关联更紧密。

三、探索动机：为什么政策制定者求助于智库？

为什么美国的政策制定者会求助于智库提供信息和建议，有几点原

---

① 格雷（Gray）：《智库》（"Think Tanks"）。
② 利普塞特（Lipset）：《加拿大和美国》（"Canada and the US"），第110页，欲知其他加拿大和美国待遇的比较，参见普雷斯图斯（Presthus）：《跨国视野》（*Cross-National Perspectives*）、迈莱尔曼（Merelman）：《部分的愿景》（*Partial Visions*）。
③ 利普塞特（Lipset）：《大陆分水岭》（*Continental Divide*），第13页。

因。首先，一些美国智库在国内外政策上设立了令人印象深刻的研究项目，不仅招募了一流的学者，而且还雇用了许多前高级决策者到他们的机构。前内阁秘书和其他经验丰富的政策制定者的存在也让国会议员、行政长官和总统候选人有动机去征求他们的意见。接触包括罗伯特·卡根（Robert Kagan）、斯特罗布·塔尔伯特（Strobe Talbott）、米歇尔·弗卢努瓦（Michelle Flournoy）、弗朗西斯·福山（Francis Fukuyama）、兹比格涅夫·布热津斯基（Zbigniew Brzezinski）、康多莉扎·赖斯（Condoleeza Rice）在内的现任及前任智库的杰出人物可能有助于公职人员或其他有志成为政策制定者的人打开其他的门。简言之，国会议员、行政官员和官僚机构可以从几个美国智库丰富的专业知识和广泛的人脉网络中受益。此外，不像大多数大学教授，他们很少有产出及时并且政策相关的研究动机，智库学者对当选官员的政策需求更加敏感。他们可以为决策者提供他们所需要的、简明清晰的概括出与特定政策提案相关的成本和效益，更不用说政策制定者可以通过与著名的政策研究机构联系获得信誉和声望。

还有其他的动机。一些智库已经能够集聚学者的人才库，为新一任的政府用作填补政府重要职位的来源。例如，在卡特、里根、克林顿、布什和奥巴马政府，包括布鲁金斯学会、胡佛研究所、美国进步中心、新美国安全中心的和美国企业研究在内的许多智库贡献了关键人物。[1] 政治家和有志于从政的人也可以反过来向智库寻求意识形态上的支持，包括传统基金会在内的以宣传为导向的智库通常帮助确定或强化在职者和挑战者意识形态上的观点。

目前还不太清楚为什么加拿大的政策制定者会求助于智库。首先，一些初步的数据表明，尽管加拿大有很多人有博士学位，但大多数在加拿大私人智库从事研究的人没有博士学位。这与在美国同等机构人员的情况不一样。大多数研究人员有社会科学领域的本科或硕士学位。[2] 此外，在美国顶尖智库的大多数政策研究专家担任着一些政府要职。和他们不一样的是，大多数加拿大智库分析员在市、省和联邦一级的经验有限，只有极

---

[1] 参见埃布尔森（Abelson）：《美国智库》（American Think Tanks）。
[2] 专家教育背景的信息能在政策研究机构的网站上找到。

少数例外。这并不意味着分析员需要有先前的政府工作经验才能提供关于政府又或当选官员面临问题的可靠言论,但它确实表明,在一定程度上,决策者可能更倾向于依靠在政府工作过的智库人员以及与利益相关者有直接工作经验的人。为什么内阁部长和高级官员经常联系肯·巴特尔来寻求建议,也许实际上就是因为他广泛的政府经验。这也可以解释为什么相比与其他几个智库,卡利登研究所如此根深蒂固地融入了决策过程。其次,美国似乎有智库和政府之间的"旋转门"。与美国不同的是,鲜有加拿大学者担任官僚机构的高级职位或者是前内阁部长、政府官员、有经验的议员离开公职之后去智库的。[1]

如上所述,一些加拿大智库的董事已经担任了政府要职。然而,很少有智库能够聘请领军政策专家,这很大程度上是因为有限的金融资源。其他类似于公共政策论坛的智库,决定不积极招募高水平的政策分析员,而是雇佣拥有多种才能的个人,包括有效的社交、筹款与高超的沟通技巧。不管智库的董事是否看中聘请杰出学者或政策制定者,知名专家的缺席可能会阻碍一些政府官员使用智库,同样也会导致一些研究机构的研究质量参差不齐。正如林德奎斯特(Lindquist)所指出的,智库必须产出有助于更好理解重要政策问题复杂性的相关成果。但当他仔细查看了加拿大的政策研究所后会发现,智库对于重要政策辩论有多少贡献是值得怀疑的。[2]最后,尽管许多美国智库会把思想上的信誉向政策制定者的意识形态议程妥协,但加拿大的政策制定者不太看重这一点。议员们可能会从中受益并且在实际中欢迎智库意识形态上的支持。然而是党团决定政党的路线,而不是独立的智库。

为什么美国及其他民主制国家的智库比极权和独裁国家的独立机构享有更多塑造公众舆论和公共政策的机会?我们通过比较各国智库和理解政治结构如何促进或阻碍其接触决策制定者对于解释诸如此类的问题非常宝贵。然而,正如本章所示,通过比较美国和加拿大,很重要的一点是

---

[1] 埃布尔森(Abelson):《智库能发挥作用吗?》(*Do Think Tanks Matter?*),第291页,第63条注释。
[2] 林德奎斯特(Lindquist):《神话之后》(*Behind the Myth*)。

不要夸大体制差异对于促进或者削弱智库实力的影响。换言之,比如,美国和日本政府系统的显著差异,有助于解释为什么与美国智库相比,那些在日本的智库只有一般的关注度。另一方面,美国和加拿大政治制度的差异不能完全解释加拿大智库较小的名声。加拿大议会制度的一些特征确实制约了他们影响政策制定的机会,但决定其成败的关键是他们是否有效地利用了时常有限的资源来实现他们的目标,以及政策企业家和慈善家是否愿意支持他们的使命。

格雷(Gray)认为"美国式的智库不能在加拿大或英国运行……由于政治文化和政府结构的差异"。[1] 但是,正如本章所展示的,存在于美国相同类型的智库不仅出现在了加拿大,而且在某些情况下,既影响了政策制定,又塑造了政策制定的环境。它们通过许多途径做到了这一点:向内阁部长提建议,如肯·巴特尔和其他人做的那样;通过与媒体分享他们的观点以帮助提升公众对于引入不同立法成本和效益的意识,如弗雷泽研究所、贺维学会及其他研究所经常做的那样。但是,加拿大智库产生的影响力有多大?政策研究机构的董事们告诉我们他们的机构对塑造公众舆论和公共政策产生了影响,我们应该相信吗?

---

[1] 引自斯通(Stone):《捕捉政治想象》(*Capturing the Political Imagination*),第43页。

第七章 智库如何评估其影响？我们为什么应该心存疑虑？

在过去二十多年，越来越多来自不同学科的学者致力于研究智库，他们取得了许多成绩，加深了我们对于这些机构在政策发展中扮演角色的理解。然而，尽管学者们对于为什么智库大批量出现，为什么有些区域特别适合智库的发展提供了更加详实且全面的解释，但围绕智库对于政策变迁的影响有多大的疑问一直存在。非常有趣的是，决定如何检测或评估智库对于塑造公共观念或者公共政策的影响不仅成为学者们的当务之急，也成了智库主管或主席的紧迫问题。他们必须让董事会和理事会知道，和他们的竞争者相比，他们的机构很不错。为了让董事会和理事会满意，智库的主席们有着额外的压力，他们必须说服捐赠者和其他关键利益相关者支持他们机构的工作。为了达到这些目的，他们依赖于通常涉及的，如绩效指标，或者比如说媒体引用率、员工在立法委员会提供证词的频率、网站上出版物的下载量一类的指标。间接来看，他们想要衡量的是他们机构对于大众观念和公共政策的影响力。

一些智库领导人，如麦克唐纳德加拿大研究院（Macdonald-Laurier Institute）的执行院长布莱恩·李·克劳利（Brian Lee Crowley）承认衡量影响是很困难的。他欣然承认说，"它远不是一门完美的科学"。[①] 克劳利作为大西洋市场研究所（AIMS）的创始董事，是智库圈的资深人士。他也同样懂得为什么政策研究所推介他们自己和产出产品是至关重要的。如果这意味着为成功的政策举措居功（不管值不值得）或者庆祝在智库调查

---

① 作者采访，2014年4月17日。

中的名列前茅,那也在所不惜。总之,正如前面章节讨论到的,试图说服政策制定者、公众及其他利益相关者,你的机构能在有关政策议题上影响话语是战斗的一半。对于智库而言,它是关于创造政策影响的错觉。

从某些方面而言,智库与资助它们的公司和民企并无大异。它们在市场上出售产品、打造形象,但是很难得到自我满足。因此,当智库主任美化它们机构的成就时,我们不用感到惊讶。毕竟,它们的声誉和成功最终取决于他们研究所的表现。因此,对于研究智库和阅读其新闻稿和出版物的人来说,了解他们的动机是非常重要的。为此,我首先展示了一些智库董事和主席是如何在最有利的情况下描绘他们研究所的。我做这些不是为了批评或者嘲笑他们(虽然我不得不承认我非常享受这样做,否则我就是撒谎了),而是为了提醒读者们读懂字里行间的意思是多么的重要。毫不奇怪,我选择的例子是两家智库对他们在《全球智库报告》中排名的反应。这份年度调查已经成为智库界奥斯卡奖、艾美奖、托尼奖、格莱美奖、朱诺奖和金球奖合为一体的奖项。全球排名的公开发布并不能给智库董事在红地毯上交际的机会,但对于他们中的很多人而言,被公认为是世界领先的智库是值得其相同重量的黄金的(或者通常情况下的镀金)。

一、赢家是谁

没过多久,加拿大最著名的军事历史学家和加拿大国防与外交事务研究所(Canadian Defence and Foreign Affairs Institute,CDFAI)[1](最近改名为加拿大全球事务研究院,CGAI)原项目主任大卫·伯克森(David Bercuson)分享了他从《全球智库报告 2012》收到的好消息。[2] 事实上,就在涵盖了 6000 多家智库指标和排名的年度初步调查结果出来后不久,CDFAI 就发布新闻稿宣称"CDFAI 跻身国家顶级智库"。[3] 从表面上看,

---

[1] 在 2015 年夏天,CDFAI 改名为加拿大全球事务研究院(CGAI)。大卫·伯克森(David Bercuson)现为其项目主任。
[2] 参见《全球智库报告 2012》。
[3] CDFAI,新闻发布稿,2013 年 1 月 23 日。

伯克森(Bercuson)有庆祝的理由。他的机构成立于2001年,"促进加拿大全球参与的创新",①在加拿大和墨西哥前30强的名单上排名第七,②相比于一年前前30家智库排名,有了相当大的提高。③ CDFAI排名第四——位居弗雷泽研究所、国际治理创新中心(CIGI)、南北研究院(NSI)④之后——显然给1500多位受邀给世界顶尖智库排名的专家学者留下了印象。⑤ 对于伯克森来说,更可喜的是,CDFAI排在一些更大更知名的智库前面,包括贺维学会(C. D. Howe Institute)、加拿大国际理事会(原加拿大国际事务研究所,CIIA)和公共政策研究所(IRPP)。⑥

伯克森把机构的成功归功于"很多人——研究员、顾问委员会、董事会成员和工作人员,他们一直不知疲倦地用最少的资源达到最大的效果"。不过,他没有提到CDFAI在报告其他类别中的表现。例如,考虑到CDFAI定义的研究专长,人们预期会在世界"安全和国际事务智库70强"中看到CDFAI,然而CDFAI却明显没有位列其中。⑦ 虽然一些美国和欧洲智库发现自己在这个众星云集的榜单中名列前茅,包括兰德公司、美国战略与国际研究中心(CSIS)、布鲁金斯学会和英国皇家国际事务研究所,但名单中却没有加拿大智库。讽刺的是,唯一涉及加拿大的是一家俄罗斯智库。这家在莫斯科的研究美国和加拿大的智库排名第62。⑧

CDFAI也在报告中一些特别突出的类别中被忽略了。在发布者称为"特别成就"的类别中,这是智库因为其他事情而知名的一项,如最佳媒体使用(印刷和广播)、最好外部关系/公众参与、最具创新性的政策思想和建议、杰出政策导向型的研究项目、最佳使用互联网或社交媒体、对公共政策最显著影响中,CDFAI都没有被单独提及。⑨ 不过,令人感到些许安慰的

---

① CDFAI,新闻发布稿,2013年1月23日。
② 《全球智库报告2012》,第61页。
③ 《全球智库报告2011》,第44页。
④ 《全球智库报告2012》,第61页。
⑤ 《全球智库报告》中采用的方法在每年报告开篇已经讨论过。
⑥ 《全球智库报告2012》,第61页。
⑦ 同上,第66—67页。
⑧ 同上。
⑨ 同上,第88—95页。

是,加拿大智库共同体如弗雷泽研究所、南北研究所、公共政策研究所还是成功获得了一些关注。平心而论,在加拿大和墨西哥智库30强中排名第七还是有新闻价值的,但是伯克森的评论仅仅提供了CDFAI与竞争对手情况的一瞥。就像智库展示他们的成果是很常见一样,通常那些没说的值得细细考虑。有趣的是,当2014年的报告调查结果公布时,CDFAI在2013年和2014年全球智库报告中加拿大和墨西哥顶尖智库中滑落至第八名,[1]它发布了一份更加克制以及具有一定误导性的声明。比起承认CDFAI排第八名,跌出了加拿大和墨西哥智库30强榜单(没有单独给加拿大的智库列表),CDFAI宣称它"位居加拿大智库五强"。[2]

在综合类别中,CDFAI位居加拿大智库确有其事。但是,考虑到排名本身临时性、任意性和主观性以及过程的不严谨,如果专门把加拿大智库分为单独类别进行排名,CDFAI能否保证相似的排名是值得怀疑的。由于很多在全球调查过程中受邀参与智库排名的专家对加拿大智库知之甚少,与竞争对手相比,CDFAI不知排在何处。这个问题在这类调查中变得尤为突出,专家不需要对数以百计的研究机构进行详细的评估,而仅仅是提供他们对智库的印象。由于对智库做的或者他们产品的质量知之甚少,专家通常根据他们的名声来作决定。这也许就可以解释为什么美国布鲁金斯学会和查塔姆研究所在调查中始终排名最前。这也解释了加拿大公认最好的智库弗雷泽研究所始终排位不错。

如上所述,智库了解全球智库调查的缺点,并认识到其调查发现不是严谨科学的结果,而是随机的选择。然而,这并没有阻止CDFAI及其他获得了不错排名的智库展示他们的好运气。正如很多智库急于提升其在核心利益相关者眼里的地位,对大肆吹捧的全球智库排名进行正面的扭转是CDFAI非常愿意玩的把戏。在2014年报告发布之后,CDFAI在其声明结尾处增加道:"在你的帮助下,我们期待把2015年建设成为更好的一年。"[3]但是,为谁变得更好?是为联邦政府继续努力保护加拿大国防和外交政策

---

[1] 参见《全球智库报告2013》,第36页;《全球智库报告2014》,第71页。
[2] 加拿大国防和外交事务研究所,新闻公告,2015年2月5日。
[3] 同上。

的利益,还是为 CDFAI 提高在全球智库报告和其他排行榜上的排名?也许两者都有。正如伯克森在 2014 年秋天所言,"在过去的 10 年左右,我认为我们(CDFAI)对加拿大国防和安全政策演变中有一些影响"。① 不出所料,伯克森没有详细说明他的机构有怎样的影响。

弗雷泽研究所在宣传 2014 年调查结果却远没有那么谦虚。2015 年 1 月 22 日,就在全球智库报告在 60 多个城市发布的前一天,弗雷泽研究所发布了一份新闻稿。弗雷泽研究所主席尼尔斯·维尔德休斯自豪地宣布弗雷泽研究所是"在连续 7 年中首次成为加拿大智库 100 强,在来自世界 182 个国家 6618 家智库中排名第 19"。② 他补充道,"被公认为世界 20 大智库,唯一一家从研究和项目质量而言入选全球 40 强的加拿大智库,这些都是由在加拿大和美国的多元化的员工和高级研究员产出的"。③ 如果这还不足以赞扬他的机构,维尔德休斯有如下表述:"宾夕法尼亚大学的排名体现了弗雷泽研究所为了加拿大人民的福祉,致力于做好研究,衡量政府的政策影响、广泛传播创业精神。"④

控告伯克森、维尔德休斯及其他智库主任或总裁在新闻媒体和新闻网站上夸大他们机构的成就是很有诱惑力的,而且,坦白说,也是正当的(对于一些疲惫不堪的政治科学家而言)。但是,正如我们将会在接下来所说,这正是智库领导人所期望做的事情。在竞争日益激烈的思想市场中,智库必须确保资金周转,主任们有义务,并且坦白地说,有动机朝着最受欢迎的样子去描绘他们的机构。不考虑或淡化广为认可的出版物,如年度全球智库报告,可能难以获得支持这些机构工作的董事会和资助者们的同意。事实上,不那样做是非常鲁莽的。

虽然我指出智库主任们是多么随意地强调或者忽略数据来迎合自己机构的利益,但我却无意中伤,或以任何方式诋毁那些负责监督国家的智库。有很多政治专家愿意承担这一事业。比起展示智库影响力排名和其

---

① 参见麦考伊(McCoy):《尊敬的中心主任大卫·伯克森博士》。
② 弗雷泽研究所,新闻公告,2015 年 1 月 22 日。
③ 同上。
④ 同上。

他评估成果是多么容易受到操纵,我更愿意把注意力集中在一个学者和记者在评估智库对于公共政策影响力时遇到的基本问题上。正如我们在本章将会讨论到的,从本质上来说,影响力是主观的。然而,这并没有阻止智库及众多监督机构作关于影响具体政策议题和他们所在政治环境下毫无根据的断言。我们有充分的理由心存疑虑。

二、为什么对智库而言,衡量其影响力如此重要?

作为一个铁杆冰球迷,我经常浏览北美职业冰球联盟网站(NHL.com),看看我喜欢的运动员们在干什么。这并不是因为我参与了任何曲棍球赌注,我儿子比我知道更多他们是如何工作的。我只是想知道辛尼·克罗斯比(Sidney Crosby)、乔丹·艾伯利(Jordan Eberle)、纳奇姆·卡德里(Nazem Kadri)有多少进球和助攻。但是曲棍球是一项团队运动,为什么个人统计那么重要呢?为什么我不能仅仅专注于积分榜?同样,当智库表面上是和无数其他机构一样致力于改善公共政策,为什么作为非营利组织的它们沉迷于衡量其表现?毕竟,与职业冰球运动员不同,他们的合同中有激励条款,如果符合,可以支付可观的奖金。智库的常驻学者通常不会因为他们的出版物在新闻界或学术指数上引用而收到奖金。那么,有些智库比他们的竞争对手产生更多的媒体引用,或是他们的员工更多地在立法委员会定期作证就那么重要吗?只要政策制定者制定了有利于公众利益的立法,难道这还不够吗?

现实情况是,虽然球员们都致力于帮助他们的球队赢得比赛,智库都庆祝积极的政策变化,他们的动机是相互竞争的,而且往往有相互冲突的目标。对于球员来说,是发布能够转化为更有利可图合同的数字。同样,对于智库而言,是编辑和美化绩效指标,以便让现有和潜在的捐赠者印象深刻。与运动员不一样,运动员的数据是可以核实的,但关于智库产生了多大影响力是不能核实的。不过,这并不妨碍智库强调其成就。他们很清楚地知道,他们产生的曝光度越高,得到的注意力越多,他们就越容易吸引资金。智库有了更多能调配的金融资源,可以在政治舞台上建立更为可见的存在。这反过来又可以让他们建立一个更强大的平台来塑造政治气候。

但在种类繁多的智库指数中更大的知名度、更高的曝光和有利的排名必然会转化为对政策的影响力吗？

智库的主席和董事们希望我们相信，我所提到的那些绩效指标是他们拥有政策影响力的证据。这个话题我们将在之后谈到。他们经常在年度报告中发布这样的声明，毫不犹豫地在公开集会上吹嘘他们机构的成就。例如，2014年3月在渥太华举行的年度曼宁联络会议上，维尔德休斯（Veldhuis）不遗余力地颂扬他的机构的美德。[1] 在他30分钟的演讲中，他声称，与过去相比，弗雷泽研究所在一些事情上投入了相对较少的精力，影响政策制定者也是其中之一。同时，研究所继续把目光放在塑造公共舆论上。他认为，在这方面，他的机构已经取得了巨大的成功。[2] 然而，尽管维尔德休斯宏伟地断言，他却没有提供任何实证来支持他的结论（因为他没有）。我作为同小组成员被要求讲的是加拿大和美国智库的角色和影响力，[3]去作研究而不是空口说话。但平心而论，很明显，他进行获取赞赏的叙事，意在点缀弗雷泽研究所的成功。这并不意味着要受到严密的学术审查。相反，他的言论是为了让大部分参会的保守信徒在思想上，并且可能的话，在财务上投资自由市场机构。

维尔德休斯分析了弗雷泽研究所已经成为加拿大保守主义运动的支柱，强调了要用全面、协调的方式来从事政治宣传的重要性。这是具有指导性的。然而，值得怀疑的是，他对他的机构所产生影响的陈述是否能愚弄最基本的测谎仪。这就要求我们去问，在缺少实证数据支持这种说法的情况下，他是否真正认为弗雷泽研究所有广泛的影响力，或者他只是采用一种任何公司总裁或政府机构对于这件事期待接受的姿态。

三、排名和其他绩效指标告诉和没有告诉我们的是什么？

当基于具体数据时，对于公共和私人机构而言，排名是有极大帮助的。

---

[1] 尼尔斯·维尔德休斯在2014年在渥太华举行的曼宁联络会议上智库分组讨论中的讲话，2014年2月28日。
[2] 同上。
[3] 参见埃布尔森：《思想，影响力和公共政策》。

例如，每年流行的杂志和报纸，如《美国新闻》与《世界报道》、《麦克林杂志》和《环球邮报》对美国和加拿大最好的大学进行调查。尽管几位大学校长公开批评了排名的一些标准，但他们也越来越多地依赖各种指标来评估他们的机构相对于竞争对手的表现。例如，在他们的战略规划文件中，大学管理人员密切关注有多少国际学生在他们的大学攻读高等学位以及支持接收他们教师的三方委员会数量。他们还追踪了博士生的毕业率和本科生的入学趋势。虽然这些和其他数据可以以不同的方式解读，但是至少实际的数字是可以核实的。然而，正如我所指出的，宾夕法尼亚大学、全球发展中心，①总部位于英国的《展望杂志》，②以及其他媒体机构的智库排名是不能这样说的。

到现在为止，任何人应该都不会震惊我不是智库排名的粉丝。如上所述，我所关注的不是那些花在追踪世界各地智库增长的努力。当然，假设能够对于什么组织是智库达成共识的话，这是值得的努力。

正如我所指出的，我的问题是以主观和临时的方式产生的智库排名。从整体来看，研究人员要花费数年才能完成对任意一年数百个智库所做工作全面和系统的评估。他们需要耗费数百个小时对一个中小型智库进行全面评估。那么，宾夕法尼亚大学聚集的 1500 个或更多的所谓专家如何在几小时或是几天内排出他们认为的世界最知名的智库（由于其他原因，这是有问题的）？由于那些愿意参与排名的人没有得到报酬，很难想象他们会愿意投大量的时间去完成这项任务。因此，我们必须质疑他们对待自己责任的认真度。问题是，没有任何现有的流程来监测专家如何得出他们的排名，也就是说，没有质量控制。从表面上看，对智库有些许了解的个人（有些有，但是更多可能没有）仅仅是被要求在不同类别中排名政策研究机构。对于那些在特定领域智库知之甚少的专家来说，提供排名无异于扔飞镖。然而，在过去的 7 年，尽管存在这些和其他限制，随着新的一年的到来，智库已经焦急地等待着全球智库排名的结果。

---

① 全球发展中心在伦敦、英格兰和华盛顿有办公室。参见盖尔布等人的报告，名为《衡量智库表现》。
② 参见《展望杂志》，"2014 智库奖"，查富恩：《顶尖自由市场机构》。

对于一贯排名靠前的智库来说,报告的发布是值得庆祝的。然而,对于我们研究这些组织多年的人来说,这是令人沮丧的理由。除非有更加严格的流程来恰当评估智库对于公共政策的贡献,这些以及类似的排名不能全信。全球智库报告的作者将从透明化组织(Transparify)①创始人如何展开智库透明度的调查中获益。考虑到许多智库的网站没有透露它们国内和国外资金来源的财务信息,透明化组织建立评级系统(类似于报告卡),采用5分量表(5为最高)来评估智库透明的程度。例如,在2014年第一次使用这个评级系统时,国际治理创新中心得到了五星评价,它自豪地发布在了新闻中。② 但是,其他几个智库并没有表现很好。同样,宾夕法尼亚大学智库报告的作者可以把排名体系改为分数量表,以便根据商定的标准来评估智库。这个体系可能不像现在的模型那样性感,但是结果可能更准确。毫无疑问,随着政策研究机构继续争夺决策制定群体的认可和声望,智库进行调查和排名的方式会产生进一步的讨论,他们依赖的用以衡量他们影响的绩效指标也是一样。我们是否应该怀疑这些呢?

2014年秋天在《与史蒂夫·派金(Steve Paikin)讨论议程》的节目中,弗雷泽研究所的执行副主任杰森·克里曼斯(Jason Clemens)评论了他机构的座右铭。他自己承认,他经常提醒自己的研究人员,"如果是重要的事情,评估它"。③ 克里曼斯提到,经济学家通常考虑一系列社会和经济因素,如失业率、税收、社会福利援助,他对评估重要事情的建议延伸到了智库常用的绩效指标。在这方面,许多智库的座右铭,包括弗雷泽研究所,似乎是如果有什么是引人注目并且可衡量的,那么就评估它。换言之,对大多数智库来说最重要的是,他们想要拉拢并且争取的目标受众是否相信他们所施加影响力的断言。但是,智库是基于什么作出这样的声明?他们如何评估他们的影响?

---

① 参见透明化组织(Transparify)的主页,http://www.transparify.org/。
② 本德(Bender):《国际智治理创新中心得到了最高评级》。
③ 与史蒂夫·派金(Steve Paikin)讨论议程,2014年11月17日。

四、智库是否如同它们所宣称的那样有影响力？

为了盘点一下智库做了什么以及它们如何利用自身的影响力，国际治理创新中心资助了 2011 年 9 月 20 日举办的"智库有影响吗？"①会议（据我所知，他们替换了"智库重要吗"这个名称）。在滑铁卢总部举办的为期一天的活动中，国际治理创新中心在一份传阅的报告中提出了智库如何起作用以及它们需要做什么才能最大限度发挥自身影响的几个关键点。这些意见总结如下：

● 为了最大限度地发挥智库的影响力，它们需要擅长传播，用大众化的语言吸引政策影响者（显然是从乔治·布什政府借用的新词）和广大公民。

● 智库的作用应该是影响公众舆论。如果它们能做到这一点，政府将采取行动。

● 当智库通过高水平、及时的研究构建公信力并且了解政治流程时，他们对公共政策的影响最大。

● 有作用的智库需要在对话中利用社会媒体和公民参与。②

国际创新治理中心会议的参与者简要概括了研究智库的学者多年以来的观察所得。在塑造公众舆论和公共政策的努力中，智库必须让多个利益相关者参与进来，产出及时且相关的研究，清晰、通俗易懂并且有说服力地传播它们的思想。试想一下，会议组织者可以通过发布声明节省多少钱？无论如何，国际治理创新中心应该因其意图——影响政策制定者的偏好与选择——如此坦诚受到称赞。但这份文件中缺失的是国际智库创新中心是否认为它们这样做是成功的。在回答会议名称时，答案是肯定的——智库可以起到作用。更困难的问题是：它们如何以及在何种程度上衡量这一点？

当评估它们对公众舆论和公共政策的影响时，国际治理创新中心发现

---

① 国际治理创新中心：《智库有影响吗？》；昆茨（Kuntz）：《智库的传播和影响指标》。
② 参见《全球智库报告 2012》。

它和竞争对手一样处于相同的困境。它知道各种绩效指标不一定就能准确评估它对于关键政策辩论的影响。但在没有更好选择的情况下,和加拿大、美国及欧洲大多数智库一样,国际治理创新中心觉得不得不得出数据来反映它在某些政策问题上的活跃度。然而,正如我们将在下文讨论到的,参与和关注度不应与政策影响力混淆。虽然智库的主席和董事们倾向于将公众曝光度等同于政策影响力,但在两者之间建立因果联系本质上是有问题的。

在最常见的绩效指标中,智库用媒体曝光度这项指标来打动捐赠者和其他主要利益相关者。他们这样做的原因很简单。这是智库说服其目标受众的最简单方法,即他们说的和做的都是相关的且重要的。没有什么比保留上报纸、电视和电台的记录能更好地证明这一点了(参见附录1)。如上所述,智库定期监测国内外报纸对他们研究所、工作人员研究的引用次数,以便和精挑细选的竞争者比较曝光度。包括伦敦的查塔姆研究所在内的一些研究所,雇佣从事媒体公关的公司行使这一职能,其成果往往出现在年度报告和宣传材料中。① 但监测媒体曝光度更多是在内部进行的。智库可以利用在线数据库,如范德比尔特电视(Vanderbilt Television)和新闻档案(News Archive)②来追踪他们员工出现在美国电视网新闻节目的频率。他们也会密切关注他们在推特和脸书的粉丝数量,政府刊物如英国议会议事录(Hansard)和国会记录(Congressional Record)引用他们机构的数量,以及各类学术索引中引用他们研究的频率。③ 在这方面,谷歌学术和其他搜索引擎是有用的。为了让他们更好地了解智库触及的广泛度,智库也会记录有多少访客访问了他们的网站,记下有多少研究被下载的流水账,跟踪有多少人订阅了他们的在线出版物。然而,虽然这些和其他数据是容易获得的,可以用于智库提升自己在利益相关者眼里的地位,但是提醒我们自己智库的公众曝光度和知名度意味着什么是至关重要的。

我们知道为什么智库贪图媒体曝光,但为什么媒体对智库越来越感兴

---

① 与查塔姆研究所工作人员的私人通信。
② http://tvnews.vanderbilt.edu/。
③ 参见埃布尔森:《国会思想》,尤其是附录。

趣？关于公共政策研究所，记者找到了什么新闻价值？随着智库在政治格局中变得越来越明显（主要是因为他们人数越来越多以及和政策制定者之间的紧密联系），它们需要更多的媒体关注也就不足为奇了。有时，智库产生曝光度是因为他们发布了一份聚焦政策制定者和大众关切的报告（争议越大，曝光度越高），如医保或高等教育改革。其他时候，智库上新闻是因为他们在智库调查中排名前列或正在被加拿大税务局审计。但更多的时候，当智库被大众媒体提到时，仅仅是因为他们的政策专家之一给出了他或她对于特定政治发展的看法。然而，不管提到特定智库的背景，对这些机构而言，重要的不一定是为什么他们要谋求进入新闻报道或报纸文章，而是他们被提到的频率。对智库而言，在全球智库调查中获得很高的排名很重要，但被认为是发声和发文章频率最高的政策研究机构之一也很重要。这种认识是有一定市场的。随着媒体曝光度的提高，智库希望提高他们在公众、政策制定者和其他选民心目中的可信度。有了更大的信誉，他们可能会获得接触更多政策制定者以及吸引更多资金的机会。

针对具体政策议题上的智库媒体曝光度可能有助于学者确定机构最具投资和参与的特定政策辩论，但是它仍旧没有回答他们的投入是否重要的问题。媒体引用或依赖一篇专栏文章来提出改变各类政策举措和方向的建议是远远不能影响公众或者政策制定者认为重要的政策问题的。事实上，仅仅因为智库在媒体上发表了自己的观点，这并不意味着大部分公众的或小部分决策者知道它们。即使知道，也并不意味着智库能够影响政策的改变。正如公共政策领域的学生都知道的，有些在微观和宏观层面的因素会影响决策。智库知道这点——他们了解决策过程的复杂性，并且他们痛苦地意识到，要想在公共政策上留下不可磨灭的印记，媒体曝光是远远不够的。然而，不管他们相信他们自己的炒作或者他们对自己公众形象的美化与否，智库意识到说服其他人他们有能力施加影响是非常重要的。对于争取公众和政策制定者关注的智库和其他机构而言，媒体报告是有价值的工作，他们可以用来在政治舞台上提升自己。正如前面所讨论的，这也许解释了为什么有些有钱的美国智库已经在发展和扩大他们的媒体关系基础设施上投入数百万美元。虽然加拿大很少有智囊团有能力进行这种投资，但他们认识到加强与媒体联系的重要性。

虽然让智库在媒体的聚光灯下是重要的，但是政策研究机构和参与他们研究项目的学者有其他吸引注意力的方式，包括在立法委员会前作证（见附录2和3）。然而，我们需要再次质疑这个活动对智库和研究智库的学者们衡量他们的影响力以及对政策的影响是否有帮助，这是非常重要的。在第一章，我们不遗余力地区分智库、利益集团、说客和政府公关公司。虽然我们发现了许多相似之处，但也有一些显著差异。例如，智库表面上对政策研究作出的承诺。为什么这是重要的，为什么它与我们目前的讨论有关？我提出这一点的原因是强调一个早期的论点。通过自我营销为由从事政策分析的专家组成的机构，智库享有一定的地位——这种地位是来源于普遍的信念，通过认真构建的公共关系活动得到发展和夯实，在某种程度上通过他们做什么和如何做变得更加高尚。通过声称他们是致力于促进更好和更开明的公共政策，智库有意或无意占领道德制高点。与追求私利的游说团体和说客不同，智库认为自己是公众利益的保护者。从这个角度看，智库利用许多竞争对手似乎缺乏的尊重和信誉以及美德来获得接触政策周期各个阶段的机会。政策形成阶段是政策周期的各个阶段之一，在这个阶段，政策制定者往往求助于专攻特定政策的各类机构，[①]力图让多元利益相关者参与进来。毫不意外的是，对国内外外交政策议题有详尽知识的、进入政府议程的政策专家往往被邀请与立法委员会分享他们的见解。

在高规格的议会或国会委员会上作证提供智库另外一个展示自己思想、提高自己知名度的机会。然而，仅靠在委员会上的一次露面对其成员，或最终在立法上有多大影响，这是难以衡量的。虽然有各种因素可能会影响政策决策，这困扰了历史学家和政治学家多年。但智库并不关心这个答案，他们更感兴趣的是采集数据来打动潜在的支持者，并且把那些数据转化为更大的财政支持。

这个简短的讨论不是为了让读者们觉得当智库吹嘘自己在政治舞台上的成就时，他们是完全虚伪的。有许多智库对重大政策举措作出了宝贵贡献的例子。我只是想指出，智库构建的他们产生的政策影响力的叙事必

[①] 参见埃布尔森：《智库能发挥作用吗？》，尤其是第四章。

须受到更加严格的审查。上述绩效指标也许能让智库更好地知道,和他们的竞争对手相比,他们做得如何,并且也许能反映他们对特定政策问题的参与水平。但这些以及类似的数据不能让我们清晰地知道智库到底施加了多少政策影响力。智库产生的媒体曝光度信息、在立法委员会上作证的频率、产出成果的种类以及推特和脸书上粉丝的数量应该作为广泛讨论如何制定公共政策的出发点,而不是落脚点。

权威人士、记者、学者也在认为如美国传统基金会、布鲁金斯学会、弗雷泽研究所以及其他政策研究机构在塑造美国和加拿大的大众舆论和公共政策中起到了至关重要的作用的群体之中,这是可以理解的。这些智库拥有可观的预算,与政策制定者有着密切的联系,已经成为营销思想和自我的专家,并拥有政治格局中的固定位置。然而毫无疑问的是,在政界,他们觉得智库的存在像是一群争夺政治影响的演员。如果把智库的公开言论当真的话,对于智库研究者来说是不必要的,事实上也是不明智的。当问到真正的政策力量在哪儿时,学者们的责任是去质疑、探讨和分析。不幸的是,在智库研究中,记者和学者过于自满。例如,当美国传统基金会主席埃德温·福伊尔纳(Edwin Feulner)告诉记者,在20世纪80年代初,里根政府实施了传统基金会的重要研究成果《决策层委托》(Mandate for Leadership)上大约有60%或者成百上千的政策建议,没问任何后续问题。记者把福伊尔纳说的话奉为真理,而不是质疑这种说法。[①] 所有记者都必须问受访人两个简单的问题:他是如何得出里根总统及其班子采纳了传统基金会成百上千的政策建议的结论的,有什么实证证据来书面证明他的研究机构的影响程度?也许当尼尔斯·维尔德休斯列举弗雷泽研究所成功时,也需要包含这些材料的相同文件。

智库管理者[②]有动机在最有利的情况下描绘他们的机构,即便这意味着美化他们的成就。然而,密切追踪他们活动的学者没有这样的动机。我们的责任不是公关或塑造舆论,而是展示政策制定过程中的多个层面,以便揭示智库的角色以及它们对公共政策的影响。要做到这一点,有必要从

---

① 参见埃布尔森:《美国智库》,第16—17页。
② 参见塞里(Selee):《智库应该做什么》;斯特鲁伊克(Struyk):《管理智库》。

定量和定性的角度来研究智库。

五、双管齐下的方法

收集智库知名度的数据虽然费力,但不是艰巨的任务。几个搜索引擎能够让用户追踪智库在国内外报纸上的媒体曝光度。例如,学者可以通过区域、话题、日期以及他们选择的时间跨度(通常是 5 年或 10 年)来监测智库引用,然后产生最广泛引用的智库排名。类似的方法可以用于智库在广播媒体和无数网站上的引用排名。① 此外,通过美国国会和加拿大议会管理的网站,能够容易地获得智库政策研究专家的证词列表。② 有这个信息在手,学者们可以开始猜测为什么有些智库吸引了比别家智库更多的媒体曝光,为什么一些政策研究机构的工作人员出现在立法委员会上的次数更多。仍然要说的是,虽然这些和相关的数据可能有助于智库知名度的讨论,也能反映这些机构在特定政策辩论中的参与程度,但他们对于评估政策影响作用不大。例如,虽然智库媒体引用数量和他们的预算规模似乎可看起来有正相关关系,③但是学者未能说明公众知名度和政策相关性的因果联系,即说得和写得最多的,不一定是施加政策影响力最多的智库。事实上,如上所述,一些智库保持适度的媒体形象,同时与高级别的政策制定者有着大量的接触,如卡利登研究所(Caledon Institute)。④ 也有其他不喜欢大张旗鼓宣传的智库没有把构建公众形象放在最优先位置,这是怀疑媒体排名有效与否的另一个理由。揭示智库曝光的数字并不能给学者们提供确定决策过程中智库如何以及在哪里有最大影响力的背景。另一方面,基于调查、访谈和案例研究的定性评估被证明在深入钻研智库影响的程度和本质上有很大的帮助。

---

① 参见麦克纳特(McNutt)和马其登(Marchildon)的《智库和网络》。
② 欲知这条以及相关信息,请访问以下网站:http://www.archives.gov/congress/hearings.html; http://www.parl.gc.ca/CommitteeBusiness/WitnessInformation.aspx?Language=E&Mode=1。
③ 参见里奇(Rich)和韦弗(Weaver)的《智库和媒体》。
④ 参见埃布尔森:《智库能起作用吗?》,尤其是第 5 章。

智库研究者面临的挑战之一是抵制对他们研究的机构及其施加影响力一概而论的诱惑。我们已经指出，没有两个智库是完全一样的。同样，政策研究机构能够贡献于国内外政策辩论中决策过程的环境大相径庭。这就解释了为什么位于纽约的外交关系委员会前主席莱斯利·盖尔布(Leslie Gelb)得出结论认为评估智库政策影响是非常困难的，是"高度松散的、任意的，且难以预测的"。[1] 为了实现对政策的影响力，智库必须在对的时间找准对人灌输对的思想。但即便如此，政策制定者对他们最好的计划可能会充耳不闻。如果有一个五步计划来保证智库在政府政策和举措上留下印记，他们会绊倒对方来签署。事实上是没有确保成功的公式的。有时，智库能够接触到政策制定者和公众，这为他们提供了分享他们对于政策问题见解的机会。其他时候，政策制定者和公众几乎听不到他们的声音。和其他容易受到政治环境变化影响的非政府组织一样，大部分智库所处环境中发生的变化是在他们控制能力之外的。此外，智库能够相对自主地确定和实施他们的研究计划，并且能确定如何以及以何种方式发布他们的政策建议，但他们的建议反向如何以及是否会施行是很难预测的。认识到这一点，学者们发表了越来越多的在各种政策辩论中智库参与的案例研究。[2]

智库案例研究以及智库参与关键政策讨论的努力可以帮助我们进一步了解促进或阻碍他们取得预期结果能力的诸多因素。虽然这些调查途径可能只提供某个时间的快照，但这些他们发现的在特定时间的图景能够在很长一段时间内帮助他们更加系统地审视公共政策研究机构。最起码，对特定智库及其与核心利益相关者互动的更加详细的调查可能迫使学者重新思考他们早期对于这些机构内部工作的意见。

在回答本章开头提出的问题时，我们已经取得了一些进展。现在，读者应该更好地了解了智库如何试图评估他们的影响，以及为什么我们对于智库声称他们所产生影响力的数量应该存有一定有理由的怀疑。这并不是说应该忽略智库在政策周期各个阶段作出的贡献，或者很少有证据表明

---

[1] 埃布尔森：《国会思想》，第167页。
[2] 同上。也可参见鲍茨(Pautz)的《智库与社会民主》。

智库在公共政策上留下了印记。相反,智库对国内外许多政策辩论产生了明显的影响。我只是建议为了更准确地评估智库的影响力,我们必须更加关注他们教育和知会特定目标受众的努力,并记住影响是通过不同方式施加及不同形式接受的。智库也许并不总是能够改变具体的政策决定,但这并不意味着他们的存在没有被感觉到。与此相似,稳定地出版刊物,占据媒体的聚光灯及在高端会议中接待政策制定者并不意味着智库能够控制政策结果。说到研究智库,我们应该注意既不夸大它们的影响也不贬低其意义。

第八章　结语：追溯与展望：加拿大智库的未来

这本书的前七章一直致力于回答我问的关于智库最常见的问题，从什么是智库、什么不是智库开始。几章之后，我们通过讨论为什么评估其影响是极其困难的来总结调查。一路上，我们发现没有两家智库是完全一样的，并且比较了加拿大和美国公共政策机构的异同，这可能有助于解释为什么这些机构的行为已远远超过了其所处的政治环境。

当我们考虑到目前为止所谈到的内容时，重要的是要盘点一下我们学到的关于智库的知识，以及它们参与思想战的经验如何影响它们继续指引政策制定过程的方式。那些从事这一领域研究的人在对美国智库崛起和影响投入大量关注的同时，他们可以仔细看看在加拿大和其他有健全智库群体国家的政策研究机构，它们作为政策制定界直言不讳且积极活跃的参与者是如何脱颖而出的。加拿大智库可能还没有达到它们美国同行的知名度和地位，但是平心而论，很少有国家的智库群体能够在数量、财政和人力资源上和美国最负盛名的政策研究机构媲美。然而，尽管大多数加拿大智库只想获得和布鲁金斯学会、传统基金会、兰德公司，以及其他顶尖美国政策研究机构一样的地位和影响，但断定加拿大智库在默默无闻中没落是误导性的，并且坦率地说是不准确的。正如这项研究所表明的，比起退居一旁，几个加拿大智库已经沉浸在关键政策辩论中，并且在这个过程中已经成为政治舞台上的杰出选手。事实上，从医保和教育改革到提高加拿大全球竞争力和重组加拿大军队，在这些问题上，加拿大智库已经让人们知道了他们的观点且感觉到了他们的存在。

很明显，一些加拿大的政策研究机构已经形成了独特的身份，并在这个过程中闯出了一片天地。同样清楚的是，加拿大的每个智库都有不同的愿景,取决于其由来已久的历史和固定的优先事项。智库可能共享影响公众舆论和公共政策的愿望,但当涉及塑造政治气候时,他们并不孤单。成千上万的利益集团、工会、宣传联盟和说客,更不用说其他许多非营利组织,在争夺政策制定者和其他利益相关者的关注。

然而,正如在第一章中讨论到的,虽然人们经常将智库与利益集团和说客相提并论,但智库因提供及时且与政策相关研究的承诺而与利益集团和说客区别开来。因此,在已经日益拥挤的思想市场上,智库已经承担了架起学界和决策界桥梁的重要功能。在这个复杂的环境中,他们已经制定了让各种利益相关者参与进来的关键战略。

智库想让利益相关者参与进来,设计有效的策略影响政策变化。这种愿望让那些认为智库是致力于帮助政府想通复杂政策问题的中立科学组织在表面上觉得奇怪。毕竟,想要为机构带来生气的愿望让他们致力于针对国家的问题找到具体的解决办法,这也是激励慈善家在时代前进的过程中创建智库的初衷。事实上,如果这是智库应该做的,那么为什么智库研究者经常在商业教科书中用术语来描述他们的活动?简要回答就是智库从政策研究的组织发展成为越来越投入于政策宣传的组织。这是因为智库为了努力在政策制定过程中站稳脚跟,在推广和营销他们想法上划拨了更多额外的费用。这正是这本书解答的七个问题。

在分离了智库的明确特征之后,我们能够更好地分辨为什么在其他机构当中,大多数加拿大智库都登记为慈善组织。智库在所得税法中属于非营利组织。当我们解读法案时很快发现,一旦智库被指定为注册的慈善机构时,它就被赋予了免税地位和对慈善捐款开具税收收据的能力。但我们也知道,为了让人们接受智库这一地位,智库有保持无党派的法律义务。虽然慈善地位并没有迫使政策研究机构放弃它们的意识形态,但它们不能公开支持或反对竞选公职的候选人,也不能向政党提供资金。这一讨论以及我们对智库、利益集团和说客之间异同的评估,为我们深入研究政策研究机构的活动奠定了基础。

循着智库研究的初步涉足,我们把注意力转移到询问是否所有这类组织都是一样的。这迫使我们熟悉占据了政策研究界不同智库种类的多种分类法,并且具体地分析他们的各种优点和缺点。有了这个材料在手,我们能够通过评估最有用的理论方法来观察这些机构的角色和功能来深入研究智库。解锁他们所处的神秘世界是具有挑战性的,但不是不可逾越的障碍。走过了这个令人生畏的地带,我们把重点从抽象地讨论多元性和精英理论转移到智库的现实实践中来。这些机构做什么,怎么做,和谁沟通?这些及其相关的问题有助于进一步确定我们讨论的范围。

我们随之把注意力转向了加拿大和美国智库的异同。没多久,我们发现大多数加拿大智库不具备传统基金会、布鲁金斯学会、兰德公司或者其他华盛顿著名智库的地位或者财务资源。我们也没有通过窥探水晶器来得出结论,即像他们的美国同行一样,加拿大智库制定了一系列的战略以确保人们听到他们的声音。智库的资源比较普通并不意味着他们在目标和宗旨上也得一般。

最后,我们解决了智库经常出现的问题:这些机构产生了多大的影响力?我们是否应该怀疑他们评估政策影响的方式?回答这个需要认真和细致入微地理解如何评估许多的绩效指标。这些指标是智库用来确定他们在何种程度上塑造决策环境和决策者的政策偏好与选择的。

读完这本书并思考这些问题的答案之后,我相信读者至少会重新考虑他们对这些机构的看法。如果发生了这种情况,那我就是实现目标了。如前所述,我写这本书的目的是为了让对这些机构有些熟悉的读者更加深入地了解它们,并对它们萌生兴趣。通过回答我被问及智库相关的最常见问题,我真诚地希望这次讨论会产生更多的反响。

加拿大、美国以及全世界智库的转化和演变——从政策研究机构到有更高政治宣传额外费用的机构——提醒我们关注这些机构的重要性。这些机构通过它们产生的思想和对政治气候的影响来定义自己。思想是重要的,带给它们生命的机构也是重要的。尽管我在时代进程中仍能找到智库光辉岁月时的慰藉。但我很清楚地知道,除了少数例外,我所推崇的那种智库成了遥远的记忆。正如展望智库的未来,如果记者、学者或决策者注意到他们的研究时,它们认为自己是幸运的。这时,它们是不可能会花很多时间回忆"过去的好时光"的。智库的董事们,就像大公司的首席执行官一样,在等待他们电话铃声响起时几乎没有什么动机:他们是政策企业家,懂得如何提高他们被委托机构的知名度。

当我们展望未来时,我们能从智库那里得到什么呢?至少,我们可以期待它们更加积极地展现它们的想法。智库认识到政策研究界日益竞争激烈的本质后,它们无疑会投入更多的时间和精力去争夺核心利益相关者,包括媒体、政策制定者、捐赠者、学者和公众。确保捐赠者的支持,扩大政策网络,加强与政府的接触是智库成功的关键。但它们的成功也取决于政策制定者和其他决策者与他们讨论关键政策问题的意愿。但毫无疑问的是,智库将继续构建和完善他们是如何有影响力的叙事,通过可以理解的、有意义的方式显著影响它们分享见解的公众和政策制定者,如坦率地和公众对话,解释采取不同政策选择的成本和效益。

加拿大智库的未来似乎很严峻,尤其是那些由于经济困难被迫关门的机构支持者。然而,近年来一些新政策研究机构的出现让人们感到乐观。正如本书的下一章节即将展示的,智库在国内外政策的各个领域都有着专业的知识。加拿大的政治格局也感受到了它们的存在。尽管它们在规模、财力和研究项目上有着惊人的差异,但都有一个共同的愿望,就是与不同的目标受众分享他们的见解和专业知识。作为加拿大人,我们都知道谦虚和低调。在法国风景如画的艾克斯市,我作为客座教授在马赛大学上课的时候,我记得我告诉学生,如果他们想了解加拿大的性格应该看一下蒂姆·霍顿斯(Tim Hortons)2013年播出的动画广告。展示的东西很具有加拿大特色:广告中一群加拿大雁正在飞,当一只雁撞到另一只时,它只是说"对不起"。多么典型的加拿大人啊!

然而,说到智库时,加拿大人没有什么不好意思的。哈珀(Harper)政府逐步削减了一些政策研究机构的经费,我们也许失望并有理由感到沮丧。近年来,加拿大有太多历史长远且久负盛名的智库被迫关门。虽然我们智库的数量就像我们人口数量一样与美国的比较显得苍白,但这并不意味着我们的政策研究所质量低劣或应该被忽略。相反,通过在接下来的几页中看看20个智库的简要概况,我们应该会对这些机构的专长、丰富性和多样性有更加深入的理解。但在我们转向这些机构之前,我们需要讨论应该采取什么样的措施来确保加拿大智库的可持续性和可行性。

2015年秋季,皮埃尔·埃利奥特·特鲁多(Pierre Elliott Trudeau)的长子贾斯廷·特鲁多(Justin Trudeau)宣誓就任加拿大第二十三任总理。

虽然他在胜利演讲中赞扬了成千上万的为令人印象深刻的自由党作贡献的加拿大人,但特鲁多没有提及他的父亲以及他父亲的遗产对他或国家意味着什么。平心而论,在认识皮埃尔·特鲁多的远见和价值观对他的影响上,这也许根本就不是适当的场合。毕竟,贾斯廷·特鲁多不是他的父亲。关于做什么来推动加拿大进步,他有自己的想法。然而,如果他关心气候变化、叙利亚难民的困境,以及加拿大打击恐怖主义的努力,他可能会认真思考加拿大智库可以和已经对政策发展作出的贡献。在这方面,他肯定会受益于他父亲做了什么,以增强加拿大智库的作用。

虽然许多加拿大人批评皮埃尔·埃利奥特·特鲁多的努力带来了宪法的遭返以及他处理1970年"十月危机"的方式,但很少有人质疑他鼓励更多公共政策领域见多识广的、有教养讨论的智慧和愿望。作为一名有天赋的学者,特鲁多很清楚布鲁金斯学会和查塔姆研究所在世界顶尖智库中享有的声誉。毫不奇怪,就在他1968年上任后不久,他命令罗纳德·里奇(Ronald Ritchie)率领一个委员会,来探讨建立一个类似于布鲁金斯学会的加拿大智库。正如第二章讨论到的,结果就是创建了公共政策研究所。有了稳定的捐赠,公共政策研究所着手成百上千涉及关键国内外问题的研究。但是特鲁多对智库的兴趣并没有就此停止。在1984年,他还主要负责创建了加拿大国际和平与安全研究所的创建(CIIPS)。它是全球智库界一名新兴选手。在1993年,马尔罗尼(Mulroney)政府关闭了加拿大国际和平与安全研究所、加拿大科学委员会、加拿大经济委员会及一些其他的政策研究机构。

毫无疑问,加拿大智库界笼罩在1992年联邦预算余波的阴影之中。虽然它提醒着人们,砍掉重点研究机构会对公共政策研究的产出和传播带来多么灾难性的后果,但在过去几年,这并没有阻止以哈珀为首的保守派针对更多的智库。如果评估民主制度是否健全在某种程度上受到公共政策机构数量的影响,加拿大人需要仔细考虑我们智库的遭遇。如果我们忽视了它们所面临的挑战,以及他们认为有义务保持相关的战略决策,那么我们就处于危险之中。在这项研究中,我探讨了美国及其之外的智库如何以及为什么与政策研究相比较,在政治宣传上划拨了更多的额外费用。加拿大智库没有对这种重新定位免疫,并且实际上已经在许多方面接受了它。思想市场日益加剧的竞争也许可以解释为什么智库变得更加以宣传为导向，但我们不能忽视采取这种姿态的财政动机。像其他非营利组织一样，智库常常挣扎着维持生计，资金的匮乏使他们难以保证他们的声音不会被压制。很少有智库拥有大量的捐赠。在这种情况下，他们的存在岌岌可危。然而，这是可以改变的。

与公共政策研究所(IRPP)不同的是，加拿大国际和平与安全研究所的创建(CIIPS)通过议会法案创建，没有数百万加元奢侈的捐赠。因此，从它诞生的时候起，它的存在就岌岌可危。世界一流的智库能够吸引一些能够产出严谨的公共政策研究的最好和最聪明的经济学家、政治学家、社会学、统计学家和其他学者。如果加拿大政府真正致力于打造这种智库，加拿大可以成为一个或多个布鲁金斯学会的大本营。事实上，它可以容纳几个对国内和国外政策有研究专长的智库。我们有加拿大会议委员会，为什么要停在那里？

创建大型和资金雄厚的智库所面临的挑战不会是挑选雇佣有才干的专家。加拿大、美国和世界上许多其他国家在某种程度上得益于大学里更少的就业机会，学者是有赤字的。他们会被吸引到致力于严谨政策研究的机构中去。简单地说，如果我们建立有长期稳定资金保障的智库，他们就会来。确保长期资金到位的另外一个好处是，智库不太会受到诱惑或被迫满足私人捐赠者的意愿，或政府官员的政策偏好。对智库而言，要发挥他们最初建立时的作用，要做两件事情：确保他们的资金不受威胁、能够与政府保持一定距离来运转。这并不是说他们不用对谁负责——他们无疑要向监督委员会汇报他们的活动。但他们的研究方向和内容不能受到外力的影响。

剩下的问题是联邦政府是否认为智库产品以及它们对公共政策贡献的性质有足够高的价值。如果没有，他们将对这次讨论充耳不闻。但是政府要知道，就算一些智库在持续性地承诺公共资金缺位的情况下，我们将继续看到近年来发生了什么。私营部门资助的智库将继续变得更多地以宣传为导向，并把资源从政策研究投向政策宣传。这多半将继续损害一些机构研究的质量和严谨性。虽然智库出镜、见报日益增多，这也许会对他们守住底线有帮助，但目前还不清楚它们的知名度将如何为公共利益服务。当然,对于致力于维持宣传与研究之间平衡的智库,我们希望它们对公共政策会有更加明显的贡献。

同样重要的是要认识到,智库稳定的资金会让这些机构专注于真正重要的事情——针对各种政策问题产出可行的解决方案,而不是说服他们自己及他人,他们产生了多大的影响力。如前所述,为了产生更多的资金,智库监测一系列绩效指标,从媒体曝光到他们网站出版物下载的频率。智库衡量这些和其他产出就如同那些每天追踪他们走了多少步的人一样痴迷。智库董事会给员工发出指令,要他们详细记录在特定的月份里有多少记者和决策者和他们谈过话之前,他们也许需要用阿尔伯特·爱因斯坦的观点来告诫自己:"并非所有重要的东西都能被计算,不是所有可数的东西都重要。"

弗雷泽研究所、大西洋市场研究所等智库和许多其他国家的智库也许羡慕并且的确在努力效仿美国顶尖倡导型智库的成就,但它们或许也想参与关于它们在当代政策辩论中贡献度的严肃且诚实的讨论。尽管智库为了争夺注意力和声望而竞争是完全可以理解的,但它们占据的重要地位要求它们更认真地思考如何才能解决国家面临的一些问题。这种深思熟虑的反思,以及联邦政府为首要任务是服务国家需要的机构提供长期公共资金的承诺,将有助于提醒加拿大人智库必须发挥的重要作用。

第九章　加拿大智库简介

一、对智库简介的一些说明

　　如前所述,我写这本书的一个目的是让读者了解到加拿大公共政策机构的庞大数量和多样性。在这章,我将简要地介绍24家智库,他们区分自己为有围绕重要的国内外政策问题来塑造公众意见和公共政策的持续兴趣的组织。其中,除了多伦多大学莫厄特中心(Mowat Centre)、阿尔伯塔大学帕克兰研究所(Parkland Institute)以及和滑铁卢大学、劳里埃大学(Wilfrid Laurier University)共同维护贝尔斯利国际关系学院(Balsillie School of International Affairs)的国际治理创新中心(CIGI)以外,所介绍的大部分机构都是独立的且自成体系(free-standing)的智库。

　　在《2014年全球智库年度报告》中,显示位于加拿大的智库有99家(和冰球运动员韦恩·格雷茨基的号码一样,正与我们国家对冰球的热爱相得益彰),是全世界拥有智库数量第十多的国家,略微领先意大利(92家)和南非(87家),排在日本(108家)、法国(177家)、英国(287家)、中国(429家)和美国(1830家)之后。然而,虽然我很想把这个数量和格雷茨基的球衣号码联系起来,但是在报告列举的机构中有一些并不是智库,有的机构实际上甚至都不存在,仅仅存在于档案室里。像加拿大经济学联合会(Canadian Economics Association)这样的学术团体,在我印象中,从来都不是一个智库;一些依托于大学的研究中心,包括加拿大女王大学国际与防御中心(Centre for International and Defence Policy at Queen's University)和维多利亚大学全球研究中心(Centre for Global Studies at the University of Victoria)这些小成本运作的中心,不应被纳入智库的范畴。加拿大智库的具体数量很难测算,但是99家这个数据明显是存在水分的。

决定介绍24家智库便意味着部分机构会被忽略。比如博特宾研究所(Broadbent Institute)和曼宁民主建设中心(Manning Centre for Building Democracy),这两个机构经常出现在加拿大智库的名单中,但是在此没有介绍,很大部分原因是它们更接近于游说组织(advocacy organizations)。在这里,我尝试着用一个具有代表性的例子(基于地区、机构大小与研究领域)来帮助我们更好地了解和讨论加拿大的智库。在接下来的内容中,这些智库的历史、使命以及研究项目会被介绍。许多信息在智库网站、个人回复以及线上线下的数据库里获得。因为这些组织经常发生变动,所以很可能等到本书印刷的时候,有关年度预算、人员数量以及其他资源将会更新。因此我鼓励读者直接联系这些智库。现介绍以下智库(以英文首字母为序):

- 加拿大亚太基金会(Asia Pacific Foundation of Canada)
- 大西洋市场研究所(Atlantic Institute for Market Studies)
- 贺维学会(C. D. Howe Institute)
- 卡利登社会政策研究所(Caledon Institute of Social Policy)
- 加拿大西部基金会(Canada West Foundation)
- 加拿大另类政策中心(Canadian Centre for Policy Alternatives)
- 加拿大社会发展学会(Canadian Council on Social Development)
- 加拿大国防与外交事务研究所/加拿大全球事务研究所(Canadian Defence and Foreign Affairs Institute/Canadian Global Affairs Institute)
- 加拿大国际理事会(Canadian International Council)
- 国际治理创新中心(Centre for International Governance Innovation)
- 加拿大咨询局(Conference Board of Canada)
- 弗雷泽研究所(Fraser Institute)
- 前沿公共政策中心(Frontier Centre for Public Policy)
- 公共政策研究所(Institute for Research on Public Policy)
- 治理研究所(Institute on Governance)
- 国际可持续发展研究所(International Institute for Sustainable

Development）
- 麦克唐纳-劳里埃公共政策研究所（Macdonald-Laurier Institute for Public Policy）
- 蒙特利尔经济研究所（Montreal Economic Institute）
- 莫厄特中心（Mowat Centre）
- 帕克兰研究所（Parkland Institute）
- 彭比纳研究所（Pembina Institute）
- 公共政策论坛（Public Policy Forum）
- 凡尼尔家庭研究所（Vanier Institute of the Family）
- 韦斯利研究所（Wellesley Institute）

二、加拿大亚太基金会

1. 基本情况

成立年份：1984 年

所在地：温哥华

年度预算：大于 \$6,000,000

人员：约 24 人（大于 20 人）

智库负责人：斯图尔特·贝克（Stewart Beck）

网址：www.asiapacific.ca

加拿大亚太基金会是依照加拿大国会法案成立的非营利机构，总部位于温哥华，是国家首屈一指的加拿大-亚洲关系智库。基金会以"提升政策意识，培养知情决策"为使命，关切与加拿大有重要联系的地区，在多领域的政策议题中与公共或私人机构有紧密合作。凭借着 30 位左右的专业人员和大约 600 万加元的年度预算，亚太基金会寻求在致力于加拿大和亚洲建立更紧密联系的个人或机构中发展并构建网络。

依据建立亚太基金会并为其设立目标的国会议案，该基金会需要负责：

（1）推进亚太地区和加拿大对于文化、历史、宗教、哲学、语言、生活方式、愿望的互相认识和理解,以及这些方面对于双方社会的影响。2005年提出了一个进一步的目标,即推进有关加拿大和亚太地区外交政策议题的了解和对话。

(2) 支持加拿大和亚太地区之间组织、机构和协会的合作发展。

(3) 推进加拿大和亚太地区之间组织、机构和协会在公共部门和私营部门的协作。

(4) 推进加拿大和亚太地区之间更加紧密的经贸关系。

(5) 在加拿大,推进有关亚太地区经济、文化、社会以及其他学科的建设和学术研究;在亚太地区,推进有关加拿大经济、文化、社会以及其他学科的建设和学术研究。

(6) 收集有关加拿大和亚太地区的信息和思想,并在推进加拿大和亚太地区的范围内进行传播。[1]

2014年8月,加拿大驻印度前高级专员(High Commissioner)兼驻尼泊尔和不丹大使斯图尔特·贝克,接替已担任亚太基金会首席执行官9年中国研究权威胡元豹(Yuen Pan Woo)的位置,后者同时还拥有杰出东亚研究学者头衔。基金会由董事会(board of directors)管理,包括总裁兼首席执行官,由总督会同行政局(Governor-in-Council)任命的4名董事,以及其他18名董事。董事长由哈佛商学院名誉院长约翰·麦克阿瑟(John H. McArthur)担任。董事包括:加拿大圣玛丽大学校长科林·道兹(Colin Dodds)、蒙特利尔银行金融集团(BMO Financial Group)副董事长凯文·林奇(Kevin Lynch),以及阿尔伯塔大学校长英迪拉·萨马拉塞克拉(Indira Samarasekera)。

亚太基金会的资金主要来源于加拿大政府捐赠,以及一些企业及个人捐赠。近年来,捐赠额在$100,000以上的包括蒙特利尔银行金融集团、加拿大壳牌公司、加拿大宏利金融集团(Manulife Financial)以及加拿大泰克资源有限公司(Teck Resources Limited)。捐赠额小于$99,999但数额客

---

[1] 《加拿大亚太基金会法案》(*Asia-Pacific Foundation of Canada Act*, R. S. C., 1985, C. A. 13.)。

观的包括加拿大汇丰银行、温哥华港务局(Port Metro Vancouver)、中国国际航空公司、加拿大布雷克·卡索斯·格莱登律师事务所(Blake, Cassels & Graydon LLP)、加拿大石油生产商协会(Canadian Association of Petroleum Producers)、加拿大太平洋铁路公司(Canadian Pacific)、国泰航空(Cathay Pacific Airways)、德勤、菲耶拉资本(Fiera Capital)、赫斯基能源公司(Husky Energy)、哈利法克斯港口(Port of Halifax)、泰勒斯公司(TELUS)、温哥华机场管理局(Vancouver Airport Authority)、西港创新公司(Westport Innovations Inc.)、恩卡纳加拿大能源公司(Encana Corporation)、五星旅游有限公司(Five Stars Travel Limited)、哈维斯特能源公司(Harvest Operations Corporation)、日本国际交流基金会(Japan Foundation)、未来生态新路线基金会(New Routes to the Future Ecological Foundation)、浦项加拿大分公司(POSCO Canada)、阿尔伯塔省、萨利·鲍斯·哈瓦特律师事务所(Salley Bowes Harwardt L C)、加拿大联合之路(United Way of Canada)以及不列颠哥伦比亚大学(University of British Columbia)。

基金会目前的研究分为四个主题：贸易促进、投资与创新；技能与竞争力建设；能源资产调配；理解亚洲。基金会拥有一支编辑队伍监督这些研究的持续性出版。不论是基金会内部专家，还是基金会有合约关系的自行研究专家，为广大受众持续稳定地发布一系列研究论文、博客、调查以及分析，主题包括加拿大在亚洲关系的各类社会、经济，以及政治议题。基金会专家拥有对亚洲国家以及加拿大与之关系的广博知识，因此他们也会经常在媒体上发表看法。除此之外，基金会还为生产政策论文的学者提供博士后以及研究奖学金。为进一步形成并传播成果，基金会还参与以下活动：

- 论坛讨论：通过圆桌、分组讨论、讲演传播知识，提升公众意识。
- 研究分析：通过研究报告、出版物和社论推进加拿大亚洲关系的深入讨论。
- 特别研究计划：识别并填补影响加拿大-亚洲关系相关议题的知识鸿沟。
- 二轨外交：支持政府间进程(government-to-government processes)鼓励并为新战略性发展铺平道路。

● 奖学金资助项目：为新一代研究者和记者提供参与到亚洲政策研究和媒体报道的机会。①

2. 加拿大亚太基金会报刊文章选摘

(1)《卡尔加里先驱报》(*Calgary Herald*)

Berthiaume, Lee. "Chinese Leadership Remains a Wild Card; Human-Rights Remain Barrier to Business." 13 November 2012, A4.

Cryderman, Kelly. "Canada's Future Linked to Foreign Investment." 5 January 2013, A4.

Lynch, Kevin, and Pau Woo Yen. "Canada Must Act Before Asia Finds Energy Supply." 20 March 2013, A 11.

Yedlin, Deborah. "Access to Asia Requires National Strategy." 9 June 2012, D1.

(2)《环球邮报》(*Globe and Mail*)

Berkow, Jameson. "Who's Afraid of China?; Industry Mum as Citizens Worry about Giant's Rising Influence in Oil Sands." 11 May 2012, E 6. Cohen, Andrew. "Emissary Had Brilliant Government Career."

15 November 2012, S8.

Cousineau, Sophie. "Nexen Approval Fails to Provide a Gateway to China." 12 December 2012, B 2.

Curry, Bill. "For Flaherty, Promoting Budget in Asia Is Business as Usual." 28 March 2013, A 4.

—— "Ottawa Must Pursue More Than Just Economic Links with Asia, Study Urges." 6 September 2012, A 4.

Curry, Bill, and Sean Silcoff. "Former Finance Minister Urges Debate on New Language Skills." 17 October 2012, A 8.

Hoffman, Andy. "Clarity Urged for Foreign Takeovers." 16 August 2012, B4.

Jang, Brent. "The High-Risk, High-Stakes Plan to Export L N G to

---

① 加拿大亚太基金会网站(www.asiapacific.ca)，以及见《2014年度报告》。

Asia." 3 April 2013, B4.

Jiang, Wenran. "Beijing and Tokyo Must Back Off." 19 September 2012, A21.

Job, Brian. "Does Ottawa Have Staying Power in Southeast Asia?" 8 August 2012, A15.

McCarthy, Shawn, and Andy Hoffman. "Harper Promises Playbook for Takeovers." 7 September 2012, B 1.

McKenna, Barrie, and Greg Keenan. "South Korea Free-Trade Deal 'Very Close.'" 26 March 2013, B 1.

Simpson, Jeffrey. "Oil-Patch Ironies Aside, Many Questions for Harper." 28 July 2012, F 9.

Vanderklippe, Nathan, Shawn McCarthy, and Jacquie McNish. "Petronas to Sweeten the Payoff if Ottawa Says Yes." 5 December 2012, B 1. Wheeler, Carolynne, Andy Hoffman, and Brent Jang. "What It Means for the Canadian Economy." 16 November 2012, A 11.

Yuen, Pau Woo. "A Ring Fence Won't Build National Champions." 19 October 2012, A17.

—— "Why Stop There?" 28 September 2012, A 20.

(3)《全国邮报》(*National Post*)

Berkow, Jameson. "Benefit Rule Tests China's Patience; Conference Report." 6 July 2012, F P 1.

—— "Chinese Partnerships 'Have Not Disappointed'; With Huge Cash Reserves, More Sensitivity to I P and Enviable Expertise, Fostering Economic Relationships with China Can Help Increase Canada's Productivity in the Oil Patch." 25 September 2012, F P 4.

—— "India Finally Bids for Canadian Energy Assets; Following China; 'They Don't Have as Deep Pockets as the Chinese.'" 25 September 2012, FP5.

—— "Links with China Bring 'Long-Term Pain'; Study; Caution to Ottawa." 7 September 2012, F P 1.

——"National Interest Comes First, Report Says Selling Resources." 6 June 2012, FP2.

Berthiaume, Lee. "Canada Joins Pacific Exercise; 1,400 Troops." 17 July 2012, A4.

Cattaneo, Claudia. "Asia Seeking a New Energy Bargain; It Wants to Set Its Own Terms in a Buyer's Market." 6 April 2013, F P 5.

Hussain, Yadullah. "What's Next?; Chinese-Canadian Energy Relations Are in the Early Stages of Exploration After Ottawa's Ruling to Allow Majority State-Owned Enterprise Investment in Oil Sands."8 March 2013, FP7.

Lewis, Jeff. "The Latest M&A Supercycle; Asian National Oil Companies Will Likely Be on the Hunt in 2013." 18 January 2013, F P 6.

McMillan, Charles, and George Stalk Jr. "Seize the Continent." 6 March 2013, FP11.

Yuen, Pau Woo. "Muddled Thinking on SOEs; A Few State Takeovers like Nexen Deal Won't Destroy Market." 14 September 2012, F P 11.

(4)《多伦多星报》(*Toronto Star*)

Dembicki, Geoff. "Riding China's Bumpy Green Wave; Western Firms Find Profit and Peril in Country's New-Found Move." 24 November 2012, S15.

Keung, Nicholas. "Overseas Parents Fret over Students; Canada's Peaceful Name Tarnished by Attacks." 23 July 2012, G T 1. Lewis, Michael, and Vanessa Lu. "Move Signals New Openness;

CNOOC and Petronas Approvals Seen as a Shift from 2010's Rejection of Potash Corp. Takeover." 8 December 2012, A 6.

Lu, Vanessa. "China Buying into Canada in a Big Way; Last Five Years Have Seen Billions Flow Across the Pacific." 20 July 2012, B 1.

McDiarmid, Jessica. "Panda Loan Won't Solve Canada-China Relations; Bringing Bears Here Nice Gesture but Experts Say Work to Be

Done." 27 March 2013, GT3.

(5)《温哥华太阳报》(*Vancouver Sun*)

Austin, Jack. "Harper Doctrine a Diving Catch for Canada's Future." 3 January 2013, A15.

Berthiaume, Lee. "Canada Joins Military 'Full-Court Press' in Asia; Growth of Region's Economic and Military Importance Creates Both Opportunities and Concerns." 17 July 2012, B 3.

— "China's New Leadership Will Affect Canada; World Would Benefit from Political Reforms That Lead to More Freedom, Respect for Human Rights." 13 November 2012, B 1.

— "Harper May Go Political for China Envoy; If the Next Ambassador Is a Senior Tory, It Will Send a Signal of Beijing's Growing Importance." 2 June 2012, B4.

Blair, Dennis, and Kevin Lynch. "Self-Sufficiency Will Open Doors; New Energy Relationship with Asia-Pacific Region Offers Opportunities for Co-operation on Common Objectives." 2 April 2013, A 11. Cayo, Don. "Canada Needs More Asian Engagement." 7 September 2012, F3.

Hamilton, Gordon. "Japan Guarantees $10 Billion to Boost B C Gas Development; Loans Backed to Companies in Effort to Encourage Infrastructure Investments." 6 April 2013, D 1.

Hansen, Darah. "Group Formed to Help City Connect with Public; Task Force Represents a Mix of Talent, Age, Diversity and Home Neighbourhoods." 6 December 2012, A 2.

O'Neil, Peter. "Deal with China Triggers Public Concern, Lawyer's Warning; Treaty Could Cost Canada Billions if B C Blocks Northern Gateway Project." 26 October 2012, E 1.

Yedlin, Deborah. "Canada Must 'Think Big' on Energy Strategy to Tap Asian Markets." 16 June 2012, C 4.

Yuen, Pau Woo. "Canada Playing Catch-up in Asia; This Country Needs a Leapfrog Policy to Transform Itself into the Most Asia-Engaged

Nation in the Western World." 16 April 2012, A 11.

3. 加拿大亚太基金会出版物选摘

Busza, Eva, Nathan Allen, Matthew Neckelmann, Tiffany Chua, and Kenny Zhang. "Intellectual Property Rights Challenges Facing Analysis." *Research Reports*. 12 February 2015.

Busza, Eva, Tiffany Chua, and Matthew Neckelmann. "Intellectual Property Rights Challenges Facing Foreign and Canadian Businesses in China: A Survey of Literature." *Research Reports*. 7 October 2014.

Chau, Tiffany. "Conference Report: International Seminar on Innovation, Entrepreneurship, and Open Talent Policy." *Research Reports*. 4 March 2015.

Gould, Douglas. "Canadian Companies That Do Business in India: New Landscapes, New Players and the Outlook for Canada." *Research Reports*. 13 April 2015.

Grafton, R. Quentin and N. Ross Lambie. "Australia's Experience in Developing an L N G Export Industry." *Research Reports*. 17 September 2014.

Kincaide, Heather, Clare Richardson-Barlow, Laura Schwartz, and Vineeth Atreyesh Vasudeva Murthy. "Pacific Energy Forum: New Frontiers in Trans-Pacific Energy Trade." *Research Reports*. 12 November 2014.

Koyama, Ken. "Japan: A High-Value Market for Canadian L N G." *Research Reports*. 30 October 2014.

Singhal, Rajrishi. "India: An Overlooked Opportunity for Canadian L N G." *Research Reports*. 30 October 2014.

Tao, Wang. "Supplying L N G to China: Does Canada Have What It Takes?" *Research Reports*. 30 October 2014.

Williams. Erin. "'Canada's Asia Challenge: Building Skills and Knowledge for the Next Generation' Conference Summary Report." *Research Reports*. 25 February 2015.

三、大西洋市场研究所

1. 基本情况

成立年份：1994 年

所在地：哈利法克斯

年度预算：约 $1,500,000— $2,000,000

人员：5 名工作人员、14 名研究人员

智库负责人：马尔科·纳瓦罗-热尼（Marco Navarro-Genie）

网址：www.aims.ca

在唐纳基金会（Donner Foundation）慷慨的启动资金支持下，一群生活在加拿大大西洋沿岸各省份的人们开始创建一个鼓励政策分析者对本地区面临的独特挑战与机遇发表看法的组织，由此大西洋市场研究所应运而生。研究所致力于拓展"建设（大西洋沿岸省份）的可行方案的辩论"，[1]为达到这一使命，研究所主要着手实现四个目标：启动并开展确定加拿大大西洋沿岸当下与浮现的经济、社会问题的研究；调查公共部门和私营部门针对这些问题提出的各种解决方案；以无党派的角度向该地区以及全国的受众传播其研究工作；组织研讨会、讲座和培训项目。在考虑在加拿大大西洋沿岸建立一个分析该地区当前面临的政策问题的智库时，大西洋市场研究所创始主席，2010 年后开始担任位于渥太华的麦克唐纳-劳里埃公共政策研究所执行主任（managing director）的布赖恩·李·克劳利（Brian Lee Crowley）评论道：

> 还有几个国内智库也引导人们用新的更好的方式思考经济和社会政策，从而采取长远的战略观点，并对一些有争议的问题大声疾呼……贺维学会、弗雷泽研究所、公共政策研究所、加拿大另类政策中心就是马上能想到的例子。但是这些全国性的机构很少投入时间精

---

[1] 大西洋市场研究所《1995—1996 年度报告》"前言"部分。

力去研究加拿大大西洋沿岸地区面临的具体挑战和环境;就这个地区而言,还有一些组织,如大西洋沿岸各省经济委员会,搜集并出版有关当前地区发展情况最新最全的经济数据,并出版学术专著;大西洋市场研究所提供的不仅是针对当前经济新闻的实时信息……而且还努力打造一个平台,让那些最优秀最有智慧的人充分地思考和分析怎么应对挑战和基于让我们认识该怎样从战略角度进行思考的行动,并且从长远角度为该地区打造一个更加繁荣的未来。①

大西洋市场研究所利用许多渠道传递其关于如何最好地面对加拿大大西洋地区许多挑战的想法。除了出版季刊《灯塔》(Beacon)和其他一些出版物(包括针对大学生群体撰写的博客),研究所还定期举办会议和研讨会,以此促进政策制定者、学者和来自私营及非营利部门领导之间的交流。研究所还积极参与媒体宣传,鼓励学者与记者分享见解。在基金会、企业和个人捐赠者的资助下,研究所拥有多领域的广泛研究项目,包括教育、能源、医保、安全与防御、地区发展以及城市事务。研究所的总裁,同时也是拉丁美洲政治、社会、文化学者马尔科·纳瓦罗-热尼,由一个代表加拿大各大公司的大型董事会支持。

2. 大西洋市场研究所报刊文章选摘

(1)《环球邮报》(Globe and Mail)

Curry, Bill. "Conservatives Set to Give 'Fair Bit of Details' on E I Rules." 24 May 2012, A7.

Ibbitson, John. "Scott Brison Has an Economic Plan to Save the Maritimes from a Greek Tragedy." 19 February 2013, A 4.

McKenna, Barrie. "For Government Subsidies, What Price Is Too High to Save a Job?" 1 October 2012, B 1.

(2)《全国邮报》(National Post)

Holle, Peter. "Artificially Cheap Hydro Power: Your Equalization Dollars at Work." 29 May 2012, A 14.

---

① 大西洋市场研究所《1995—1996年度报告》"总裁的话"部分。

Kheiriddin, Tasha. "How Equalization Hurts Everybody." 12 October 2012, A10.

Kline, Jesse. "Maritimes Need to Help Private Sector Grow; Too Many People in Rural Communities, Researcher Says." 8 February 2013, A7.

Spencer, Juanita. "Pay People, Not Provinces." 30 May 2012, A 15.

(3) 新不伦瑞克报纸（*Newspapers in New Brunswick*）

Bennett, Paul W. "In Practice, Theory Never Works." *Telegraph-Journal* (Saint John). 14 June 2012, A11.

"Business Leaders to Discuss Challenges." *The Times & Transcript* (Moncton). 27 April 2013, D2.

Chilibeck, John. "Energy Savings through Sharing Touted." *Telegraph-Journal* (Saint John). 24 October 2012, B 1.

— "Save Energy by Sharing, Report Urges; ? AIMS Study Says Atlantic Provinces Should Pool Power Resources." *The Times & Transcript* (Moncton). 24 October 2012, C2.

Cirtwell, Charles. "Economic Zombies Keep Rising from Dead." *Telegraph-Journal* (Saint John). 19 February 2013, B 1.

— "Employment Insurance: What's Left to Do?" *Telegraph-Journal* (Saint John). 5 July 2012, A9.

— "Find Revenue from Budget Cuts, Not Taxes." *Kings County Record* (Sussex). 19 February 2013, A9.

— "Find Revenue in Cuts, Not Taxes." *Telegraph-Journal* (Saint John). 15 February 2013, A9.

— "It's Time to Make the Tough Calls." *Telegraph-Journal* (Saint John). 4 February 2013, A7.

— "O K, Taxes Are Up-Now What?" *Telegraph-Journal* (Saint John). 5 April 2013, A9.

— "Why a Hybrid Health-Care System Would Work." *Telegraph-Journal* (Saint John). 6 December 2012, A15.

"Debate Strategy, Not Just Taxes." *Telegraph-Journal* (Saint John). 30 January 2013, A8.

"Easy Way Out?; We Say: Misguided Call for H S T Hike Bad for Metro, Bad for N. B." *The Times & Transcript* (Moncton). 15 May 2013, D 6. Enman, Charles. "Observers Endorsing Economic Union;? Region Will Benefit from Enhanced Economic Co-Operation: C E O." *The Times & Transcript* (Moncton). 19 December 2012, C4.

Gessell, Paul. "A Question of Fairness." *Telegraph-Journal* (Saint John). 7 May 2012, A1.

Hobson, Cole. "H S T Hike Touted by A I M S C E O as Revenue Generator." *Telegraph-Journal* (Saint John, NB). 14 May 2013, A4. Huras, Adam. "H S T Referendum Possible." *The Bugle-Observer* (Woodstock). 1 February 2013, A3.

——"Investment Begins with People." *Daily Gleaner* (Fredericton). 17 May 2013, D5.

——"Province Urged to Move on H S T; Finance 'Hold a Referendum Now' on Harmonized Sales Tax, Head of Atlantic Canada Think-Tank Says." *Telegraph-Journal* (Saint John). 29 January 2013, A 1.

——"Referendum to Hike H S T Possible before Election." *Telegraph-Journal* (Saint John). 31 January 2013, A 1.

Luciani, Patrick. "Taxes Won't Fix Obesity." *Telegraph-Journal* (Saint John). 20 February 2013, A7.

MacKinnon, David. "Equalization Has Failed Us." *Telegraph-Journal* (Saint John). 3 November 2012, A15.

——"Stop N B's Fiscal Insanity." *Telegraph-Journal* (Saint John). 12 May 2012, A11.

McIver, Don. "Amalgamation: One Size Fits None." *Telegraph-Journal* (Saint John). 30 May 2012, A7.

——"Importing Health Care by Exporting Patients." *Telegraph-Journal* (Saint John). 6 July 2012, A7.

—"Try Less Government, Not Less Local Governments." *Telegraph-Journal* (Saint John). 27 April 2012, A 9.

—"Wanted: A Fundamental Rethinking of Priorities." *Daily Gleaner* (Fredericton). 12 April 2012, C7.

—"We Need a Miracle." *Telegraph-Journal* (Saint John). 18 June 2012, A5.

"Make Tax Issues a Business Case; We Say: Minister Higgs Should Stay the Course; No Tax Hikes." *The Times & Transcript* (Moncton). 30 January 2013, D6.

"More Taxes Won't Help Us; Petro-Resources Can." *The Times & Transcript* (Moncton). 23 February 2013, D6.

Morris, Chris. "Credit Hit Seen as Wake-Up Call; Finance Rating Downgrade Should Trigger Revisiting of Government's Expenditure, Revenue Budgets: Savoie." *Telegraph-Journal* (Saint John). 11 June 2012, A1.

—"Mount A's First Aviation Students Ready to Graduate." *The Times & Transcript* (Moncton). 4 May 2013, D 2.

—"New Kent Distribution Centre in Works." *The Times & Transcript* (Moncton). 8 May 2013, C2.

—"Open Transfer Talks: Expert; Funding Knee-Jerk Reaction to Maintaining Equalization Status Quo Is Doing Province a Disservice: Savoie." *Telegraph-Journal* (Saint John). 11 May 2012, A 1.

—"Public Education a Little Too Close to the Private Sector?" *The Times & Transcript* (Moncton). 8 March 2013, D 7.

—"Rethink Think-Tank Reports." *Telegraph-Journal* (Saint John, NB). 16 May 2012, B1.

(4)《里贾纳领导邮报》(*Regina Leader Post*)

Couture, Joe. "Saskatchewan High Schools Ranked." 5 July 2012, A 1.

(5)《温尼伯自由新闻报》(*Winnipeg Free Press*)

Wilson, James. "Gas Stop on the Road to Economic Prosperity."

30 August 2012, A11.

(6)《纪事先驱报》(*The Chronicle Herald〈Halifax〉*)

"A I M S Floats Municipal Income Tax." 29 November 2012. Alberstat, Joann. "Impact of Link on Rates Revealed Today; Premier Says Hikes Will Be Modest, Short Term." 25 January 2013.

— "Report Urges Power Pooling; 'Utilities Lose Nothing … CustomersPay Less.' " 24 October 2012.

Bailey, Sue. "Review of Muskrat Falls Reports Urged; Independent Regulator Should 'Scrutinize' N L Documents, Critics Argue." 2 November 2012.

Bennett, Paul. "Schools Plus Has Lost Its Way but It's ExpandingAnyway." 22 June 2013.

Beswick, Aaron. "N S B I Does Well in Report It Ordered." 24 April 2013. Black, Bill. "Part of Taxes Could Be Based on Road Frontage." 23 March 2013.

Borden, Sherri. "Happy to Be in Scandal-Free Halifax; Flaherty Visits for Fireside Chat, Says Europe Is His Biggest Worry." 7 June 2013. "Brison Touts Free Trade for Maritimes; Kings-Hants MP: Region Should Follow Example of Western Provinces in Setting Up Binding Deal." 16 February 2013.

Bundale, Brett. "High Hopes for Economy; Shipbuilding Deal; $2b Off-shore Plan; Subsea Cable: Promises or Prosperity?" 17 November 2012.

—"Municipal Income Tax Already Works in Many Places." 12 December 2012.

Cirtwill, Charles. "Economic Action Plan? Just Watch Him." 24 November 2012.

— "N. S. Resources, Defence Seen as Economic Spurs." 28 July 2012.

— "Think Local Control over Private Means to Public Ends." 25

October 2012.

Fraser, Laura. "Economy, Transit Key Areas of Focus for Halifax's Savage; Newly Elected Mayor Has High Hopes for City." 29 December 2012.

— "Ideas Abound about Commercial Taxes; Halifax Mulls Linking Rate to G D P; Businesses Eye Hybrid System." 20 December 2012.

— "Italian Economist Makes Case for Decentralization; Gains Cited for Education, Healthcare." 30 October 2012.

— "N. S. Urged to Utilize Joint Purchasing; Only Three Made Since Provinces Agreed to Buy in Bulk." 8 December 2012.

Frost, Grant. "A I M S Misses the Mark on Education." 13 February 2013. "Income-Based Tax Best Model." 2 March 2013.

Jackson, David. "Halifax Think-Tank Head to Join Ontario institute." July 4, 2013.

— "Muskrat Falls Called Lower Risk for N S" 10 October 2012. Jeffrey, Davene. "Baillie: Hold the Line on Power Rates; Tories Say Freeze Possible Even with More Renewables." 19 November 2012. Leger, Dan. "Raising Alarms on Equalization, Fairness and Dependence." 7 January 2013.

Mallett, Ted. "Municipal Income Tax System Would Be Unworkable." 4 December 2012.

— "Municipal Taxes; Stop Guessing." 5 December 2012.

— "Property Assessments; Past Time to Reassess System." 17 January 2013.

Stephenson, Marilla. "An Income Tax Won't Cure H R M Woes." 27 February 2013.

Surette, Ralph. "The Maritime Future and a Hostile Ottawa." 23 February 2013.

Willick, Frances. "Passport to the Operating Table; Halifax Well-Positioned to Profit from Medical Tourism, Alberta Doctor Says." 16

November 2012.

——"School Size Debate Tackles Primary Views; Conventional Notions Challenged." 15 September 2012.

Zaccagna, Remo. "N S Bill for Power Project Fluid; Emera Numbers May Affect Cost." 31 October 2012.

Zitner, David. "Health Care for Nova Scotia: It's about Government, Not Patients." 28 July 2012.

——"Lack of Choice, Competition and Confidence in Patients a Prescription for Dysfunction." 13 April 2013.

3. 大西洋市场研究所出版物选摘

Bennett, Paul W., and Derek M. Gillis. "Education on Wheels: Seizing Cost and Energy Efficiency." *Atlantic Institute for Market Studies Policy Paper*. January 2015.

Eisen, Ben, David Murrell, Shaun Fantauzzo. "Declining Equalization Payments and Fiscal Challenges in the Small 'Have-Not' Provinces." *Policy Policy Paper*. November 2014.

Eisen, Ben, and Mark Milke. "Nova Scotia, New Brunswick, and the Equalization Policy Crutch." *Fraser/a i m s Research Bulletin*. December 2014.

Eisen, Ben, and Shaun Fantauzzo. "The Size and Cost of Atlantic Canada's Public Sector." *Atlantic Institute for Market Studies PolicyPaper*. September 2014.

Feehan, James. "Electricity Market Integration Newfoundland Chooses Monopoly and Protectionism." *Atlantic Institute for Market StudiesCommentary*. November 2013.

Gross, Michael. "Governance in Health Care." *Atlantic Institute for Market Studies Commentary*. April 2013.

Luciani, Patrick. "Is the Obesity-Industry-Complex Making Us Fat?" *Atlantic Institute for Market Studies Commentary*. June 2013.

Munro, Ian. "Short of the Green. Golf as an Economic Development Tool on Prince Edward Island." *Atlantic Institute for Market Studies Policy Paper*. February 2015.

Murrell, David and Shaun Fantauzzo. "New Brunswick's Debt and Deficit: A Historical Look." *Atlantic Institute for Market Studies Policy Pape*. May 2014.

Weil, Gordon. "Taking Stock of Atlantic Canada's Electricity Sector." *Atlantic Institute for Market Studies Policy Paper*. October 2014.

四、贺维学会

1. 基本情况

成立年份：1973 年

所在地：多伦多

年度预算：$3,500,000—$4,000,000

人员：约 25 人

智库负责人：威廉·B. P. 罗布森（William B. P. Robson）

网址：www.cdhowe.org

在加拿大智库中，很少有智库获得的媒体关注和政策制定界关注能超过多伦多的贺维学会。这是一个旨在通过完善的经济社会政策改善加拿大人生活水平的组织。[①] 该学会的名字来自自由派内阁大臣克拉伦斯·迪凯特·贺维（Clarence Decatur Howe），其起源可以追溯到加拿大私人规划协会，协会成立于 1958 年，创立者是一些"为开展经济政策问题方面的研究和教育活动的商界和劳工界领导"。[②] 1973 年，加拿大私人规划协会与贺维纪念基金会（1961 年成立）合并，成为贺维研究所（HRI）。8 年后，贺维研究所解散，"该基金会再次成为独立实体，改组后的加拿大私人规划协

[①] 贺维学会网站（www.cdhowe.org）。
[②] 同上。

会更名为贺维学会"。①

以加拿大经济、社会、贸易政策方面的研究实力见长的贺维学会出版了数百份研究报告,主办了无数的会议和工作坊,几乎囊括联邦和省级政府启动的所有重大政策方案。2013年,学会举办了"创纪录的60场政策相关活动和创纪录的55种研究报告"。② 许多研究都是由机构内部的几位专家撰写,包括学会的主席威廉·罗布森和多伦多大学罗特曼管理学院教授温迪·多布森(Wendy Dobson),主题从能源、医保与交通政策一直到支付技术和治理以及税率和信贷等。③ 其他大量研究外包给国内顶尖的经济学家和政治学家,包括戴维·莱德勒(David Laidler)、朱迪丝·马克斯韦尔(Judith Maxwell)、托马斯·考切尼(Thomas Courchene)、罗伯特·杨(Robert Young)、迈克尔·哈特(Michael Hart)、西尔维娅·奥斯特雷(Sylvia Ostry)、迈克尔·特里比尔科克(Michael Trebilcock)。④ 贺维学会将预算的90%投入研究工作中,以出版高质量的、经过同行评议的研究为豪,但学会没有试图通过数百页的长篇大论征服读者,而是运用简短的研究报告或评论表明对特定政府政策的看法。

不像其他许多智库,贺维学会并不仅仅通过出版物的数量或董事会中杰出企业领袖的数量,而是根据它对促成高质量公众辩论所作的贡献来评估自身影响力。他们的年报里写道:"学会追踪其研究成果是否达成其成员、媒体、政策制定者和公众的最高标准。成功的关键指标是学会会议的高出席率、刊物的新闻覆盖率、公众辩论的质量,最重要的是政策制定者是否愿意倾听我们的成果。"⑤

为确保政策制定者倾听其成果,贺维学会遵从了一套简单的方法:他们"为有影响的政策制定者提供了具体的研究成果,(并且)举办了一个双

---

① 贺维学会网站(www.cdhowe.org)。关于贺维学会及其前身的详细讨论,参见恩斯特的《源自自由的大陆主义》("From Liberal Continentalism")。
② 贺维学会《2013年度报告》第1页。
③ 在它的《2013年度报告》第33页,贺维学会列出了7位驻院研究员(fellows-in-residence)、49位高级研究员(senior fellows)、11位研究员(research fellows)、12位国际学者。
④ 同上。
⑤ 贺维学会《2007年度报告》。

方可以进行互动和激烈讨论的论坛"。① 这一方法收到了很好的效果。在过去几年,贺维学会多次获得政策制定者、记者和企业领导的认可和感谢。学会也一直享有几个主要捐赠者的支持,包括唐纳基金会、奥雷娅基金会(Aurea Foundation)、马克斯·贝尔基金会(Max Bell Foundation)、洛特-约翰·赫克特基金会(Lotte & John Hecht Memorial Foundation)和加拿大辉瑞公司。学会也接受一些企业和私人捐助的资金。

虽然贺维学会以其研究为豪,它也会密切关注其研究和会议在媒体曝光的频率以及其网站被访问的频率。根据其2013年的年报,"2013年在国内外媒体上,贺维学会共被引用1466次,与2010年比增长了46%……学会的网站访问量首次超过了每月15000次"。②

2. 贺维学会报刊文章选摘

(1)《卡尔加里先驱报》(*Calgary Herald*)

Berthiaume, Lee. "Merkel Courts Canadian Cash." 14 August 2012, A 6. Coyne, Andrew. "Flaherty Needs to Address Long-Term Challenges." 19 March 2013, A10.

Crowley, Brian Lee. "Why We Should Worry about In ation." 18 September 2012, A10.

Golombek, Jamie. "Taxing Issues in Quebec." 6 October 2012, C 14. Henton, Darcy. "Read My Lips-Again-on Sales Tax, Redford Says." 22 February 2013, A1.

Isfeld, Gordon. "Carney Leaving Central Bank Post; Moving to Bank of England." 27 November 2012, C 1.

Kennedy, Mark. "Harper, Flaherty Blast 'Partisan' Critics." 6 March 2013, A7.

Morgan, Steve. "M P s Off to a Good Start; Pension Reform Must Extend to Public Workers." 23 October 2012, A 14.

— "Ralph's Legacy; Former Premier Made a Sales Tax All but an

---

① 贺维学会《2007年度报告》。
② 贺维学会《2013年度报告》第5页。

Impossibility." 25 February 2013, A 10.

— "The Wrong Prescription for Our Drug Costs." 5 April 2013, A 21. Shecter, Barbara. "Pooled Pensions 'Tax on Poor': Report." 24 August 2012, D3.

— "Stay Course Says Ex-Bank Head." 14 December 2012, C 2. Stephenson, Amanda. "E U Says Beef Deal Hinges on Dairy; Ambassador Demands More 'Give and Take.'" 29 May 2013, F 1.

(2)《公报》(*Gazette*)

Berthiaume, Lee. "Harper and Merkel to Talk Trade and E U Crisis; Prime Minister Not Expected to Back Down from Refusal to Provide Aid to Europe." 14 August 2012, C 10.

Bryan, Jay. "Foreign 'Investment' Isn't Terrible." 2 August 2012, B 10. Busby, Colin, and William B. P. Robson. "How Quebec Can Address Rising Health-Care Costs." 15 February 2013, A 17.

Coyne, Andrew. "When It Comes to Government Spending, One Plus One Equals Three." 23 February 2013, B 5.

French, Cameron. "Housing Appraisal Database May Be Faulty, Experts Say; Quick Appraisals Often Overvalue Home, Raising Risk of US-Style Housing Crash." 24 October 2012, C 22.

Hadekel, Peter. "The Federal Government Must Show Leadership inIssue of Joblessness." 20 March 2013, A 18.

— "P Q Tax-Hike Plan Could End Up Creating a Shortfall, Expert Says." 10 October 2012, A20.

— "Preview Canadian Universities Can Do Better; Technology Transfer to Private Sector Must Improve." 7 June 2013, A 16. Johnson, William. "P Q's Tax Flop Shows Folly of Its Electoral Promises." 12 October 2012, A 16.

— "There's No Unilateral Right to Quebec Self-Determination." 8 February 2013, A17.

Shecter, Barbara. "Pooled Pensions Are 'A New Tax on the Poor';

Rules Prevent Private-Sector Workers from Saving Enough to Retire. " 24 August 2012, A19.

(3)《环球邮报》(*Globe and Mail*)

"Adjusting to a Value-Chain World. " 13 August 2012, A 10. Aston, David. "Retirement Is Cheaper Than You Think. " 16 March 2013, B10.

Blackwell, Richard. "The Contenders. " 27 November 2012, B 4. Blackwell, Richard, and Tavia Grant. "Preview Obama's Labour Pains: Minimum Wage Debate Flares Up. " 14 February 2013, B 9.

Carmichael, Kevin. "A Call to Action on Fed's Asset-Buying Strategy. " 28 November 2012, B10.

— "The Case for a Rate Hike from the Bank of Canada. " 16 May 2013, B2.

— "Economy's Foggy Future Poses Challenge for Carney. " 3 September 2012, B1.

— "For Bank of Canada, It's All a Matter of Time. " 21 January 2013, B2.

— "How the 'Coyne Affair' Paved the Way for Carney. "15 October 2012, B3.

— "Macklem's Bank Shot. " 30 March 2013, B 6.

— "Why the Economy Is Stuck in Low Gear. " 8 September 2012, B 1. Chase, Steven. "M P s Face Longer Wait for Pension. " 19 September 2012, A1.

Chase, Steven, and Daniel Leblanc. "Carney Speaks on Liberal Ties. " 24 January 2013, A6.

— "Carney's Liberal Ties Irk Tories: Sources. " 22 December 2012, A 9. Curry, Bill, Grant Robertson, and Tara Perkins. "Flaherty Thanks Banks For Refusing to Cut Mortgage Rates. " 9 March 2013, B 1. Erman, Boyd. "Don't Hold Your Breath for a Privatized C M H C. "8 January 2013, B2.

Grant, Tavia. "In ation Rates Spark Frequent Debates on Accuracy. "

17 September 2012, B2.

Heinzl, John. "Can I Take More Risk If I Have a Pension?" 16 February 2013, B13.

Herman, Lawrence. "While Governments Dither, Industry Itself Sets Standards." 30 August 2012, A 15.

— "How Harper and Obama Are Alike." 8 June 2013, F 9.

— "Howe Institute Dismisses P R P P s." 24 August 2012, B 5.

Howitt, Peter. "Let Curiosity Drive Commerce." 6 June 2013, A 17.

Hunter, Justine. "Where's the Faith?" 18 February 2013, S 2.

Jang, Brent. "Quebec, Alberta Win Dubious Honour." 22 February 2013, B7.

Johnson, David. "Middle Schools Should Be the First to Close." 14 November 2012, A21.

Laurin, Alexandre. "Flaherty Constrained by Old Goodies, New Realities." 22 March 2013, A 19.

Magowan, Paul. "Scary Thought." 28 November 2012, A 18.

Mason, Gary. "One Good Report Won't Restore Voters' Trust." 19 February 2013, A6.

Mckenna, Barrie. "Aitken's 'National Champions' Stand Sparks Retort from Manley." 22 September 2012, B 3.

— "Apprentice Rules Unhelpful: Report." 2 May 2013, B 8.

— "Canada Eager for US to Avoid Fiscal Cliff." 7 November 2012, A 5.

— "Higher Prices, Less Choice: Let's Reject Cartels." 26 November 2012, B1.

Milner, Brian. "Dallas Fed President Condemns Washington for Slow Recovery." 5 June 2013, B 7.

O'Kane, Josh. "Invest Early, but Not Before Clearing Debt." 11 February 2013, B8.

Parkinson, David. "Canada's Cash Hoard Not the Work of Misers." 17 January 2013, B2.

——"Increased Drug Coverage Makes Economic Sense." 14 June 2013, B2.

——"Made in Canada: Carney Aims to Bring Rate-Pledge Magic to U K." 8 February 2013, B1.

——"Ottawa's Deficit Numbers May Be Underplaying Pension Reality." 29 March 2013, B2.

"Pension Silver Lining in the Omnibus." 22 September 2012, F 8. Perkins, Tara. "Land-Transfer Tax Affects Cheaper Homes Most." 11 October 2012, A17

——"Mortgages Back Under Spotlight." 14 May 2013, B 4.

Perkins, Tara, and Grant Robertson. "Canada's $800,000,000,000 Housing Problem." 27 December 2012, B 1.

Pitts, Gordon. "He Made Saskatchewan Steel Company into an International Powerhouse." 22 February 2013, S 8. Poschmann, Finn. "Carney, Horseshoes and Canada's Stellar Performance." 13 February 2013, B 2.

——"Flaherty Has a Chance to Complete Ottawa's Savings Revolution." 21 March 2013, B2.

——"Indalex Ruling Captures Balancing Act of Bankruptcy Law." 4 February 2013, B4.

——"P P P Canada." 19 March 2013, B 5.

——"Preview Up from One-Sided Free Trade." 30 April 2013, A 14.

——"Private Sector Should Take Over from C M H C." 4 January 2013, B 2. Ragan, Christopher. "Bank of Canada's Growth View Is Clouded inHazy Thinking." 28 May 2013, B 2.

——"Carney's Bold Entrance, Poloz's Measured Exit." 5 June 2013, B 2. Robson, William B. P. "Business Investment: We've Raised Our Game."4 September 2012, A17.

Silcoff, Sean, and Steve Ladurantaye. "A Consumer Agenda That's Not Quite Complete." 8 June 2013, B 9.

—"Time for a More Ambitious Board." 16 March 2013, F 9.

Waldie, Paul, and Janet McFarland. "The Taxman Cometh." 5 January 2013, F1.

Yakabuski, Konrad. "Clusters, Right to Work and the 'Prosperity Gap.'" 2 May 2013, A17.

(4)《全国邮报》(*National Post*)

Beaudry, Paul, and Phillipe Bergevin. "The New Rate Normal; The Next Decade Will See Atypically Low Interest Rates." 30 May 2013, FP13.

Bergevin, Philippe, and Benjamin Dachis. "Provinces Must Join Training Effort." 22 March 2013, F P 11.

Bergevin, Philippe, and Finn Poschmann. "Reining in B D C; Ottawa Should Wind Back Its Capital Lending Limit." 12 February 2013, FP11.

—"Roll Back Margin Creeps; Crowns' Expanding Mandates Should Be Cut Back to Size." 7 February 2013, F P 11.

Bergevin, Philippe, and William B. P. Robson. "The Real Advantages of Real Return Bonds." 2 October 2012, F P 13.

Bitti, Mary Teresa. "Commercialization Conundrum; Canada Must Turn Ideas into Social and Economic Value." 3 April 2013, S R 1. Busby, Colin, and Alexandre Laurin. "An H S T for Alberta." 6 March 2013, A12.

Corcoran, Terence. "Debt, a Low Rate Mess." 16 May 2013, F P 1.

—"Stimulus till the Cows Come Home." 13 December 2012, A 1. Coyne, Andrew. "Back to Work; Productivity Only Fix for Economic Double Whammy." 4 September 2012, A 1.

—"Last Chance to Get It Right; Flaherty Should Think Long-Term for Budget Legacy." 19 March 2013, A 1.

—"More Phony Forecasts to Sap Public Purse." 23 February 2013, A4.

—"Parliament a Growing Charade; McGuinty, Harper Pushing Us

to the Point of No Return." 20 October 2012, A 22.

Crow, John. "No Virtue in Expanding BoC's Role." 14 December 2012, FP11.

Deveau, Denise. "Does the Net Benefit Test Make the Grade?; Transparency Issue; A Better Test May Be to Focus on National Interest." 10 April 2013, S R 1.

— "NAFTA Paves Positive Path for EU Deal; Patience Needed." 27 March 2013, SR2.

Evans, Charles L. "Easy Money under 'Modern Macro' Theory." 28 November 2012, FP13.

Found, Adam, and Peter Tomlinson. "Ontario School Tax a Burden to Business." 7 December 2012, F P 11.

Frum, David. "Investing in Our Future (Or Not)." 11 August 2012, A 23. Golombek, Jamie. "Taxing Issues in Quebec." 6 October 2012, F P 12. Greenwood, John. "Big Bank in Waiting; The E D C Has Expanded into an Emerging Global Banking Power. But Should a Crown Corporation Be in the Lending Business?" 23 February 2013, F P 6.

— "It's a Bit of a Problem; For Businesses Built around the Virtual Currency Bit Coin, Dealing with Real-World Banks Is Proving to Be Increasingly Difficult." 27 April 2013, F P 1.

— "NDP's Mulcair Takes Aim at RBC" 9 April 2013, FP3.

— "Porter 'Obvious Choice' for B M O Chief Economist; Succeeds Cooper." 15 December 2012, F P 2.

Halde, Jean-Ren. "B D C Occupies Unfilled Market Niche." 20 February 2013, FP11.

Heath, Jason. "Annuities." 5 September 2012, F P 8.

— "Making Your Home a Target; Report Critical of CPI Methodology."13 September 2012, FP1.

Herman, Lawrence, and Daniel Schwanen. "Deal a Big Step Forward."27 October 2012, FP19.

Hopper, Tristin. "Land Transfer Tax Hits Real Estate Sales." 11 October 2012, A8.

Isfeld, Gordon. "Carney Faces 'Enormous Challenges' in U K" 10 January 2013, FP1.

——"Persevere; Crow Sums Up BoC's Monetary Policy." 14 December 2012, FP3.

——"Poloz Sticks to Carney's Script; Long on Assurances, Short onDetail." 7 June 2013, F P 1.

——"Short Timeline Favours Macklem; BoC Governor." 4 January 2013, FP1.

——"Top Job at BoC Will Be Toss-Up." 27 November 2012, F P 1.

——"Uncertain World Faces New Governor; But Unlikely Poloz Will Cut Rates: Economists." 3 May 2013, F P 3.

Ivison, John. "Banker Fits the Political Bill; Surprise Pick for Governoron Same Page as Tories." 3 May 2013, A 1.

——"Liberal Passes Tories on Right; Garneau to Unveil Pro-Investment Economic Plan." 12 December 2012, A 1.

Kheiriddin, Tasha. "Everywhere You Look: A Case for Smaller Government." 2 May 2013, A 12.

La eur, Steve. "Don't Trash Outsourcing of Garbage Pickup." 4 September 2012, A12.

Laurin, Alexandre, and James Pierlot. "Pooled Pensions Need Tweaking." 27 September 2012, F P 11.

Leong, Melissa. "Top Earnerstake Hit." 29 January 2013, F P 1.
Marr, Garry. "Looking for Loopholes; Governments Can Search for New Ways to Tax the Rich, but It Doesn't Mean They'll Pay." 21 May 2013, FP3.

——"The Personable Economist; Questions & Answers." 1 February 2013, FP3.

Poschmann, Finn. "Does Debt Slow Growth?; Good Arguments on

Both Sides in This Debate." 30 April 2013, F P 11.

— "Monetary Apocalypse; Its Horsemen Gather in Moscow on Brink of Currency War." 15 February 2013, F P 11.

— "Off Target on In ation; New Fed Strategy Recalls the Same Low-For-Long Advice to Greenspan That Triggered US Housing Bubble." 14 December 2012, FP11.

— "Ottawa's War on Tax 'Avoision' Is Worrisome." 14 May 2013, F P 11.

— "Poloz: A Subtle Shift in Policy?" 3 May 2013, F P 11.

— "What If There Were No 1%-ers?; Income Distribution of 99% Remarkably Stable." 30 January 2013, F P 11.

Poschmann, Finn, and Daniel Schwanen. "Canada Reaps Ontario's Whirlwind." 1 February 2013, F P 11.

Poschmann, Finn, and Phillipe Bergevin. "A Bitcoin Primer; Digital Currency Holds Potential for Good and Bad." 10 May 2013, F P 11.

— "The Real Risky Lender; Flaherty Doesn't Have to Look Far for Risky Home Lending." 21 March 2013, F P 11.

— "Taxpayer-Lite Housing Finance." 7 June 2013, F P 11.

Schwanen, Daniel. "Drop Dogmatism on Chinese Investments." 27 November 2012, FP11.

Shecter, Barbara. "Drastic Spending Cuts May Be Needed; Time to Tighten Our Belts." 30 January 2013, S R. 1.

— "Pooled Pensions Remain a Dream." 19 November 2012, F P 1.

Shecter, Barbara, and Gordon Isfeld. "P R P P s May Tax Canada's Poor; C. D. Howe Report." 24 August 2012, F P 1.

Tedesco, Theresa. "Dickson Steers a Hard-Line Course." 23 May 2013, FP2.

Tedesco, Theresa, and Gary Marr. "Changes atop Shrinking C M H C." 7 May 2013, FP1.

— "US Economy Needs Clear Road Map." 5 June 2013, F P 15.

Watson, William. "Quebec's Besieged 'Rich.'" 19 October 2012, F P 11.

（5）《渥太华公民报》(*Ottawa Citizen*)

Argitis, Theophilos, and Andrew Mayeda. "Lobbyist Mines the Politics of Takeovers; Look at How Hill & Knowlton's Wide Range Helps It Land Work on Foreign Takeover Bids." 22 August 2012, D 1.

Coyne, Andrew. "Aging Population Could Be Flaherty's Final Challenge; Tackling Long-Term Issues Best Way to Ensure His Placein History." 19 March 2013, A 3.

— "Government Candour on Budgets Notoriously Haphazard." 23 February 2013, B7.

Crowley, Brian Lee. "Why We Should Worry about In ation." 15 September 2012, B6.

Heartfield, Kate. "McGuinty Was Long on Ideas, Short on Execution." 15 June 2013, B1.

Isfeld, Gordon. "'I Think It Was the Right Decision'; Carney Named Bank of England Chief." 27 November 2012, D 1.

Kennedy, Mark. "Budget Secrecy Emotions Out in the Open; P M, Flaherty under Fire after Calling Two Critics 'Partisan' Liberals." 6 March 2013, A1.

May, Kathryn. "P S Forced to Scrimp for Retirement." 7 December 2012, A2.

— "P S Unions Fear Pension Reforms Will Lead to 'Two-Tier' Workforce; 'This Takes Us Back to When Women Were Paid LessThan Men.'" 26 September 2012, A 1.

— "P S Workers to Pay More for Pensions; Conservative Reforms Will Also Create Two-Tiered Retirement System." 19 October 2012, A 1.
"Reality for M P s." 20 September 2012, A 10.

Shecter, Barbara. "Pooled Pensions 'A New Tax on the Poor'; Current Plans Resemble R R S P s With a New Coat of Paint." 24 August 2012, F1.

——"Warm to the Caribbean." 16 January 2013, A 12.

(6)《省报》(*Province*)

Brown, Robert. "Canada's Health System Isn't a Ponzi Scheme." 13 December 2012, A20.

Morgan, Steve. "B C Pharmacare Plan Is Tough Pill to Swallow." 19 June 2013, A16.

Sutherland, Jason, and Nadya Repin. "Hospital Funding Should Come With Strings." 1 May 2013, A 16.

(7)《多伦多星报》(*Toronto Star*)

Alamenciak, Tim. "How to Pay for the Repairs." 13 December 2012, G T. 2.

——"Per-Kilometre Driving Levy Will Face Hard Road Ahead." 4 April 2013, GT. 1.

Dachis, Benjamin. "H O T Idea to Ease Traffic Congestion." 15 May 2013, A19.

Flavelle, Dana. "Help Wanted: The Bank of Canada Is Looking for a New Governor. Candidates Must Be Exceptionally Well Qualified, Be an Exceptional Communicator in Both Of cial Languages, Have the Courage to Take a Stand to Support Principles and Policies, Be a Canadian Citizen." 8 January 2013, B 1.

Ferguson, Rob. "Province Urged to Pool Pensions: Annual Savings of $100 M Could Be Achieved, Report Says." 17 November 2012, S 18.

Flavelle, Dana. "C P P Could Fix Pension Crisis, Says Dodge: Former Bank Governor Disagrees with Ottawa on Merits of 'Pooled' Plans." 28 November 2012, B1.

Goar, Carol. "How to Modernize Canada's Science Policy: Report Sees National Research Council as a Bridge between Science and Industry." 17 June 2013, A 15.

——"Serious Think-Tank Invents Fanciful Index." 25 February 2013, A 15.

——"Uneasy Truce on Corporate Hoarding." 23 January 2013, A 15.

Johnson, David. "Labour Disputes Impair Learning: Research Reveals Negative Impact of School Strikes and Work-to-Rule Campaigns on Students' Performance." 10 December 2012, A 19.

Lu, Vanessa, Michael Lewis, and John Spears. "Surprise 'Outsider' Praised: Economists Welcome New Governor's Skills in Trade and Communication." 3 May 2013, B 1.

(8)《温哥华太阳报》(*Vancouver Sun*)

Brown, Robert L. "Canadian Health Care System Isn't a Ponzi Scheme." 19 December 2012, A13.

Bryan, Jay. "Don't Be Scared of Foreign Investment." 11 August 2012, D 4. Cayo, Don. "B C May Cope with Aging Better Than Most." 26 January 2013, C4.

——"Competition Law Favours Cartels over Consumers; Price Regulation May Be Justified in Some Natural Monopolies, but When Market Failures Occur, the Rules Often Go Too Far." 28 May 2013, C 2.

——"Pension Shortfall Worse Than Ottawa Admits; Collapse of Investment Returns That Set Back Retirement Dreams of Countless Canadians in the Private Sector Has Also Hit Government Plans." 27 December 2012, D7.

——"Perversity of Property Transfer Tax Is Confirmed in Toronto; Report Indicates the Fee Has Had a Negative Effect on Home Sales, Which May Also Be the Case for British Columbia's Province-Wide Levy." 13 October 2012, H4.

——"Pooled Pensions May Not Help Low, Middle-Income Workers; Much-Touted New Federal Plan Offers Little and Could Be Costly." 24 August 2012, D6.

——"Property Taxes Combine to Slow Business Development; Provincial Levy Once Funded Schools, but Now Goes to General Revenue." 11 December 2012, C3.

—"Time to Boost Our Flagging International Performance; Canada Must Preserve Its Profitable Relationship with the US While Developing Stronger Ties with the E U, Asia." 7 August 2012, B 9.

—"A Worker Shortage Looms, Yet Young People Can't Find Jobs; Commitment to a Long-Term Policy Is Needed to Give Youth a Strong Start." 9 April 2013, D 1.

Coyne, Andrew. "Government Candour on Budgets Is Haphazard; Ottawa, the Provinces Routinely Overspend." 23 February 2013, B 3.

Crowley, Brian Lee. "Even Two Per Cent In ation Will Diminish a Pension." 20 September 2012, A 13.

Finlayson, Jock. "The Centre of Economic Gravity Is Tilting." 4 December 2012, A15.

Fontaine, Daniel. "The 'Silver Tsunami' Is Already Here; Community Service Providers Help BC's Government Keep Senior Care Costs Down, While Maintaining Quality." 15 April 2013, A 11.

Gardner, Dan. "Canada's Economic Prudence Is Risky; Caution Has a Price." 1 September 2012, D 4.

Georgetti, Ken. "Companies Should Return Money to Government to Invest." 21 January 2013, A 8.

Isfeld, Gordon. "Carney Announces Departure from Bank of Canada; Governor Will Step Down June 1 to Take Reins of United Kingdom's Central Bank." 27 November 2012, C 1.

Lalonde, Marc. "Child Care a Surefire Investment for Government." 24 October 2012, A11.

Martin, Paul. "Pensions: There's More Than One Way to Count Your Chickens." 8 November 2012, A 16.

McKenna, Barrie. "Apprentice Rules Unhelpful: Report." 2 May 2013, B8.

Morgan, Steve. "B C's Fair Pharma Care Fares Poorly Compared with Other Systems." 12 June 2013, A 14.

——"Pension Reform Must Extend to Public Workers." 25 October 2012, A14.

——"Poloz Urged to Hike Interest Rates." 16 May 2013, C 1. Rainer, Hans. "Canada's Fossil Fuel Policy Myopic and Reckless."

1 December 2012, C7.

Richards, John. "C I D A-Still Avoiding the Dilemmas of 'Effective Aid.'" 15 April 2013, A 11.

——"Native Education Faces Obstacles; Generating Better School Outcomes for Aboriginals Will Take a Generation of Hard Work by All Stakeholders." 20 March 2013, A 13.

3. 贺维学会出版物选摘

Blomqvist, A ke, and Colin Busby. "Rethinking Canada's Unbalanced Mix of Public and Private Healthcare: Insights from Abroad." *C. D. Howe Institute Commentary*. 25 February 2015.

Boyer, Marcel. "The Value of Copyrights in Recorded Music: Terrestrial Ra-dio and Beyond." *C. D. Howe Institute Commentary*. 18 February 2015.

Busby, Colin, and Nicholas Chesterley. "A Shot in the Arm: How to Improve Vaccination Policy in Canada." *C. D. Howe Institute Commentary*. 12 March 2015.

Dachis, Benjamin. "Railroad Blues: How to Get Canada's Rail Policy Back on Track." 2 April 2015.

——"Tackling Traffic: The Economic Cost of Congestion in Metro Vancouver." *C. D. Howe Institute Commentary*. 9 March 2015.

Friesen, Jane, Benjamin Cerf Harris, and Simon Woodcock. "Expanding School Choice through Open Enrolment: Lessons from British Columbia." *C. D. Howe Institute Commentary*. 12 February 2015.

Gros, Barry, Karen Hall, Ian McSweeney, and Jana Steele. "The Taxation of Single-Employer Target Benefit Plans-Where We Are and Where We Ought to Be." *C. D. Howe Institute Commentary*. 4

March 2015.

Protti, Denis. "Missed Connections: The Adoption of Information Technology in Canadian Healthcare." *C. D. Howe Institute Commentary*. 26 March 2015.

Robson, William B. P., and Alexandre Laurin. "Challenges, Growth and Opportunity: A Shadow Federal Budget for 2015." *C. D. Howe Institute Commentary*. 14 April 2015.

Robson, William B. P., and Colin Busby. "By the Numbers: The Fiscal Accountability of Canada's Senior Governments." *C. D. Howe Institute Commentary*. 16 April 2015.

五、卡利登社会政策研究所

1. 基本情况

成立年份：1992年

所在地：渥太华

年度预算：约$1,000,000

人员：8人

智库负责人：肯·巴特尔（Ken Battle）

网址：www.caledoninst.org

谈到卡利登研究所，人们往往马上回想到他们的主任兼创始人肯·巴特尔。事实上，加拿大智库的负责人很少与其公共政策机构有着如此紧密的联系。巴特尔在渥太华的政策制定界被看作是最有见地的分析人士之一。他还担任着国家福利咨询委员会（National Council of Welfare）的主任，经常受邀进行社会和税务方面的咨询，包括养老金、儿童福利等。国家福利咨询委员会是国家健康福利部长的公民咨询组织，由于经费缩减，该组织被迫于2012年关门。①

---

① 国家福利咨询委员会结束辞，见戈尔的《哈珀抛弃了国家福利咨询委员会》。

在国家福利咨询委员会供职将近 15 年后,巴特尔非常了解民间政策机构对政府决策的重要性。作为穆罗尼政府最为直言的批评人士,巴特尔相信如果他一直担任国家福利咨询委员会一把手的话,他在这个机构的职位和这个机构的未来迟早会出问题。"当时,我开始寻找其他职位,"巴特尔后来说,"当我想着要尝试入主加拿大社会发展学会(CCSD),却发生了一件事"。①

这件事就是多伦多商人兼慈善家艾伦·布罗德本特(Alan Broadbent)想要资助一个有影响力的公共政策机构。虽然巴特尔起初找布罗德本特谈了几次资金的事情,希望布罗德本特能出资重建加拿大社会发展学会,但后者感兴趣的是新建一个研究社会和福利政策的机构,而不是改造一个现有的机构:"艾伦是那种具有社会良知的资本家,他非常想建立一个能产生影响力的组织……他问我是否愿意在一个新机构担任领导时,我答应了。"②

和布罗德本特谈过几次后,巴特尔制定了卡利登研究所的使命宣言,宣言中说:"卡利登社会政策研究所是一个开展社会政策研究和分析的领先的私营非营利性政策智库。作为一个不依靠政府资助的独立批评机构,卡利登社会政策研究所的宗旨是推进和影响公众及专家的意见,促进有关贫困和社会政策的公共讨论。卡利登社会政策研究所专注地为各级政府的社会方案改革、雇主和支援部分提供的员工福利改革制定和宣传具体而实用的建议方案。"③虽然卡利登社会政策研究所不会依赖政府资金,也"不附属于任何政党",它"欢迎来自个人或组织的慈善捐助,并且不时地接手政府或是非政府组织的合同项目,只要有助于而不是限定卡利登自身的研究日程。"④

在布罗德本特的美翠基金会(Maytree Foundation)近 30 万加元的资助下,卡利登社会政策研究所于 1992 年 2 月挂牌成立。现在,它预算中 100 万—200 万加元来自美翠基金会和其他具体项目的资助人。从成立之日起,卡利登社会政策研究所一直保持着精简的运作方式。一年召开一次会议的董事会只有 3 名成员,刚刚达到法律的最低要求。除了巴特尔,董

---

① 1998 年 12 月 16 日与肯·巴特尔的谈话。
② 同上。
③ 埃布尔森:《智库能发挥作用吗?》,第 47 页。
④ 见卡利登社会政策研究所网站(www. caledoninst. org.)"关于我们"。

事会还有布罗德本特、一名律师和一名财务分析师。"精简运作的优势是，如果需要的话，我们可以很快地调整方向，"巴特尔指出，"我们可以抢在政府前面，影响重大的政策和政治议程"。① 卡利登社会政策研究所的研究团队人数也很少，为巴特尔提供研究支持的包括卡利登副总裁谢里·托利曼(Sherri Torjman)，最近她撰写了几份包括社会支出、医保和财政安排在内的文章；高级学者迈克尔·门德尔松(Michael Mendelson)，他是安大略省前内阁副秘书，许多关于社会和财政政策的出版物都出自他手；两个政策研究助理；还有一个副研究员。卡利登社会政策研究所利用不太多的资源，已经建立起一个个不俗的出版项目。他们有关各种社会问题的评论文章在政策制定者、社会倡导机构和媒体间广泛流传，是巴特尔认为的"卡利登最有价值的产品"。虽然与弗雷泽研究所、贺维学会等其他智库比，卡利登社会政策研究所的媒体地位稍逊一筹，但是其对政策制定的贡献深受党派研究室掌门人和自身政策制定者的认可。②

2. 卡利登社会政策研究所报刊文章选摘

(1)《卡尔加里先驱报》(Calgary Herald)

Farkas, Joan. "Here to Stay." 27 November 2012, A 15. Kennedy, Mark. "Harper Poised to Announce Pension Cutbacks; BudgetSet for Thursday Release." 25 March 2012, F 1.

(2)《公报》(Gazette)

Mendelson, Michael. "Risk Too High for Quebec to Run Its Own Employment Insurance." 17 September 2012, 19.

(3)《环球邮报》(Globe and Mail)

Galloway, Gloria. "Need for Upgrades on Reserves Can't Wait, Former P M Says." 23 November 2011, A 4. Ibbitson, John. "Premiers to Face Off against Ottawa over Job Program."

22 July 2013, A3. McKenna, Barrie. "Canada Job Grant Program Is 'Deeply Flawed,' Report Says." 17 June 2013, B 5. Morrow, Adrian,

---

① 1998年12月16日与肯·巴特尔的谈话。
② 参见埃布尔森：《公众知名度和政策相关性》("Public Visibility and Policy Relevance")。

Curry, Bill. "Premiers Seek Opt-Out Clause on Training." 26 July 2013, A 3. Ryell, Nora. "She 'Believed in the Power of Community.'" 22 July 2013, S 10. Torjman, Sherri. "Private Money, Public Programs? There Will Always Be Strings." 8 May 2013, A 15.

(4)《全国邮报》(National Post)

Coyne, Andrew. "Jobs Grant Plan Needs Adjustment; If Provinces Want Citizens to Benefit, They Can Pony Up." 18 June 2013, A 4.

(5)《多伦多星报》(Toronto Star)

Goar, Carol. "Job Training Plan Needs an Overhaul." 21 June 2013, A 23.

— "Defunct National Welfare Council Finds a Saviour." 29 May 2013, A 19.

— "Harper Makes Unexpected Breakthrough." 16 December 2011, A 23. Monsebraaten, Laurie. "Institute Takes on Some Work From Welfare Council." 30 June 2012, A 11.

Whittington, Les. "Governments Eye Social Financing: May Take Years to See if This Experiment, Which Began in U K, Will Work." 10 Novem-ber 2012, A10.

— "Qualifying for Benefits Gets Tougher: Budget Pushes Jobless to Prove They're Not Passing Up Work." 13 April 2012, A6.

(6)《温哥华太阳报》(Vancouver Sun)

Fekete, Jason. "What Will OAS Deferral Mean?: Action Announced in the Budget Will Affect Canadians Now under Age 54." 31 March 2012, B2.

Jarvis, Lee. "Why a Genetically Modified Pig Is a Waste of Money." 14 April 2012, D3.

3. 卡利登社会政策研究所出版物选摘

Battle, Ken. "Child Benefits and the 2015 Federal Budget." *Caledon Institute of Social Policy*. April 2015.

Battle, Ken, and Sherri Torjman. "If You Don't Pay, You Can't Play: The Children's Fitness Tax Credit." *Caledon Institute of Social*

Policy. October 2014.

Battle, Ken, Sherri Torjman, and Michael Mendelson. "The 2015 Deficit-of-Ideas Budget." *Caledon Institute of Social Policy*. April 2015.

Hayes, Brigid. "What You Need to Know about the Canada Job Fund." *Caledon Institute of Social Policy*. December 2014.

Kesselman, Jonathan Rhys. "Family Tax Cuts: How Inclusive a Family?" *Caledon Institute of Social Policy*. November 2014.

Makhoul, Anne. "Social Assistance Summaries." *Caledon Institute of Social Policy*. March 2015.

Torjman, Sherri. "Cut the Tax Cut." Caledon Institute of Social Policy. January 2015.

——"Liveability-For Whom?" *Caledon Institute of Social Policy*. February 2015.

——"Symposium on Children of the Recession." *Caledon Institute of Social Policy*. January 2015.

Tweddle Anne, Ken Battle, and Sherri Torjman. "Welfare in Canada 2013." *Caledon Institute of Social Policy*. November 2014.

六、加拿大西部基金会

1. 基本情况

成立年份：1971 年

所在地：卡尔加里

年度预算：$1,500,000—2,000,000

人员：19 人

智库负责人：迪伦·琼斯(Dylan Jones)

网址：www.cwf.ca

加拿大西部基金会的成立可以追溯到 1970 年在莱斯布里奇(Lethbridge)召开的一次草原会议。那次会议达成了一个共识，即加拿大西部研究不但应该继续下去，而且还应扩大规模。这个决议导致了加拿大西部委员会的成立，并反过来确定了加拿大西部基金会的使命。基金会由加拿大西部委员会指导，后者"为该基金会在当前和未来的教育和研究活动提供指导"。① 基金会的预算约 200 万加元，来源于 1996 年一笔捐赠产生的利息，这笔钱到 2013 年已经超过了 850 万加元。②

基金会主要有三大目标："在国内和国际背景下开展和实施经济及社会特点方面的调查，以及西部和北部潜力的研究；教育公众认识西部对加拿大联邦在经济和社会方面的贡献；充当广泛辩论的催化剂。"③它的使命是"探讨与加拿大西部有密切关系的公共政策问题，根据地区目标检验全国性政策，保证全国政策讨论会和国家政策制定过程中能有效地听到西部的声音"。④

加拿大西部基金会建立了一个积极的研究计划，2013 年，增加了 3 个政策研究中心，分别聚焦贸易和投资、自然资源以及人力资本。⑤ 从成立以来，基金会针对从自由贸易对西部经济的效果到阿尔伯塔省慈善团体的管理，再到西部各省在墨西哥的投资机遇等各种问题发表了数百篇研究报告。基金会也出版一份季刊，名为《西部之窗》(Window on the West)，探索设计加拿大西部利益的社会、经济、环境和政治议题。基金会是要求扩大西部在议会中席位的积极倡导者，因此它资助了很多聚焦加拿大宪法改革的出版物和会议。然而，最近基金会的研究项目逐渐多样化，超越其过去在加拿大联邦中扮演的角色。在一个由加拿大西部四省（阿尔伯塔省、不列颠哥伦比亚省、曼尼托巴省、萨斯喀彻温省）代表组成的董事会的支持下，加拿大西部基金会积极地参与主要利益相关方，推进其使命。除了参与工作坊以及会议外，基金会的研究员积极与媒体互动。2013 年，有 23 篇评论文章被 40 多家媒体所引用。⑥

---

① 加拿大西部基金会《1997 年度报告》，第 1 页。
② 加拿大西部基金会《2013 年度报告》，第 25 页。
③ 加拿大西部基金会《1997 年度报告》，第 1 页。
④ 同上。
⑤ 加拿大西部基金会《2013 年度报告》，第 7 页。
⑥ 同上，第 8 页。

2. 加拿大西部基金会报刊文章选摘

(1)《卡尔加里先驱报》(*Calgary Herald*)

Breakenridge, Rob. "We Need Pipelines, Not Pipe Dreams." 12 February 2013, A16.

Brookman, George, and Brian Felesky. "Sustainable Funding Could Transform Calgary." 22 June 2012, A15.

Coad, Len. "Premiers Should Focus on Labour, Transportation." 25 July 2013, A13.

Corbella, Licia. "BC Residents Vote for the NDP at Their Peril." 11 May 2013, A15.

Cryderman, Kelly. "Harper Will Be among Mourners at Lougheed Memorial in Calgary; Public Invited to Line Up for Seating Startingat 10 AM." 21 September 2012, A4.

— "No Pipeline Resolution after Clark, Redford Have 'Frosty' Meeting; No Agreement Reached in Calgary Talks." 2 October 2012, A4.

Ewart, Stephen. "Feared Pipeline Bottleneck Has Arrived." 2 March 2013, C1.

— "Pipeline Would Benefit Saint John." 8 February 2013, D1.

Gibbins, Roger. "Securing Alberta's Respected Place in the World." 8 June 2012, A15.

Gray, Jim. "Be Bold, and Aim for Singles, Not Home Runs." 8 December 2012, A15.

Henton, Darcy, and Chris Varcoe. "Redford TV Address to Detail Fiscal Woes." 24 January 2013, A1.

Hussain, Yadullah. "Does Canada Need an Energy Champion?" 3 August 2012, E. 6. 200 Northern Lights.

Legge, Adam. "It's Time for the 'Alberta Advantage' Plan B." 28 December 2012, A15.

Lynch, Kevin, and Pau Woo Yuen. "Canada Must Act Before Asia Finds Energy Supply." 20 March 2013, A11.

O'Donnell, Sarah. "Province's Promise to 'Save' at Odds with Budget Woes; Albertans Want Savings, Insists Horner." 4 February 2013, A4.

O'Neil, Peter. "Equalization Could Kill Unity: Dodge; Former Bank Boss Warns of East-West Divide." 1 August 2012, A4.

Parker, David. "Colliers Tests Waters for New Tower." 26 October 2012, C2.

— "Foundation's Head Finds His Way Home." 29 November 2012, C2.

Roach, Robert. "Even an Imperfect Energy Strategy Is Worth Pursuing." 27 September 2012, A13.

Varcoe, Chris, Wood, James. "Dark Clouds Starting to Lift from Alberta's Economic Outlook." 3 June 2013, A1.

Vineberg, Robert. "Importing Trades people Is Just Part of the Solution." 12 December 2012, A15.

Volmers, Eric. "How the West Became 'Home'; Foundation Book Offers Some Fresh Points of View." 14 December 2012, D5.

Wood, James. "BC Election May Not Decide Alberta Pipeline Projects; Redford Intent Oil Will Get to West Coast." 11 May 2013, A4.

— "Horner Warns Budget Debate Is 'Going to Get Hairy'; Unions Warn of Cuts to Public Services." 5 March 2013, A4.

— "Meaningful Senate Reform Still Moving at Snail's Pace; Alberta Votes Considered an 'Anomaly.'" 29 December 2012, A4.

— "Province's Savings Strategy Not 'Best Solution,' Says Economist; Plan to Be Introduced Next Month." 12 February 2013, A8.

Yaffe, Barbara. "Ambivalence Could Be BC's Missed Opportunity." 13 March 2013, A10.

— "BC Urged to Mix Its 'Pinot Noir with a Bit of Coal Dust.'" 8 March 2013, A14.

Yedlin, Deborah. "Access to Asia Requires National Strategy." 9

June 2012, D1.

— "Prentice Grows into a New Role; Former Minister Emerges as Passionate Voice." 28 September 2012, D1.

Zickefoose, Sherri. "Report Underlines Importance of Infrastructure to Prosperity." 7 February 2013, B1.

(2)《公报》(*Gazette*)

De Souza, Mike. "Report Delivers Infrastructure Warning." 7 February 2013, A11.

Jones, Dylan. "The Challenge in Railway Safety; Canadians Have a Right to Expect Their Government to Regulate and Enforce Appropriate Safeguards." 18 July 2013, A19.

(3)《环球邮报》(*Globe and Mail*)

Curry, Bill. "Ottawa Looks to Boost Spending." 5 February 2013, A1.

Curry, Bill, and Shawn McCarthy. "Ottawa Feels the Oil-Price Pinch." 7 February 2013, A1.

Hume, Mark. "Canada Warned to Improve Energy Discussion." 10 October 2012, S1.

Ibbitson, John. "Why Is Senate Reform Stalled? Ask the PM." 11 August 2012, F9.

Trichur, Rita. "New Boss, New Way: Jean-Pierre Blais's Mission to Wake Up a Sleepy Watchdog." 3 November 2012, B1.

Wingrove, Josh. "It's Not Just about BC Any More." 11 May 2013, A4.

(4)《全国邮报》(*National Post*)

Berkow, Jameson. "National Interest Comes First, Report Says Selling Resources." 6 June 2012, FP2.

Corcoran, Terence. "The Price for Keystone." 12 February 2013, FP11.

Gerson, Jen. "Harper Names Businessman to Senate; Albertan

Appointed; Scott Tannas Advocates Term Limits, Reform." 26 March 2013, A8.

Hussain, Yadullah. "Alberta Takes New Direction on Pipeline; This Time It's North." 26 April 2013, A1.

—— "Big Problem, Small-Scale Solutions; Saskatchewan Deals with Pipeline Constraints." 24 May 2013, FP6.

Lynch, Kevin, and Kathy Sendall. "A Path to a Richer Canada; We Must Work Quickly to Establish the Policies and Infrastructure Necessary to Ship Canadian Energy Products to Asian Markets." 6 June 2012, A12.

O'Neil, Peter. "Plans Tied to West's Growing Clout; National Battlem Could Be Brewing if Oilsands Ownership Is Any Indication of What Is to Come." 29 May 2013, SR. 2.

—— "Wealth Gap Risks Unity, Dodge Says; Provincial Tension; Growing Disparity Could Cause Trouble." 1 August 2012, A4.

(5)《渥太华公民报》(*Ottawa Citizen*)

De Souza, Mike. "Failing Infrastructure Hurts Growth: Report." 7 February 2013, A3.

Taylor, Louisa. "Immigrant Conference Saved from Cutbacks; Think-Tank Sponsors Metropolis Meeting." 15 March 2013, C1.

Henton, Darcy. "Alberta Debates Sales Tax Again." 4 March 2013, A2.

(6)《多伦多星报》(*Toronto Star*)

Brennan, Richard J., and Petti Fong. "'A Real Man of the People': Despite Faults, Voters Loved the Populist Politician." 30 March 2013, IN1.

"Budget Basics; Alberta Can Start Saving Once the Red Ink Stops Flowing." 12 September 2012, A12.

Ewart, Stephen. "Politics at Play in the Oilpatch; Environment, Economics at Centre of Debate." 1 September 2012, A3.

Hébert, Chantal. "Harper Poised to Put Senate Reform on Ice." 18 September 2012, A6.

Steward, Gillian. "Western Cities Paint Themselves Green." 23 October 2012, A19.

Stirrett, Shawna. "Innovation's the Thing." 22 December 2012, IN6.

(7)《温哥华太阳报》(*Vancouver Sun*)

Bodkin, Jill. "Women of a Certain Age Wield Influence." 25 April 2013, A13.

Cayo, Don. "Worry Less about How Energy Is Produced, More HowIt's Wasted; Much Power Is Lost between Source and Fixture, No Matter How It's Generated." 27 May 2013, C6.

Coad, Len. "The North Needs a Coherent Energy Development Plan."15 June 2013, C4.

Gibbins, Roger. "Competing Interests Have Value in Northern Gateway Debate." 15 July 2013, A7.

Holden, Michael. "Western Premiers Need to Pitch Coordinated Infrastructure." 20 June 2013, A15.

O'Neil, Peter. "Provincial Wealth Disparity Could Destroy Federation; Fiscal Transfers Can Breed Disrespect, Resentment and Distrust, Essay Warns." 1 August 2012, B2.

Yaffe, Barbara. "Ambivalence to Canada Could Be Missed Opportunity for BC; Academic Says the Province Should Start Assuming a Leadership Role." 7 March 2013, B2.

——"The West Presents Trudeau with His Greatest Challenge." 24 April 2013, B2.

Yedlin, Deborah. "Canada Must 'Think Big' on Energy Strategy to Tap Asian Markets." 16 June 2012, C4.

3. 加拿大西部基金会出版物选摘

Bandali, Farahnaz. "Shedding Light on the TFW Program."*Canada*

West Foundation. December 2014.

——"Work Interrupted: How Federal Foreign Worker Rule Changes Hurt the West." *Canada West Foundation*. March 2015.

Cleland, Michael. "From the Ground Up: Earning Public Support for Resource Development." *Canada West Foundation*. May 2014.

Dade, Carlo. "The Business Case for Alberta to Provide International Aid." *Canada West Foundation*. December 2014.

Harder, Catherine, Geoff Jackson, and Janet Lane. "Talent Is Not Enough: Closing the Skills Gap." *Canada West Foundation*. September 2014.

Lane, Janet, and Naomi Christensen. "Competence Is the Best Credential." *Canada West Foundation*. April 2015.

Law, John, and Carlo Dade. "Construire sur notre avantage: Améliorerl'infrastructure commerciale du Canada." *Canada West Foundation*. November 2014.

McLeod, Trevor. "Walkin' the Walk: Five Steps to Efficient Cities." *Canada West Foundation*. March 2015.

Sajid, Shafak. "Restoring Trust: The Road to Public Support for Resource Industries." *Canada West Foundation*. July 2014.

Stirrett, Shawna. "The Missing Link: Constructive Ideas for Improving Urban Environmental Outcomes." *Canada West Foundation*. December 2013.

七、加拿大另类政策中心

1. 基本情况

成立年份：1980年

所在地：渥太华（总部）

年度预算：$5,500,000

人员：大于40人

智库负责人：布鲁斯·坎贝尔(Bruce Campbell)

网址：www.policyalternatives.ca

加拿大另类政策中心由史蒂芬·兰登(Steven Langdon)、彼得·芬得利(Peter Findlay)、罗伯特·克拉克(Robert Clarke)等一批学者和劳工经济学家创立。这些来自工会和左翼政治组织各方面的代表，"看到了成立一个独立的左翼研究机构以抗衡费雷泽研究所、贺维学会这些右翼研究所的必要性"。[1] 与倾向于自由市场的贺维学会、弗雷泽研究所不同，加拿大另类政策中心认为"社会和经济问题不应该只由市场或政府决定"。该中心"致力于开展研究反映女性、员工、教会、合作机构和志愿机构以及少数民族和弱势群体，而不仅仅是男性、企业、政府以及富人所共同关切的问题"。[2]

从成立以来，加拿大另类政策中心针对各类社会、政治和经济政策问题发表了数百篇经同行评议过的报告、研究和专著，所调查的主题包括性别歧视和性别平等、贸易、贫困以及人权问题。1994年，该中心出版月刊《通讯》(*The Monitor*)，月刊在新编辑团队的扩展下有新的涉猎，经历了明显变化。1995年，该中心又开始发表《另类联邦预算》(*Alternative Federal Budget*)，顾名思义，收录了一些提出政府支配财政收入的其他方式的文章。除了通过出版刊物传递观点之外，另类政策中心还与工会以及其他非政府组织的政策制定者和代表密切合作，促成相关议程。它还认识到与媒体保持紧密联系的重要性，根据中心自己的调查，中心是加拿大国内媒体引用最多的智库之一。[3] 中心会紧密追踪它在报纸、电台、电视和社会媒体上的曝光率。[4]

加拿大另类政策中心550多万经费预算主要来自超过1.2万个组织

---

[1] 埃布尔森：《智库能发挥作用吗?》，第196页。
[2] 同上。
[3] 加拿大另类政策中心《2014年度报告》，第26页。
[4] 同上。

和个人的捐赠。① 其中大约有一半会用于研究。② 中心也会接受政府和非政府组织的委托,提供研究工作。中心的总部位于渥太华,有10多个员工在这里工作。1997年,该中心在曼尼托巴省、不列颠哥伦比亚省、新斯科舍省和萨斯喀彻温省设立了办事处,将运作范围扩展到首都以外。中心还在多伦多设立了办事处。

2. 加拿大另类政策中心报刊文章选摘

(1)《卡尔加里先驱报》(*Calgary Herald*)

Breakenridge, Rob. "Beer and Wine Should Be Sold in Grocery Stores." 6 November 2012, A14.

——"Federal Belt-Tightening Must Be Shared." 12 June 2013, A14.

Fekete, Jason. "Cries Growing Louder for Federal Tax Reform." 12 March 2013, A4.

Gudowska, Malwina. "The Space between Us: A Letter from London." 22 February 2013, SW24.

Harding, Brent. "Ample Supply." 8 November 2012, A13.

Healing, Dan. "Executive Pay 'a Bit of a Mess'." 28 June 2013, E6.

May, Kathryn, and Derek Spalding. "Report Says 29,000 Federal Jobs Face Axe." 8 April 2013, A9.

Middlemiss, Jim. "P3 Advocates Targeting City Hall." 2 May 2013, D8.

Oakey, Terrance. "It's Time for Unions to Become More Transparent." 3 August 2012, A11.

Stephenson, Amanda. "Shaw Execs Earn $30 M." 8 January 2013, D1.

Van Loon, Jeremy, and Andrew Mayeda. "PM, Industry at Odds on Tax; Oilsand Firms Say Carbon Levy May Help." 2 February 2013, C4.

(2)《环球邮报》(*Globe and Mail*)

"Accountability Is Key." 20 June 2013, A14.

---

① 加拿大另类政策中心《2014年度报告》,第42页。
② 同上。

Anderssen, Erin. "The Learning Curve/Reinventing Higher Education." 6 October 2012, F1.

Bradshaw, James. "The Formula: More Graduates-and More Paths to Good Jobs." 13 April 2013, M1.

Bula, Frances. "Mayors Seek Share of Carbon-Tax Cash from Province." 12 September 2012, S1.

Carmichael, Kevin. "As Strong Loonie Pinches Manufacturing, Carney Faces Auto Workers." 20 August 2012, B1.

Eichler, Leah. "The High Cost of Violence against Women." 20 July 2013, B17.

"Forecast Deficits Lead to Austerity Push in New foundland." 25 March 2013, A4.

Freeland, Chrystia. "The Simmering Stew of Income In equality." 17 May 2013, B2.

Hume, Mark. "BC's Push for Carbon Neutrality Falters." 27 March 2013, S1.

— "Groups Unite to Make Climate Change an Election Issue." 6 February 2013, S3.

— "Huge Markup on Carbon Offsets." 14 February 2013, S1.

Graham, Jennifer. "Saskatchewan Adds Private Liquor Stores to Retail Mix." 6 November 2012, A11.

McCarthy, Shawn. "Economists Warn of Canada's 'Bitumen Cliff.'" 21 February 2013, B5.

Robinson, Matthew, and Josh O'Kane. "Corporate 'Dead Money' Risesto Buoy GDP." 1 September 2012, B6.

Serson, Scott. "Indian Act Shackles." 21 June 2013, A12.

Simpson, Jeffrey. "We've Made a Choice: Health, Not Education." 12 September 2012, A17.

Stanford, Jim. "The Tax Cycle Is Turning, for the Better." 7 June 2013, A15.

Stueck, Wendy. "BC Introduces Carbon Program for Private Sector." 2 July 2013, S1.

Yakabuski, Konrad. "Inequality, Yes, but Canada's in a Sweet Spot." 18 March 2013, A11.

Yalnizyan, Armine. "Welcome to Canada's Wageless Recovery." 3 November 2012, B7.

(3)《全国邮报》(*National Post*)

Blaze, Kathryn. "Thinking Outside the Tank; The Fraser Institute's Success Has Inspired the Growth of Other Public Policy Think-Tanks, and Rather Than Worry, It Embraces the Competition." 5 May 2012, A10.

Byers, Michael, and Stewart Webb. "Start from Scratch." 25 June 2013, A8.

Coyne, Andrew. "Why We Need Investments Alberta-Style; Gains Will Pay Dividends for Generations." 6 April 2013, A4.

Cross, Philip. "The Logic Cliff; 'Bitumen Cliff' Report Demonizes Canada's Resource Boom." 26 February 2013, FP11.

Foster, Peter. "Going for the Capitalist Jugular." 16 November 2012, FP11.

Isfeld, Gordon. "Jobs, Jobs, Jobs, Jobs, Jobs, Jobs; Part-time Gains Reverse July's Losses as 34,300 Find Work in August." 8 September 2012, FP1.

Lewis, Jeff. "Alberta Must Avoid 'Staples Trap': Report." 22 February 2013, FP4.

——"A New Model for Social Services." 12 November 2012, A10.

——"A New Way of Giving." 2 June 2012, FP20.

Ryan, Sid. "The Case for Zero Tuition." 1 June 2012, A16.

Stanford, Jim. "Manufacturing Success." 7 August 2012, FP6.

Yalnizyan, Armine. "Sorry, Andrew Coyne, But Income Inequality is a Real Problem." 21 December 2012, A14.

(4)《渥太华公民报》(*Ottawa Citizen*)

Butler, Don. "Charity Sues 'Workspace Collective' over Trademark Dispute; Organization Serving Developmentally Disabled Says It Has Used Under One Roof Name Since 1995." 28 November 2012, D5.

Culpeper, Roy, and John Jacobs. "CETA Undermines Canada's Ability to Benefit from Increased Trade." 8 March 2013, A11.

Fekete, Jason. "Government Earmarks $850 M for Public-Service Severance." 18 May 2012, A3.

Heartfield, Kate. "Ontario Can Sell the LCBO without Losing Money; The Strongest Defence of the Status Quo for Booze Sales Is That It Will Cost the Province Vital Revenue." 28 February 2013, A12.

May, Kathryn. "29,600 PS Jobs to Be Lost by 2015." 17 May 2012, A1.

——"National; Aboriginal Children Living in Poverty." 19 June 2013, A5.

Pugliese, David. "Sub Damage Still Being Assessed Two Years Later; Delay on Repairs for HMCS Corner Brook Just the Latest Snag for Canadian Fleet." 24 July 2013, A1.

Smith, Teresa. "Lectures at the Laf? Don't Laugh, It's True; The By Ward Market Pub is to Host a Debate on Public Education." 4 March 2013, C3.

Taylor, Louisa. "Head to FEMICON, Where All Women Are Superwomen; Accent on Humour at Women's Day Event." 8 March 2013, C3.

Yalnizyan, Armine. "Does Wealth Have Too Much Power in Canada?; YES." 10 May 2013, A11.

(5)《多伦多星报》(*Toronto Star*)

Alamenciak, Tim. "What We Can Learn from the West: Liquor Prices in Privatized Provinces Generally More Expensive, but Bargains Can Be Found." 5 December 2012, A6.

—"Alternatives Dwindling in Province: Austerity Measures Not Helping Ontarians." 22 March 2013, A22.

Aulakh, Raveena. "Fretting about Fracking: Regina-based Filmmaker Studies Effect on Air, Water and Our Health." 7 February 2013, A15.

Benzie, Robert. "Austerity Measures Not Helping Ontarians." 18 March 2013, A1.

Brennan, Jordan, and Jim Stanford. "Inequality's Exorbitant Price: The Growing Income Gap Is Not Just a Problem for the Poor, but Hurts All of Us-Economically, Fiscally and Socially." 28 December 2012, A19.

Campion-Smith, Bruce. "Arctic Patrol Ships Will Be White Elephants, Report Warns." 12 April 2013, A3.

Daubs, Katie. "Rogers CEO Plans to Retire." 15 February 2013, A2.

Flavelle, Dana. "After the Apology: Royal Bank CEO Gord Nixon Did the Right Thing in Saying Sorry, Experts Say. But the RBC Outsourcing Controversy Has Stoked Fears about the Future of Canada's Middle Class." 13 April 2013, B1.

—"Give Students a Tuition Break." 5 March 2013, A14.

—"High-Flying Loonie Looms over Auto Talks: CAW Says It Is Being Unfairly Blamed for High Production Costs." 22 August 2012, B1.

—"Nearly Six Jobless for Every Vacancy, StatsCan Reports: Skills Training Plan Not Enough, Critics Say." 21 March 2013, B1.

—"Outsourcing to India Has Become a Booming Business: Companyat the Heart of Current Outsourcing Controversy is Growing Exponentially." 10 April 2013, B1.

—"The Rising Tide of Household Debt: Despite the Warnings, Canadians Just Keep Borrowing More Money." 27 October 2012, S13.

—"Some Executives Earn Their Money: Top 100 Chief Executives in Canada Earned $7.7 million on Average." 5 January 2013, IN7.

——"Squeeze Signals End of the American Dream." 28 July 2012, B3.

——"Why Companies Sit on Their Cash: Bank of Canada Is Pushing Firms to Re-Invest in Themselves or Pay Big Dividends toShareholders." 17 September 2012, A6.

Goar, Carol. "Flaherty Set to Tighten Screws." 20 March 2013, A21.

——"Jobless Youth Will Carry Lasting Scars." 12 October 2012, A23.

Harper, Tim. "Watchdog Would Have Welcomed Firing." 18 May 2012, A9.

Hennessy, Trish. "Hudak's LCBO Plan Fails Breathalyzer Test: With the Province Struggling to Trim Its $14-Billion Deficit, It Makes No Sense to Pour $1.66 Billion in Annual Liquor Revenues Down the Drain." 5 December 2012, A27.

Kalinowski, Tess. "Finding the Transit Tax 'Sweet Spot': Lower-Income Citizens Have a Lot to Lose from Transit Taxes-but Even More to Gain." 23 May 2013, GT.2.

Kenyon, Wallace. "Undergrad Tuition up 5 per Cent in Canada: New Stats Can Figures Show Ontario Still Has Country's Highest Fees." 13 September 2012, A6.

——"Let's Put the Kids First." 31 May 2012, A22.

Lu, Vanessa. "Free Trade Divide, 25 Years after Deal: Economists Spliton Whether Agreement with US Was Good for Canada." 4 October 2012, B1.

Lu, Vanessa, Michael Lewis, and John Spears. "Surprise 'Outsider' Praised: Economists Welcome New Governor's Skills in Trade and Communication." 3 May 2013, B1.

Mackenzie, Hugh. "Inequality Frays the Ties That Bind." 31 December 2012, A13.

Mackenzie, Hugh, and Trish Hennessy. "Tight-Fisted Ontario Going Nowhere Fast." 20 March 2013, A21.

Monsebraaten, Laurie. "Report Finds Little Progress in Creating Gender Equality." 24 April 2013, A8.

— "Strategy Urged for Domestic Violence." 11 July 2013, A2.

Nino Gheciu, Alex, and Laurie Monsebraaten. "Rise in Retail Jobs Raises Red Flags: Unstable, Low-Paying Sector Now Largest Percentage of Workforce in Canada, Stats Can Survey Finds." 27 June 2013, A1.

Olive, David. "Canada Day Biz Quiz: Test Your Mettle on Facts, Statsand Other Trivia about the Nation." 1 July 2012, A13.

Parsons, Margaret, and Moya Teklu. "Money Does Indeed Talk: And Most of It since the Scarborough Shootings Has Gone toward Policing." 27 July 2012, A19.

Siddiqui, Haroon. "Linc Alexander's Unfinished Business." 25 October 2012, A21.

— "Thanks to Our Partners and Sources." 2 October 2012, V3.

— "Think-Tank Numbers Disputed: Rethinking Maritime Union." 4 December 2012, A22.

Walkom, Thomas. "Canada's Latest Commodity Trap." 21 February 2013, A12.

— "EU Free Trade Deal Bad for Ontario." 20 September 2012, A17.

Ward, Olivia. "Revisiting the Price of Cheap: Workers' Rights in Spotlight as Death Toll Continues to Rise." 5 May 2013, A6.

Watson, Paul. "Canada Takes Helm of Arctic Forum: Safe Shipping, Economic Development Named as Priorities as Two-Year TermBegins Wednesday." 13 May 2013, A4.

Whittington, Les. "Ottawa Eyes Controversial Way to Fund Social Services: Social Impact Bonds Are Used in US and Britain, but Private Sector Influence Worries Some." 9 November 2012, A6.

— "Can Unions Save Middle Class?: When Union Membership Thrives, so Does the Middle Class, Studies Show. But Lately, in an Everybody-For-Themselves Age of Globalization and Anti-Labour

Legislation, Both Have Been Suffering." 1 September 2012, IN1.

Zerbisias, Antonia. "Generation NOW: Four Young Activists Speakabout Their Work to Shape Canada's Political Future." 5 October 2012, A4.

(6)《温哥华太阳报》(*Vancouver Sun*)

Anderson, Fiona. "Hungry for Power; BC Hydro Expects Demand for Electricity to Soar Over the Next 20 Years—But How to Best Address the Need Is a Subject of Much Debate." 23 June 2012, D2.

— "BC Should Axe the MSP 'Tax.'" 2 February 2013, D3.

Boyko, Ian. "Low Taxes Far from Top Concern for Young, Skilled Workers." 8 February 2013, A10.

Bramham, Daphne. "BC Is the Worst Place in Canada to Be a Kid; Victoria and Ottawa Share the Blame for Not Doing Enough to Eliminate Child Poverty at Time When Money Was Spent on Other 'Priorities.'" 9 July 2013, A9.

Calvert, John, and Marc Lee. "Clark Government Brews Recipe for RateHikes; Subsidizing Dirty Industries with Expensive Clean Electricity Will Raise Cost of Power for Consumers." 20 June 2012, A11.

Cayo, Don. "BC's Tax Well Not Yet Dry: Left-Leaning Analyst." 24 April 2013, C3.

— "For Better or Worse, Referendums Give Power to People; British Columbia Leads Canada in Giving Voters a First-Hand Voice on Matters." 30 March 2013, D1.

— "How Far and How Fast Should We Go With Referendums?; Even the Most Populist Leaders Know the Masses Can't Decide Every Issue." 2 April 2013, C1.

— "The Next Government Must Start to Tackle Problems with Long-Term Financial Implications; Your Decision 2013." 23 April 2013, C5.

— "A Vancouver Family's 'Living Wage' Is More Than What Most Earn." 3 May 2013, C2.

Coleman, Rich. "Keeping Hydro Rates Affordable for BC Families." 22 June 2012, A11.

Culbert, Lori. "Despite Gains, People Still Sleep on the Streets; Shawna Taylor Travelled a Long Road to Find a Small Apartment and Safety." 11 May 2013, A6.

Daub, Shannon, Seth Klein, and Randy Galawan. "British Columbians Are Ready for a Thoughtful Talk about Taxes." 4 December 2012, A14.

Erkiletian, Jim. "Let the Chinese Buy Up Canada, They Might Run It Better." 28 August 2012, A10.

Finlayson, Jock. "What Is the Right Size for the Public Sector?" 30 May 2012, A11.

Fowlie, Jonathan. "Coalition Champions Rainforest Protection; Push for BC to Complete Great Bear Agreements Competes in Crowded Election Agenda." 7 February 2013, A2.

Griffin, Kevin. "Hydrochloric Acid, Antifreeze among Chemicals Usedin Fracking; Environment Canada Wants Industry to Disclose Moreon Manufacturing Process." 4 May 2013, E10.

Griffin Cohen, Marjorie. "BC Grapples with Forest Health, Harvests after Pine Beetle Damage; Opening Up Reserves, Finding Uses for Dead Wood and Taking Inventory of Timber Are Key Issues." 3 November 2012, H3.

— "Women Bear Brunt of Poor Policy; In British Columbia, Public Policy Changes Have Resulted in Smaller Paycheques for Female Workers." 17 December 2012, A9.

Hamilton, Gordon. "Counting Province's Trees Tops To-Do Lists; ButParties Differ on How to Manage Forests in the Post-Mountain Pine Beetle Era." 16 April 2013, C2.

Hoekstra, Gordon. "Great Bear Rainforest's Green Gold; Critics Say Conservancy Project Does Not Meet a Key Credibility Test for Carbon

Credits." 19 January 2013, A11.

Hughes, Dave, and Ben Parfitt. Depleting Natural Gas Reserves Makes No Sense for the Province." 15 November 2012, A17.

Klein, Seth, and Iglika Ivanova. "The Case for Higher Taxes; It's Time for BC to Raise and Reform Taxes." 29 January 2013, A11.

Lee, Marc. "Natural Gas Strategy Nothing More Than a Fairy Tale." 20 October 2012, C4.

— "What's Next for BC's Carbon Tax?; In 2013 Budget, Government Will Face Key Decision on the Future of the Tax." 14 January 2013, A9.

May, Kathryn, and Derek Spalding. "More Front-Line Jobs to Be Cut." 8 April 2013, B3.

McInnes, Craig. "Alberta Faces Tough Tax Choices as Tide Goes Out on Oil Revenue." 2 February 2013, D4.

— "Bloated Bills Prompt Review of Pacific Carbon Trust; The 'Next Administration' Likely Will Be Taxed with Taking Action." 15 February 2013, A3.

— "Clark's Jobs Plan Goes Head to Head with Campbell's Climate Action Plan; Liquefied Natural Gas Bonanza Won't Fit Under Emissions Cap." 12 October 2012, A3.

— "Shrinking Government Trend Started under NDP." 15 April 2013, A11.

— "Numbers +6.2%." 12 September 2012, C1.

O'Neil, Peter. "Tories Signal Opposition to New Democracy Tool; NDPMP Kennedy Stewart's E-petition Proposal Has Support across the Political Spectrum, but Not in the Prime Minister's Office." 14 June 2013, B2.

Palmer, Vaughn. "Distrust Is Green Scheme's Fatal Flaw; Independent MLA Bob Simpson Wants Ouster of Pacific Carbon Trust Board, to Start." 3 April 2013, A3.

— "When It Comes to Taxes, Even the NDP Doesn't Want to Be the

NDP of Yore; Dix Rejects Significant Tax Increases If His Party Forms the Next Government." 1 December 2012, A3.

Parfitt, Ben. "Lift on Logging Restraints Would Be Ill-Advised." 7 August 2012, A11.

— "LNG Projects Make No Sense; Aside from Adding to BC's CO2 Emissions, the Plants May Not Be Built before the Market Is Flooded." 17 July 2012, A9.

— "Water Withdrawal Stats Run Dry; Nestle Will Voluntarily DiscloseSuch Vital Information, but BC Government Doesn't Seem Interestedin Asking." 30 July 2013, A11.

Rowswell, Sheila. "Higher Income Taxes Pay for a More Civil Society." 2 February 2013, D3.

Saxifrage, Carrie. "Give Trees (and Frogs) a Break; Provincial Forestry Policies Neither Protect the Environment nor Provide Jobs in Exchange for Favourable Tax Rates." 26 December 2012, A19.

Sherlock, Tracy. "Living Wage Gives Boost to Staff Struggling to Makea Living; More Employers Committing to Pay Workers Enough to Meet Basic Needs." 29 June 2012, C2.

Simpson, Scott. "BC Needs Greater Scrutiny of Industrial Water Use, Report Says; Province Should Be Tracking Consumption, Making Data Available to Public." 15 November 2012, D1.

Stevens, Clare M. "Readers Answer Call for a Talk about Taxes." 11 December 2012, A15.

Veldhuis, Niels, and Jason Clemens. "Inequality Debate Full of Bluster; Myopic Arguments about Income Disparities Lead to Misunderstandingsand Eventually Bad Public Policy." 3 January 2013, A15.

Weiler, Anelyse, and Gerardo Otero. "Reforms Needed to Grant Temporary Workers More Protection." 16 March 2013, C4.

Wilkinson, Andrew. "Wave Goodbye to Skilled Labourers; Long-

Term Consequences of Higher Taxes Include Young Graduates Leaving for Greener, Lower-Taxed Pastures." 4 February 2013, A9.

(7)《温尼伯自由新闻报》(*Winnipeg Free Press*)

Bernas, Kirsten. "City Cuts Impede Fight Against Poverty." 22 January 2013, A7.

Black, Errol. "Workers under Threat by Right-to-Work Movement." 1 September 2012, J.6.

Fernandez, Lynne. "Don't Cut Taxes of Wealthy Manitobans." 20 April 2013, A17.

Finlayson, Jock. "Cost of the Public Sector in Canada." 29 May 2012, A10.

Flavelle, Dana. "CPP Could Fix Pension Crisis, Says Dodge: Former Bank Governor Disagrees with Ottawa on Merits of 'Pooled' Plans." 28 November 2012, B1.

Harper, Tim. "Rethinking Maritime Union." 30 November 2012, A16.

Hudson, Peter. "Taxes Reduce Inequality, Provide Vital Public Services." 11 July 2013, A15.

Kusch, Larry. "Group Pleads for More Welfare Rental Aid." 15 February 2013, A14.

——"Make Corporations Pay: MFL." 18 April 2013, A4.

McCraken, Molly. "Premiers' Focus on Transfers." 24 July 2013, A9.

Rabson, Mia. "Richest Manitobans See Biggest Growth." 9 February 2013, A4.

Rappaport, Lissie. "Sherbrook Pool-Worth Every Cent." 24 June 2013, A9.

Reimer, Brendan. "Cuts to Co-Ops Costly." 14 June 2012, A15.

Sanders, Carol. "Rally Prompts Province to Cover Health Benefits." 16 May 2013, A8.

Silver, Jim. "Errol Black: 'Manitoba's Best Trade Unionist.'" 12 November 2012, A11.

Walkom, Thomas. "Hockey, NAFTA and Why the 1% Has It All." 17 November 2012, A8.

—— "Ontario Helps Kill Green Plan." 22 November 2012, A8.

Welch, Mary Agnes. "Tempers Still Hot at PST Hearing." 5 July 2013, A8.

3. 加拿大另类政策中心出版物选摘

Behrens, Matthew. "FINTRAC: Canada's Invasive 'Financial Waragainst Terror.'" *The Monitor*. April 2015.

Findlay, Tammy, and Stella Lord. "A New Economy Needs Child Care." *Canadian Centre for Policy Alternatives*. 28 April 2015.

Forsey, Helen. "Excerpt: Envisaging a People's Senate, by Helen Forsey." *The Monitor*. April 2015.

Fuller, Colleen. "Cambie Corp. Goes to Court: The Legal Assault on Universal Health Care." *Canadian Centre for Policy Alternatives*. 27 April 2015.

Ismi, Asad. "Canada and the US Go Digging for Regime Change in Venezuela." *The Monitor*. April 2015.

Ivanova, Iglika, and Seth Klein. "Working for a Living Wage 2015: Making Paid Work Meet Basic Family Needs in Metro Vancouver." *Canadian Centre for Policy Alternatives*. 29 April 2015.

Khoo, Cynthia, and Steve Anderson. "How Small Towns Are Driving Canada's Digital Future." *The Monitor*. March 2015.

Mason, Peggy. "Countering Islamic State: A Failing Strategy." *The Monitor*. April 2015.

Ruby, Clayton, and Nader R. Hasan. "Bill C-51: A Legal Primer." *The Monitor*. March 2015.

Sali, Meghan, and Steve Anderson. "How the Digital Privacy Act Could Attract Copyright Trolls to Canada." *The Monitor*. April 2015.

八、加拿大社会发展学会

1. 基本情况

成立年份：1920年

所在地：渥太华

年度预算：$1,500,000—2,000,000

人员：4人

智库负责人：佩吉·塔永（Peggy Taillon）

网址：www.ccsd.ca

加拿大社会发展学会是加拿大最老的社会政策研究所。学会的使命简明扼要：致力于"通过实证、合作和设计在加拿大建立一个更强、彼此更加关心的社区"。① 用三分的方式解决复杂社会问题并提出可能的解决方案，这种方法成了组织的基石。基于所累积的证据，学会接着便依靠它和慈善家、非营利组织、许多政府部门和机关代表、私营部门的个人和企业所组织的伙伴关系网络，一起讨论以最好的方式让关键利益相关方走上台面，从而获得政策牵引。一旦这一步完成，学会把注意力转向如何把设计建议战略性地推广至政策制定者和公众。在学会的辉煌历史中，它还尝试同时给联邦政府和省政府在一些关键举措上留下不可磨灭的影响。在它的网站上，学会重点突出了其四项成就：

- 20世纪20年代，加拿大社会发展学会帮助形成了第一个老年退休金；
- 20世纪30年代，加拿大社会发展学会推广了就业保险的理念；
- 20世纪80年代，加拿大社会发展学会聚焦了原住民儿童的困境；
- 在最近几十年，加拿大社会发展学会论证了全国儿童福利计划是一项明智的投资，并且为帮助贫困家庭倡导引入了税收抵免（tax credit）。②

在渥太华医院前任高级副总裁佩吉·塔永的领导下，加拿大社会发展

---

① 加拿大社会发展学会网站（ccsd.ca），见"关于我们"。
② 同上。

学会依靠一个由7人组成的董事会以及个人捐赠者的慷慨支持,在加拿大社会政策的辩论中走在前线。

2. 加拿大社会发展学会报刊文章选摘

(1)《多伦多星报》(Toronto Star)

Delacourt, Susan. "Never Mind How Many Wise Men There Were." 20 December 2010.

Kidd, Kenneth. "Coming Soon: Good Life Index." 10 June 2009.

Ogilvie, Megan. "Health at Risk If Long-Form Census Scrapped: Experts." 3 September 2010.

Scallan, Niamh. "Did Mariam Struggle to Fit into Her New Life?" 17 March 2012, GT1.

Steenberg, Pat. "Our Budget Woes Are Self-Inflicted." 21 May 2013, A15.

(2)《环球邮报》(Globe and Mail)

Ewing-Weisz, Chris. "Trailblazing Saskatchewan Judge Fought againstPoverty and Social Injustice." 3 November 2011, S7.

Ibbitson, John. "The Aboriginal Population: Younger and More Troubled." 9 May 2013, A16.

(3)《渥太华公民报》(Ottawa Citizen)

Taillon, Peggy. "Not Enough Support." 6 May 2013, A10.

——"Occupy Challenges All of Us." 19 November 2011, B5.

(4)《温哥华太阳报》(Vancouver Sun)

McMartin, Pete. "A Tribute to the Vancouver Housewife Who Housed Thousands." 21 February 2012, A4.

3. 加拿大社会发展学会出版物选摘

Growing Up in North America: Children's Health & Safety in Canada, US & Mexico. 2006.

Growing Up in North America: The Economic Well-Being of Childrenin Canada, the United States, and Mexico. 2008.

Plett, Lynette. *Programs in the Workplace: Executive Summary.*

2007.

— *Programs in the Workplace: How to Increase Employer Support*. 2007.

Roberts, Paul, and Anna Torgeson. *Overview of Selected International Literacy Programs*. 2007.

Roberts, Paul, Louise Hanvey, and Judi Varga-Toth. *Canadian's Children Exposure to Violence: What It Means for Parents*. 2003.

Roberts, Paul, and Rebecca Gowan. *Canadian Literacy Literature & Bibliography Review*. 2007.

Tsoukalas, Spyridoula, and Andrew Mackenzie. *Personal Security Index: A Reflection of How Canadians Feel Five Years Later*. 2003.

Wasserman, Miriam. *The Impact of North American Economic Integration of Children*. 2006.

Watkins, Emily. *Overview of Provincial & Territorial Policies*. 2007.

九、加拿大国防与外交事务研究所/加拿大全球事务研究所

1. 基本情况

成立年份：2001年，2015年更名为加拿大全球事务研究所

所在地：卡尔加里、渥太华

年度预算：$500,000—1,000,000

人员：约5名工作人员、20多名研究员

智库负责人：R.S·（鲍勃）米勒（R.S.〈Bob〉Millar）

网址：www.cdfai.org

以"作为创新性的加拿大全球参与的催化剂"[1]为使命，加拿大国防与外交事务研究所2015年更名为加拿大全球事务研究所，从2015年开始在

---

[1] 加拿大国防与外交事务研究所《2013年度报告》，第1页。

国内智库界崭露头角。加拿大国防与外交事务研究所/加拿大全球事务研究所总部位于卡尔加里并在渥太华有一个办事处。研究所招募了加拿大最顶尖的军事历史学家和政治学家,利用他们在国防、安全和外交政策领域的专长在一系列国际问题上撰写研究文章和评论。除了研究项目主任、加拿大著名军事历史学家戴维·博克森(David Bercuson)之外,研究所还有一些著名的研究人员,如著名历史学家杰克·格拉纳茨坦(Jack Granatstein),他写过许多关于加拿大在全球事务中应扮演角色的文章;加拿大前任外交官科林·罗伯逊(Colin Robertson);还有前任保守党议员休·西格尔(Hugh Segal)。

自成立以来,研究所十分重视参与公众和政策制定者关于加拿大应在世界舞台上扮演何种角色的讨论。它的许多研究论文、民调和评论文章涉及广泛话题,从边境安全到加拿大在阿富汗的事务。通过这些文章,研究所在政策制定界建立了一个强有力的受人尊敬的地位。在相对短的时间内,研究所也逐渐了解精通了媒体之道,不仅在印刷和广播媒体上关注自己的内容,还会密切关注它的竞争对手,如国际治理创新中心、加拿大国际理事会、麦克唐纳-劳里埃公共政策研究所等。① 研究所也深知它从《全球智库报告》获得的认可,并会持续致力于提高它在国内外智库界的声望。

2. 加拿大国防与外交事务研究所/加拿大全球事务研究所报刊文章选摘

(1)《全国邮报》(National Post)

Granatstein, Jack. "The World According to Harper; Thanks to the Prime Minister's Realistic Foreign and Defence Policies, Canada CanBe a Principled, Responsible Ally." 30 January 2012, A14.

Hopper, Tristin. "Shoot First, Ask Questions Later; Extra-JudicialKillings Became a Public Darling 2011." 31 December 2011, A7.

Huebert, Rob. "It's Time to Talk about Arctic Militarization." 6 May 2013, A12.

Wallace, Ron. "A Proud Moment for Canada." 10 May 2013, A14.

---

① 加拿大国防与外交事务研究所《2013年度报告》,第1页。

Ottawa Citizen.

Granatstein, J. L. "Canada Always Was a Warrior Nation." 3 September 2012, A9.

Pratt, David. "Eurogeddon and the Stresses on European Unity." 1 December 2012, B7.

Sibley, Robert. "Great Game Moves to Arctic; China's Interest ProvesNeed for Canada to Assert Its Sovereignty, Observers Say." 29 October 2011, A1.

Stairs, Denis. "The Era of Drones Is Here. Is Canada Ready?" 18 May 2012, A13.

(2)《多伦多星报》(*Toronto Star*)

Brewster, Murray. "Cost of Canada's Mission in Iraq, Syria Will Hit $528 Million in Coming Year." 1 April 2015.

— "Tories Won't Say How Much Mission in Syria, Iraq Will Cost." 31 March 2015.

Copeland, Daryl. "Canada Faltered on World Stage in 2014."

— "Five Reasons Ottawa Shouldn't Extend Iraq Mission." 23 March 2015.

(3)《温尼伯自由新闻报》(*Winnipeg Free Press*)

Cash, Martin. "Canadian Company Seeks US Address." 23 November 2011, B5.

3. 加拿大国防与外交事务研究所/加拿大全球事务研究所出版物选摘

Brodie, Ian. *After America, Canada's Moment?* February 2015.

Carment, David, and Yiagadeesen Samy. *Canada, Fragile States and theNew Deal: Looking Beyond 2015.* August 2014.

Cooper, Barry. *Letter from Constantinople.* August 2014.

Copeland, Daryl. *Humanity's Best Hope: Increasing DiplomaticCapacity in Ten (Uneasy) Steps.* September 2014.

Ferris, John. *Personal Privacy and Communications Security from the Telegraph to the Internet.* July 2014.

Horn, Bernd. *No, but Yes. Military Intervention in the New Era: Implications for the Canadian Armed Forces.* March 2015.

Huebert, Rob. *Canada, the Arctic Council, Greenpeace, and Arctic OilDrilling: Complicating an Already Complicated Picture.* January 2014.

James, Patrick. *Grand, Bland or Somewhat Planned? Toward a Canadian Strategy for the Indo-Pacific Region.* August 2014.

Macdonald, George. *A New Way to Fly: Major Challenges Facing AirForce Planners over the Next 20 Years.* October 2014.

Zekulin, Michael G. *Canada's New Challenges Facing Terrorism at Home.* December 2014.

十、加拿大国际理事会

1. 基本情况

成立年份：2008年（前身是加拿大国际事务研究所）

所在地：多伦多

年度预算：约$1,500,000

人员：11人

智库负责人：乔-安·戴维斯（Jo-Ann Davis）

网址：www.opencanada.org

加拿大国际理事会总部位于多伦多大学三一学院，是"一个为增强加拿大在国际事务中扮演的角色而建立的一度独立的会员制理事会"。① 在行动研究公司（Research in Motion）联合创始人吉姆·贝尔斯利（Jim Balsillie）的力推下，②加拿大国际事务研究所的成员在2007年11月投票，③将研究

---

① 加拿大国际理事会网站(www.opencanada.org.)。
② 更多关于贝尔斯利在创建加拿大国际理事会的信息，见瓦尔皮（Valpy）的《贝尔斯利在国际事务令人失望的进军》("Balsillie's Disappointing Foray into Global Affairs")。
③ 加拿大国际事务研究所（CIIA）简介，见埃布尔森的《智库能发挥作用吗？》，第43—44页。

所命名为加拿大国际理事会。2008年,位于多伦多的独立智库加拿大战略研究所①关闭,也投入到加拿大国际理事会的运行中。从2008年首次全年运行到2012年,贝尔斯利一直担任着加拿大国际理事会的主席。2013年,三一学院院长、拥有包括国防和外交事务大臣等多项职务的前联邦自由派内阁大臣比尔·格雷厄姆(Bill Graham)阁下接任了这个职位。

加拿大国际理事会将自己定位为加拿大国际事务中心。依托其网站,促进国际社会重要问题和重大关切的讨论。理事会保持了加拿大国际事务研究所的悠久传统,鼓励其成员机构(现在已有15家)全年赞助各项活动。除了持续稳定地发布报告、邀请高端人士发表世界领袖所面临的重要挑战的演讲以外,理事会还出版了《国际期刊》(International Journal),这是国际事务领域的顶级学术期刊。理事会监督这几个研究课题,许多课题都利用了多伦多大学和其他加拿大国内外大学教授的专长。课题聚焦于:自然资源和外交政策;国际知识产权;北极主权与安全;中国;边境问题;加拿大和美洲有关方面的问题。理事会收到几家企业和个人的资金捐赠,包括加拿大皇家银行金融集团(RBC Financial)、加拿大丰业银行(Scotiabank)、蒙特利尔银行金融集团(BMO Financial Group)、加拿大鲍尔集团(Power Corporation of Canada)、比尔·格雷厄姆(Bill Graham)阁下和汤姆·基兰斯(Tom Kierans)。

2. 加拿大国际理事会报刊文章选摘

(1)《卡尔加里先驱报》(Calgary Herald)

Garneau, Marc. "Resource Royalties Must Be Saved." 20 October 2012, A15.

Mundy, John. "War with Iran Would Be Colossal Mistake." 18 January 2013, A11.

Yedlin, Deborah. "It's Time We Get Serious about Saving." 9 February 2013, C1.

(2)《环球邮报》(Globe and Mail)

Decloet, Derek. "The 'Dire' Fallout of Political Inaction." 26

---

① 加拿大国际事务研究所(CIIA)简介,见埃布尔森的《智库能发挥作用吗?》,第195页。

October 2012, A1.

Jeffs, Jennifer. "Canada Should Embrace Mexico's New Leader Now." 4 July 2012, A11.

——"Toward a More Brazilian Canada." 7 August 2013, A13.

McCarthy, Shawn, and Pav Jordan. "China's Bid to Fit In." 28 July 2012, B1.

McKenna, Barrie. "A Nine-Step Plan to Fix Canada's Resource Economy." 6 October 2012, B7.

Perkins, Tara. "Ottawa Weighs Reciprocity with China for Miners." 25 October 2012, B11.

——"Preparing for When the Oil Runs Out." 11 October 2012, A20.

(3)《全国邮报》(*National Post*)

Caron, Joseph. "Rejecting Asia." 24 October 2012, FP11.

Coyne, Andrew. "Why We Need Investments Alberta-Style; Gains WillPay Dividends for Generations." 6 April 2013, A4.

Delaney, Douglas E. "The Chalkboard Battlefield; In an Essay SeriesCommissioned by the Strategic Studies Working Group—a PartnershipBetween the Canadian International Council and the Canadian Defence and Foreign Affairs Institute-Five Expert Authors Opine onthe Challenges Facing the Canadian Forces." 5 February 2013, A12.

Fergusson, James. "Up in the Air, North of 60." 7 February 2013, A15.

Girouard, Roger. "A Navy for Rough Waters." 6 February 2013, A12.

Godefroy, Andrew. "Space: An Expensive Frontier." 8 February 2013, A12.

Knight, Scott. "Preparing for Cyber-War." 9 February 2013, A20.

MacNamara, Don, and Hugh Segal. "Canada's Worth Defending." 24 December 2012, A12.

Mazurkewich, Karen. "The Funding Problem; Governments MustRefocus Distribution of Funding Dollars on Start-ups." 30 October

2012, FE. 4.

(4)《渥太华公民报》(*Ottawa Citizen*)

Campbell, Jennifer. "North Must Be Developed Sustainably; Sweden's Foreign Minister Outlines Arctic Strategy." 30 May 2012, C4.

Desaulniers, Darren. "The Fix Is In and We Must Stop It, Author Says; Corruption in Sports on the Move and Canada Is at Risk." 25 April 2012, B5.

Jeffery, Mike. "The Future of Foreign Military Training." 29 March 2013, A11.

Lagassé, Philippe. "Defence Procurement Problems Run Deeper Than the F-35." 7 December 2012, A12.

(5)《多伦多星报》(*Toronto Star*)

Acharya Tom-Yew, Madhavi. "Q & A: The Case for Sovereign Wealth Funds in Canada." 9 January 2013, B2.

——"Brazil's Aspirations." 16 November 2012, A16.

Maharaj, Sachin. "Can China Teach Us a Lesson?" 8 April 2013, A15.

Siddiqui, Haroon. "Netanyahu Overplays His Hand with Obama." 27 September 2012, A23.

Talaga, Tanya. "Ball in Canada's Court after US Takes Stand." 28 June 2013, A1.

3. 加拿大国际理事会出版物选摘

Cornish, Margaret. *Behaviour of Chinese soes: Implications for Investment and Cooperation in Canada*. February 2012.

Drohan, Madelaine. *The 9 Habits of Highly Effective Resource Economies: Lessons for Canada*. November 2012.

Greenspon, Edward. *Open Canada: A Global Positioning Strategy for a Networked Age*. May 2011.

Huntley, Wade L. *Canada-China Space Engagement: Opportunities and Prospects*. February 2011.

Keenan, Thomas. *Strategic Studies Working Group Papers*. November 2012.

Mazurkewich, Karen. *Rights and Rents: Why Canada Must Harness Its Intellectual Property Resources*. October 2011.

Potter, Pitman. *Issues in Canada-China Relations*. November 2011.

Pratt, David. *Canada's Citizen Soldiers: A Discussion Paper*. March 2011.

Robertson, Colin. *"Now for the Hard Part": A User's Guide to Renewing the Canadian-American Partnership*. February 2011.

Simon, Bernard. *Time for a Fresh Curriculum: Canada's International Education Strategy*. June 2014.

十一、国际治理创新中心

1. 基本情况

成立年份：2001年

所在地：滑铁卢

年度预算：大于$25,000,000

人员：约80名研究员和工作人员

智库负责人：罗辛顿·梅德霍拉（Rohinton Medhora）

网址：www.cigionline.org

在预算和所得到的高额捐赠方面，国际治理创新中心在北美和欧洲的智库中可谓自成一档。[①] 由总部在滑铁卢的电信公司、黑莓手机生产商行动研究公司（Research in Motion）吉姆·贝尔斯利（Jim Balsillie）和迈克·拉扎里迪斯（Mike Lazaridis）创建，两人共资助了3000万加元（其中

---

① 根据其《2014年财务报表》，国际治理创新中心有超过2700万加元的营收和5500多万的长期捐赠。见国际治理创新中心《2014年财务报表》和《2014年度报告》。

2000万来自贝尔斯利,1000万来自拉扎里迪斯),再加上"加拿大和安大略省差不多等额的拨款"①,国际治理创新中心成了一家"国际治理领域独立的无党派智库",②除了国际治理创新中心这个被《环球邮报》(Globe and Mail)的迈克尔·瓦尔皮称作是"(贝尔斯利)全球事业的珍宝"的机构,③这个滑铁卢的企业家投资数百万元建立了贝尔斯利国际关系学院和加拿大国际理事会贝尔斯利卓越中心(Balsillie Centre for Excellence),以及国际治理领导人和组织线上网络(International Governance Leaders and Organizations Online)。总共算起来,他花了超过1亿加元在国际关系业内有了立足之地。然而,贝尔斯利对中心和学院学术事务的参与,以及他创设的中心和加拿大大学联合支持的项目,也招来了一些争议。事实上,在2012年,约克大学就曾因为考虑和国际治理创新中心建立国际法学院而招致来自加拿大大学教师协会(Canadian Association of University teachers)罕见的责难。④

从该中心网站可知,"国际治理创新中心支持研究,形成网络,促进政策辩论,以及产生改善多边治理的主张。中心积极组织研究、活动和出版物的议程,其跨学科工作包括与世界范围内的政策界、商界和学术界进行合作"。⑤ 从2001年起,中心齐心协力,招募了许多全球顶尖的国际事务学者。在它长长的研究员名单(现已超过80人)中的顶尖学者包括戴维·韦尔奇(David Welch)、托马斯·霍马-迪克逊(Thomas Homer-Dixon)、芬·奥斯勒·汉普森(Fen Osler Hampson)、西蒙·多尔比(Simon Dalby)和詹姆斯·布莱特(James Blight)。依靠相当程度的专业知识和财力,中心设立了诸多研究项目,包括全球经济、全球安全、环境、能源和全球发展。许多议题都有联邦、省、市政府各部门的支持。中心也接受来自国际政府机

---

① 参见瓦尔皮(Valpy):《贝尔斯利在国际事务令人失望的进军》。
② 国际治理创新中心网站(www.cigionline.org)。
③ 参见瓦尔皮(Valpy):《贝尔斯利在国际事务令人失望的进军》。
④ 要了解更多信息,见霍珀(Hopper)的《约克大学拒绝共同创立者行动研究公司》("York University Rejects RIM Co-founder"),更多关于贝尔斯利在国际治理创新中心的参与情况和贝尔斯利国际事务学院的信息,见加拿大大学教师协会《开张营业:在什么条件下》(Open For Business: On What Terms?)
⑤ 同上。

构的资助,如日内瓦武装部队公共控制中心(Geneva Centre for the Public Control of Armed Forces)和英国国际发展部。①

中心对专著、政策论文、短文,以及其他出版物的研究投入非常可观。到2010年,中心已经做到了每年出版100多种出版物。中心也十分注重提升公众形象,但是,由于坐落于安大略的滑铁卢而不是在一个主要的城市中心,这限制了它对国家所具有的影响(见附录1)。

2. 国际治理创新中心报刊文章选摘

(1)《卡尔加里先驱报》(*Calgary Herald*)

Boswell, Randy. "Report Laments Inadequate Planning for 'GreatMelt.'" 27 November 2012, A9.

Yedlin, Deborah. "Keystone Critic Rather Selective in His Arguments." 4 April 2013, D1.

——"Tech Opens Doors to Academic World." 20 July 2012, D1.

(2)《公报》(*Gazette*)

Berthiaume, Lee. "Experts Puzzled over Claim of Iranian Link." 23 April 2013, A2.

Cohen, Tobi. "Canada Urged to Mitigate Immigrant 'Brain Drain'; Movement of Skilled, Educated Workers Hurts Their Home Countries, Study Says." 29 May 2013, A14.

(3)《环球邮报》(*Globe and Mail*)

Blanchfield, Mike. "Ottawa Wary of Border Tie-ups in Wake of USBudget Impasse." 28 February 2013, A10.

Blustein, Paul. "The Inefficiency of International Financial Institutions." 12 November 2012, B4.

---

① 要了解更多信息,见霍珀(Hopper)的《约克大学拒绝共同创立者行动研究公司》("York University Rejects RIM Co-founder"),更多关于贝尔斯利在国际治理创新中心的参与情况和贝尔斯利国际事务学院的信息,见加拿大大学教师协会《开张营业:在什么条件下》(*Open For Business: On What Terms?*)。

Bradshaw, James. "Ontario Universities Promise Funding Guide amid Carleton Donor Backlash." 14 July 2012, A12.

Burney, Derek, and Fen Osler Hampson. "Dramatic Bid, StrategicReply." 27 July 2012, A15.

— "Five Reasons to Stay out of Syria." 19 June 2013, A15.

— "Harper's Measured Verdict." 11 December 2012, A13.

— "Let's Boldly Embrace Emerging Markets." 25 September 2012, A17.

— "Let's Put Missile Defence Back in Our Arsenal." 21 May 2013, A13.

— "Ticket to North American Energy Independence." 22 February 2013, A11.

Campbell, Clark. "Advice for Fantino on His New Beat: Keep ItSimple." 5 July 2012, A13.

— "Baird Visits Syria's Neighbours to Ease Tension." 11 August 2012, A12.

— "Canada's New Jordan Envoy Headed Up Harper's Security Detail." 19 April 2013, A4.

— "Crafting Takeover Policy to Leverage Trade." 1 November 2012, A15.

— "Ottawa Reaching beyond Israel-Palestinian Issues." 29 March 2013, A4.

— "What the World Canand Can't-Do." 16 August 2013, A6.

— "Why Obama Didn't Come out Swinging." 4 July 2013, A8.

Carmichael, Kevin. "'Austerians' Are Reeling as G20 Avoids FiscalTargets." 22 April 2013, B1.

— "Canada Backs US Pick for World Bank." 14 April 2012, B4.

— "China Unleashes the New Yuan." 16 April 2012, A1.

— "Economy's Foggy Future Poses Challenge for Carney." 3 September 2012, B1.

——"G7 Currency Stand Sparks Turmoil." 13 February 2013, B1.

Cheadle, Bruce. "Donors, Schools, Profs Seek Peace after Turmoil." 31 December 2012, A8.

Curry, Bill. "Canada Dives into Pacific Talks." 20 June 2012, A1.

Curry, Bill, and Sean Silcoff. "G20: Greek Election Result Spares Leaders Real-Time Fiscal Firefighting." 18 June 2012, A9.

Heinbecker, Paul. "Every Day, the Costs of Inaction Grow." 18 June 2013, A15.

——"Heed the Lessons of Iraq." 15 March 2013, A15.

Ibbitson, John. "Canada's Cold Shoulder to the UN." 2 October 2012, A3.

——"A New Model on Foreign Investment." 10 December 2012, A4.

Koring, Paul. "Why This Expert Says We Should Be Worried." 13 February 2013, A11.

Mackrael, Kim. "Canada Has Lost Stature, Chretien Says." 13 March 2013, A1.

Marlow, Iain. "In Motion: Balsillie's Life after Rim." 15 February 2013, B1.

Martin, Patrick. "Pragmatic New Finance Minister Ventures into 'A Moment of Great Risk.'" 17 July 2013, A12.

McKenna, Barrie. "BRICs Wobble, World Watches." 20 April 2012, B1.

Momani, Bessma. "'Deep State' vs. 'Brotherhoodization.'" 21 August 2013, A13.

Morgan, Gwyn. "Questions Arise from the World of University Research." 16 April 2012, B11.

Rotberg, Robert I. "A Democratic Mali Is Worth Saving." 5 February 2013, A21.

Tieku, Thomas Kwasi. "Cutting Those Shameless Perks." 1 May 2012, A13.

(4)《全国邮报》(*National Post*)

Hopper, Tristin. "Canada Makes Iran's 'Demonology Charts'; Kidnapped Children, Protest Crackdowns, and 'Skeletons in the Closet.'" 19 January 2013, A8.

Jenkins, Paul. "Limits to Monetary Policy; Global Economy Needs aLot More Than Unconventional Monetary Policy to Secure Recoveryand Growth." 19 July 2013, FP9.

Siklos, Pierre. "The 6.5% Non-solution; Fed's Unemployment TargetStretches Bounds of Policy." 21 June 2013, FP11.

(5)《渥太华公民报》(*Ottawa Citizen*)

Berthiaume, Lee. "Iran, al-Qaida Seen as Unlikely Allies; ExpertsPuzzled over Group's Link to Railway Plot." 23 April 2013, A3.

Berthiaume, Lee, and Mike Blanchfield. "France Asks for Help; Ambassador Seeks Canadian Assistance to Pay for Fight againstIslamists in Mali." 17 January 2013, A4.

Burney, Derek, and Fen Osler Hampson. "Canada Should BorrowAustralia's Asian Plan." 9 November 2012, A13.

Campbell, Jennifer. "Canada Urged to Expand Trade with MiddleEast." 1 May 2013, C4.

—— "Effective Work by Canada Kept ICAO Here; Qatari Embassy HasNo Comment." 29 May 2013, D4.

—— "Japanese Ambassador Bids Fond Farewell; Kaoru Ishikawa Notes Continuing Progress in Mutual Interests." 17 April 2013, C4.

—— "US Envoy Outlines Next Four Years; Says Economic Issues TopObama's Agenda." 20 February 2013, C4.

Hampson, Fen Osler. "Discordant Canada and the Cuban MissileCrisis; If the Crisis Had Happened Today, Writes Fen OslerHampson, There Probably Would Have Been War." 22 October 2012, A9.

Heinbecker, Paul. "In Defence of Diplomats and Diplomacy." 17

September 2012，A9.

——"UN is the Forum for Peace and Prosperity." 3 December 2012，A10.

Quan, Douglas, and Mark Kennedy. "Al-Qaida Said to Be behind Plot; 'Direction and Guidance' Given for Plan to Derail Train." 23 April 2013，A1.

Rotberg, Robert I. "Can South Africa Recapture the Hope of the Mandela Years?" 24 June 2013，A11.

Tunney, Catharine. "Carleton Professor Lands Prestigious Gig: Global Security Work at Waterloo Think-Tank." 28 April 2012，E2.

（6）《多伦多星报》(*Toronto Star*)

Brown, Louise. "Waterloo Schools Face Boycott over CIGI Ties." 28 April 2012，A2.

Campion-Smith, Bruce. "Harper Makes His Bodyguard anAmbassador." 19 April 2013，A8.

——"'Nickel and Diming' on Diplomacy: Canada-UK Agreement to Share Embassies Sends 'Mixed or Muddled Message' Abroad, CriticsSay." 25 September 2012，A6.

Cooper, Andrew. "Why Did Carney Cross the Ocean?" 27 November 2012，A19.

Goar, Carol. "What Is It about Balsillie's Money?" 4 May 2012，A19.

Gormley, Shannon, and Drew Gough. "Building in the Boom: Architecture in Kitchener-Waterloo Mirrors the Region's Innovationand New-Found Wealth." 13 October 2012，N6.

Hampson, Fen Osler. "Israel and Iran on the Brink: An Israeli Attack onIran's Nuclear Facilities, Possibly Months or Only Weeks Away, andthe Inevitable Retaliation Would Unleash a Crisis That CouldQuickly Escalate beyond the Two Countries." 19 August 2012，A13.

Momani, Bessma. "Warm Greetings, Icy Relationship." 7 February

2013, A23.

Shephard, Michelle, and Andrew Livingstone. " Terror Plot Derailed: RCMP Charge Pair in Connection with Al Qaeda-Sponsored Schemeto Wreck VIA Train." 23 April 2013, A1.

Ward, Olivia. "Don't Worry about WWIII (Just Everything Else): Existential Threats on the Decline, but the Trends Point to a Turbulent Year." 5 January 2013, IN1.

— "Kim's Rhetorical Rampage Raises Threat of War." 9 March 2013, A14.

Whittington, Les. "PM Walking a Tightrope with Beijing: China's Rolein Canadian Economy Still Unclear after Controversial Nexen Sale." 9 December 2012, A1.

(7)《温哥华太阳报》(*Vancouver Sun*)

Berthiaume, Lee. "Al-Qaida's Links to Train Plot Unclear." 23 April 2013, B2.

— "Ottawa Holds Back on Action in Mali; 'War Weariness' and Belt-Tightening Mean Canada Is Unlikely to Ramp Up Its Role, InsidersSay." 17 January 2013, B1.

Cayo, Don. "African Economy Takes Flight at Last, but Canada HardlyNotices." 25 June 2013, C3.

Edwards, Len. "Free Trade Deal Will Help Chart Future of Canada-Korea Relations; A Free Trade Agreement Would Be a Critical SignThat Each Country Believes the Other Should Be One of Its KeyInternational Partners." 15 August 2013, B7.

3. 国际治理创新中心出版物选摘

Blustein, Paul. "Laid Low: The IMF, the Euro Zone and the First Rescue of Greece." *cigi Paper* no. 61 (April 2015).

Boughton, James M. "The IMF as Just One Creditor: Who's in ChargeWhen a Country Can't Pay?" *cigi Paper* no. 66 (April 2015).

Caucutt, Elizabeth, Lance Lochner, and Youngmin Park. *Why Do*

Poor Children Perform So Poorly? April 2015.

Crocker, Chester A., Fen Osler Hampson, and Pamela Aall, eds. *Managing Conflict in a World Adrift.* January 2015.

Hinton, James W., and Kent Howe. *The New Innovator's Commercialization Dilemma: A Report on the cigi International IntellectualProperty Law Clinic.* April 2015.

Jepsen, Henrik. "Policy Options Could Increase Ambition in the 2015 Climate Agreement." *Fixing Climate Governance Series.* April 2015.

Medhora, Rohinton P. *Managing Coexistence in Global Trade Agreements.* April 2015.

Oyegunle, Adeboye, and Olaf Weber. "Development of Sustainabilityand Green Banking Regulations-Existing Codes and Practices." *cigi Paper* no.65 (April 2015).

Wan Hongying. "The Asian Infrastructure Development Bank: A NewBretton Woods Moment? A Total Chinese Triumph?" *cigi PolicyBrief* no.59 (April 2015).

Rotberg, Robert I., ed. *On Governance: What It Is, What It Measuresand Its Policy Uses.* April 2015.

十二、加拿大咨询局

1. 基本情况

成立年份：1954 年

所在地：渥太华

年度预算：约 $40,000,000

人员：约 200 人

智库负责人：丹尼尔·穆吉卡(Daniel Muzyka)

网址：www.conferenceboard.ca

加拿大咨询局是加拿大最大的政策研究机构,虽然在加拿大知名度很高,但它的起源却在美国。1916年,咨询局在美国纽约成立,宗旨是"促进在不同思维方式下事实和观点的交流,及早发现和解决问题,并深化公众对这些问题的理解"。① 和在"进步时代"创立的很多美国智库一样,咨询局的创立者坚持从事"无偏见的事实调查","不参与任何政治活动"。②

在创立之后的几十年,咨询局将自己打造成为一个有实力的、结合美国和加拿大企业需求的、权威而高效的研究组织。实际上,正如林奎斯特所说:"仅仅因为40个大型加拿大企业参加我们这个位于美国境内的组织,成立加拿大分支机构就成了一个顺理成章的事情。"③由于加拿大企业、总部在加拿大的美国子公司以及对加拿大感兴趣的美国公司逐渐增多,1954年,咨询局在蒙特利尔开设了一个小型办事处,专门提供有关加拿大的信息。④

加拿大咨询局在政策制定界为自己找到了一个清晰的服务领域。不同于其他试图通过发表各类研究成果、与政策制定者和媒体记者交流来影响政策辩论的很多小型智库,加拿大咨询局主要向公共部门和私营部门的会员提供关键领域的知识。作为会员缴纳会费的回报,咨询局"(帮助其)成员预测和主动应对不断变化的全球经济……通过交流有关组织战略和管理、最新经济和政治趋势、关键公共政策的问题"。⑤ 它的主要目标是帮助会员更好地适应市场变化。

会员不仅可以阅读咨询局出版的研究报告、参加咨询局的会议,还可以委托咨询局进行专项研究。咨询局不但以经济预测和分析方面的专业水平闻名,而且还专注于其他多个领域,包括企业社会责任、人力资源管理、公共部门管理和信息、创新和技术。⑥

---

① 林德奎斯特(Lindquist):《神话背后》(Behind the Myth),第347页。
② 同上。
③ 同上。
④ 同上。
⑤ 加拿大咨询局网站(www.conferenceboard.ca)主页"关于我们"。
⑥ 同上。

咨询局年报调查结果显示,①考虑到运作的规模和研究工作覆盖的广度,咨询局比加拿大其他任何政策研究机构更能吸引媒体的注意力也就不足为奇了。为了更好地了解它的影响范围,咨询局会监测它发表的研究报告、发布的推特数量和粉丝数量及其新闻和咨询报告的发布频率。② 咨询局会想尽办法,确定在评估其影响的时候要考虑到哪些绩效指标。

2. 加拿大咨询局报刊文章选摘

(1)《公报》(Gazette)

"Cure the Health System without Sacrificing the Patient." 28 October 2014.

"Economy Slowing, but Jobs Still Growing." 21 July 2011.

Hadekel, Peter. "Montreal's Economic Woes Reflect Conflicting Ambitions." 12 November 2014.

— "Stagnation City: Exploring Montreal's Economic Decline." 31 January 2015.

(2)《全国邮报》(National Post)

Antunes, Pedro. "With Little Wriggle Room, Hard Work Begins for JoeOliver on Long-Delayed Budget." 2 April 2015, FP.

Gault, Cody. "5 Things You Should Know before You Start Your WorkToday." 26 March 2015. FP.

Hodgson, Glen. "Leave Carbon Pricing to the Provinces." 7 April 2015. NP.

Isfeld, Gordon. "Why Canadians Should Stop Stressing about an Economy That Is Stuck in Second Gear." 10 March 2015. FP.

Hussain, Yadullah. "Canadian Gas Producers Face Another DownYear." 17 March 2015. NP.

Kabilan, Satyamoorthy. "Hack Attacks Hit Home: The Kind of Thing That CEOs Get Fired For." 2 February 2015. FP.

---

① 加拿大咨询局《2014 年度报告》,第 4 页。
② 同上,第 4—5 页。

Morgan, Geoffrey. "Oilpatch Recovery a Long Way Out, Conference Board Report Says." 25 March 2015. FP.

Wein, Michelle. "Canada's False Patent Promise." 17 March 2015. NP.

(3)《渥太华公民报》(Ottawa Citizen)

Ashby, Madeline. "An Economy That Lacks Imagination." 27 January 2015.

Bagnall, James. "How Ottawa-Gatineau Rank among Canada's Cities." 18 September 2014.

——"Ottawa-Gatineau Economy Is Ready to Rebound: Study." 20 October 2014.

Chapin, Angelina. "The School System Can't Solve Child Poverty." 5 September 2014.

Fekete, Jason. "Back to Parliament: Several Prickly Issues Face FederalParties." 24 January 2015.

Fekete, Jason, and Jordan Press. "Harper Says Bank of Canada's RateCut 'Appropriate,' No New Stimulus Needed." 23 January 2015.

Goldfarb, Danielle. "Five Trade Trends for 2015 and How Canada CanTake Advantage of Them." 1 January 2015.

Jeffrey, Anja, and Satyamoorthy Kabilan. "Economic Development Keyto Northern Security." 24 August 2014.

(4)《多伦多星报》(Toronto Star)

Curran, Peggy. "From the Archive: Breaking the Poverty Cycle." 14 December 2014.

De Silva, Jan, and Carol Wilding. "Now Is the Time for Toronto to GoGlobal." 4 April 2015.

Flavelle, Dana. "Falling Oil Prices Could Cut $10 Billion from Government Revenues: Conference Board." 20 January 2015.

——"Toronto's Economy Gets Boost, Says Conference Board of Canada." 19 March 2015.

Harper, Tim. "The Three Pillars of Stephen Harper's Re-electionHopes." 25 January 2015.

Krugel, Lauren. "Conference Board of Canada: No Quick Bounce BackFrom Crude Downturn." 25 March 2015.

3. 加拿大咨询局出版物选摘

Aguilar Melissa, Jason D. Schloetzer, and Matteo Tonello. *CeoSuccession Practices: 2015 Edition*. April 2015.

Behan, Beverly. *Board and Director Evaluations in the 21st Century*. April 2015.

Beckman, Kip. *World Outlook: Spring 2015*. April 2015.

Brender, Natalie, Adam Fiser, Anja Jeffrey, and Brent Dowdall. *Buildinga Resilient and Prosperous North: Centre for the North Five-Year Compendium Report*. April 2015.

Chenier, Louise. *Waking Up: The Real Risks of Fatigue in the Workplace*. June 2015.

Grant, Michael. *The Economic Impact of Post-Secondary Education*. May 2015.

Howard, Alison. *Corporate Community Investment Webinar: Emerging Trends and Measuring Impact in Canada*. June 2015.

Overmeer, Willem, and Bart van Ark. *Getting a Handle on Energy: Global Growth Scenarios in Times of Changing Oil Prices*. April 2015.

Palladini, Jacqueline. *Spotlight on High-Value Services: Canada's Hidden Export Strength*. May 2015.

Vachon, Donna Burnett. *Developing Your Future Leaders: The Leadership Development Outlook*. September 2015.

十三、弗雷泽研究所

1. 基本情况

成立年份：1974 年

所在地：温哥华

年度预算：约 $8,500,000

人员：约 60 人

智库负责人：尼尔斯·费尔德海斯(Niels Veldhuis)

网址：www.fraserinstitute.org

加拿大总理特鲁多在 1974 年的圣诞讲话中曾说："市场机制并不可靠，越来越需要政府行为的干涉，从而保证加拿大人的经济福祉。"在这番话之前，在温哥华创建弗雷泽研究所的种子就已经埋下了。[1] 由于越来越担心联邦政府凯恩斯路线的经济政策和不列颠哥伦比亚第一个新民主党政府 1972 年的选举，担任工业企业主管，后来就任布隆德尔公司(MacMillan Bloedel)规划副总裁的 T. 帕特里克·博伊尔(T. Patrick Boyle)开始考虑怎样才能最理想地向公众讲清楚市场在经济发展中所扮演的重要角色。与乔鲍·豪伊杜(Csaba Hajdu)、迈克尔·沃克(Michael Walker)等一些企业领导和经济人士讨论之后，博伊尔"产生了建立一个有别于加拿大当时所有同类机构的经济和社会研究机构的念头"。[2]

1974 年年初，博伊尔在 J. V. 克莱因(J. V. Clyne)支持下，筹集到了成立这个机构的种子基金，并设法获得了 $75,000 的收入。博伊尔同时开始与沃克、豪伊杜以及约翰·雷布尔德(John Raybould)、萨利·派普斯(Sally Pipes)等人密切合作，共同起草使命宣言和运作方案。1974 年 10 月 21 日，弗雷泽研究所的章程获得加拿大政府审批通过。"名字取自宽阔的弗雷泽河，为这个新建的机构赋予了地域方面而不是意识形态方面的'参照点'。"[3]

虽然在成立伊始，弗雷泽研究所没有遇到什么困难就确定了它在地域和意识形态方面的"参照点"，但是它也不得不为生存发愁。在资源贫乏的第一年，筹资成为这家新建组织最为严峻的挑战。1975 年，弗雷泽研究所

---

[1] 弗雷泽研究所《挑战认知》(Challenging Perceptions)，第 2 页。

[2] 同上，第 3 页。

[3] 同上，第 4 页。

的代理主任,同时也是包括伦敦经济事务研究所(Institute of Economic Affairs)在内的数个政策研究所的创始人安东尼·费希尔(Antony Fisher)爵士,对筹资活动进行了重新调整。一年之后,费希尔离开了研究所,曾经在不列颠哥伦比亚省政府统计部门和该省森林工业委员会任职的萨利·派普斯接任了筹资和吸收会员的职责。迈克尔·沃克——加入弗雷泽研究所之前曾在财政部和加拿大银行任职,成为研究所的研究和编辑部主任,直到2005年秋马克·穆林斯(Mark Mullins)接任为止。[①] 研究所的现任主席是经济学家尼尔斯·费尔德海斯。在20世纪最后一个25年里,研究所的运营收入和媒体知名度都有了稳步提高。依托60名全职员工和八九百万的预算,弗雷泽研究所成为加拿大被提及最多的智库之一。实际上,在它的年报中,它尽可能地提供了所有关于其媒体报道和在《全球智库报告》中排名的数据。[②] 研究所还主持着一项持续的研究计划,并形成了一本月度评论杂志《弗雷泽论坛》(The Fraser Forum)、数十本专著、会议报告和新闻通讯。他们意识到了鼓励和培养未来一代保守型分析人士的重要性,研究所举办了一个大学生实习计划和一个年度学生征文比赛。

作为一个支持自由市场的智库,弗雷泽研究所也建立了——而且是名副其实——"重视影响公众舆论和公共政策的保守型倡导智库"的声誉。实际上,因为倾向于用市场方案解决经济问题,所以它经常成为舆论批评的众矢之的。

2. 弗雷泽研究所报刊文章选摘

(1)《卡尔加里先驱报》(Calgary Herald)

Buchanan, Fiona. "Report Finds Canada First in Education." 25 June 2013, A20.

Milke, Mark. "BC Homeowners Learn a Heritage Lesson the HardWay." 15 June 2013, A11.

——"Canada's Founding Fathers Had the Right Idea." 29 June 2013, A17.

[①] 弗雷泽研究所《挑战认知》(Challenging Perceptions),第8页。
[②] 弗雷泽研究所《2013年度报告》,第48—49页。

——"The Harper Tories' Multibillion-Dollar Transparency Problem." 22 June 2013, A15.

——"What Governments Did While You Were on Holiday." 6 July 2013, A15.

(2)《全国邮报》(National Post)

Bourdais, Michaelle, and Ravina Bains. "Let First Nations Thrive." 21 June 2013, A10.

Dowd, Alan. "Why Canada Needs Missile Defences." 9 July 2013, A12.

Foster, Peter. "Ding! Get Your Carbon $." 14 June 2013, FP11.

Gerson, Jen. "Owning Homes a Benefit to Native Well-Being: Study; Fraser Institute Extols Private Ownership." 20 June 2013, A6.

Kesselman, Rhys. "What Caused RRSP Dip?" 12 July 2013, FP11.

Kheiriddin, Tasha. "Tony Clement's $3 Suitcase." 18 July 2013, A10.

Kline, Jesse. "Let Interns Work for Free." 19 June 2013, A10.

(3)《温哥华太阳报》(Vancouver Sun)

Andrews, Chris. "Progressive Income Taxes Cut While Regressive TaxesClimb." 12 July 2013, 14.

Beardsley, Richard. "Public School Students Receive Quality Education." 20 June 2013, A15.

Esmail, Nadeem. "'Fat Tax' is Bad Public Policy; No Single Food orBeverage is Responsible for Obesity." 16 July 2013, A11.

Keeselman, Rhys. "CPP Expansion Not Hindered by RRSP Responses." 16 July 2013, A11.

Milke, Mark. "Canada as Seen through the Eyes of Our Founding Fathers." 29 June 2013, D5.

Mulgrew, Ian. "Victoria's Approach on Heritage Property Dispute IsDraconian." 2 July 2013, A4.

Sherlock, Tracy. "Controversial Report Card Ranks Private

SchoolsHigh." 18 June 2013, A5.

(4)《温尼伯自由新闻报》(*Winnipeg Free Press*)

Cash, Martin. "Eviction Notice Adds to Gloom in Mining Sector." 4 July 2013, A14.

(5)《环球邮报》(*Globe and Mail*)

McFarland, Janet. "Expanding CPP Could Reduce Voluntary Saving, Study Warns." 26 June 2013, B3.

Moist, Paul. "Grow the CPP." 1 July 2013, A8.

Yakabuski, Konrad. "McGuinty's Green Energy 'Vision' Starts to Fade." 27 June 2013, A13.

(6)《多伦多星报》(*Toronto Star*)

Acharya-Tom Yew, Madhavi. "Better Late Than Never for Tax Freedom Day." 17 June 2013, B2.

3. 弗雷泽研究所出版物选摘

Bacchus, Barua, and Nadeem Esmail. "Regulation Review: Giving Canadians Faster Access to New Medicines." *Fraser Forum*. November/December 2013.

Boudreaux, Donald, eds. *What America's Decline in Economic Freedom Means for Entrepreneurship and Prosperity*. April 2015.

Clemens, Jason, Milagros Palacios, and Niels Veldhuis. "Reforming OldAge Security: A Good Start but Incomplete." *Fraser Forum*. November/December 2013.

Clemens, Jason, Milagros Palacios, Niels Veldhuis, and RobertP. Murphy. *Economic Principles for Prosperity*. December 2014.

Clemens, Jason, and Niels Veldhuis. "Should Right-to-Work Come to Canada?" *Fraser Forum*. November/December 2013.

Di Matteo, Livio. *Measuring Government in the 21st Century*. January 2014.

Green, Kenneth P. "Pensions and Government Both Hurting from Canada's Inability to Ship Oil to Market." *Fraser Forum*. November/

December 2013.

Milke, Mark. "Controlling Soaring Public Sector Pension Costs: Lessonsfrom the Saskatchewan NDP." *Fraser Forum*. November/December 2013.

Williams, Walter. "Honesty & Trust." *Fraser Forum*. November/December 2013.

十四、前沿公共政策中心

1. 基本情况

成立年份：1997年

所在地：温尼伯、卡尔加里、里贾纳

年度预算：约$1,000,000

人员：8名工作人员、15名研究员

智库负责人：彼得·霍利(Peter Holle)

网址：www.fcpp.org

前沿公共政策中心成立于温尼伯，在另两座大草原城市卡尔加里和里贾纳也有办事处。依靠一个"和外部专家共同进行联邦、省、市级的许多议题研究的工作人员和分析员的核心组"，这个支持自由市场的自由派智库的目标是"为更好地治理和改革发展有效而且有意义的理念"。① 正如智库的名称所揭示的，前沿中心主要关注发起聚焦大草原地区政治、社会、经济方面挑战的对话，也会关注一些国家性的问题。为此，中心每年出版20余篇政策论文，主题涵盖曼尼托巴新建两座水电大坝的可行性到重组萨斯喀彻温交通补贴，再到加拿大环境的可持续性评估。

除了发表政策论文、举办许多不同主题的工作坊和研讨会以外，前沿中心还通过数十篇媒体评论文章，以及推特和脸书的更新传播其观点。中

---

① 前沿公共政策中心《2013年度报告》，第1页。

心还通过每周的广播节目表达观点,节目覆盖大草原地区的 17 个城市。[①]虽然资源有限,这个坐落于西部的智库已经在西部地区包括加拿大全国崭露头角。

2. 前沿公共政策中心报刊文章选摘

(1)《卡尔加里先驱报》(Calgary Herald)

Corbella, Licia. "Jack and Gilles Take Over Parliament Hill." 3 December 2008.

Moore, Patrick. "Better to Have Global Warming Than Global Cooling." 24 September 2014.

(2)《领导邮报》(Leader Post)

Chabun, Will. "Think Tank Pushes Service Reduction." 13 February 2015.

—— "Trim Down Civil Service, Think Tank Suggests." 12 February 2015.

Niebergall, Stu. "Economic Gains Offset by Housing Costs." 9 December 2013.

(3)《多伦多星报》(Toronto Star)

Ferguson, Rob. "Medicare Takes a Back Seat." 28 September 2008.

Goar, Carol. "PM's Friends Are His Biggest Mistake." 19 July 2010.

Gorrie, Peter. "Another Earth Hour Ignored: Too Bad, It's the RightIdea." 3 April 2010.

Lafleur, Steve. "The Roots of Toronto's Budget Crisis." 17 August 2011.

MacKinnon, David. "Ontario: Cash Cow for the Rest of Canada." 25 February 2011.

Pentland, Ralph, and Jim Bruce. "How Much Longer Can We GowithoutLeadership on Water?" 11 September 2008.

[①] 前沿公共政策中心《2013 年度报告》,第 17 页。

Tuckey, Bruce. "Need for GTA Development Competing with GreenbeltAct." 15 December 2014.

（4）《温尼伯自由新闻报》(*Winnipeg Free Press*)（Online Edition）

"The Dangers of Hog Expansion Moratorium." 18 September 2011.

"Focus on the Child, Not Region." 19 January 2010.

"Frontier Centre Touts Water Export." 24 June 2008.

"Manitoba Movers." 12 January 2009.

"Per Student-Costs in Manitoba Rising: Think-Tank." 6 January 2015.

"The Rights Thing." 24 January 2011.

"Winnipeg's Housing Affordability Erodes." 25 January 2010.

"Winnipeg Ranks Low on Government Transparency: Think-Tank." 4 February 2014.

3. 前沿公共政策中心出版物选摘

Atkins, Frank. "Issues Concerning Heritage Preservation." 10 November 2015.

Enright, Jane, Halina Sapeha, and Conrad Winn. "Self-Governancefor First Nations." 17 November 2015.

Flanagan, Tom, and Laura Johnson. "Towards a First Nations Governance Index." 2 December 2015.

Moore, Patrick. "Alarmism in Perspective." 24 November 2015.

Shimuzu, Hiroko, and Pierre Desrochers. "Speed or Greed: Does Automated Traffic Enforcement Improve Safety or Generate Revenue?" 8 December 2015.

十五、公共政策研究所

1. 基本情况

成立年份：1972

所在地：蒙特利尔

年度预算：$2,000,000—2,500,000

人员：15 人

智库负责人：格雷厄姆·福克斯(Graham Fox)

网址：www.irpp.org

公共政策研究所是一家比较独特的加拿大智库。首先，除了国际治理创新中心和其他一些智库以外，公共政策研究所是少数几个财务安全有强大的捐赠资金作为保证的政策研究所。研究所当前市场价值约为 4000 万加元，其"捐赠资金来源于 20 世纪 70 年代和 80 年代私人部门和省政府的 1000 万加元捐赠、联邦政府的 1000 万加元捐赠"。[1] 因为从这些捐赠中获得的利息就可以支付研究所的大部分运营支持，所以研究所不必像其他加拿大智库一样每年开展筹资活动。研究所的独特之处还在于它是魁北克省屈指可数的讲英语的独立公共政策研究机构。研究所在 1972 年于蒙特利尔成立后，其总部经历了数次搬迁，其中包括渥太华、哈利法克斯、维多利亚等城市，直到 1991 年再次回到蒙特利尔。

公共政策研究所的创立要归功于知名的加拿大经济学家罗纳德·里奇(Ronald Ritchie)。1968 年，他受总理特鲁多委托，调查加拿大成立一家独立的跨学科研究机构的可行性。经过研究包括美国在内的好几个国家的智库图景，并与数十位智库主任和政策制定者深入交流之后，里奇最后向特鲁多建议，加拿大应该成立一家类似布鲁金斯学会的政策研究机构，专门进行长期战略分析。虽然里奇报告的结果是并没有类似布鲁金斯规模的智库诞生，但是催生了公共政策研究所和其他几所政策研究机构。

公共政策研究所忠实于里奇进行独立政策分析的愿景，采取"围绕有见地的政策辩论慎重的方式影响公共政策，而不是推广某一派的意识形态立场"。[2] 研究所设法通过其出版的杂志《政策选择》(*Policy Options*)以及

---

[1] 热罗姆-福尔热(Jérôme-Forget)：《公共政策研究所》，第 92 页。更多公共政策研究所的信息见公共政策研究所多贝尔(Dobell)和麦金农(Mackinnon)的《加拿大智库版图》("The Canadian Think Tank Scene")。

[2] 热罗姆-福尔热(Jérôme-Forget)：《公共政策研究所》，第 87 页。

所发表的跟专著厚度相仿的研究报告来教导政策制定者和公众。虽然他们的专家也向议员委员会做观点陈述,并在加拿大报纸发表专栏文章,但是研究所声称提高媒体形象不是他们优先考虑的事项。但是,在对照其他智库对公共舆论影响的密切关注后,研究所也转变了原先的态度。实际上,在它2014年年报的第一页,研究所以蓝色粗体的文字总结了上一年所产生的影响:370,322次网站访问、111,280名网站访客、2,440名推特粉丝、332位脸书粉丝、615篇媒体报道、17种出版物、16场活动,以及出版了6期《政策选择》。①

虽然研究所将200万—500万加元预算资金的大部分投入研究工作中,但是研究所并没有形成强大的内部专职研究团队。实际上,研究所不像贺维学会那样雇佣多名研究员,而是依靠一些工作人员和各所大学的教师合作完成大部分研究项目。研究所当前的研究活动主要聚焦于以下几个领域:技能和劳动市场政策、国际贸易与全球商务、老龄化问题、收入不平等以及健康和公共政策。

2. 公共政策研究所报刊文章选摘

(1)《全国邮报》(National Post)

Cross, Philip. "The Idea Marketers: Canada Should Cull Proliferationof Think Tanks, Let Market Do the Funding." 24 September 2014, FP.

Reevely, David. "Seniors' Discounts for Public Services a Worsening Drain on Cities' Finances, Report Warns." 28 February 2015, NP.

Watson, William. "Ideas Market Works Fine." 26 August 2014, FP.

(2)《渥太华公民报》(Ottawa Citizen)

Butler, Don. "Trudeau Plants Seeds of 'Revolution' by Expelling Liberal Senators from Caucus." 30 January 2014.

May, Kathryn. "Fixing the Public Service: Groom Stronger, Specialized Managers for Public Service." 3 September 2014.

Winter, Jesse. "Indian Prime Minister Modi Will Face Mixed

---

① 公共政策研究所《2014年度报告》,第1页。

Receptionin Ottawa Tuesday." 13 April 2015.

(3)《多伦多星报》(*Toronto Star*)

Bernier, Nicole F. "Drugs Are No Solution to Nursing Home Underfunding." 21 May 2014.

Flavelle, Dana. "CAW Steers Auto Debate." 16 April 2012.

Goar, Carol. "Canada Can Be Green without Sacrificing Growth." 11 November 2014.

— "Provinces Push Pharmacare out of Reach." 3 March 2015.

— "Time to Pull the Plug on Auto Subsidies." 24 February 2014.

Lang, Eugene. "Industrial Policy Is Back-Except in Ontario." 14 July 2013.

Regg Cohn, Martin. "Why Ontario's Economy Is Running Out of Energy." 7 December 2013.

Tam, Vivian. "It's Time for a Universal Pharmacare System." 11 December 2014.

3. 公共政策研究所出版物选摘

Assaf, Dany H., and Rory A. McGillis. *Foreign Direct Investment and the National Interest: A Way Forward*. 18 April 2013.

"Building a Brighter Future." *Policy Options*. March-April 2015.

Drummond, Don. *Wanted: Good Canadian Labour Market Information*. 11 June 2014.

— "Environmental Faith." *Policy Options*. January-February 2015.

Finnie, Ross, and David Gray. *Labour-Force Participation of OlderDisplaced Workers in Canada: Should I Stay or Should I Go?* 24 February 2011.

Halliwell, Cliff. *No Shortage of Opportunity: Policy Ideas to Strengthen Canada's Labour Market in the Coming Decade Focus on Skills, Not the Number of Workers, as Workforce Ages.* 8 November 2013.

Hicks, Peter. *The Enabling Society*. 9 April 2015.

Morgan, Steven G., Jamie R. Daw, and Michael R. Law. *Are*

Income-Based Public Drug Benefit Programs Fit for an Aging Population? 3 December 2014.

——"Policyflix."*Policy Options*. November-December 2014.

Van Assche, Ari. *Global Value Chains and the Rise of a Supply Chain Mindset*. 28 April 2015.

十六、治理研究所

1. 基本情况

成立年份：1990 年

所在地：渥太华

年度预算：$1,500,000—2,000,000

人员：23 人

智库负责人：玛丽安托奈特·弗卢米安（Maryantonett Flumian）

网址：www.iog.ca

治理研究所坐落于渥太华闻名已久的拜沃德市场，[①]它的使命是"通过探索、发展和推广使得公共领域得到善治的原则、标准和实践，推进公共利益的更好治理"。[②] 研究所拥有关于"创新领导力的实践、进行中的研究、应用研究和基于实践的见解"的专业知识，它和政府、当地社区、志愿部门及私人部门合作建立并推广了更有效的制度建设。

研究所网站可知，治理研究所为其客户提供：

● 一套把复杂系统和决策的互动包含在内的系统方法。

● 一个供客户应对实时治理中遇到挑战的中性、公正、独立以及机密的工作环境。

● 获取治理领域的优秀专家网络，专家拥有对政府、私营部门和非营利部门以及本土和其他治理领域国内和国际的专业知识。

---

① 治理研究所在多伦多有两个办事处。

② 参见治理研究所网站（www.iog.ca）主页"关于我们"。

- 一个研发资源的档案中心,使得客户能获取并应用到先进的实践中。①

虽然治理研究所的许多研究都委托各种各样的组织开展,研究所在五大领域维持了核心优势:公共治理交流、数字治理应用研究、人才管理交流、本土研究议程,以及董事会和组织治理。② 治理研究所没有在网上发布年报。

2. 治理研究所报刊文章选摘

(1)《全国邮报》(*National Post*)

May, Kathryn. "Canadians Harsh on Governments in New Survey: Only 22% Believe Federal Level Is Working." 29 December 2014, NP.

Quesnel, Joseph. "Demand Accountability for Taxpayer-Funded NativeGroups." 28 June 2010.

(2)《渥太华公民报》(*Ottawa Citizen*)

May, Kathryn. "Canadians Satisfied with Life—If They Have EnoughMoney." 30 December 2014.

— "Harper Gets New Security Adviser amid Major Shuffle of Senior Public Service." 6 January 2015.

— "Local Government Gets Better Marks Than Other Levels." 28 December 2014.

— "Mistrust between Bureaucrats and Politicians Bad for Canada: Survey." 27 December 2014.

— "Reforms to Bring Neutrality to Public Service Could Lead to 'Government by the Unelected': Think Tank." 27 June 2014.

(3)《多伦多星报》(*Toronto Star*)

Delacourt, Susan. "Canadians' Trust in Elections Low before 2015 Federal Vote." 2 January 2015.

Editorial. "Stephen Harper Is Wrong on Murdered Aboriginal Women." 22 August 2014.

---

① 参见治理研究所网站(www.iog.ca.)主页"关于我们"。
② 同上。

3. 治理研究所出版物选摘

Cain, Todd, Laura Edgar, and Dustin Munroe. *The Not for Profit Board's Role in Stakeholder Relations: Survey Results and Analysis*. 11 July 2014.

The Environs Institute. *2014 Survey of Public Opinion on Public Governance in Canada*. 6 January 2015.

Nason, Eddy. *The Return on Investment in Team: Return on Investment Analysis Framework, Indicators and Data for Interprofessional Careand Interprofessional Education in Health*. 24 May 2013.

Nickerson, Marcia. *Closing the Gap-Beyond Section 35 bcSymposium Summary*. 25 April 2013.

—— *Public Service Transformation: Public Sector Human Resources and Talent Management*. 1 September 2014.

—— *Report from Our July 22 Event on 'Nudges' and Behavioural Economics*. 8 August 2014.

—— *Revisiting RCAP-Towards Reconciliation: The Future of Indigenous Governance*. 14 January 2015.

—— *Revisiting the Royal Commission on Aboriginal Peoples*. 30 October 2014.

Salgo, Karl. *A Risk Lens on Governance—A Public Governance Exchange Discussion Paper*. 4 July 2013.

Salgo, Karl, and Tim Gauthier. *Case Study: The Governance Continuumand the Canadian Wheat Board: 1965 – 2017*. 19 December 2012.

十七、国际可持续发展研究所

1. 基本情况

成立年份：1990 年

所在地：温尼伯（在渥太华、纽约、日内瓦和北京有分支机构）

年度预算：约 17,000,000

人员：约 200 人

智库负责人：斯科特·沃恩(Scott Vaughan)

网址：www.iisd.org

国际可持续发展研究所总部位于温尼伯，运营范围覆盖 30 多个国家。研究所的起源可以追溯到布赖恩·马尔罗尼总理 1998 年的决定，即"建立一个致力于在联合国推进可持续发展的国际机构"。[①] "建立这个所的想法源于一个环境与经济的国家工作组(National Task Force)的建议……也被称为布伦特兰报告……1987 年发表"。[②] 3 年后，在温哥华全球会议上，曼尼托巴省省长加里·菲尔蒙(Gary Filmon)和加拿大环境部长卢西恩·布沙尔(Lucien Bouchard)正式签署了成立国际可持续发展研究所的协议。[③]

研究所的使命是"帮助改善世界环境、经济与社会的福祉……通过创新、研究和世界跨度的关联捍卫全球可持续发展"。[④] 研究所与政府、非政府组织和其他部门的决策层紧密合作，以此推进其核心任务。研究所作为一个慈善组织，核心资金来源于加拿大国际发展署(该组织被哈珀政府削减)、国际开发研究中心(International Development Research Centre, IDRC)、曼尼托巴省，项目资金来源于各类外国政府、联合国机构、基金，以及个人。研究所开展的研究领域包括经济法和经济政策以及能源和水资源。它大部分工作都通过美国、瑞士和中国的分支机构协调进行。

2. 国际可持续发展研究所报刊文章选摘

(1)《多伦多星报》(*Toronto Star*)

Aulakh, Raveena. "Experimental Lakes Saved but Faces Uncertain Future." 2 April 2014.

[①] 参见国际可持续发展研究所网站(www.iisd.org)主页"我们的历史"。
[②] 同上。
[③] 同上。
[④] 同上。

Cheadle, Bruce. "Feds Spend $40 Million to Pitch Natural Resources." 28 November 2013.

MacCharles, Tonda. "G8 Leaders Set Sights on Economic Fix." 6 July 2009.

Watson, Paul. "Norway Has a Nest Egg. Should We? Is Norway's NestEgg a Lesson for Canada?" 23 August 2014.

Woods, Allan. "Canada's Climate Change Plans to Fall Short, New Study Says." 7 November 2011.

——"Tories Feel the Heat over Climate." 15 January 2009.

——"US Green Scheme Beats Canada's." 1 December 2009.

(2)《温尼伯自由新闻报》(*Winnipeg Free Press*)

"Agreement Finalized on Transfer of Experimental Lakes Area." 1 April 2014.

Paul, Alexandra. "Manitobans Deeply in Touch with Their Green Sides: Poll." 13 February 2015.

——"Pellets of Power." 25 April 2014.

——"10 Successes since Rio." 29 August 2002.

Turner, James. "'Enormous Benefits,' in ELA Research as Manitoba, Ontario Commit Interim Funding." 2 September 2013.

Wazny, Adam. "Winnipeggers Feel Better about Their City Than They Realize, Study Indicates." 20 March 2015.

——"The World Summit: 10 Failures since Rio." 1 September 2002.

3. 国际可持续发展研究所出版物选摘

Brooks, David B. *Prioritizing "No Significant Harm" over "Reasonableand Equitable" in Governance of Aquifers*. 20 March 2015.

Chenghui, Zhang, Simon Zadek, Chen Ning, and Mark Halle. *Greening China's Financial System: Synthesis Report*. 16 March 2015.

Denjean, Benjamin, Jason Dion, Lei Huo, and Tilmann Liebert. *Green Public Procurement in China: Quantifying the Benefits*. 16 April 2015.

Harris, Melissa, Philip Gass, Anne Hammill, Jo-Ellen Parry, Jason Dion, Robert Repetto, and Yanick Touchette. *Towards a Low Carbon, Climate Resilient Ontario: i i sd Input to moecc's Climate Change*. 13 April 2015.

Kidney, Sean, Beate Sonerud, and Padraig Oliver. *Growing a GreenBonds Market in China*. 1 March 2015.

Pan, Tao, Yu Geng, and David Sawyer. *Business Sentiments Survey of China's Low-Carbon and Energy Policies*. 6 March 2015.

Sawyer, David, and Hubert Thieriot. *Policy Trends and Drivers of Low-Carbon Development in China's Industrial Zones*. 6 March 2015.

Silva, Mariana Hug, and George Scott. *Empowering Small and Medium-Sized Enterprises（smes）by Leveraging Public Procurement：Eight Big Ideas From Mexico*. 23 March 2015.

Stiebert, Seton. *Implementing Greenhouse Gas Inventory Management Systems for Economic Zones in China*. 6 March 2015.

Thieriot, Hubert, and Carlos Dominguez. *Public-Private Partnerships in China: On 2014 as a Landmark Year, with Past and Future Challenges*. 16 April 2015.

十八、麦克唐纳-劳里埃公共政策研究所

1. 基本情况

成立年份：2010 年

所在地：渥太华

年度预算：约 $1,000,000

人员：5 名工作人员、11 名研究员

智库负责人：布莱恩·李·克劳利（Brian Lee Crowley）

网址：www. macdonaldlaurier. ca

麦克唐纳-劳里埃公共政策研究所的名字来源于加拿大最令人敬爱的

两位总理(一位是顽固保守派,另一位则是热情的自由派),它的使命是"使糟糕的公共政策在渥太华不被采用"。① 为实现这一使命,研究所致力于"通过无党派、独立的研究和评论为加拿大人和他们的政治与意见领袖提出有深度的选择"。② 研究所由大西洋市场研究所创始主席布莱恩·李·克劳利创立,虽然小但是很有活力,同时又有明显的保守派倾向,在核心的政策制定圈崭露头角。克劳利对智库并不陌生,他集结了一群出色的研究员对一些政策领域难以对付的挑战发表看法,包括国防与安全、外交事务、原住民问题、能源、公正以及移民。他还密切关注许多渠道,通过这些渠道研究所能将想法传递给关键利益相关者。除了一些由研究所隶属的学者撰写专著研究之外,研究所还发布刊物《政策之内》(Inside Policy),一年出版6期。它也会稳定地发表一些政策评论文章以及一份《麦克唐纳-劳里埃公共政策研究所领先指标》(The MLI Leading Indicator),跟踪近期经济趋势。为了进一步提高它在国家首都和全国各地的影响力,彰显它在加拿大面临的国内外政策挑战中的重要性,研究所主办了多场会议、研讨会和辩论,许多重要的政策制定者、记者和学者都出席了这些活动。

　　研究所深知评测智库影响的难度,就像其他智库一样,研究所也依靠《全球智库报告》的绩效指标评估其地位。在《2013年全球智库报告》中,研究所指出,根据2013年版的智库索引,"它排在世界最佳新晋智库的第三位",而且凭借"优质的政策产品,它在一些老牌智库中也能排名前列"。③ 研究所也会关注它被国家媒体引用的频率和社交媒体的粉丝数。在它的年报中,也提到了每年其网站的访问量。然而,和其他大部分只通过数据来展现其影响的智库不同的是,麦克唐纳-劳里埃公共政策研究所提供了一些关于它如何能够、为什么能够帮助塑造政策讨论的内容。实际上,在其年报的"影响和公共政策"部分,研究所竭力展现了它的政策建议和政策

---

① 参见麦克唐纳-劳里埃公共政策研究所网站(www.macdonaldlaurier.ca)主页"我们是谁"。
② 同上。
③ 麦克唐纳-劳里埃公共政策研究所《2013年度报告》,第1页。

制定者采取制定的法律法规之间的相似之处。① 虽然其发现还需要开展更多研究才能被证明，研究所至少认识到了提供一些数据之外的内容来印证其影响力的重要性。

2. 麦克唐纳-劳里埃公共政策研究所报刊文章选摘

（1）《全国邮报》（National Post）

Buckley, F. H. "Yes, Incomes Are Less Equal. But There Isn't Much We Can Do about It." 30 March 2015，FP.

Cross, Philip. "Why the Provinces Are Mired in Debt, While the Federal Government Is Just Fine." 15 April 2015，FP.

Freeland, Chrystia. "The Erosion of Middle-Class Jobs in Canada Is Finally Being Exposed." 30 March 2015，FP.

Ivison, John. "Rejection of Mandatory Minimum for Gun Crimes Confirms Supremes' Politicization." 14 April 2015，NP.

Kay, Barbara. "Universities Are Teaching Students What to Think, Not How to Think." 11 March 2015，NP.

Newman, Dwight. "A Court Gone Astray on the Right to Strike." 26 February 2015，NP.

（2）《渥太华公民报》（Ottawa Citizen）

Brewster, Murray. "Brain Drain, Staff Cuts and Red Tape Blamed for Dysfunctional DND Purchasing." 14 January 2015.

Crowley, Brian Lee. "Japan, Not China, Key to Canada's Asia-Pacific Aspirations." 27 March 2015.

—— "The Power of Money in Politics." 30 January 2015.

MacLeod, Ian. "Liberals Ignored Science-Based Evidence, Too." 27 February 2015.

—— "Supreme Court Strikes at Mandatory-Minimum Sentences." 14 April 2015.

Perry, David. "How to Fix Defence Procurement." 21 January 2015.

---

① 麦克唐纳-劳里埃公共政策研究所《2013年度报告》，第10～11页。

——"Photos: Around Town at Macdonald-Laurier Dinner." 19 February 2015.

(3)《多伦多星报》(*Toronto Star*)

Ali Khan, Mohammed Azhar. "Islamaphobia Raises Its Head in Immigration Debate." 4 March 2014.

Goar, Carol. "New Safety Nets Needed for Era of Chronic Inequality." 14 April 2015.

Harper, Tim. "Conservatives Hold Their Breath as US Election DayLooms." 9 October 2012.

Levitz, Stephanie. "Right-Leaning Charities Escape Tax Audits, Broadbent Institute Says." 21 October 2014.

Morton, Peter. "Trans-Pacific Partnership: How Canada's Inclusion Changes Dynamic at the Table." 21 June 2012.

3. 麦克唐纳-劳里埃公共政策研究所出版物选摘

Auld, Douglas, and Ross McKitrick. *Money to Burn: Assessing the Costs and Benefits of Canada's Strategy for Vehicle Biofuels*. 26 June 2014.

Cairns, Malcolm. *Staying on the Right Track: A Review of Canadian Freight Rail Policy*. 20 February 2015.

Coates, Ken. *Sharing the Wealth: How Resource Revenue Agreements Can Honour Treaties, Improve Communities, and Facilitate Canadian Development*. 27 January 2015.

Cross, Philip. *Giving and Taking Away: How Taxes and Transfers Address Inequality in Canada*. 16 April 2015.

Hage, Robert. *Risk, Prevention and Opportunity: Northern Gatewayand the Marine Environment*. 13 March 2015.

Murphy, Robert P. *The Carbon Tax Win-Win: Too Good to Be True?* 30 October 2014.

Perrin, Benjamin. *The Supreme Court of Canada: Policy-Maker of the Year (2014)*. 27 November 2014.

Perry, David. *Putting the 'Armed' Back into the Canadian Armed Forces: Improving Defence Procurement in Canada*. 14 January 2015.

Sheikh, Munir. *Great Gatsby v. Zero Dollar Linda: Assessing the Relationship Between Income Inequality, Social Mobility and the TaxTransfer System*. 9 April 2015.

Singleton, Solveig. *Finding the Balance on Digital Privacy: Towarda New Canadian Model for Data Protection in the 21st Century*. 10 June 2014.

十九、蒙特利尔经济研究所

1. 基本情况

成立年份：1999 年

所在地：蒙特利尔

年度预算：$2,250,000

人员：13 人

智库负责人：米歇尔·凯利-加尼翁（Michel Kelly-Gagnon）

网址：www.iedm.org

"当我们现任主席兼首席执行官米歇尔·凯利-加尼翁在 1999 年正式启动蒙特利尔经济研究所的运行时，他能用的经费也就 $15,000 左右，他的办公室设备只有他公寓角落的一台电话和传真机"，在 2014 年的研究所年报中，研究所主任埃莱娜·德马雷（Hélène Desmarais）这样回忆道。① 但一年之后，在一小群人的支持下，这个自由市场导向的研究所逐渐开始摆脱默默无闻的境况，在魁北克公共政策的版图内崭露头角。研究所的目标很明确："通过提出基于市场机制的创造财富的改革，在魁北克乃至全加拿大激起公共政策辩论。"② 凭借着 200 万出头一点的预算，其中大部分来

---

① 蒙特利尔经济研究所《2014 年度报告》，第 3 页。
② 参见蒙特利尔经济研究所网站（www.iedm.org）主页"关于——我们是谁"。

自个人、企业和基金会(不接受政府资金),研究所建设成为一个在联邦和省的政策倡议上能发出自己强有力声音的机构。它成功的关键之处在于它与媒体和关键利益相关者建立紧密联系的能力。正如米歇尔·凯利-加尼翁承认的:"研究所地位不断演进,到2014年确认成为媒体的优先合作伙伴。我们的研究员从不担心事情闹大或者得罪一些人,并愿意挑战一些先入之见。但是他们的原始研究现在已经得到越来越多的引用,他们的观点也越来越多地在辩论中作为某方立场的代表性意见被引用,同时他们受邀解释政策问题的次数也在增多。"①

蒙特利尔经济研究所的研究领域十分广泛,包括农业、能源、医保、房产、劳工,以及税务方面的研究。除了发表的许多研究和政策短文意外,研究所鼓励自己的学者与媒体互动。根据其2013—2014年的数据,研究所被媒体引用的次数超过4387次,脸书粉丝有2307名,推特粉丝有3590名,优兔(Youtube)上有24401次播放。② 和麦克唐纳-劳里埃公共政策研究所类似,蒙特利尔经济研究所也会解释它在各类公共政策辩论中如何发挥作用。毫无疑问,比起创立时的寒酸,现在它已经取得了长足发展。

2. 蒙特利尔经济研究所报刊文章选摘

(1)《蒙特利尔公报》(*Montreal Gazette*)

Canadian Press. "Fourth Wireless Carrier Could Result in $1 Billion Savings:Competition Bureau." 15 May 2014.

Derfel, Aaron. "Number of Quebec Doctors Opting out of Medicare Up Sharply." 9 June 2014.

Magder, Jason. "Are Tolls on the New Champlain Bridge Inevitable?" 17 December 2014.

——"Surprise! Canada's Cell Phone Rates Are Competitive." 13 September 2012.

Mennie, James. "Cocaine,Protests and Debt?" 7 Match 2013.

News Desk. "Could Cannabis Regulation Eliminate Quebec's

---

① 参见蒙特利尔经济研究所网站(www.iedm.org)主页"关于——我们是谁",第4页。
② 同上,第5页。

Deficit?" 12 March 2014.

(2)《全国邮报》(*National Post*)

Corcoran, Terrence. "Billions Lost, but Ottawa Keeps Purchasing Wireless Carrier." FP. 17 September 2014.

Foster, Peter. "The Carbon in the Climate Talks." FP. 12 December 2014.

Kheiriddin, Tasha. "Another 'Maple Spring' Likely Not." NP. 25 March 2015.

Kline, Jesse. "Homeowners Should Have Choice." NP. 20 November 2013.

McParland, Kelly. "Blame Alberta: Death Comes to 'No New Taxes' as 'Tax and Spend' Rises from the Grave." NP. 31 March 2015.

Solomon, Lawrence. "When Quebec Will Leave." 13 March 2014, FP.

(3)《多伦多星报》(*Toronto Star*)

Chung, Andrew. "Disorder Descends to New Level as Some BombsShut Down Montreal Subway." 10 May 2012.

MacCharles, Tonda. "Think-Tank Says It Was Targeted with Tax Audit Because of Its Politics." 5 September 2014.

Opinion. "Rotating Strikes: Canada Post's Death March." 6 June 2011.

Shalom, Francois. "Direct Flights Will Fuel Montreal's Development."

Woods, Allan. "Quebec Weighs Mandatory Prices for New Books." 9 August 2013.

Wright, Lisa. "Think Tank Urges Canada to Flow towards Water Exporting." 27 August 2008.

3. 蒙特利尔经济研究所出版物选摘

Bédard, Mathieu, and Jasmin Guénette. *Private Reinforcements for Public Police Forces*? 29 January 2015.

Chassin, Youri, and Alexandre Moreau. *Viewpoint-Public Sector*

Pay Grades. 12 March 2015.

— *Viewpoint—The Tax Burden and Disposable Income of Quebecers*. 14 April 2015.

Chassin, Youri, and Bradley Doucet. *Viewpoint-Quebec's Energy Choices: For Richer or Poorer?* 23 April 2015.

Descôteaux, David. *The Cree and the Development of Natural Resources*. 19 March 2015.

Labrie, Yanick. *Improving Access to Care by Expanding the Role of Pharmacists*. 30 April 2015.

— *The Other Health Care System: Four Areas Where the Private Sector Answers Patients' Needs*. 31 March 2015.

Labrie, Yanick, and Bradley Doucet. *Economic Freedom Improves Human Well-Being*. 12 February 2015.

Dumais, Mario. *The Negative Consequences of Agricultural Marketing*. September 2012.

— *Viewpoint on the Shortcomings of Agricultural Policies*. 15 December 2010.

二十、莫厄特中心

1. 基本情况

成立年份：2009 年

所在地：多伦多

年度预算：约 $2,500,000

人员：18 人

智库负责人：迈克尔·门德尔松（Michael Mendelsohn）

网址：http://mowatcentre.ca

莫厄特中心位于多伦多大学公共政策与治理学院，是为纪念安大略省的第三任、也是在任时间最久的省长奥利弗·莫厄特（Oliver Mowat）爵士而得名。它的使命是"通过组织沟通有意义的影响以及可操作建议的分析严谨、基于实证的研究在公共政策方面发出独立的安大略的声音,在快速变化的世界中壮大安大略省"。[①] 凭借安大略省政府 90 万加元的经费支持,莫厄特中心主要进行以下四方面的研究:政府间经济和社会政策、政府转型、非营利部门、能源。在开展研究时,中心把自己定位为三种角色:能够识别并传播关键政策问题的想法生产者;举办研讨会、工作坊、大型会议,并参与到和各类目标受众的非正式对话的会议召集者;通过研究和会议,不断"发展和影响与利益相关者、有影响力的人、领袖以及决策者之间关系"[②]的交流沟通者。

和其他想当然地认为自己的想法能渗透到决策圈的智库不同,莫厄特中心密切关注它的研究对选民组织的影响。在它 2014 年的年报中,中心提供了一个"绩效影响指标图例"(Impact-Performance Indicators Legend),勾勒出不同种类的影响和所能达到的范围。这些影响包括:在正式政府报告和文件,以及立法辩论中的引用;媒体报道;发表报纸专栏;研究的被引用;网站活动。年报中列出的每种出版物旁边,中心都会参考这些指标和其他一些指标来强调研究的影响。虽然跟踪中心被各类研究和安大略省的法律法规的引用频率会表明中心专家在各类公共辩论的参与度,并且能很大程度上给潜在捐赠者深刻的印象,但是高产出并不等于好效果。如前所述,参与度高并不保证对政策的影响力就大,而这个并没有在年报里被强调。中心知道这些指标还不够反映它们的影响力,它还进一步跟踪了他们的工作人员能够接触到的政策制定者的层级和频率,以及具体到市政府、省政府、联邦政府、外国政府的具体部门。[③] 虽然这些与政策制定者的互动结果和性质很难被量化,莫厄特中心清楚地知道把自己塑造成政策研究界积极参与者的重要性。一个组织拥有多大的影响是可争论的,然而毫无疑问的是,在短时间内,该智库以成为安大略省面临问题时一个领先发出的声音的方式填补了加拿大智库界重要的缺口。

[①] 莫厄特中心《2014 年度报告》,第 1 页。
[②] 参见莫厄特中心《2014 年度报告》。
[③] 同上,第 17 页。

2. 莫厄特中心报刊文章选摘

(1)《全国邮报》(National Post)

Coyne, Andrew. "If We Really Want to Soak the Rich, We Should Abolish Corporate Income Tax." 8 July 2014.

——"Federal Transfer System Not to Blame for Ontario's Fiscal Shortfall." 19 July 2014.

——"Returning to the Fairness of the 'A Buck Is a Buck' Principle of Taxation." 27 November 2014.

Falk, Will, and Dylan Marando. "Dawn of the 'Smartphone Doctor.'" 20 February 2015.

Hanniman, Kyle. "What If a Province Goes the Way of Greece?" 29 February 2015.

Keller, Tony. "The Winners and Losers in the New NHL Deal." 8 January 2013.

McGregor, Glen. "Inside the Secret Planning for Justin Trudeau's Senate Bombshell—and How a Senator's Trip Nearly Derailed It." 30 January 2014.

McParland, Kelly. "Report Says Ontario Is Big Loser in BrokenEqualization Program." 21 December 2012.

Mendelsohn, Matthew. "Oliver's Flawed Facts: Ontario a NetContributor to Canada, Ottawa's Assertion Notwithstanding." 8 July 2014.

Selley, Chris. "EI Needs Reinventing, Not Tweaking." 23 May 2012.

(2)《多伦多星报》(Toronto Star)

Goar, Carol. "Canada's Top Energy Regulator Unfazed by Controversy." 16 April 2015.

Goodman, Lee-Anne. "How the Toronto Factor Exposes EI's OutdatedSystem." 4 September 2014.

Hepburn, Bob. "Trudeau at Crossroads on Two-Year Anniversary."

4 April 2015.

Keenan, Edward. "Catching Up to the Post-Jobs Economy." 20 February 2015.

Levitz, Stephanie. "Income Splitting Tax Measure Would Pinch Provincial Pockets Too, Report Says." 18 September 2014.

Lu, Vanessa. "Do Companies like Uber, Handy Fuel Underground Economy?" 23 February 2015.

—— "Dropping Water Levels Could Lead to Economic Blues." 26 June 2014.

—— "Uber, Airbnb Highlight Need for Regulation." 17 February 2015.

Mendelsohn, Matthew. "Ontario Is Being Cheated by the Federal Government." 15 June 2014.

Talaga, Tanya. "Oil Price Plunge Would Be Felt Throughout Canadian Economy." 10 December 2014.

3. 莫厄特中心出版物选摘

Carlson, Richard, and Eric Martin. *Re-energizing the Conversation: Engaging the Ontario Public on Energy Issues*. 17 October 2014.

Carlson, Richard, Rob Dorling, Peter S. Spiro, and Mike Moffatt. *A Review of the Economic Impact of Energy East on Ontario*. 30 March 2015.

Galley, Andrew, and Jill Shirey. *Brokering Success: Improving Skilled Immigrant Employment Outcomes through Strengthened Government-Employer Engagement*. 3 December 2014.

Gold, Jennifer. *International Delivery: Centres of Government and the Drive for Better Policy Implementation*. 22 September 2014.

Hanniman, Kyle. *Calm Counsel: Fiscal Federalism and Provincial Credit Risk*. 6 February 2015.

Johal, Sunil. *Income Splitting or Trojan Horse?: The Federal Government's Proposal and Its Impact on Provincial Budgets*. 18 September 2014.

Johal, Sunil, and Noah Zon. *Policymaking for the Sharing Economy: Beyond Whack-A-Mole*. 16 February 2015.

The Ontario Chamber of Commerce. *Emerging Stronger 2015: ATransformative Agenda for Ontario's Economic Future*. 4 February 2015.

Van Ymeren, Jamie. *An Open Future: Data Priorities for the Not-for-Profit Sector*. 20 February 2015.

Zon, Noah, Matthias Oschinski, and Melissa Molson. *Building Blocks: The Case for Federal Investment in Social and Affordable Housing in Ontario*. 22 September 2014.

二十一、帕克兰研究所

1. 基本情况

成立年份：1996 年

所在地：埃德蒙顿

年度预算：约 $500,000

人员：6 人

智库负责人：特雷弗·哈里森（Trevor Harrison）

网址：www.parklandinstitute.ca

"阿尔伯塔左翼倾向"的帕克兰研究所位于阿尔伯塔大学文学院，并在卡尔加里有一个办公室，它的评论者把它称为"用政治经济学的视角研究阿尔伯塔人和加拿大人面临的经济、社会、文化和政治问题"。[1] 根据它 2008 年的"自我研究"，帕克兰的价值观"包括开放性、批判性、创新性、变革性，以及解决方案导向"。[2] 它的使命依赖于五大支柱：

● （提供）聚焦加拿大能源安全以及环境可持续性、社会公平和社会平等的高质量政策研究。

---

[1] 参见帕克兰研究所网站（www.parklandinstitute.ca）主页"关于帕克兰研究所"。
[2] 参见帕克兰研究所网站，"自主学习"。

- 通过研究和改变阿尔伯塔和加拿大问题框架的推广规划，领导和拓展政策及政治辩论。
- （提供）有变革性、能提出改善生活质量和社会公平的系统性、结构性变化的积极的政策解决方案的政策研究。
- 通过用通俗的语言出版我们的研究、广泛传播我们的工作，并且通过创建学者和市民互相能积极参与的关系与当下的问题的讨论空间（座谈会、大型会议、专题讨论会、网络对话）来帮助启发民众。
- 培养省、国家以及国际的研究网络，并加强协同效应。①

帕克兰研究所诞生于"文学院的三年种子基金"，②虽然机构较小，资源也有限，但是研究所在加拿大西部已站稳脚跟。近年来，凭借100万加元捐赠项目的启动，它的声望有了进一步提高。除了在医保、环境可持续性和能源方面的许多研究以外，帕克兰研究所还依靠其他一些渠道与受众交流其研究结果和政策建议。研究所全年主办了几个工作坊和会议，它的工作人员和研究所也会定期和媒体互动。研究所清楚地知道向潜在捐赠者展现它在塑造公众舆论和公共政策方面影响的重要性。它也认识到它在一些政策圈并不比其他智库更有影响力。为此，它编制了一个数据体，评估它相比它的竞争者的影响力和影响范围。③虽然帕克兰研究所的公众知名度和招致的恶名可能和弗雷泽研究所、贺维学会以及其他公共政策研究组织不在一个等级，但是它在加拿大的智库版图中占据了一个重要位置。

2. 帕克兰研究所报刊文章选摘

(1)《卡尔加里先驱报》(*Calgary Herald*)

Acuna, Ricardo. "Klein's Policies Got Us into This Mess." 24 February 2015.

Breakenridge, Rob. "Fears over Alberta's Gender-Pay Gap Are Overstated." 10 March 2105.

Editorial. "Oil and Gas Fuelled Calgary's Wealth." 14 May 2014.

---

① 参见帕克兰研究所网站，"自主学习"，第4页。
② 同上，第2页。
③ 同上，第15~17页。

Klassen, Karin. "Why I Have a Poor Opinion of Polls." 9 March 2015.

Lakritz, Naomi. "Tradition No Reason to Leave Far Workers Unprotected." 17 January 2015.

Markusoff, Jason. "The Budget Public Hearing, As It Happened." 29 November 2010.

— "Parkland Institute on Muni Taxes and Fees. At Least, Some Taxesand Fees." 15 January 2010.

(2)《埃德蒙顿日报》(*Edmonton Journal*)

Annable, Kristin, and Bill Mah. "Liquor Privatization: Did Albertans Get What Was Promised?" 23 August 2013.

Harrison, Trevor. "The Realities of Alberta Conservatism." 9 January 2015.

Ibrahim, Mariam. "Liberals Push to Close Pay Gap between Men and Women." 8 April 2015.

Kleiss, Karen. "Report Urges Injury, Death Coverage for Far Workers." 15 Janury 2015.

Lahey, Kathleen A. "For Women, It's the Alberta Disadvantage." 9 March 2015.

Mah, Bill, and Kristin Annable. "We Put Every Bootlegger Out of Business: Steve West." 26 August 2013.

Pratt, Sheila. "Alberta Women Losing Ground in Economic Equality." 4 March 2015.

Weber, Barret. "Post-secondary Education Not Premier's Priority." 19 March 2015.

(3)《全国邮报》(*National Post*)

Braid, Don. "Welcome to Alberta, Canada's Tax Haven." 2 December 2014.

(4)《多伦多星报》(*Toronto Star*)

Hall, Ashley, and Jessica Nelson. "Selling Beer and Wine in Grocery

Stores Carries Serious Risks." 13 April 2015.

Laxer, Gordon. "Quebec 'Non' Looms over West-to-East Pipeline Gambit." 13 October 2012.

—— "What in Tar-Nation." 26 July 2011.

McQuaig, Linda. "Go Ahead and Reopen NAFTA." 3 June 2008.

Olive, David. "Alberta's Inconvenient Truths." 14 October 2007.

—— "Solutions for Alberta's Petro-Budget Woes." 3 April 2015.

Steward, Gillian. "Alberta Premier Alison Redford Flip-Flops on Budget Promises." 28 January 2013.

Walkom, Thomas. "Canadian Left Split over Alberta's Oilsands." 10 January 2014.

3. 帕克兰研究所出版物选摘

Barnetson, Bob. *A Dirty Business: The Exclusion of Alberta Farm Workers from Injury Compensation.* 15 January 2015.

Campanella, David. *A Profitable Brew: A Financial Analysis of the slga and Its Potential Privatization.* 3 December 2014.

Campanella, David, Bob Barnetson, and Angella MacEwen. *On the Job: Why Unions Matter in Alberta.* 21 May 2014.

Flanagan, Greg. *From Gap to Chasm: Alberta's Increasing Income Inequality.* 20 April 2015.

—— *Looking in the Mirror: Provincial Comparisons of Public Spending.* 19 March 2015.

Harrison, Trevor, and Harvey Krahn. *Less Exclusion, More Engagement: Addressing Declining Voter Turnout in Alberta.* 23 April 2014.

Hudson, Mark, and Evan Bowness. *Directly and Adversely Affected: Public Participation in Tar Sands Development 2005 - 2014.* 29 October 2014.

Krahn, Harvey, Trevor Harrison, and Katherine Hancock. *A Monochrome Political Culture?: Examining the Range of Albertans'*

Values and Beliefs. 9 April 2015.

Lahey, Kathleen. *The Alberta Disadvantage: Gender, Taxation, and Income Inequality*. 4 March 2015.

Roy, Jim. *Billions Forgone: The Decline in Alberta Oil and GasRoyalties*. 23 April 2015.

二十二、彭比纳研究所

1. 基本情况

成立年份：1985 年

所在地：卡尔加里（在埃德蒙顿、多伦多、温哥华和耶洛奈夫有分支机构）

年度预算：$4,000,000—5,000,000

人员：约 50 人

智库负责人：埃德·惠廷厄姆（Ed Whittingham）

网址：www.pembina.org

彭比纳合理发展研究所（Pembina Institute for Appropriate Development）成立于 1985 年，成立之初是为回应 1982 年 10 月 17 日在阿尔伯塔省洛奇波尔（Lodgepole）市附近一个"主要含硫气井"井喷事件。这个阿莫科（石油）公司在加拿大的气井在近两个月内"每天喷出 2 亿立方英尺致命的硫化氢气体——当着火时是有毒的二氧化硫——以及有毒的冷凝物"。[1] 根据彭比纳研究所说法，"公司和政府的紧急回应完全不够，包括推卸责任，贬低对人体健康和环境的影响以及对于保护社区的无能。结果，200 多位居民聚在一起，形成了彭比纳地区硫气泄露委员会（Pembina Area Sour Gas Exposures Committee）"。[2]

---

[1] 参见彭比纳研究所网站（www.pembina.org），"关于——组织历史"。
[2] 同上。

随着密集的媒体曝光和越来越多的公众关注,这个组织能够启动一个针对洛奇波尔井喷的工作调查。结果是这个组织做出的许多防止类似灾难发生的建议都被采用了。有了这个经验,包括罗布·麦金托什(Rob Macintosh)和沃利·海因里希斯(Wally Heinrichs)在内的几个人决定建立彭比纳研究所。① 研究所的使命是"通过创新研究、教育、咨询和倡议,推进清洁能源解决方案"。为此,"它畅想世界以一种保护地球生命系统的方式来满足我们现在和未来的需要;确保有干净的空气、土地和水;预防危险的气候变化;以提供一个安全、公正的全球社区。"②

彭比纳研究所总部在卡尔加里,拥有4个分支机构,研究所关注6个主要的政策领域:包括能源效率、液化天然气,以及油砂等。自创立以来,研究所发布了许多出色的系列出版物和媒体评论文章。它的许多专家都为几家加拿大报纸写专栏,通过研究所的演讲局,专家为各类受众发表和组织与研究所使命相关的问题演讲。

2. 彭比纳研究所报刊文章选摘

(1)《卡尔加里先驱报》(*Calgary Herald*)

"Alberta Expected to Unveil Updated Climate Change Strategy by Month's End." 15 December 2014.

Derworiz, Colette. "Environment Department Sees Cut in Alberta Budget." 26 March 2015.

— "Experts Weigh In on the Best Ways for Alberta to Address Climate Change." 18 April 2015.

Ewart, Stephen. "Alberta's New Climate Change Minister Carries Great Expectations." 24 March 2014.

— "Alberta Oil Hits a Hurdle En Route to World Markets in Quebec City." 15 April 2015.

Healing, Dan. "Crude Oil Emissions Variability Surprises Researchers." 14 April 2015.

---

① 参见彭比纳研究所网站(www.pembina.org),"关于——组织历史"。
② 同上。

McClure, Matt. "Alberta's Claims of Greenhouse Gas Success Don't Measure Up, Experts Say." 22 March 2015.

Stark, Erika. "McQueen Insists Province Will Meet 2020 Emissions Reduction Target, Despite Past Misses." 20 March 2015.

Whittingham, Ed. "Prentice's Budget Is about 'Setting Things Right.'" 4 April 2015.

Van Loon, Jeremy. "Spotlight Shifts to Alberta as Quebec Phases Out Coal Power Plants." 14 April 2015.

(2)《埃德蒙顿日报》(Edmonton Journal)

Garner, Ryan. "Alberta Green Condo Guide Offers Tips for Energy, Cost Savings." 27 March 2015.

Howell, David. "Alberta Economy Benefits from Investment in Technology to Reduce Greenhouse Gas Emissions, Study Finds." 5 March 2015.

——. "New Rules for Oilsands Fluid Tailings, River Water Management." 13 March 2015.

——. "Play-Based Regulation Could Benefit Energy Industry: Report." 13 January 2015.

Pratt, Sheila. "Edmonton Air Pollution Must Be Reduced, Provincial Report Says." 3 February 2015.

——. "Edmonton's Bad Air Is Dirtier Than Toronto's, Which Has Five Times the People." 15 April 2015.

——. "Ground Breaking Technology Stores Wind Power in Salt Caverns." 7 December 2014.

(3)《多伦多星报》(Toronto Star)

Aulakh, Raveena. "Include Climate Change When Assessing Pipeline Projects, Groups Urge." 11 December 2014.

De Souza, Mike. "An Inside Look at US Think Tank's Plan to Undo Environmental Legislation." 24 August 2014.

Flanagan, Erin. "On Climate Change, Provinces Are Doing What

Ottawa Won't." 13 April 2015.

Kalinowski, Tess. "GTA Home Buyers Prefer Walkable Neighbourhoods, Study Says." 24 September 2014.

— "Toronto Lags Other Canadian Cities in Holiday Transit: Pembina Report." 5 September 2014.

Keesmaat, Jennifer, and Cherise Burda. "Greenbelt Makes GTA More, Not Less, Visible." 17 March 2015.

Pigg, Susan. "Ontario Farmland under Threat as Demand for Housing Grows." 27 February 2015.

Potter, Mitch. "US-China Climate Deal Reverberates North and South." 12 November 2014.

Walkom, Thomas. "Don't Expect Kathleen Wynne to Block Energy East Pipeline." 5 December 2014.

Watson, Paul. "For Oil-Rich Norway, It's Not Easy Being Green." 14 September 2014.

3. 彭比纳研究所出版物选摘

Burda, Cherise, and Geoffrey Singer. *Location Matters Factoring Location Costs Into Homebuying Decisions*. 21 January 2015.

Comette, Penelope, Steven Cretney, Maximilian Kniewasser, and Kevin Sauve. *The British Columbia Clean Energy Jobs Map*. 24 April 2015.

Flanagan, Erin. *Crafting an Effective Canadian Energy Strategy: How Energy East and the Oilsands Affect Climate and Energy Objectives*. 14 April 2015.

— *Oilsands Expansion, Emissions and the Energy East Pipeline*. 3 December 2014.

Horne, Matt, and Josha MacNab. *Liquefied Natural Gas and Climate Change: The Global Context*. 27 October 2014.

Horne, Matt, and Kevin Sauve. *The bc Carbon Tax: A Backgrounder*. 5 November 2014.

Pembina Institute. *Background on Alberta's Climate Strategy*. 16 December 2014.

Row, Jesse. *Alberta Green Condo Guide*. 26 March 2015.

Sauve, Kevin, Josha MacNab, Steven Cretney, and Matt Horne. *Is bc lng Really a Climate Change Solution? An Infographic*. 23 December 2014.

Thibault, Benjamin. *How Solar and Wind Lower Your Power Bill: Understanding Renewable Energy Prices in Alberta*. 12 November 2014.

二十三、公共政策论坛

1. 基本情况

成立年份：1987 年

所在地：渥太华

年度预算：$3,500,000—4,000,000

人员：22

智库负责人：拉里·莫里（Larry Murray, 代理主席）

网址：www.ppforum.ca

公共政策论坛距离加拿大国会山仅几个街区之遥，其起源可追溯到"1987 年卡尔加里的一次联邦副部长和私营部门领袖的形成会议"。[1] 在那次会议中，"出现了一项共识，即关于创立一个私营部门和公共部门定期会面讨论治理和公共政策的独立空间"。[2] 正如公共政策论坛在组织简史中指出的，"从那时起，论坛的会员增长至包括商界、联邦、省、区政府、学术机构、工会以及志愿非营利部门在内的 180 多个组织。"[3] 公共政策论坛没

---

[1] 公共政策论坛网站(www.ppforum.ca)主页"关于"。公共政策论坛在多伦多有两个办事处。

[2] 同上。

[3] 同上。

有将自己看作向政策制定者寻求推销议程的倡导性智库。实际上,在推广材料中,这家机构强调他们对任何政策问题都采取中立立场。如前所述,他们不但不促成任何意识形态目标,而且还"为私营部门和公共部门提供一个面对面交流看法的中立场所"。① 公共政策论坛认为:"在 20 世纪 80 年代,在政府部门的素质直接影响整个国家竞争力的国际舞台上,加拿大国际竞争力因为政府与私营部门联系太少而受到负面影响。"② 为了纠正这个问题,公共政策论坛前任总裁戴维·组斯曼提出:"我们帮助政府和私营部门这两个互不联系的群体建立一个联系的纽带,从而能更加有效地解决大家共同关心的问题。"③ 多年来,论坛还将志愿部门,或称"第三部门"的代表也纳入政策论坛中来。

公共政策论坛侧重为政策制定者和私营部门、非营利部门的代表组织会议和研讨会,这一点从他们的资源分配上体现出来。该机构几乎完全靠会员捐赠筹集起来的 350 万—400 万加元经营预算中的 60% 左右投入到了这个方面。论坛的 100 多名会员中有蒙特利尔银行、加拿大贝尔电话公司、加拿大邮政公司、一些省级政府等。只有 20%—25% 的预算投入到刚刚开始加大重视力度的研究工作上。在经济、社会、贸易政策等领域颇有建树的公共政策论坛确定了他们 2013—2016 年战略计划中重点发展的三个主题,这些主题涉及公共服务和治理、经济和竞争力、人力资本。

2. 公共政策论坛报刊文章选摘

(1)《全国邮报》(*National Post*)

Editorial Board:"Restore Decorum to the House." 8 October 2010.

Kheiriddin, Tasha. "A Step Toward a Cleaner QP-Minus the Bloc." 7 October 2010.

Libin, Kevin. " Bringing Civility to Question Period." 8 October 2010.

---

① 埃布尔森:《智库能发挥作用吗?》,第 197 页。
② 同上。
③ 同上。

Martin, Don. "Tories Need Manning's Touch of Class." 3 May 2010.

Selley, Chris. "Live from St John's, It's the Canadian Parliament." 11 February 2011.

— "On the Long-Gun Registry, the Conservatives Always Win." 15 September 2010, NP.

Solomon, Lawrence. "Don't Bother to Vote." 30 April 2011.

— "New Parliament Younger, More Diverse: Study." 30 June 2011.

Special to Financial Post. "Oil and Gas Partnerships Drive Efficiency through Technological Innovation." 23 July 2013.

— "Transcript: Allow Voluntary CPP Contributions." 21 February 2013.

Stinson, Scott. "Our Houses No Longer Homes for Democracy." 17 October 2011.

(2)《渥太华公民报》(*Ottawa Citizen*)

Macleod, Ian. "World's Oldest Operating Reactor, in Chalk River, to Close in 2018." 16 March 2015.

May, Kathryn. "Mistrust between Bureaucrats and Politicians Bad for Canada: Survey." 27 December 2014.

— "New Plan for the PS of the Future." 11 May 2014.

May, Kathryn, and Jason Fekete. "Wayne Wouters: Retiring Clerk Sparked Controversy and Compliments." 24 August 2014.

Mitchell, David, and Sara Caverley. "The Year's Top Policy Stories." 28 December 2014.

Pugliese, David. "Canada's Members of Parliament Lack Experience Says New Report." 4 May 2009.

Sibley, Robert. "Essay: Never Mind the Economy, It's the 'Trade Deficit.'" 11 April 2009.

(3)《多伦多星报》(*Toronto Star*)

Brender, Natalie. "Canada's Diverted Public Service Poses a Threat to Our Future." 15 April 2013.

Delacourt, Susan. "Canadians Weary of Antics in the Commons: Poll." 15 September 2010.

——"Tory MP Takes a Crack at Restoring Civility in Ottawa." 16 September 2010.

Editorial. "We Need to Protect Canada's Public Service." 15 April 2013.

Flavelle, Dana. "Ontario's Pension Timeline 'Ambitious' Minister Says." 8 October 2014.

——"'Self-Control Problems' Plague Canadian Retirement Savings, Economist Warns." 9 October 2014.

Goar, Carol. "How Canadian Voters Became Election Pawns." 28 March 2011.

Hébert, Chantal. "Nursing Medicare Back to Health Carries Political Risk." 3 May 2010.

Hepburn, Bob. "Whose Job Is It to Boost Voter Turnout?" 31 August 2011.

Mayers, Adam. "A Closer Look at Our Public Sector Pension Envy." 16 October 2014.

3. 公共政策论坛出版物选摘

Agile Government: Responding to Citizens' Changing Needs. 30 March 2015.

Atlantic Summit on Healthcare and Drug Cost Sustainability. 9 January 2015.

Building Sustainable Value: A Canada-US Energy Roundtable. 19 December 2014.

Canada's Airports-Advancing Our Prosperity and Trade Agenda. 28 January 2015.

Changing the Game: Public Sector Productivity in Canada. 7 January 2015.

Connecting Communities Initiative. 25 March 2015.

Reducing Transportation ghg Emissions in Canada（*Final Report*）. 5 December 2013.

Regulatory Diplomacy Report. 19 December 2014.

Retirement Security for Everyone：Enhancing Canada's Pension System. 3 February 2015.

Social Finance in Canada 2013. 23 May 2013.

二十四、凡尼尔家庭研究所

1. 基本情况

成立年份：1965 年

所在地：渥太华

年度预算：约 $13,000,000

人员：8 人

智库负责人：诺拉·斯平克斯（Nora Spinks）

网址：www.vanierinstitute.ca

凡尼尔家庭研究所在加拿大总督乔治·P. 凡尼尔（Georges P. Vanier，1959—1967）和夫人保利娜·凡尼尔（Pauline Vanier）的资助下建立，"凡尼尔家庭研究所 1965 年开始工作，紧跟着两位赞助者在总督府参加的加拿大家庭会议"。[1] 在组织简史中，凡尼尔研究所发现，"那次成立大会将各行各业的杰出男性和杰出女性聚集在一起，他们每个人都清楚家庭的作用及其重要性，而且会最终塑造我们所处的世界"。[2] 凡尼尔总督"创建一个致力于家庭的社会事业的长期组织想法得到著名的加拿大神经科学家怀尔德·彭菲尔德（Wilder Penfield）博士的支持"。[3]

凡尼尔研究所推进"加拿大家庭的福祉"的展望由四方面的战略作为支持：

---

[1] 凡尼尔家庭研究所网站（www.vanierinstitute.ca），"关于我们——我们的历史"。
[2] 同上。
[3] 同上。

- 建立影响加拿大家庭健康运行的重要问题和重要趋势的公众理解。
- 促进社会确定家庭的需要和愿望并提供帮助。
- 鼓励在政策制定者、服务提供者、雇主、教育工作者以及其他影响家庭生活的人之中的家庭观点。
- 提升家庭自助的固有能力。①

为了给多个利益相关者表达自己的观点,凡尼尔研究所依靠的是自己健全的研究项目、对公共教育和传统家庭价值观的贡献以及它对形成"与公共机构、私人机构、企业、媒体和非营利部门形成战略合作伙伴关系"②的意愿。凡尼尔研究所密切关注它的公众形象。在它的年报中能看到其出版物被下载的频率,其中包括杂志《转型》(Transition)、它的研究员和各类媒体互动的数字,以及参加其组织的会议、研讨会和工作坊的人数。③ 凭借超过 1600 万加元的投资,凡尼尔研究所已经有了良好的定位,可以继续它 50 年前在加拿大英语区最受欢迎的总督的协助下创立的使命。

2. 凡尼尔家庭研究所报刊文章选摘

(1)《全国邮报》(National Post)

Boesveld, Sarah. "The Rise of the Single Dad and 10 Other Takeaways from the Census' Family and Household Figures." 19 September 2012.

— "State of the Unions: How a New Generation Is Redefining What Marriage Looks Like." 9 February 2015.

— "Though the Number of Adult Children Moving Back Home Is Holding Steady, Number of Couples Moving Back Is on the Rise." 19 September 2012.

Kirkey, Sharon. "Global Recession Linked to 10,000 'Economic Suicides' across North America and Europe: Study." 12 June 2014.

Leong, Melissa. "The Cost of Infertility." FP. 28 September 2013.

---

① 凡尼尔家庭研究所《2013 年度报告》,第 1 页。
② 同上。
③ 同上,第 16 页。

Macdougall, Jane. "Step Off the Evil Stepmother Wagon for a History Lesson on the World's Toughest Job." 10 May 2014.

Marr, Gary. "What to Do When There's More Value in Your House Than Your Marriage." 11 October 2014, FP.

Martin, Sandra E. "The Skyrocketing Cost of Raising Kids." 15 December 2012, FP.

McDowell, Adam. "State of the Unions: Why Marriage May Be Betterthe Second, or Third, Time Around." 13 February 2015.

Quinn, Greg. "Decline in Working Women Could Stagnate Economic Growth." 5 June 2014, FP.

(2)《渥太华太阳报》(*Ottawa Sun*)

Dube, Dani-Elle. "Contract Marriages Might Be Better for True Love." 9 August 2014.

Robson, John. "Canada No Better Than Their Government When It Comes to Spending."

(3)《多伦多星报》(*Toronto Star*)

Editorial. "The Daycare Disconnect." 12 February 2011.

Flavelle, Dana. "Why Canadians Have Record-High Debt." 27 October 2012.

Griffiths, Alison. "6 Ways to Help Juggle Kids and Elder Care." 6 November 2011.

Olive, David. "The Danger in Our Savings Shortfall." 18 February 2011.

Purdy, Chris. "Three Children? Canadian Families Growing Say SomeExperts." 23 August 2012.

Roseman, Ellen. "Seniors Burdened by Rising Debt." 8 June 2014.

Rubin, Josh. "Average Household Debt Tops $100,000." 17 February 2011.

Ubelacker, Sheryl. "Canada's Typical Family Shows Married Couples with Kids in the Minority: Report." 4 October 2010.

USA Today and Star Staff. "Remarrying in Retirement Can Be Complicated Financially." 13 June 2014.

Weikle, Brandie. "School's Out but Work Is Not." 24 June 2011.

3. 凡尼尔家庭研究所出版物选摘

Battams, Nathan. "No Longer Just 'Child's Play': Electronic Gaming inCanada."*Transition* 45, no.1 (2015).

Cayley, Paula. "Caring Canines: Therapy Dogs and Well-Being." *Transition* 44, no.1 (2014).

Fieldhouse, Paul. "(Still) Eating Together: The Culture of the Family Meal."*Transition* 45, no.1 (2015).

Johnson, Matthew. "To Share or Not to Share: Online Privacy and Publicity among Canadian Youth."*Transition* 44, no.1 (2014).

Kennedy, Nicole. "Marking a Moment in Time."*Transition* 44, no.1 (2014).

MacNaull, Sara. "Off the Vanier Bookshelf-Family Futures by the United Nations Department of Economic and Social Affairs Division for Social Policy and Development."*Transition* 45, no.1 (2015).

Posen, Dr David B. "Sleep and Families." *Transition* 45, no.1 (2015).

Spinks, Nora. "50 Years of Understanding Families in Canada." *Transition* 45, no.1 (2015).

—— "Strong Families, Healthy Communities."*Transition* 44, no.1 (2014).

Thompson, Craig. "Putting the 'F' in EFAP: The Evolution of Workplace Mental Health Supports."*Transition* 44, no.1 (2014).

二十五、韦斯利研究所

1. 基本情况

成立年份：2006 年

所在地：多伦多

年度预算：$1,500,000—2,000,000

人员：8人

智库负责人：夸梅·麦肯齐(Kwame McKenzie)

网址：www.wellesleyinstitute.com

有几个加拿大智库研究医保问题，并且对如何改善加拿大人的身心健康作出了各种建议，但是很少有智库把它们的存在归功于医院这一医保系统的核心支柱。多伦多东南部的韦斯利中心医院在1998年关闭，"一群前任董事会成员和社会活动家留下来，决心保护这家医院的遗产"。① 他们努力的结果便是韦斯利中心保健公司（Wellesley Central Health Corporation）的成立。2006年，公司把名字改成了韦斯利研究所以"反映其从开发公司到智库的演进。如今，韦斯利研究所已成为一家关注人口健康问题解决方案的非营利、无党派政策研究所"。②

除了在推进城市卫生方面不懈努力以外，韦斯利研究所成立的目的是"通过应用研究驱动关于健康的社会决定因素的改变降低健康不平等情况"。③

研究所聚焦四大领域以执行其使命：

● 塑造会降低经济不平等、工作不固定和贫困及其造成的不良健康影响和严重程度的政策和项目变化。

● 改善对可负担住房的获取机会，降低无家可归和非充足住房下的不良健康影响。

● 确保给所有人高质量医保的平等获取机会。

● 致力于横跨社会决定因素的相互关联问题，如识别出更健康、更公平的社区基础。④

---

① 韦斯利研究所网站(www.wellesleyinstitute.org)，"关于——历史"。
② 韦斯利研究所网站，"我们的历史浏览表"。
③ 韦斯利研究所《战略规划：14—18财年》，第1页。
④ 同上，第2页。

虽然韦斯利研究所在加拿大智库界相对比较新，它非常清楚地明白怎么做会产生影响。实际上，它自己也承认，仅仅依靠高质量的研究并不足以吸引政策制定者和其他关键利益相关者的注意，同时还需要战略性的沟通和知识流动计划、有效且创新的合作伙伴，以及有意愿建立评测政策制定团体。影响力和影响范围的正确绩效指标。[1] 在韦斯利研究所，研究主要聚焦四个领域：健康社区建设、经济不平等、健康公平性和住房。

2. 韦斯利研究所报刊文章选摘

（1）《全国邮报》(National Post)

Alcoba, Natalie. "City Searches for Affordable-Housing Solution." 18 December 2010.

——"Housing Board Controversy Opening Doors for Ford." 5 March 2011.

——"TCHC Could Net $13 M from 22-House Sale." 5 April 2011.

Hopper, Tristin. "Restauranteur Pitches Plan to Chase Away Montreal's Summertime 'Squeegee Punks.'" 8 August 2012.

Leslie, Keith. "Ontario Will Hike $10.25 Minimum Wage Retroactivelyto 2010, When It Was Frozen." 27 January 2014.

Marr, Gary. "For Mike Harris's Forgotten Legacy, Look Up." 23 November 2012, FP.

Special to the National Post. "The Calmest Revolution: Making Alternative Medicine More Affordable." 17 March 2012.

Wong-Tam. "Why Undocumented Workers Should Have Access to Critical City Services." 4 March 2013.

（2）《渥太华公民报》(Ottawa Citizen)

Mills, Carys. "How Can Ottawa Tackle Affordable Housing and Homelessness." 14 September 2014.

Ottawa Citizen. "Housing Consultations to Begin." 5 June 2009.

——"Ontario Set to Retroactively Raise Minimum Wage." 30

---

[1] 韦斯利研究所《战略规划：14—18 财年》，第 7 页。

June 2014.

(3)《多伦多星报》(*Toronto Star*)

Boyle, Theresa. "Doctor Tends to Toronto's 'Urban Health' in New Role." 25 March 2014.

Editorial. "Pharmacare Should Be a Federal Election Issue." 17 February 2015.

Goar, Carol. "City Hall Fails Toronto's Vulnerable Residents." 16 October 2014.

Kane, Laura. "Is This the End of the Urban Trailer Park in Ontario?" 12 April 2014.

Keenan, Edward. "Catching Up to the Post-Jobs Economy." 20 February 2015.

Keung, Nicholas. "Co-ordinated Services Urged to Help YoungHomeless Immigrants." 25 November 2014.

Mojtehedzadeh, Sara. "After Cancer Diagnosis Those in PrecariousWork Suffer More." 18 March 2015.

——"One-Third of Ontario Workers Lack Medical/Dental Benefits, Study Says." 17 February 2015.

——"Reversing Income Inequality in the City Possible, Experts Say." 27 February 2015.

Monsebraaten, Laurie, and Richard J. Brennan. "Social Groups Applaud Plan to End Homelessness in Ontario, But Urge Deadline." 3 September 2014.

(4)《多伦多太阳报》(*Toronto Sun*)

Agar, Jerry. "Too Many White People on City Council?" 22 March 2011.

Filey, Mike. "Toronto Hospitals Have Fascinating History: The Way We Were." 22 March 2014.

Jeffords, Shawn, and Don Peat. "John Tory Slammed for Skipping Housing Debate." 17 October 2014.

Kinsella, Warren. "What Gives with Charity Crackdown?" 24 September 2011.

Levy, Sue-Ann. "Housing's Unusual Suspects Show Up at Council Executive Meeting." 10 October 2012.

Peat, Don. "Deputy Mayor Norm Kelly Adds Personal Touch to CityHall." 2 December 2013.

— "Women's Groups Slam Ford Budget." 11 January 2012.

Yuen, Jenny. "Wanted: Fake Homeless." 23 March 2009.

3. 韦斯利研究所出版物选摘

Abban, Vanessa. *Getting It Right: What Does the Right to Health Mean for Canadians?* 19 March 2015.

Allan, Dr Billie, and Dr Janet Smylie. *First Peoples, Second Class Treatment.* 3 February 2015.

Barnes, Steve. *Dealing with Urban Health Crises: Responses to Cutsto the Interim Federal Health Program.* 21 March 2014.

— *Healthy Policy for a Healthy Toronto.* 31 October 2014.

— *Low Wages, No Benefits.* 17 February 2015.

Block, Sheila. *The Colour Coded Labour Market by the Numbers.* 16 September 2014.

Freeman, Lisa. *Toronto Suburban Rooming Houses: Just a Spin on a Downtown "Problem"?* 15 October 2014.

Mahamoud, Aziza. *Breast Cancer Screening in Racialized Women.* 21 March 2014.

Marwah, Sonal. *Refugee Health Care Cuts in Canada: System Level Costs, Risks and Responses.* 25 February 2014.

Roche, Brenda, Sheila Block, and Vanessa Abban. *The Health Impacts of Contracting Out.* 9 April 2015.

附录1 加拿大部分智库被全国媒体援引的情况 (2000—2015年)

表1 加拿大部分智库被全国媒体援引的情况(2000—2015年)

智库名称	广播与电视	报纸	总数	占总数的百分比(%)
加拿大咨询局	649	24,429	25,078	22
弗雷泽研究所	194	22,225	22,888	20
贺维学会	152	11,292	11,444	10
彭比纳研究所	212	8,560	8,772	7
加拿大另类政策中心	214	6,982	7,196	6
加拿大西部基金会	122	4,454	4,576	4
蒙特利尔经济研究所	54	3,083	3,137	2
国际治理创新中心	146	2,752	2,898	2
加拿大亚太基金会	241	2,577	2,818	2
公共政策论坛	323	2,292	2,615	2
公共政策研究所	86	2,415	2,501	2
麦克唐纳-劳里埃研究所	11	2,444	2,455	2
前沿公共政策中心	41	2,200	2,241	1
大西洋市场研究所	8	1,436	1,448	1
加拿大国防与外交事务研究所	129	1,317	1,446	1
凡尼尔家庭研究所	21	1,284	1,305	1

续 表

智库名称	广播与电视	报纸	总数	占总数的百分比（%）
国际可持续发展研究所	22	1,262	1,284	1
麦肯西研究所	127	868	995	<1
帕克兰研究所	23	944	967	<1
加拿大城市研究所	13	874	887	<1
莫厄特中心	8	877	885	<1
萨斯喀彻温省公共政策研究所	12	842	854	<1
加拿大战略研究所/加拿大国际理事会	74	642	716	<1
加拿大社会发展学会	14	672	686	<1
加拿大高等研究院	18	652	670	<1
加拿大税务基金会	15	596	611	<1
加拿大政策研究公司(已关闭)	38	521	559	<1
韦斯利研究所	0	426	426	<1
卡利登社会政策研究所	14	399	413	<1
南北研究所	19	379	398	<1
加拿大国际事务研究所	17	319	336	<1
加拿大经济咨询委员会	23	241	264	<1
加拿大议会中心	66	307	373	<1
库契钦公共政策机构	4	105	109	<1
国家福利局	5	98	103	<1
科学委员会	5	88	93	<1
加拿大国际和平与安全研究所	0	15	15	<1
皮尔逊·庄山研究所	0	13	13	<1
魁北克高等国际研究所	0	0	0	0
合计	3,120	110,882	114,475	100

注："广播"指的是公开及商业的广播节目、网络广播节目、卫星广播节目。"电视"指的是公开及商业的用户订阅式节目、网络录播节目及流媒体节目。

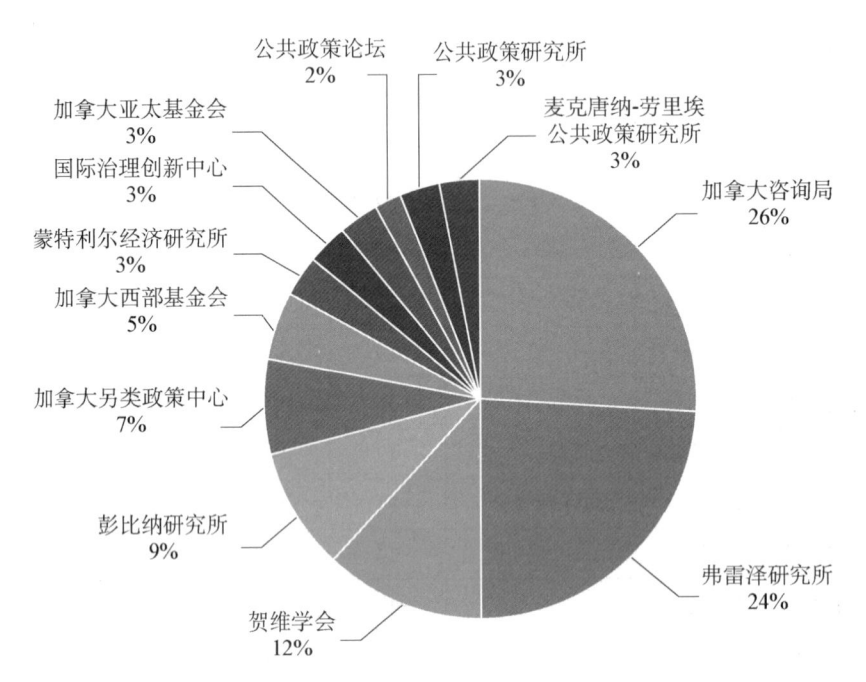

图1 加拿大部分智库被全国媒体援引的情况（2000—2015年）

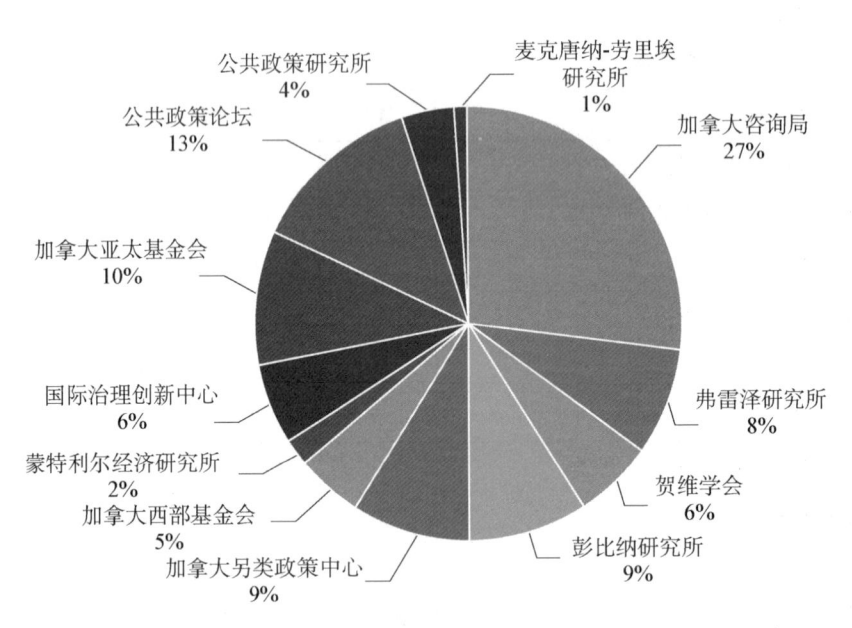

- 加拿大咨询局 26%
- 弗雷泽研究所 24%
- 贺维学会 12%
- 彭比纳研究所 9%
- 加拿大另类政策中心 7%
- 加拿大西部基金会 5%
- 蒙特利尔经济研究所 3%
- 国际治理创新中心 3%
- 加拿大亚太基金会 3%
- 公共政策论坛 2%
- 公共政策研究所 3%
- 麦克唐纳-劳里埃公共政策研究所 3%

图2 加拿大部分智库被全国媒体援引的情况（广播与电视）（2000—2015年）

- 加拿大咨询局 27%
- 公共政策论坛 13%
- 加拿大亚太基金会 10%
- 加拿大另类政策中心 9%
- 彭比纳研究所 9%
- 弗雷泽研究所 8%
- 贺维学会 6%
- 国际治理创新中心 6%
- 加拿大西部基金会 5%
- 公共政策研究所 4%
- 蒙特利尔经济研究所 2%
- 麦克唐纳-劳里埃研究所 1%

附录 1　加拿大部分智库被全国媒体援引的情况(2000—2015 年)

表 2　加拿大部分智库被全国报纸援引情况(2000—2015 年)

报纸 智库名称	《环球邮报》	《多伦多星报》	《全国邮报》	《多伦多太阳报》	《蒙特利尔公报》	《温哥华太阳报》	《埃德蒙顿每日报》	《渥太华公民报》	《哈利法克斯每日新闻》	《夏洛特敦卫报》	合计
弗雷泽研究所	652	533	1,382	391	772	1,314	779	962	130	999	7,914
加拿大咨询局	1,482	1,079	903	196	754	909	757	871	197	623	7,771
贺维学会	1,101	556	1,624	69	316	461	312	476	58	234	5,207
彭比纳研究所	468	351	217	36	141	279	957	171	31	515	3,166
加拿大西部基金会	284	89	220	14	81	218	515	127	17	839	2,404
加拿大另类政策中心	286	585	180	43	131	540	153	260	93	90	2,361
公共政策研究所	222	170	364	15	138	122	95	196	28	70	1,420
加拿大亚太基金会	258	68	0	8	44	300	56	77	0	0	811
麦克唐纳-劳里埃研究所	134	34	187	18	41	97	40	210	3	0	761
蒙特利尔经济研究所	64	23	222	23	290	17	19	41	2	10	712
公共政策论坛	105	102	90	6	42	40	45	240	0	17	689
凡尼尔家庭研究所	103	106	111	3	75	84	73	119	0	0	674
加拿大战略研究所/加拿大国际理事会	149	55	101	16	36	28	51	124	15	33	608
加拿大国防与外交事务研究所	122	55	91	30	42	30	55	140	N/A	0	565

续 表

智库名称 \ 报纸	《环球邮报》	《多伦多星报》	《全国邮报》	《多伦多太阳报》	《蒙特利尔公报》	《温哥华太阳报》	《埃德蒙顿日报》	《渥太华公民报》	《哈利法克斯每日新闻》	《夏洛特敦卫报》	合计
麦肯西研究所	55	35	130	43	22	46	38	120	14	43	546
帕克兰研究所	25	16	22	3	11	9	318	10	2	92	508
加拿大政策研究公司（已关闭）	105	76	49	21	25	35	49	96	14	34	504
前沿公共政策中心	37	20	203	13	38	67	47	31	2	45	503
加拿大社会发展学会	50	85	44	13	33	26	32	70	23	30	406
加拿大税务基金会	81	42	74	12	27	32	28	54	15	32	397
大西洋市场研究所	98	26	136	1	26	29	25	12	N/A	0	353
加拿大城市研究所	86	169	43	12	6	6	6	13	2	4	347
卡利登社会政策研究所	91	108	32	1	11	27	17	35	5	7	334
加拿大高等研究院	88	59	58	29	13	31	16	17	2	7	320
莫厄特中心	73	105	54	5	14	19	19	28	N/A	N/A	317
南北研究所	78	45	9	2	10	6	14	42	1	2	209
韦斯利研究所	28	135	12	3	1	6	9	8	N/A	N/A	202
加拿大国际事务研究所	44	18	46	3	17	17	10	35	1	11	202
国际治理创新中心	75	46	31	0	4	5	10	29	N/A	N/A	200

续 表

报纸 智库名称	《环球邮报》	《多伦多星报》	《全国邮报》	《多伦多太阳报》	《蒙特利尔公报》	《温哥华太阳报》	《埃德蒙顿日报》	《渥太华公民报》	《哈利法克斯每日新闻》	《夏洛特敦卫报》	合计
国际可持续发展研究所	66	49	19	0	17	12	17	19	N/A	N/A	199
加拿大经济咨询委员会	72	13	29	0	10	7	6	9	5	10	161
加拿大议会中心	15	5	22	4	0	2	5	26	0	1	80
萨斯喀彻温省公共政策研究所	34	3	3	0	5	8	7	10	1	2	73
库契钦公共政策机构	10	21	7	2	7	2	2	7	0	0	58
加拿大国家福利局	6	17	5	2	4	5	5	1	5	6	56
加拿大科学委员会	8	7	9	0	1	3	5	6	0	1	40
加拿大国际和平与安全研究所	3	3	1	0	1	1	2	3	0	1	15
皮尔逊·庄山研究所	0	0	2	0	1	1	0	7	2	0	14
加拿大国际和平与安全学会	2	0	0	0	0	0	0	1	0	0	3
魁北克	0	0	0	0	0	0	0	0	0	0	0
合计	6,562	4,884	6,596	1,036	3,181	4,812	4,569	4,691	668	3,758	41,110

注：通过西安大略大学的资源，《先驱报》的记录不可访问。2007年之后《夏洛特敦卫报》的记录不可查询。《哈利法克斯每日新闻》数据索引由法克提瓦（Factiva）或律商联讯（Lexis Nexis）提供。

来源：律商联讯（Lexis Nexis），法克提瓦（Factiva，数据库合并了电视和广播记录；律商联讯同上；广播和电视记录的不同（不可辨别或可访问）。搜索范围：2000年1月1日—2015年5月8日。

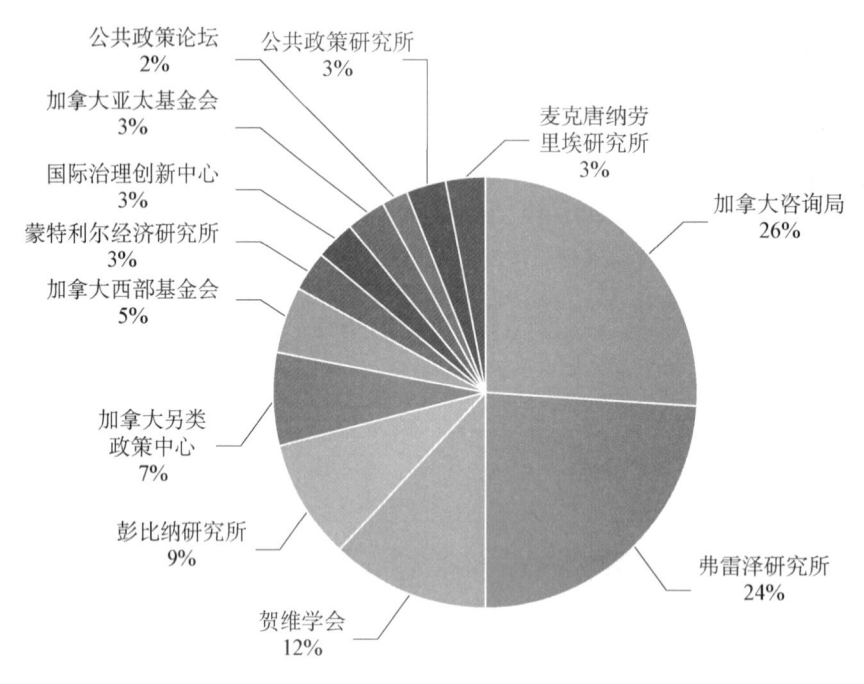

图 3　加拿大部分智库被全国媒体援引的情况(报纸),(2000—2015 年)

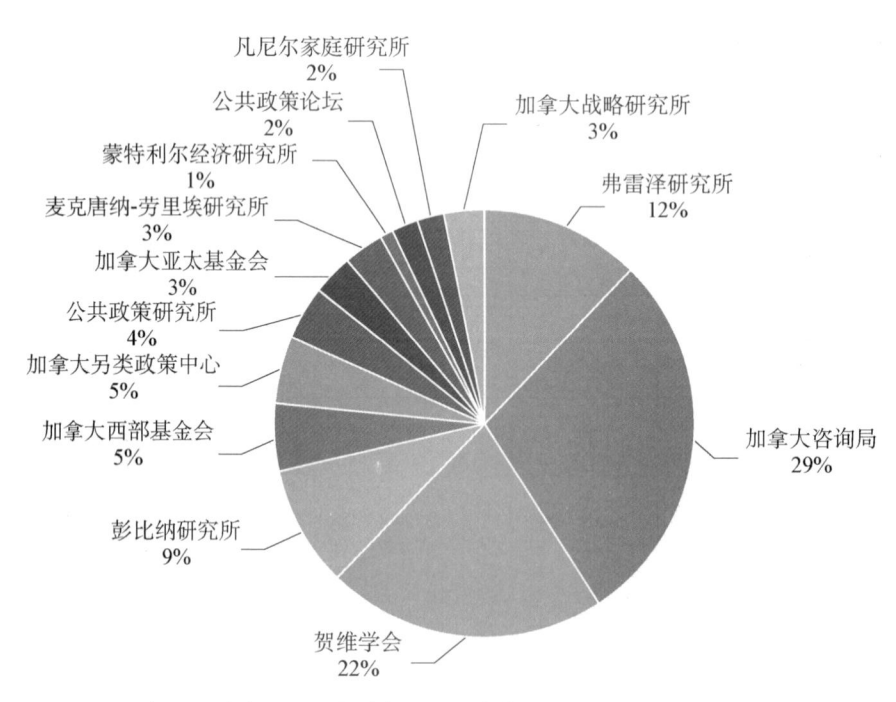

饼图数据:
- 加拿大咨询局 26%
- 弗雷泽研究所 24%
- 贺维学会 12%
- 彭比纳研究所 9%
- 加拿大另类政策中心 7%
- 加拿大西部基金会 5%
- 蒙特利尔经济研究所 3%
- 国际治理创新中心 3%
- 加拿大亚太基金会 3%
- 公共政策论坛 2%
- 公共政策研究所 3%
- 麦克唐纳劳里埃研究所 3%

图 4　加拿大部分智库被《环球邮报》援引的情况(2000—2015 年)

饼图数据:
- 加拿大咨询局 29%
- 贺维学会 22%
- 弗雷泽研究所 12%
- 彭比纳研究所 9%
- 加拿大西部基金会 5%
- 加拿大另类政策中心 5%
- 公共政策研究所 4%
- 加拿大亚太基金会 3%
- 麦克唐纳-劳里埃研究所 3%
- 蒙特利尔经济研究所 1%
- 公共政策论坛 2%
- 凡尼尔家庭研究所 2%
- 加拿大战略研究所 3%

附录 1 加拿大部分智库被全国媒体援引的情况(2000—2015 年) | 295

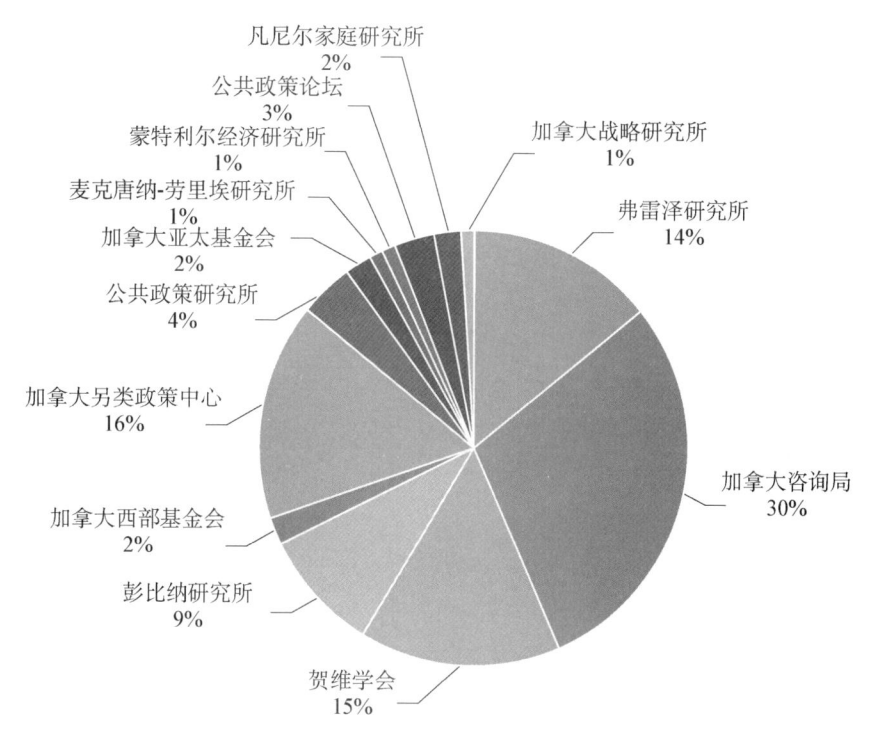

图5 加拿大部分智库被《多伦多星报》援引的情况(2000—2015年)

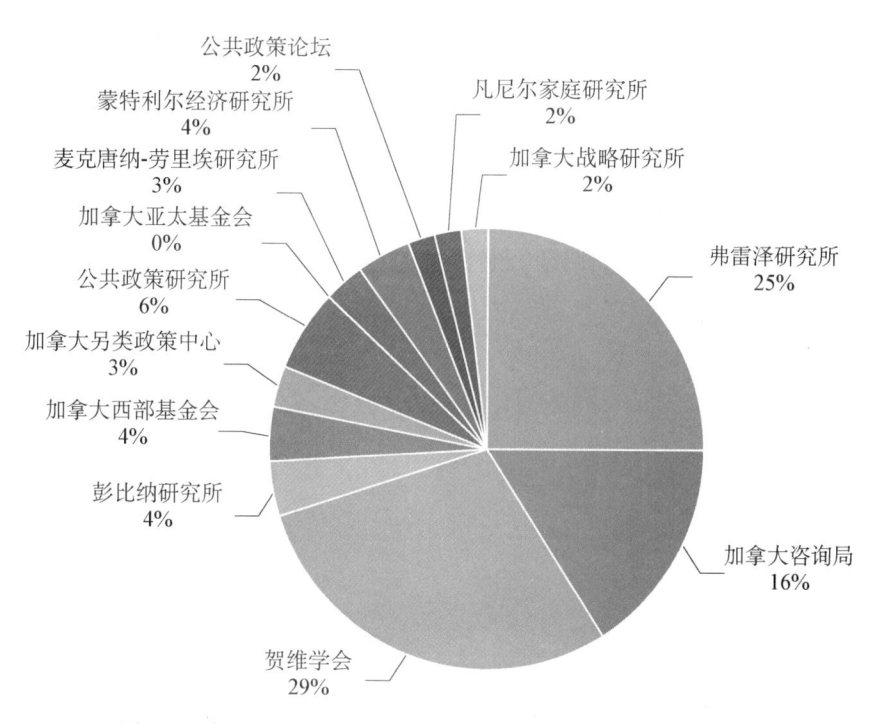

- 凡尼尔家庭研究所 2%
- 公共政策论坛 3%
- 蒙特利尔经济研究所 1%
- 麦克唐纳-劳里埃研究所 1%
- 加拿大亚太基金会 2%
- 公共政策研究所 4%
- 加拿大另类政策中心 16%
- 加拿大西部基金会 2%
- 彭比纳研究所 9%
- 贺维学会 15%
- 加拿大咨询局 30%
- 弗雷泽研究所 14%
- 加拿大战略研究所 1%

图6 加拿大部分智库被《全国邮报》援引的情况(2000—2015年)

- 公共政策论坛 2%
- 蒙特利尔经济研究所 4%
- 麦克唐纳-劳里埃研究所 3%
- 加拿大亚太基金会 0%
- 公共政策研究所 6%
- 加拿大另类政策中心 3%
- 加拿大西部基金会 4%
- 彭比纳研究所 4%
- 贺维学会 29%
- 加拿大咨询局 16%
- 弗雷泽研究所 25%
- 加拿大战略研究所 2%
- 凡尼尔家庭研究所 2%

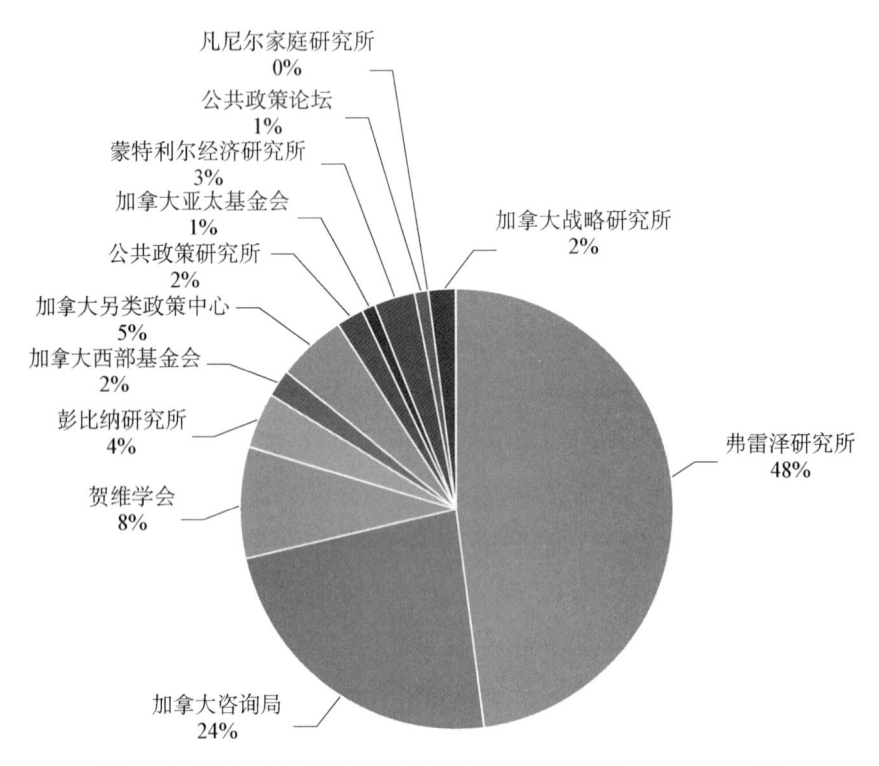

凡尼尔家庭研究所 0%
公共政策论坛 1%
蒙特利尔经济研究所 3%
加拿大亚太基金会 1%
公共政策研究所 2%
加拿大另类政策中心 5%
加拿大西部基金会 2%
彭比纳研究所 4%
贺维学会 8%
加拿大咨询局 24%
加拿大战略研究所 2%
弗雷泽研究所 48%

图7　加拿大部分智库被《多伦多太阳报》援引的情况(2000—2015年)

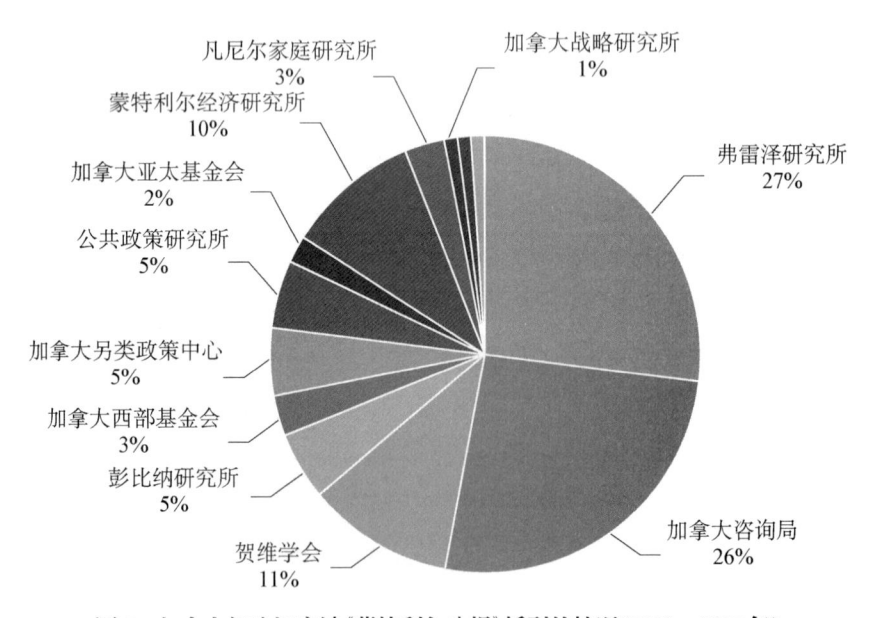

凡尼尔家庭研究所 3%
蒙特利尔经济研究所 10%
加拿大亚太基金会 2%
公共政策研究所 5%
加拿大另类政策中心 5%
加拿大西部基金会 3%
彭比纳研究所 5%
贺维学会 11%
加拿大战略研究所 1%
弗雷泽研究所 27%
加拿大咨询局 26%

图8　加拿大部分智库被《蒙特利尔公报》援引的情况(2000—2015年)

附录 1　加拿大部分智库被全国媒体援引的情况(2000—2015 年) | 297

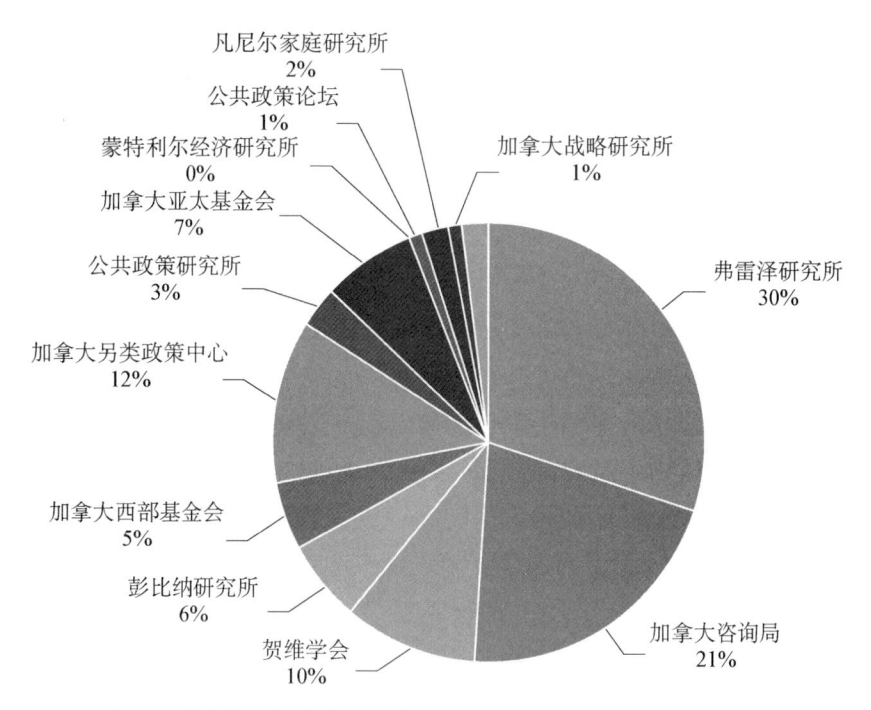

图 9　加拿大部分智库被《温哥华太阳报》援引的情况(2000—2015 年)

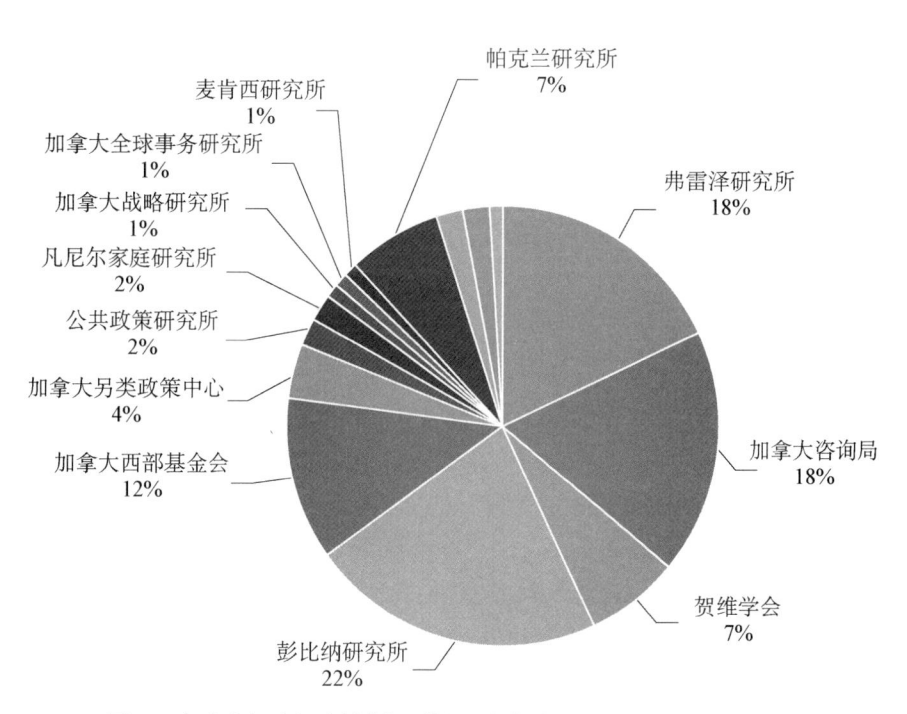

- 凡尼尔家庭研究所 2%
- 公共政策论坛 1%
- 蒙特利尔经济研究所 0%
- 加拿大亚太基金会 7%
- 公共政策研究所 3%
- 加拿大另类政策中心 12%
- 加拿大西部基金会 5%
- 彭比纳研究所 6%
- 贺维学会 10%
- 加拿大战略研究所 1%
- 弗雷泽研究所 30%
- 加拿大咨询局 21%

图 10　加拿大部分智库被《埃德蒙顿日报》援引的情况(2000—2015 年)

- 麦肯西研究所 1%
- 加拿大全球事务研究所 1%
- 加拿大战略研究所 1%
- 凡尼尔家庭研究所 2%
- 公共政策研究所 2%
- 加拿大另类政策中心 4%
- 加拿大西部基金会 12%
- 彭比纳研究所 22%
- 帕克兰研究所 7%
- 弗雷泽研究所 18%
- 加拿大咨询局 18%
- 贺维学会 7%

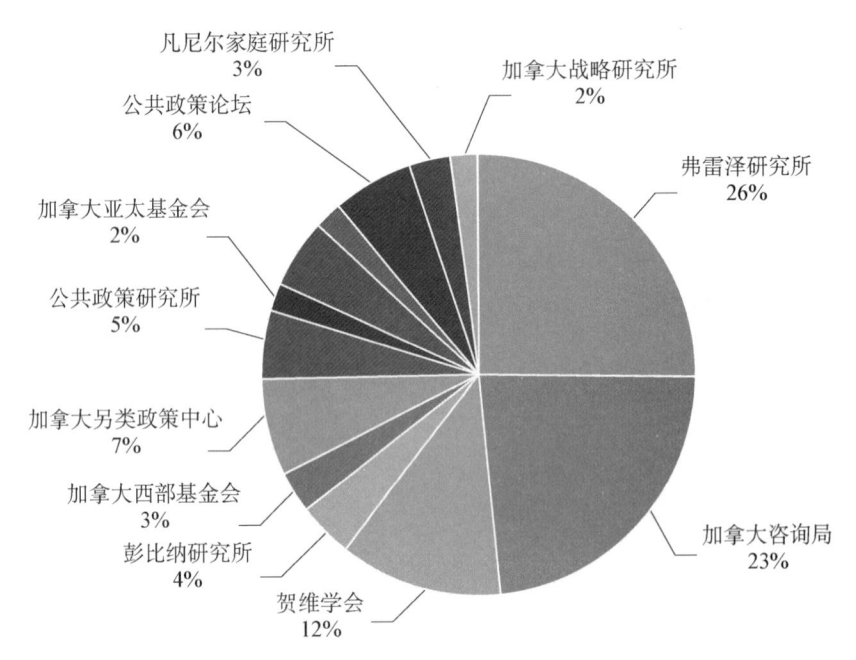

图 11　加拿大部分智库被《渥太华公民报》援引的情况(2000—2015 年)

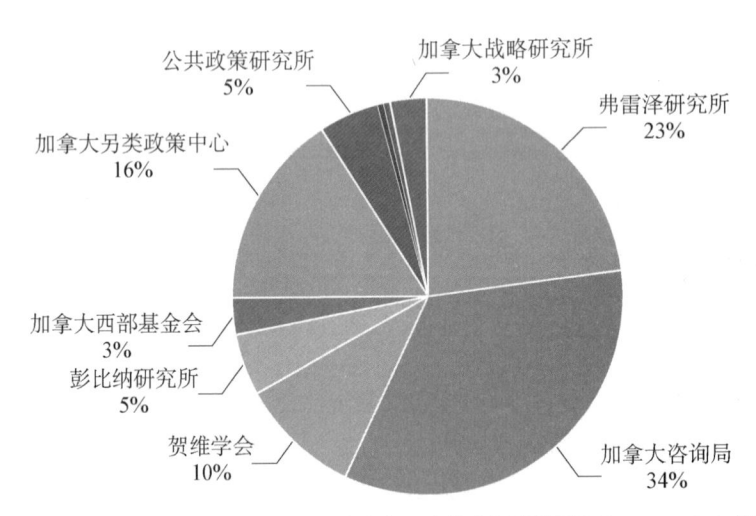

图 12　加拿大部分智库被《哈利法克斯每日新闻》援引的情况(2000—2015 年)

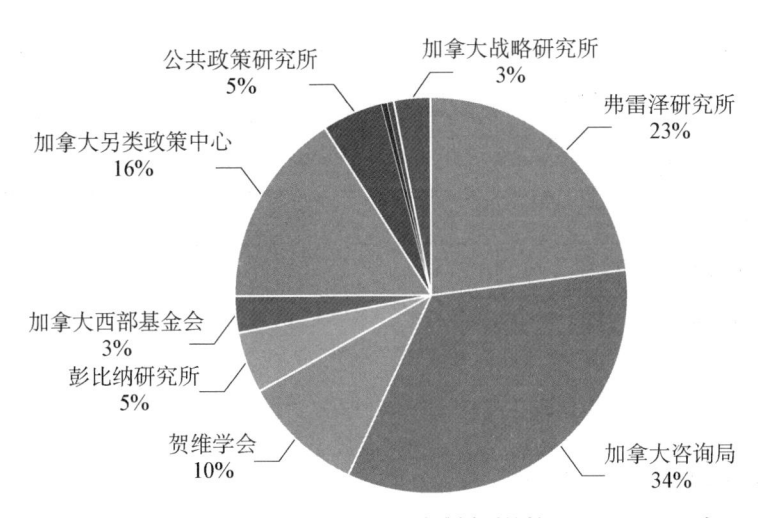

图 13　加拿大部分智库被《夏洛特敦卫报》援引的情况(2000—2015 年)

表 3　加拿大部分智库的年度预算与媒体援引数量对比(2000—2015 年)

智库名称	年度预算 (百万美元)	被电视、报纸、 广播引用的数量
加拿大咨询局	25	25,078
弗雷泽研究所	4,5	22,888
贺维学会	9	11,444
彭比纳研究所	9	8,772
加拿大另类政策中心	5	7,196
加拿大西部基金会	8,9	4,576
蒙特利尔经济研究所	2,25	3,137
国际治理创新中心	42	2,898
加拿大亚太基金会	2	2,818
公共政策论坛	0,8	2,615
公共政策研究所	39	2,501
麦克唐纳-劳里埃研究所	1	2,455
前沿公共政策中心	0	2,241
大西洋市场研究所	0,6	1,448
加拿大国防与外交事务研究所	0,7	1,446

续　表

智库名称	年度预算（百万美元）	被电视、报纸、广播引用的数量
凡尼尔家庭研究所	16,8	1,305
国际可持续发展研究所	16,5	1,284
麦肯西研究所	0	995
帕克兰研究所	0	967
加拿大城市研究所	0	887
莫厄特中心	2,4	885
萨斯喀彻温省公共政策研究所	0	854
加拿大战略研究所/加拿大国际理事会	1,3	716
加拿大社会发展学会	2	686
加拿大高等研究院	21,8	670
加拿大税务基金会	5	611
加拿大政策研究公司（已关闭）	5	559
韦斯利研究所	未披露	426
卡利登社会政策研究所	2	413
南北研究所	2	398
议会中心	9	373
加拿大国际事务研究所	2	336
加拿大慈善中心	12	131
库契钦公共政策机构	0	109
国家福利局	0	103
大西洋沿岸各省经济委员会	2	97
治理研究所	2	17
加拿大外交政策发展中心	5	3

来源：律商联讯（LexisNexis）。

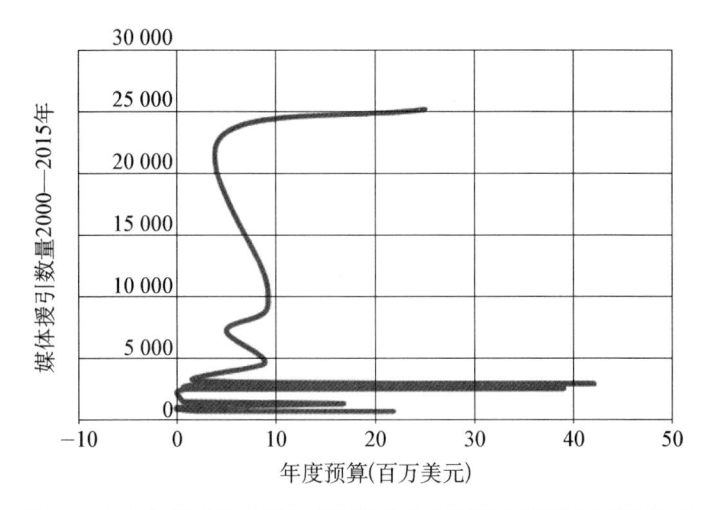

图 14 加拿大部分智库的年度预算(百万美元)与媒体援引数量对比(2000—2015 年)

附录2 加拿大部分智库向议会委员会的陈述统计(1999—2015年)

表1 加拿大部分智库向议会委员会的陈述统计(1999—2008年)

智库名称	陈述次数
加拿大咨询局	143
贺维学会	98
弗雷泽研究所	73
加拿大社会发展学会	47
加拿大另类政策中心	46
卡利登社会政策研究所	35
南北研究所	33
国家福利局	31
公共政策论坛	28
议会中心	26
加拿大西部基金会	26
加拿大政策研究公司	22
公共政策研究所	17
加拿大战略研究所	11
加拿大国际事务研究所	8
麦肯西研究所	4
加拿大税务基金会	2
加拿大国际和平与安全研究所	1
皮尔逊·庄山研究所	0

来源：加拿大议会图书馆，http://www.parl.gc.ca/common/Library.asp。

附录2 加拿大部分智库向议会委员会的陈述统计(1999—2015年) | 303

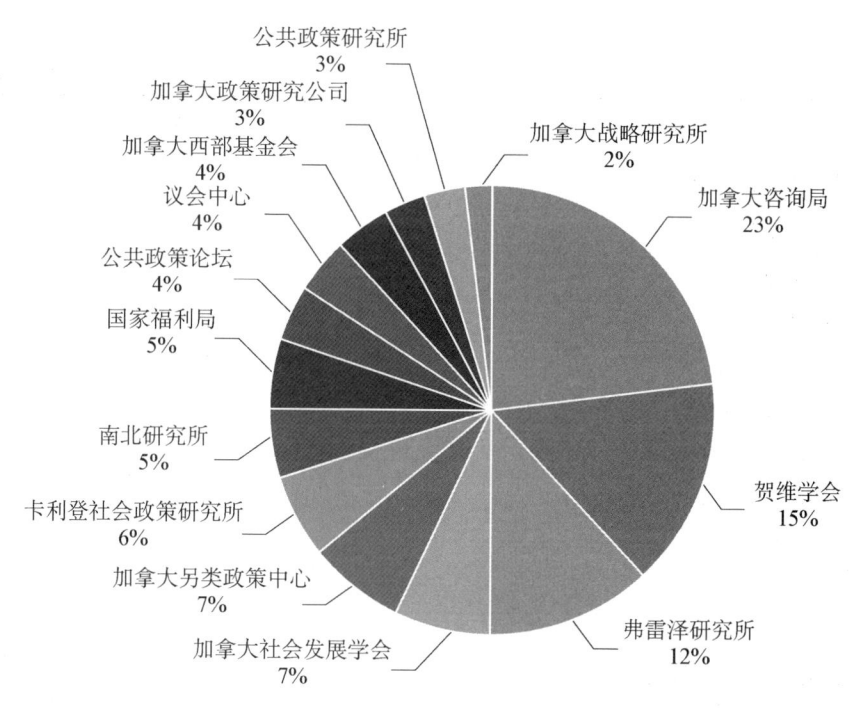

图1 加拿大部分智库向议会委员会的陈述统计(1999—2008年)

表2 加拿大部分智库向议会委员会的陈述统计(2008—2015年)

智库名称	陈述次数
加拿大咨询局	27
加拿大另类政策中心	19
贺维学会	14
加拿大政策研究公司	13
弗雷泽研究所	8
加拿大国防与外交事务研究所	8
加拿大社会发展学会	6
麦克唐纳-劳里埃研究所	6
莫厄特中心	6
韦斯利研究所	5
加拿大战略研究所/加拿大国际理事会	4
议会中心	4
国际可持续发展研究所	4
南北研究所	4

续 表

智库名称	陈述次数
卡利登社会政策研究所	3
加拿大亚太基金会	3
麦肯西研究所	3
国家福利局	2
加拿大西部基金会	2
凡尼尔家庭研究所	2
大西洋市场研究所	2
国际治理创新中心	2
公共政策论坛	1
加拿大税务基金会	1
加拿大国际事务研究所	0
加拿大国际和平与安全研究所	0
皮尔逊·庄山研究所	0
合计	152

注：第35届议会数据缺失。

来源：http://www.parl.gc.ca/parliamentarians/en/publicationsearch? PubType = 40017。

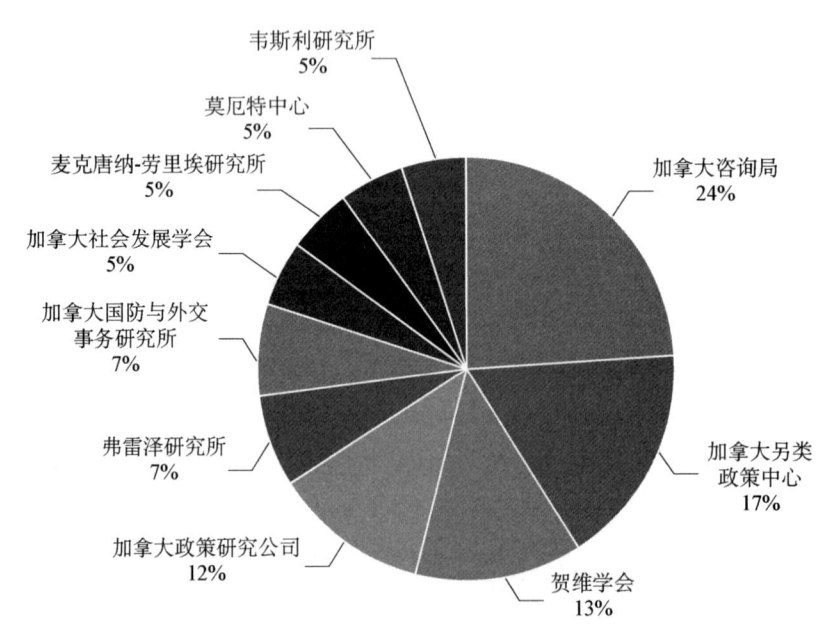

图 2　加拿大部分智库向议会委员会的陈述统计（2008—2015 年）

附录2 加拿大部分智库向议会委员会的陈述统计(1999—2015年) | 305

表3 加拿大部分智库向众议院委员会的陈述统计(1999—2008年)

智库名称	第36届议会第2次会议 04/99—10/00 自由党	第37届议会第1次会议 01/01—09/02 自由党	第37届议会第2次会议 09/02—11/03 自由党	第37届议会第3次会议 02/04—05/04 自由党	第38届议会第1次会议 10/04—11/05 自由党	第39届议会第1次会议 04/06—09/07 保守党	第39届议会第2次会议 10/07—09/08 保守党	合计
加拿大咨询局	18	22	25	0	30	21	10	126
贺维学会	12	18	15	0	18	15	7	85
弗雷泽研究所	6	18	7	5	12	8	4	60
加拿大社会发展学会	7	11	11	0	13	2	1	45
加拿大另类政策中心	7	4	3	0	10	7	6	37
南北研究所	5	13	4	3	5	2	0	32
国家福利局	5	6	7	0	5	7	1	31
公共政策论坛	4	15	5	0	4	0	0	28
卡利登社会政策研究所	10	5	2	0	5	3	2	27
议会中心	3	7	2	0	3	10	0	25
加拿大西部基金会	5	7	2	0	7	0	1	22

续 表

	第36届议会第2次会议 04/99—10/00	第37届议会第1次会议 01/01—09/02	第37届议会第2次会议 09/02—11/03	第37届议会第3次会议 02/04—05/04	第38届议会第1次会议 10/04—11/05	第39届议会第1次会议 04/06—09/07	第39届议会第2次会议 10/07—09/08	合计
加拿大政策研究公司	6	0	7	0	2	5	0	20
公共政策研究所	0	3	2	0	4	2	0	11
加拿大战略研究所	0	6	3	0	2	0	0	11
加拿大国际事务研究所	0	5	2	0	1	0	0	8
麦肯西研究所	1	1	0	0	1	0	0	3
加拿大税务基金会	0	0	0	0	2	0	0	2
加拿大国际和平与安全学会	0	0	0	0	0	0	0	0
皮尔逊·庄山研究所	0	0	0	0	0	0	0	0
合计	89	141	97	8	124	82	32	573

来源：加拿大议会图书馆，http://www.parl.gc.ca/common/Library.asp。

附录2 加拿大部分智库向议会委员会的陈述统计(1999—2015年) | 307

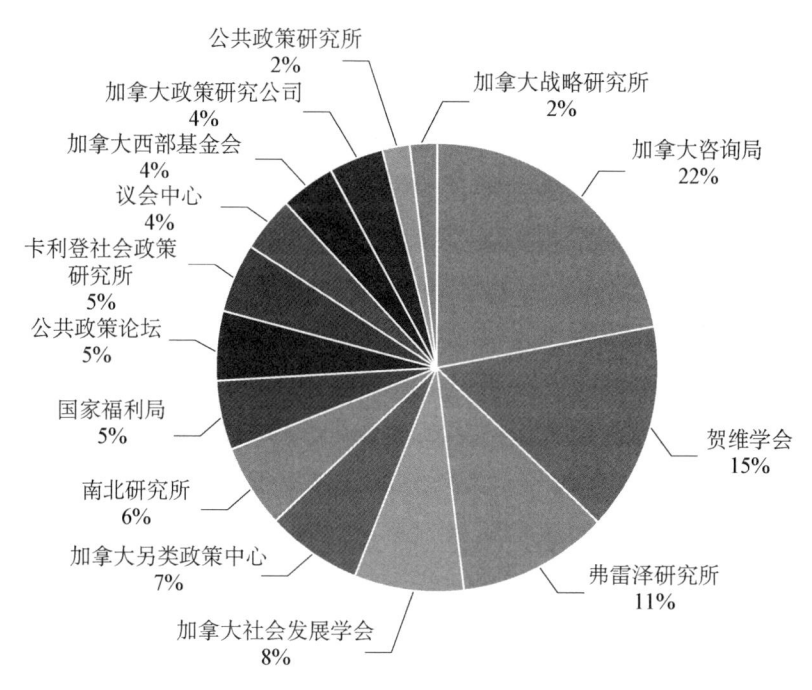

- 公共政策研究所 2%
- 加拿大政策研究公司 4%
- 加拿大西部基金会 4%
- 议会中心 4%
- 卡利登社会政策研究所 5%
- 公共政策论坛 5%
- 国家福利局 5%
- 南北研究所 6%
- 加拿大另类政策中心 7%
- 加拿大社会发展学会 8%
- 加拿大战略研究所 2%
- 加拿大咨询局 22%
- 贺维学会 15%
- 弗雷泽研究所 11%

图3 加拿大部分智库向众议院委员会的陈述统计(1999—2008年)

表4 加拿大部分智库向众议院委员会的陈述统计(2008—2015年)

智库名称	第40届议会会议第1次会议 11/08—12/08	第40届议会会议第2次会议 01/09—12/09	第40届议会会议第3次会议 03/10—03/11	第41届议会会议第1次会议 06/11—09/13	第41届议会会议第2次会议 10/13—	合计
	保守党	保守党	保守党	保守党	保守党	
加拿大咨询局	0	9	5	8	5	27
加拿大另类政策中心	0	5	3	5	6	19
加拿大政策研究公司（已关闭）	0	3	0	0	0	13
贺维学会	0	3	1	4	4	12
弗雷泽研究所	0	0	4	3	1	8
加拿大社会发展学会	0	2	3	1	0	6

续 表

	第40届议会会议第1次会议 11/08—12/08	第40届议会会议第2次会议 01/09—12/09	第40届议会会议第3次会议 03/10—03/11	第41届议会会议第1次会议 06/11—09/13	第41届议会会议第2次会议 10/13—	合计
韦斯利研究所	0	3	1	0	1	5
麦克唐纳-劳里埃研究所	0	0	2	2	1	5
南北研究所	0	1	0	2	1	4
议会中心	0	3	0	1	0	4
国际可持续发展研究所	0	1	0	1	2	4
加拿大国防与外交事务研究所	0	0	0	1	3	4
卡利登社会政策研究所	0	2	0	0	1	3
加拿大亚太基金会	0	0	0	2	1	3
麦肯西研究所	0	1	0	0	2	3
公共政策研究所	0	0	1	0	2	3
莫厄特中心	0	0	0	0	3	3
大西洋市场研究所	0	0	1	1	0	2
加拿大西部基金会	0	0	1	1	0	2
国际治理创新中心	0	1	0	1	0	2
加拿大战略研究所/加拿大国际理事会	0	0	0	2	0	2

续 表

	第40届议会会议第1次会议 11/08—12/08	第40届议会会议第2次会议 01/09—12/09	第40届议会会议第3次会议 03/10—03/11	第41届议会会议第1次会议 06/11—09/13	第41届议会会议第2次会议 10/13—	合计
凡尼尔家庭研究所	0	2	0	0	0	2
公共政策论坛	0	0	0	1	0	1
加拿大税务基金会	0	0	0	1	0	1
加拿大国际事务研究所	0	0	0	0	0	0
加拿大国际和平与安全学会	0	0	0	0	0	0
皮尔逊·庄山研究所	0	0	0	0	0	0
合计	0	38	22	37	33	130

来源：http://www.parl.gc.ca/ParlBusiness/Senate/Debates/Calendar.asp?Language=E&Parl=41&Ses=2。

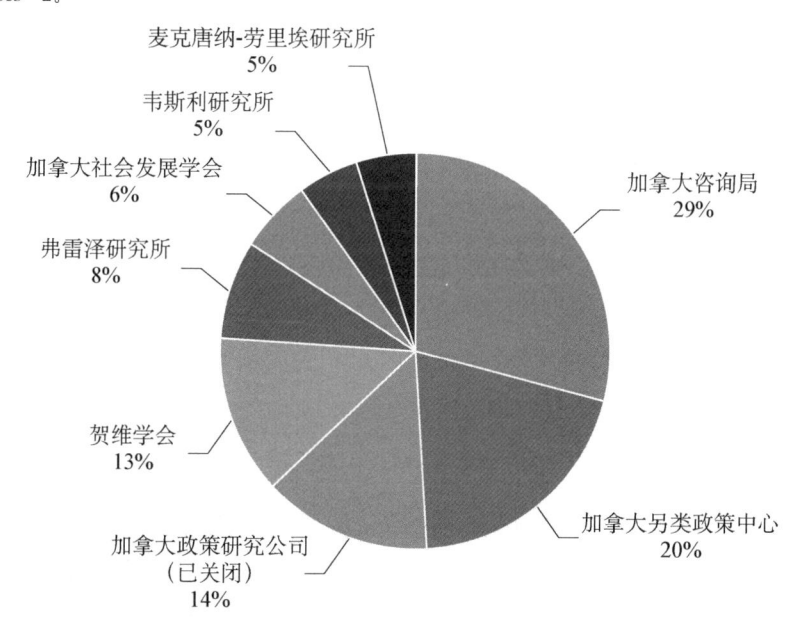

图4 加拿大部分智库向众议院委员会的陈述统计(2008—2015年)

表 5　加拿大部分智库向参议院委员会的陈述统计（1999—2008 年）

智库名称	第 36 届议会第 2 次会议 04/99—10/00 自由党	第 37 届议会第 1 次会议 01/01—09/02 自由党	第 37 届议会第 2 次会议 09/02—11/03 自由党	第 37 届议会第 3 次会议 02/04—05/04 自由党	第 38 届议会第 1 次会议 10/04—11/05 自由党	第 39 届议会第 1 次会议 04/06—09/07 保守党	第 39 届议会第 2 次会议 10/07— 保守党	合计
加拿大咨询局	0	3	0	0	4	7	3	17
弗雷泽研究所	0	1	3	1	3	5	0	13
贺维学会	2	1	0	0	4	5	1	13
加拿大另类政策研究中心	0	0	1	0	1	3	4	9
卡利登社会政策研究所	0	0	0	1	0	2	6	8
公共政策研究所	0	0	0	0	0	4	1	6
加拿大西部基金会	0	0	1	0	1	2	0	4
加拿大社会发展学会	0	0	0	0	0	1	1	2
加拿大政策研究公司	0	0	0	0	1	1	0	2
南北研究所	0	1	0	0	2	0	0	1

续　表

	第36届议会第2次会议 04/99—10/00	第37届议会第1次会议 01/01—09/02	第37届议会第2次会议 02/09—11/03	第37届议会第3次会议 04/02—05/04	第38届议会第1次会议 10/04—11/05	第39届议会第1次会议 06—09/07	第39届议会第2次会议 10/07—	合计
议会中心	0	0	0	0	0	1	0	1
加拿大国际和平与安全学会	1	0	0	0	0	0	0	1
麦肯西研究所	0	0	0	0	1	0	0	1
国家福利局	0	0	0	0	0	0	0	0
加拿大战略研究所	0	0	0	0	0	0	0	0
加拿大国际事务研究所	0	0	0	0	0	0	0	0
加拿大税务基金会	0	0	0	0	0	0	0	0
公共政策论坛	0	0	0	0	0	0	0	0
皮尔逊·庄山研究所	0	0	0	0	0	0	0	0
合计	3	6	5	2	17	31	16	80

来源：加拿大议会图书馆，http://www.parl.gc.ca/common/Library.asp。

北部之光：加拿大智库概览

加拿大社会发展学会 3%
加拿大西部基金会 5%
公共政策研究所 8%
卡利登社会政策研究所 11%
加拿大另类政策中心 12%
贺维学会 18%
弗雷泽研究所 17%
加拿大咨询局 23%
加拿大政策研究公司 3%

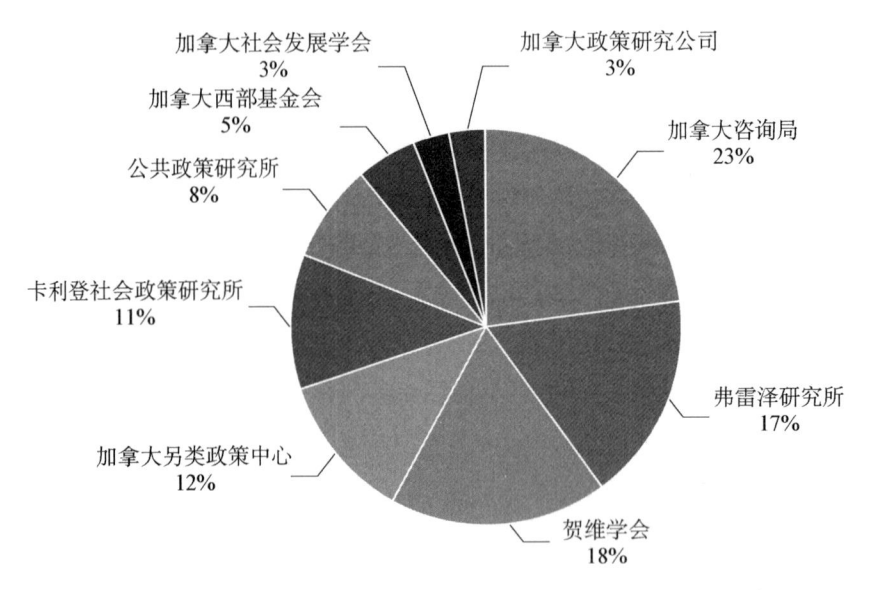

图5　加拿大部分智库向参议院委员会的陈述统计（1999—2008年）

表6　加拿大部分智库向参议院委员会的陈述统计（2008—2015年）

智库名称	第40届议会会议第1次会议 11/08—12/08	第40届议会会议第2次会议 01/09—12/09	第40届议会会议第3次会议 03/10—03/11	第41届议会会议第1次会议 06/11—09/13	第41届议会会议第2次会议 10/13—	合计
	保守党	保守党	保守党	保守党	保守党	
加拿大战略研究所/加拿大国际理事会	0	0	2	0	0	2
莫厄特中心	0	0	0	3	0	3
加拿大国防与外交事务研究所	0	0	1	2	1	4
贺维学会	0	0	0	0	2	2
弗雷泽研究所	0	0	0	0	0	0
加拿大政策研究公司（已关闭）	0	0	0	0	0	0

续　表

	第40届议会会议第1次会议 11/08—12/08	第40届议会会议第2次会议 01/09—12/09	第40届议会会议第3次会议 03/10—03/11	第41届议会会议第1次会议 06/11—09/13	第41届议会会议第2次会议 10/13—	合计
麦克唐纳-劳里埃研究所	0	0	1	0	0	1
加拿大咨询局	0	0	0	0	0	0
加拿大另类政策中心	0	0	0	0	0	0
国家福利局	0	0	0	0	0	0
加拿大社会发展学会	0	0	0	0	0	0
南北研究所	0	0	0	0	0	0
议会中心	0	0	0	0	0	0
国际可持续发展研究所	0	0	0	0	0	0
大西洋市场研究所	0	0	0	0	0	0
卡利登社会政策研究所	0	0	0	0	0	0
加拿大亚太基金会	0	0	0	0	0	0
加拿大国际事务研究所	0	0	0	0	0	0
公共政策论坛	0	0	0	0	0	0
加拿大西部基金会	0	0	0	0	0	0
国际治理创新中心	0	0	0	0	0	0

续 表

	第40届议会会议第1次会议 11/08—12/08	第40届议会会议第2次会议 01/09—12/09	第40届议会会议第3次会议 03/10—03/11	第41届议会会议第1次会议 06/11—09/13	第41届议会会议第2次会议 10/13—	合计
韦斯利研究所	0	0	0	0	0	0
麦肯西研究所	0	0	0	0	0	0
公共政策研究所	0	0	0	0	0	0
加拿大税务基金会	0	0	0	0	0	0
凡尼尔家庭研究所	0	0	0	0	0	0
加拿大国际和平与安全学会	0	0	0	0	0	0
皮尔逊·庄山研究所	0	0	0	0	0	0
合计	0	0	4	5	3	12

来源：http://www.parl.gc.ca/ParlBusiness/Senate/Debates/Calendar.asp? Language＝E&Parl＝41&Ses＝2。

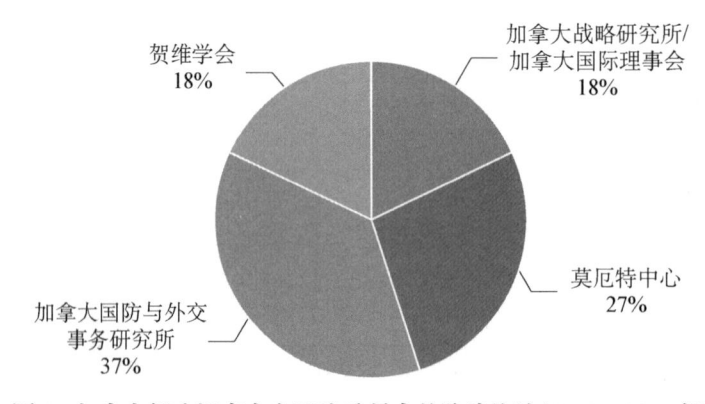

图6 加拿大部分智库向参议院委员会的陈述统计(2008—2015年)

附录3 加拿大部分智库在议会中被援引的情况（1994—2015年）

表1 加拿大部分智库于众议院被援引的情况（1994—2008年）

智库名称	第35届议会第1次会议 01/94—02/96	第35届议会第2次会议 02/96—04/97	第36届议会第1次会议 09/97—09/99	第36届议会第2次会议 04/99—10/00	第37届议会第1次会议 01/01—09/02	第37届议会第2次会议 09/02—11/03	第37届议会第3次会议 02/04—05/04	第38届议会第1次会议 10/04—11/05	第39届议会第1次会议 04/06—09/07	第39届议会第2次会议 10/07—09/08	合计
	自由党	自由党	自由党	自由党	自由党	自由党	自由党	自由党	保守党	保守党	
加拿大咨询局	35	6	52	32	34	14	6	40	26	21	266
弗雷泽研究所	55	60	40	14	18	19	4	21	15	13	259
贺维学会	25	12	33	7	8	6	4	11	14	16	136
国家福利局	13	12	20	15	6	6	2	5	4	9	92

续表

	第35届议会第1次会议 01/94—02/96	第35届议会第2次会议 02/96—04/97	第36届议会第1次会议 09/97—09/99	第36届议会第2次会议 04/99—10/00	第37届议会第1次会议 01/01—09/02	第37届议会第2次会议 09/02—11/03	第37届议会第3次会议 02/04—05/04	第38届议会第1次会议 10/04—11/05	第39届议会第1次会议 04/06—09/07	第39届议会第2次会议 10/07—09/08	合计
加拿大另类政策中心	4	0	5	0	4	6	1	15	19	11	65
加拿大社会发展学会	8	4	13	2	4	9	4	6	3	2	55
公共政策论坛	7	4	6	4	5	2	1	5	3	0	37
加拿大西部基金会	10	4	4	0	4	1	2	0	2	2	29
加拿大税务基金会	3	3	6	0	1	0	0	1	8	1	23
卡利登社会政策研究所	4	2	7	0	2	0	0	0	4	3	22
麦肯西研究所	9	4	0	0	7	0	1	0	0	0	20
公共政策研究所	1	2	0	2	2	2	0	0	4	0	14
加拿大战略研究所	1	0	0	0	4	0	0	0	2	0	7
南北研究所	2	0	0	0	3	0	0	0	0	0	5
加拿大政策研究公司	0	0	0	0	1	1	0	2	1	0	5
议会中心	1	0	0	0	0	1	0	1	0	0	3

续 表

	第35届议会第1次会议 01/94—02/96	第35届议会第2次会议 02/96—04/97	第36届议会第1次会议 09/97—09/99	第36届议会第2次会议 04/99—10/00	第37届议会第1次会议 01/01—09/02	第37届议会第2次会议 09/02—11/03	第37届议会第3次会议 02/04—05/04	第38届议会第1次会议 10/04—11/05	第39届议会第1次会议 04/06—09/07	第39届议会第2次会议 10/07—09/08	合计
加拿大国际和平与安全学会	0	0	0	0	0	0	0	0	0	0	0
加拿大国际事务研究所	0	0	0	0	0	0	0	0	0	0	0
皮尔逊·庄山研究所	0	0	0	0	0	0	0	0	0	0	0
合计	178	113	186	76	103	67	25	107	105	78	1,038

来源：加拿大议会图书馆，http://www.parl.gc.ca/common/Library.asp。

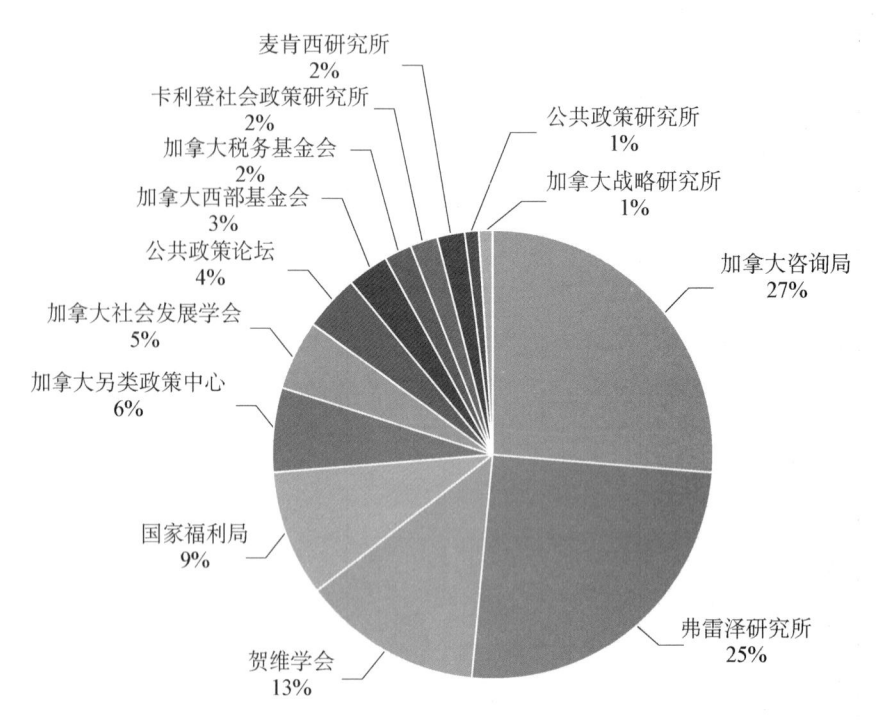

图 1　加拿大部分智库于众议院被援引的情况（1994—2008 年）

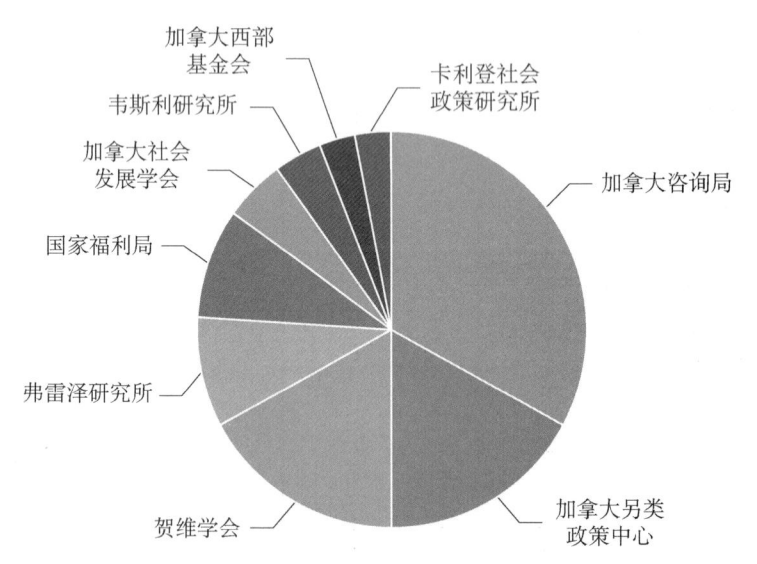

- 麦肯西研究所 2%
- 卡利登社会政策研究所 2%
- 加拿大税务基金会 2%
- 加拿大西部基金会 3%
- 公共政策论坛 4%
- 加拿大社会发展学会 5%
- 加拿大另类政策中心 6%
- 国家福利局 9%
- 贺维学会 13%
- 公共政策研究所 1%
- 加拿大战略研究所 1%
- 加拿大咨询局 27%
- 弗雷泽研究所 25%

图 2　加拿大部分智库于众议院被援引的情况（2008—2015 年）

- 加拿大西部基金会
- 韦斯利研究所
- 加拿大社会发展学会
- 国家福利局
- 弗雷泽研究所
- 贺维学会
- 卡利登社会政策研究所
- 加拿大咨询局
- 加拿大另类政策中心

附录3 加拿大部分智库在议会中被援引的情况（1994—2015年）

表2 加拿大部分智库于众议院被援引的情况（2008—2015年）

智库名称	第40届议会会议第3次会议03/10—03/11 保守党	第40届议会会议第2次会议01/09—12/09 保守党	第40届议会会议第3次会议03/10—03/11 保守党	第41届议会会议第1次会议06/11—09/13 保守党	第41届议会会议第2次会议10/13— 保守党	合计
加拿大咨询局	10	21	40	121	88	280
加拿大另类政策中心	0	26	19	44	44	133
贺维学会	0	31	15	20	65	131
弗雷泽研究所	0	4	17	28	23	72
国家福利局	0	2	1	59	4	66
国际可持续发展研究所	1	0	2	18	9	29
韦斯利研究所	0	4	5	6	6	22
加拿大大西部基金会	1	3	4	7	3	17
卡利登社会政策研究所	0	6	4	4	0	15
莫厄特中心	0	0	3	7	4	14
麦克唐纳-劳里埃研究所	0	0	0	11	2	13
加拿大税务基金会	0	0	0	10	0	10
公共政策研究所	0	2	1	6	0	9
加拿大社会发展学会	0	1	3	2	2	8

续 表

	第40届议会会议03/第3次会议03/10—03/11	第40届议会会议01/第2次会议01/09—12/09	第40届议会会议03/第3次会议03/10—03/11	第41届议会会议06/第1次会议11—09/13	第41届议会会议10/第2次会议13—	合计
南北研究所	0	1	0	0	6	7
加拿大亚太基金会	0	0	1	1	4	6
大西洋市场研究所	0	0	0	0	3	3
加拿大国防与外交事务研究所	0	0	0	0	3	3
公共政策论坛	0	0	1	0	1	2
国际治理创新中心	0	1	0	1	0	2
议会中心	0	0	1	0	1	2
加拿大战略研究所/凡尼尔家庭研究所	0	0	0	1	0	1
加拿大政策研究公司(已关闭)	0	0	0	0	0	0
麦肯西研究所	0	0	0	0	0	0
加拿大国际事务研究所	0	0	0	0	0	0
加拿大国际和平与安全学会	0	0	0	0	0	0
皮尔逊·庄山研究所	0	0	0	0	0	0
加拿大国际理事会	0	0	0	0	0	0
合计	12	102	117	346	268	845

附录3 加拿大部分智库在议会中被援引的情况(1994—2015年) | 321

表3 加拿大部分智库干参于议院被援引的情况(1994—2008年)

智库名称	第35届议会第1次会议 01/94—02/96	第35届议会第2次会议 02/96—04/97	第36届议会第1次会议 09/97—09/99	第36届议会第2次会议 04/99—10/00	第37届议会第1次会议 01/01—09/02	第37届议会第2次会议 09/02—11/03	第37届议会第3次会议 02/04—05/04	第38届议会第1次会议 10/04—11/05	第39届议会第1次会议 04/06—09/07	第39届议会第2次会议 10/07—09/08	合计
	自由党	自由党	自由党	自由党	自由党	自由党	自由党	自由党	保守党	保守党	
加拿大咨询局	0	4	18	10	8	16	8	24	18	9	115
贺维学会	0	5	4	5	4	2	0	8	12	8	48
弗雷泽研究所	0	0	3	1	1	0	0	6	16	6	33
加拿大西部基金会	0	0	0	6	0	2	2	0	12	2	24
公共政策研究所	0	0	0	3	2	1	1	4	8	0	19
国家福利局	0	2	11	2	1	0	0	1	0	0	17
卡利登社会政策研究所	0	2	2	0	1	0	0	0	10	0	15
加拿大税务基金会	0	0	4	0	1	0	0	2	2	1	10
加拿大社会发展学会	0	2	1	0	2	0	0	1	2	1	9
议会中心	0	0	1	1	2	1	0	2	1	0	8
加拿大战略研究所	0	2	0	1	0	1	0	0	4	0	8
公共政策论坛	0	0	1	1	3	1	0	1	0	0	7

续　表

	第35届议会第1次会议 01/94—02/96	第35届议会第2次会议 02/96—04/97	第36届议会第1次会议 09/97—09/99	第36届议会第2次会议 04/99—10/00	第37届议会第1次会议 01/01—09/02	第37届议会第2次会议 09/02—11/03	第37届议会第3次会议 02/04—05/04	第38届议会第1次会议 10/04—11/05	第39届议会第1次会议 04/06—09/07	第39届议会第2次会议 10/07—09/08	合计
加拿大另类政策中心	0	1	0	1	0	0	0	0	2	2	6
加拿大国际事务研究所	0	0	0	1	0	3	1	0	0	0	5
加拿大大战略研究所	0	1	0	1	2	0	0	0	0	0	4
南北研究所	0	0	0	0	0	1	0	1	0	0	2
麦肯西研究所	0	0	0	0	0	2	0	0	0	0	2
加拿大国际和平与安全学会	0	0	0	0	0	0	0	0	0	0	0
皮尔逊·庄山研究所	0	0	0	0	0	0	0	0	0	0	0
合计	0	19	45	33	27	30	12	50	87	29	332

来源：加拿大议会图书馆.http://www.parl.gc.ca/common/Library.asp。

附录 3　加拿大部分智库在议会中被援引的情况（1994—2015 年）　323

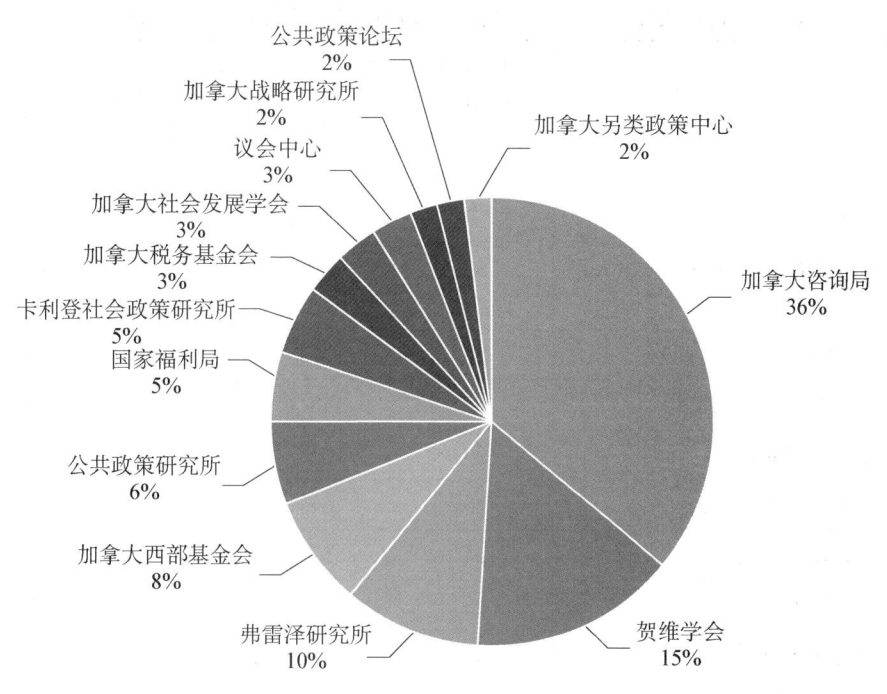

图 3　加拿大部分智库于参议院被援引的情况（1994—2008 年）

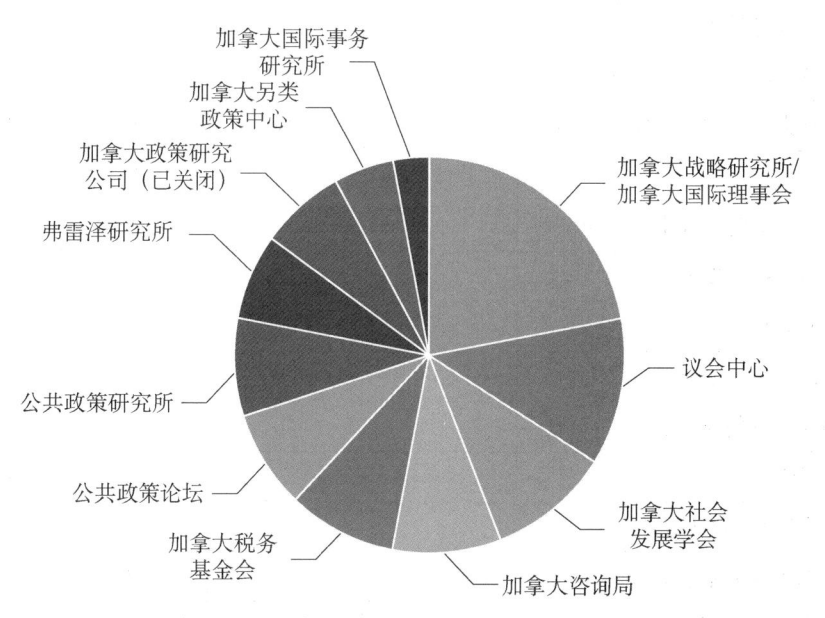

- 加拿大咨询局 36%
- 贺维学会 15%
- 弗雷泽研究所 10%
- 加拿大西部基金会 8%
- 公共政策研究所 6%
- 国家福利局 5%
- 卡利登社会政策研究所 5%
- 加拿大税务基金会 3%
- 加拿大社会发展学会 3%
- 议会中心 3%
- 加拿大战略研究所 2%
- 公共政策论坛 2%
- 加拿大另类政策中心 2%

图 4　加拿大部分智库于参议院被援引的情况（2008—2015 年）

- 加拿大战略研究所/加拿大国际理事会
- 议会中心
- 加拿大社会发展学会
- 加拿大咨询局
- 加拿大税务基金会
- 公共政策论坛
- 公共政策研究所
- 弗雷泽研究所
- 加拿大政策研究公司（已关闭）
- 加拿大另类政策中心
- 加拿大国际事务研究所

表4　加拿大部分智库于参议院被援引的情况(2008—2015年)

智库名称	第40届议会会议第3次会议 03/10—03/11 保守党	第41届议会会议第1次会议 06/11—09/13 保守党	第41届议会会议第2次会议 10/13— 保守党	合计
加拿大战略研究所/加拿大国际理事会	83	131	90	304
议会中心	27	66	56	149
加拿大社会发展学会	33	55	32	120
加拿大咨询局	29	53	20	102
加拿大税务基金会	20	61	20	101
公共政策论坛	24	37	28	89
公共政策研究所	25	38	18	81
弗雷泽研究所	20	35	25	80
加拿大政策研究公司(已关闭)	14	37	18	69
加拿大西部基金会	13	34	17	64
加拿大另类政策中心	9	36	16	61
加拿大国际事务研究所	11	30	14	55
加拿大国际和平与安全学会	9	31	9	49
国家福利局	5	19	9	33
加拿大国防与外交事务研究所	2	15	5	22
国际可持续发展研究所	6	13	3	22
南北研究所	5	8	5	18
大西洋市场研究所	3	10	2	15
国际治理创新中心	2	10	3	15
贺维学会	1	5	4	10
麦克唐纳-劳里埃研究所	1	6	3	10
加拿大亚太基金会	1	5	4	10
麦肯西研究所	2	2	0	4

续　表

	第40届议会会议第3次会议03/10—03/11	第41届议会会议第1次会议06/11—09/13	第41届议会会议第2次会议10/13—	合计
卡利登社会政策研究所	0	1	3	4
莫厄特中心	0	1	1	2
韦斯利研究所	0	1	1	2
凡尼尔家庭研究所	0	1	0	1
皮尔逊·庄山研究所	0	0	0	0
合计	345	741	406	1,492

注：第35—41届议会智库被参议院援引数据不可用(特别感谢凯瑟琳·皮奇宁,加拿大参议院理事会委员会,加拿大议会党团研究会司库、副高级秘书长,帮助定位与导航数据差异)。

来源：http://www.parl.gc.ca/ParlBusiness/Senate/Debates/Calendar.asp? Language = E&Parl = 41&Ses = 2。

图书在版编目(CIP)数据

北部之光：加拿大智库概览/(加)唐纳德·E.埃布尔森(Donald E. Abelson)著；复旦发展研究院译.—上海：上海社会科学院出版社,2017

(当代国际智库译丛)

书名原文：Northern Lights: Exploring Canada's Think Tank Landscape

ISBN 978-7-5520-2060-1

Ⅰ.①北… Ⅱ.①唐…②复… Ⅲ.①咨询机构—介绍—加拿大 Ⅳ.①C932.871.1

中国版本图书馆 CIP 数据核字(2017)第 256032 号
上海市版权局著作权合同登记号：09-2016-656

© McGill-Queen's University Press 2016

北部之光：加拿大智库概览

著　者：	[加]唐纳德·E.埃布尔森(Donald E. Abelson)
译　者：	复旦发展研究院
主　编：	杨亚琴　李　凌
责任编辑：	董汉玲
封面设计：	周清华
出版发行：	上海社会科学院出版社
	上海顺昌路 622 号　邮编 200025
	电话总机 021-63315900　销售热线 021-53063735
	http://www.sassp.org.cn　E-mail: sassp@sass.org.cn
照　排：	南京前锦排版服务有限公司
印　刷：	上海万卷印刷股份有限公司
开　本：	710×1010 毫米　1/16 开
印　张：	22.25
插　页：	2
字　数：	327 千字
版　次：	2017 年 11 月第 1 版　2017 年 11 月第 1 次印刷

ISBN 978-7-5520-2060-1/C·157　　　定价：80.00 元

版权所有　翻印必究